国际法文库
International Law Series

上海市教育委员会重点学科建设项目国际法学（J51103）资助
上海市教育发展基金会曙光计划项目（07SG54）资助

中国产业政策与WTO规则协调研究

贺小勇 等著

其他撰写者（按撰写章节先后为序）
祁晓璇　赵枫　闫晓宇　李梦醒

在WTO框架下，产业政策的空间发生了明显变化。产业政策的制定，不仅要考虑国内经济社会发展的需要、国内经济法制的需要，在涉及国际贸易时，还要考虑与WTO规则的关系。本书旨在为中国产业政策与WTO规则的协调建言献策。

图书在版编目(CIP)数据

中国产业政策与 WTO 规则协调研究/贺小勇等著.—北京:北京大学出版社,2014.5
(国际法文库)
ISBN 978-7-301-24252-0

Ⅰ.①中… Ⅱ.①贺… Ⅲ.①世界贸易组织-规则-影响-产业政策-中国 Ⅳ.①F743 ②F120

中国版本图书馆 CIP 数据核字(2014)第 097862 号

书　　　　名:	中国产业政策与 WTO 规则协调研究
著作责任者:	贺小勇　等著
责 任 编 辑:	黄　蔚　朱　彦　王业龙
标 准 书 号:	ISBN 978-7-301-24252-0/D·3577
出 版 发 行:	北京大学出版社
地　　　　址:	北京市海淀区成府路 205 号　100871
网　　　　址:	http://www.pup.cn
新 浪 微 博:	@北京大学出版社
电 子 信 箱:	sdyy-2005@126.com
电　　　　话:	邮购部 62752015　发行部 62750672
	编辑部 021-62071998　出版部 62754962
印 刷 者:	三河市博文印刷有限公司
经 销 者:	新华书店
	890mm×1240mm　A5　12.75 印张　274 千字
	2014 年 5 月第 1 版　2014 年 5 月第 1 次印刷
定　　　　价:	38.00 元

未经许可,不得以任何方式复制或抄袭本书之部分或全部内容。
版权所有,侵权必究
举报电话:010-62752024　电子信箱:fd@pup.pku.edu.cn

目　录

第一章　产业政策及其主权边界 …………………………（1）
　第一节　产业政策的含义 ……………………………（1）
　第二节　产业政策的分类 ……………………………（13）
　第三节　产业政策的理论基础 ………………………（17）
　第四节　产业政策主权边界：WTO规则的约束
　　　　　……………………………………………（30）

第二章　产业政策应遵守的基本法律原则 ……………（50）
　第一节　最惠国待遇原则 ……………………………（50）
　第二节　国民待遇原则 ………………………………（67）
　第三节　透明度原则 …………………………………（84）

第三章　补贴政策与WTO规则的协调问题 …………（99）
　第一节　WTO关于补贴政策的法律规制 ………（99）
　第二节　中国在WTO项下有关补贴政策的义务
　　　　　……………………………………………（119）
　第三节　中美有关补贴政策争端的法律问题 ……（125）

第四章　汇率政策与WTO规则的协调问题 …………（152）
　第一节　人民币汇率争端的态势 …………………（152）

第二节 人民币汇率政策与出口补贴的界限问题
………………………………………………（172）

第三节 人民币汇率政策与中国其他WTO
义务的协调问题 ………………………（203）

第五章 知识产权保护政策与WTO规则的协调问题
………………………………………………（217）

第一节 中美有关知识产权刑事保护政策争端
问题 ……………………………………（218）

第二节 中美有关知识产权海关保护措施争端
问题 ……………………………………（237）

第三节 中美有关文化贸易措施争端问题 ……（252）

第六章 环境资源保障政策与WTO规则的协调问题
………………………………………………（276）

第一节 环境政策与贸易关系的演变问题 ……（276）
第二节 GATT1994第20条的适用 …………（295）
第三节 中美欧原材料保障措施争端问题 ……（311）
第四节 理性看待中国原材料案裁决 …………（323）
第五节 "碳关税"的法律问题 ………………（339）

第七章 WTO框架下中国银行卡产业外资准入的
监管问题 ………………………………（356）

第一节 中美电子支付案评析 …………………（357）
第二节 GATS框架下成员方对银行卡组织的
监管权限 ………………………………（366）

第三节 参照巴塞尔协议体系监管原则设置
外资银行卡组织市场准入条件的
理论依据 …………………………………（375）
第四节 中国对外资银行卡组织市场准入的
审慎监管的建议 …………………………（387）

结 论 ………………………………………………（399）

第一章　产业政策及其主权边界

第一节　产业政策的含义

一、产业与政策

在讨论产业政策的含义之前,有必要对"产业"和"政策"先分别加以界定。

根据《汉语大词典》,"产业"一词主要有三种含义:一是田地、房屋、作坊等私人财产,二是生产事业,三是特指现代工业生产部门。① 这种定义实际体现了产业在中国不同阶段的不同含义。在英文中,"产业"一词内涵和外延的变化充分体现了社会生产力的发展过程。重农学派最早提出"产业"的概念,以魁奈和杜尔阁为代表的学者认为农业是唯一能创造国民财富的产业部门。② 进入大生产阶段后,产业主要指工业生产。在马克思主义政治经济学中,产业曾被表述为从事物质产品生产的行业,即生产同类产品的若干相互联系的企业的集合。这也是长久以来被普遍接受的定义。自20世纪50年代以来,服务业和各种非生产性行业迅速发展,产业

---

① 参见《汉语大词典》(第7卷),上海辞书出版社1995年版,第1520页。
② 参见王辉:《重农学派与中国古代重农思想的比较》,西北大学2007年硕士学位论文,第5页。

的内涵发生了变化,产业的对象不仅涵盖物质产品生产部门,还扩展至其他从事营利性经营活动并提供服务或劳务的企业群体。①

由于"产业"一词的不断发展,在其定义上达成一致是相当困难的。虽然现在人们对于产业的外延扩大到各种物质性或非物质性部门上已不再有异议,但是没有人提出权威性的定义。有的学者认为:"产业是一个居于微观经济的细胞(企业)和宏观经济的整体(国民经济)之间的集合概念,它既是同一属性的企业的集合,也是根据某一标准对国民经济进行划分的一部分。"②还有的学者认为:"产业是指国民经济中以社会分工为基础,在产品和劳务的生产和经营上具有某些相同特征的企业或单位及其活动的集合。"③有的学者将产业看做一种有组织的劳动成为一个社会部门时所产生的或创造的宏观经济效应或社会价值。④还有的学者认为,产业泛指所有把原材料转变成产品或能提供有用服务的行业,即从事生产、制造、服务的社会经济部门。⑤

WTO 的一揽子协定并没有对产业进行具体的界定。《反倾销协定》第 4 条规定,国内产业是指生产与倾销产品相同产品的国内生产者的总称,或其产品的总量构成国内相同产品总产量的主要部分。当然,这一定义是专门针对反倾销问

---

① 参见刘文华、张雪楳:《论产业法的地位》,载《法学论坛》2001 年第 6 期。
② 参见王先庆:《产业扩张》,广州经济出版社 1998 年版,第 2 页。
③ 参见张玉喜:《产业政策的金融支持:机制、体系与政策》,经济科学出版社 2007 年版,第 16 页。
④ 参见吴国林:《产业的含义与作为一种哲学现象》,http://blog.sina.com.cn/s/blog_5c0c7d760100g15p.html,访问日期:2010 年 1 月 28 日。
⑤ 参见高亮华:《产业:打开了的人的本质力量的书——产业哲学初论》,载《晋阳学刊》2005 年第 6 期。

题的,因此带有特殊性,不能将其直接看做 WTO 对产业定义的态度。更何况对于《反倾销协定》中的"domestic industry"一词,是指"国内产业"还是"国内行业"等,尚且存在争议。① 特别是在实践中,有的国家为了认定倾销,有意将所涉及的国内产业划得很窄,甚至最终缩小至某个企业单位。如美国在日本 BP 机倾销案件中,就对相关国内产业规定了严格的范围,最终只剩下摩托罗拉一家。②

综上,产业的定义大致可以分为两种:广义上的产业是指按某一标准划分的国民经济各部分的集合,是宏观经济概念;狭义上的产业是指具有同一属性的企业的集合,是微观经济概念。还有的学者将产业界定为介于宏观经济概念和微观经济概念之间的"中观经济概念"。这种界定方法强调产业与国民经济整体以及企业个体的区别,虽不无道理,但这是产业经济学上的概念。研究者通常会根据自己的研究目的和学科特点等选择相应的定义。本研究侧重于广义的定义,即所涉及的产业主要是指广义上的产业概念,既包括微观上企业等组织的集合,又包括宏观上国民经济各部门。

"产业"一词容易同"行业"相混淆。英语中通常并不区分"产业"和"行业",都可以用"industry"表示。实际运用中,"行业"的概念相对于"产业"的概念更小,是指一些生产性或营利性的劳动部门,它们具有类似的生产技术结构,生产或提供在技术上可以互相替代的商品或服务,并有同样的收入

---

① 如赵维田在《世贸组织的法律制度》(吉林人民出版社 2002 年版)中,将"domestic industry"翻译成"国(区域)内行业"。
② 参见赵维田:《世贸组织的法律制度》,吉林人民出版社 2002 年版,第 297 页。

来源。① 可见,行业被限定在更狭窄的范围内。

关于"政策"二字,虽然中国古代文献中早有记录,但是包含现代意义的"政策"一词算是舶来品。在英语中,"policy"一词由中世纪英语"policie"一词演变而来,后来日本将"policy"翻译成"政策"二字,之后又传入中国。但是,我们使用的"政策"主要是指国家或政党为实现一定历史时期的路线而制定的行动准则,②与"policy"并不能完全等同,反而更像是"public policy"。因为"policy"指由政府、机构、集团或个人从可供选择的对象中,根据已有条件选择作为指导并通常决定现在和将来的决策的一种特定方针和方法,或者指实行这种选择好的行动方针的某个特定决策或一组决策。③

根据制定和实施主体的不同,政策有国家的政策和政党的政策之分,前者是指由各种国家机关制定并组织实施的,内容涉及立法、行政和司法等各个领域;而后者是由政党制定并组织实施的。此处所指的"政策"主要指前者,即国家的政策。

20世纪之前,政策常被完全地排除在法律之外,并不是法学研究的重点。但是,20世纪特别是二战以后,国家的职能在经济运行中的作用得到加强,政策手段成为国家调控经济的一个重要手段,政策的地位和重要性开始受到重视。"政策"不再被视为与"法律"截然不同的概念。相反,国家采取的政策中有一部分可以被归入广义的法律的范围内。

---

① 参见王同亿主编译:《英汉辞海》,国防工业出版社1990年版,第2658页。
② 参见中国社会科学院语言研究所词典编辑室编:《现代汉语词典》,商务印书馆2012年版,第1664页。
③ 参见王同亿主编译:《英汉辞海》,国防工业出版社1990年版,第4043页。

二、产业政策

上文讨论了产业和政策的定义,但是如果仅仅把产业政策理解成两者含义的简单相加,就会把产业政策看成影响各个产业或产业链各个环节的政策的总和。事实上,产业政策的含义更加广泛。

一般认为,从农牧业形成了最早的产业且国家成为政治生活的重要组成部分开始,产业政策的实践就出现了。但是,现代意义上的产业政策到19世纪才出现于资本主义国家。工业革命以后,许多国家进入工业化大生产阶段,开始对民族产业采取关税保护等政策,比如美国和德国。反垄断法也是从19世纪末出现并发展起来的。① 日本作为产业政策最为完善的国家之一,其产业政策也形成于19世纪,始于明治维新。日本的产业政策取得了巨大的成功,日本迅速由一个弱小的东方封建小国发展为一个资本主义国家。二战后的日本经历了短暂的恢复期和高速增长期,于1968年成为世界第二经济强国。② 日本的成功引起了各国对产业政策的重视,各国纷纷开始制定实施产业政策,产业政策开始繁荣起来。

虽然日本在产业政策的运用上取得了如此巨大的成功,但是"产业政策"一词在日本也是一个新近出现的术语。③ 它的正式使用,源于1970年日本通产省代表在经济合作与发

---

① 美国于1890年颁布了世界上第一部反垄断法——《谢尔曼法》,此后许多资本主义国家也相继出台了自己的反垄断法。
② 参见李劲:《日本产业政策研究》,吉林大学2006年博士学位论文,第26页。
③ 参见〔日〕小宫隆太郎等:《日本的产业政策》,黄小勇等译,国际文化出版公司1988年版,序。

组织大会上所作的题为《日本的产业政策》的演讲。尽管有学者对此进行考证,得出不同结论,认为在此之前就出现过这个概念,但是无论如何,这一演讲对"产业政策"概念在经合组织内部甚至是其他国家的传播都起到了重要的促进作用,产业政策一词自此开始被广泛使用。不过,无论是在日常用语中还是在理论专著中,"产业政策"一词的使用经常带有随意性,对于其内涵尚未达成一致。即使在较早使用"产业政策"一词的日本,各学者对于该词的定义也有很多种看法。日本学者对产业政策所下的定义,主要有下列几种:

第一种是从产业的定义出发,认为产业政策就是国家针对各个产业制定和实施的政策及其总和。例如,下河边淳、管家茂认为:"产业政策是国家或政府为了实现某种经济或社会目的,以全产业的保护、扶持、调整和完善,积极或消极地参与某个产业或企业的生产、经营、交易以及直接或间接干预商品、服务、金融等市场形成机制的政策的总和。"[①]小野五郎将产业政策定义为"政府实施的与调节产业活动相关的一切行为总和"[②],这种定义把产业政策限定在以产业为直接对象的范围内。

第二种是从弥补市场缺陷的角度出发,认为产业政策就是由政府采取的一些补救性措施的政策。例如,伊藤元重认为:"产业政策是指由于竞争市场机制存在'市场失败'的缺陷,依靠自由竞争却在资源分配或所得分配上发生某些问题时,为了提高该经济的系统水平而实施的政策。并且这些政策的目的将是通过介入产业以及部门间的资源分配或个别

---

① 中国社会科学院工业经济研究所、日本总合研究所编辑:《现代日本经济事典》,中国社会科学出版社、日本总研出版股份公司 1982 年版,192 页。
② 转引自张泽一:《产业政策与产业竞争力研究》,冶金工业出版社 2009 年版,第 5 页。

产业的产业组织来达到的政策的总称。"①小宫隆太郎曾将产业政策限定于"改变产业间的资源配置和各种产业中私营企业的某种经营活动而采取的政策"。后来,他扩大了自己所下的定义,认为产业政策的中心课题是"针对在资源分配方面出现的市场缺陷而采取的对策"②。

第三种观点也是从目的和作用的角度出发,但是认为产业政策不局限于对于市场缺陷的弥补,而是具有更为广泛的作用。例如,上野裕也通过列举的方式进行定义:"产业政策是,扶植或保护特定的产业;通过改善结构或救济企业促进经济发展和经济现代化;政府为了达到产业结构高度化、增强国际竞争力、促进技术开发、激活凋敝产业、确保就业、均衡各地区发展等目的而干预各个产业和企业的活动或介入商品市场和原材料市场的所有政策的总称。"③新野幸次郎则认为,广义的产业政策是以对各个产业的构造、行动、成果产生影响为直接目的的政府政策。

第四种观点将产业政策视为工业后发国家为了发展本国产业而采取的政策。代表人物是日本经济学家井木信义,他认为:"产业政策就是当一国的产业处于比其他国家落后的状态,或者可能落后于其他国家时,为了加强本国产业所采取的各种政策。"④这一定义将产业政策界定于落后的国家,过于狭窄,可能是井木信义针对日本赶超发达资本主义

---

① 转引自刘畅:《关于"产业政策"的考证》,载《决策探索》2009 年第 18 期。

② 转引自周淑莲等主编:《中国产业研究》,经济管理出版社 2007 年版,第 33 页。

③ 转引自刘畅:《关于"产业政策"的考证》,载《决策探索》2009 年第 18 期。

④ 转引自周淑莲等主编:《中国产业研究》,经济管理出版社 2007 年版,第 34 页。

国家阶段所得出的结论,值得商榷。井木信义还提出了另一种定义:"产业政策是促进产业性能提高的所有政策的总称。"①这个定义相对而言更易为人接受。相类似的定义还有泉三义提出的:"产业政策是以实现改善国家状况为目的,而对产业实施干预行为的总称。"②

从上述所列举的观点可以看出,日本学者多从内容角度讨论产业政策的定义,而且倾向于把产业政策看做弥补市场缺陷的工具。这体现出了日本在这一问题上的"市场修正说",即自由经济体制下,市场机制客观存在着错误导向的可能,政府进行适当干预是必要的。

欧美等国的学者也对产业政策的概念问题进行了研究,并提出了各自的观点。例如,美国经济学家亚当斯·克莱因认为,产业政策是"用来改进经济的供给潜力,即促进经济增长,提高劳动生产率,增强竞争力的一切政策手段"③。美国学者玛格里特·迪瓦尔认为:"部门政策——鼓励向一些行业或部门投资和不鼓励向其他行业或部门投资——仍然是产业政策讨论的中心。"④英国经济学家阿格拉认为,产业政策是"与产业有关的一切国家的法令和政策"⑤。

当然,也有一些全新的观点,例如将产业政策看做提高国际竞争力的政策体系。卡默斯·约翰逊认为:"产业政策

---

① 转引自刘畅:《关于"产业政策"的考证》,载《决策探索》2009年第18期。
② 同上。
③ 转引自周淑莲等主编:《中国产业研究》,经济管理出版社2007年版,第32页。
④ 转引自许明强、唐浩:《产业政策研究若干基本问题的反思》,载《社会科学家》2009年第2期。
⑤ 〔英〕阿格拉:《欧洲共同体经济学》,上海译文出版社1985年版,第132页。转引自张泽一:《产业政策与产业竞争力研究》,冶金工业出版社2009年版,第5页。

是政府为了取得在全球的竞争能力,在国内发展或限制各种产业的有关活动的总的概括。作为一个政策体系,产业政策是经济政策三角形的第三边,它是对货币政策和财政政策的补充。"①

美国部分学者提出了产业政策是计划,是政府对未来产业结构变动方向实施干预的观点。阿密塔伊·艾特伊奥利为产业政策下的定义最为直接:"产业政策就是计划。"②埃利斯·W.霍利也认为:"产业政策是为实现国家的经济目标而发展或抑制某些产业的发展。"③这种观点与"市场否定说"不无关系。

从上述观点可以看出,欧美学者与日本学者的观点还是有所不同的。虽然双方都是利用产业政策弥补市场机制的不足,但日本学者致力于利用产业政策减少产业培育上的成本,而欧美学者更倾向于从提高竞争力和防止自由市场带来的不公正的竞争问题的角度界定产业政策。

中国学者对于产业政策的研究始于20世纪80年代,那时的研究侧重于为尚处于计划经济转型时期的中国寻找发展途径。近些年,中国学者也开始重视对于产业政策的国内、国别研究,并根据各自的研究方法和目的,从不同侧面对"产业政策"这一概念进行概括。

周淑莲等学者从纯粹经济学的角度对产业政策进行了严格限定,认为产业政策是指"国家(政府)系统设计的有关

---

① See Chalmers Johnson, The Industrial Policy Debate, Institute for Contemporary Studies Press, 1984. 转引自许明强、唐浩:《产业政策研究若干基本问题的反思》,载《社会科学家》2009年第2期。

② 转引自张泽一:《产业政策与产业竞争力研究》,冶金工业出版社2009年版,第6页。

③ 转引自周淑莲等主编:《中国产业研究》,经济管理出版社2007年版,第33页。

产业发展,特别是产业结构演变的政策目标和政策措施的总和"。"产业政策是国家干预或参与经济的一种较高级形式,它是从整个国家产业发展的全局着眼而系统设计的较完整的政策体系,而不仅仅只是关于某一两个产业的局部性政策。"①

杨治认为:"产业政策是指遵照经济发展中资源配置结构优化的客观规律,依据本国的国情及其经济发展的阶段,以市场经济在国民经济的资源配置中起基础性作用为前提,由政府对国民经济的资源配置结构及其形成过程,进行科学的、必要的、适度和适时的引导和调控,从而通过资源配置结构的不断优化,达到持续提高国民经济整体效益的目的,并寻求最大程度的经济增长和经济发展的经济政策。"②据此,产业政策是政府弥补"市场失灵"、优化资源配置的一种政策。这与伊藤元重、小宫隆太郎的观点比较类似。陈淮亦认为:"产业政策是政府在修正市场机制作用和优化经济发展过程中,对产业及其结构发展与调整所采取的各种经济政策。"③

梁小民、刘朝与日本学者长谷川启之都认为:"产业政策一般以各个产业为直接对象,保护和扶植某些产业,调整和整顿产业组织,其目的是改善资源配置,实现经济稳定与增长,增强国际竞争力,改善与保护生态环境等。为了实现这些经济性的或社会性的目标,产业政策要求政府对每个产业和企业的生产活动、交易活动进行积极或消极的干预,直接

---

① 周淑莲等主编:《中国产业研究》,经济管理出版社 2007 年版,第 35 页。
② 杨治:《产业政策与结构优化》,新华出版社 1999 年版。
③ 陈淮编著:《日本产业政策研究》,中国人民大学出版社 1991 年版,第 3 页。

或间接地介入市场的形成和市场机制。"①该观点强调"以各产业为直接对象",与下河边淳等学者的观点类似,但对于产业政策的目的规定得更为广泛。

苏东水认为:"产业政策是一个国家的中央政府或地区政府为了其全局和长远利益而主动干预产业活动的各种政策的总和。"②这一观点更为概括,不再把产业政策局限于与产业直接相关的政策,但是没有体现产业政策的具体内涵。

刘文华将产业政策的概念分成广义、次广义和狭义三种,认为:"广义的产业政策是指国家用以调控经济的所有政策的总称;次广义的产业政策是指政府以促进经济发展为目的,对资源配置和利益分配进行干预,对企业行为进行某些限制和诱导,从而对产业发展方向施加影响的各种政策措施和手段的总和;狭义的产业政策则指产业结构政策,即调整资源在产业之间的构成及其关联性的政策的总和。"③

虽然学者对于产业政策的概念有着不同的看法,但是基本可以用广义、狭义加以区分。本研究着重讨论广义上的产业政策,即国家调控经济的政策的总称。因此,无论是直接调整各个产业的政策,如汽车产业政策、集成电路产业政策等,还是调整国民经济的某一方面的政策,如补贴政策、汇率政策、知识产权保护政策、环境资源保障政策等,都属于产业政策的范畴。

产业政策在中国古已有之,自秦汉以后,政府加大了对社会经济的很多领域的干涉和控制力度,实施的政策主要有农业政策、工商业政策、水利建设政策等。新中国成立以后,

---

① 〔日〕长谷川启之、梁小民、刘朝:《经济政策的理论基础》,中国计划出版社1995年版,第205页。
② 苏东水主编:《产业经济学》,高等教育出版社2005年版,第330页。
③ 刘文华、张雪楳:《论产业法的地位》,载《法学论坛》2001年第6期。

在计划经济体制下,开始实施大规模、全方位的产业发展计划,但完全排斥市场规律的指引,产业政策主要以指令性计划为手段,长期目标不明确,手段单一,无法发挥现代产业政策应有的作用。改革开放以后,随着经济体制的转变,政府开始积极探索和运用综合性更强的产业政策,以市场机制为基础,产业政策的效果更为明显,产业结构体系更为合理。"产业政策"一词自20世纪80年代中后期开始,出现在《中共中央关于制定国民经济和社会发展第七个五年计划的建议》等一系列政府文件中。①

自20世纪90年代起,与产业政策有关的法律法规以及其他规范性文件出台的速度和数量明显增多。近年来,国家加快了产业发展的步伐,出台了很多重大产业政策。自2009年1月开始,为了应对金融危机和防止经济加速下滑,国务院陆续出台了十大产业振兴规划及实施细则,分别针对汽车产业、钢铁产业、纺织工业、装备制造业、船舶工业、电子信息产业、轻工业、石化产业、有色金属产业、物流业进行调整振兴,从而确保产业平稳发展,推动产业升级。2011年3月16日,全国人大通过了《国民经济和社会发展第十二个五年规划纲要》。此后,各部委相继出台了具体产业的相关规划,如《交通运输"十二五"发展规划》等,而由国家发改委牵头、有关部委参与起草的《"十二五"国家战略性新兴产业发展规划》及专门针对七个战略性新兴产业的七个规划(包括《可再生能源发展"十二五"规划》等)也陆续公布。②

值得一提的是,2011年7月25日,工业和信息化部、中

---

① 参见刘畅:《关于"产业政策"的考证》,载《决策探索》2009年第9期。
② 参见《战略新兴产业十二五规划9月公布》,http://www.caijing.com.cn/2011-08-04/110799143.html,访问日期:2011年8月29日。

国社会科学院联合发布了《中国产业发展和产业政策报告（2011）》，从该报告中可以看出中国未来几年的产业政策走向。该报告提出，"十二五"时期，产业政策的重点要注重统一政策顶层设计与因地制宜实施相结合，淘汰落后与发展先进协同推进，推动兼并重组与促进中小企业健康发展并举，把加强自主创新摆在更加突出的位置，促进产业集聚和区域协调发展。推动工业发展和结构调整要注重统筹协调好政府和市场、外需与内需、工业和服务业、传统产业和新兴产业等方面的关系。①

第二节 产业政策的分类

产业政策的分类，涉及产业政策的体系问题，学者们在这一问题上并没有一致的说法。相反，由于研究目的和研究角度的区别，产业政策有不同的分类。归纳起来，产业政策主要有下列几种：

从制度和实施主体上看，产业政策可以分为国家产业政策和地区产业政策。前者为中央政府所制定，在全国范围内或指定地区实施，如国家发改委等部门颁布的《关于开展全国高尔夫球场综合清理整治工作的通知》（发改社会[2011]741号）、《关于开展西部地区生态文明示范工程试点的实施意见》（发改西部[2011]1729号）等；后者为地方政府所制定，只能在该地区实施，如上海市政府发布的《关于促进上海新能源产业发展的若干规定》（沪府办发[2009]54号）、北京市政府发布的《关于印发北京市加快培育和发展战略性新兴

---

① 参见《中国产业发展和产业政策报告（2011）发布》，http://www.gov.cn/gzdt/2011-07/25/content_1913587.htm，访问日期：2011年8月11日。

产业的实施意见的通知》(京政发[2011]38号)等。

从层次上看,产业政策可以分为国家整体层面的产业政策、行业层面的产业政策以及生产者层面的产业政策。国家整体层面的产业政策是指国家从整体上对整个国民经济进行调控的政策;行业层面的产业政策是指各个单独行业、产业的政策,如汽车产业政策等;生产者层面的产业政策是指调整生产者之间关系的产业组织政策。[1]

从作用范围上看,产业政策可以分为一般性产业政策(又称"水平性产业政策")和选择性产业政策。前者是指适用于多部门的政策,如促进研发补贴的政策;后者是指单独适用于特别产业的政策,如奖励或补贴特定部门的政策。还有学者在此基础上将选择性的产业政策进一步分为针对特殊活动的产业政策、针对特殊区域的产业政策、针对特殊产业的产业政策、针对特殊部门的产业政策以及针对特定企业或项目的产业政策。[2]

拉尔对这种二分法进行了改进。他总结了亚洲高经济增长国家产业政策的经验,在上述一般性产业政策和选择性产业政策之外,又增加了功能性产业政策。功能性产业政策是指关注宏观经济变量,通过采取新的竞争政策和提高激励系统的透明度,从而提升市场竞争力的政策。这种产业政策一般没有特定的产业指向,目的是弥补市场机制存在的缺陷。[3]

---

[1] 参见刘文华、张雪楳:《论产业法的地位》,载《法学论坛》2001年第6期。

[2] 参见周淑莲等主编:《中国产业研究》,经济管理出版社2007年版,第44—45页。

[3] 参见姜达洋:《国外产业政策研究的新进展》,载《天津商业大学学报》2009年第5期。

从目标上看,产业政策可以分为振兴与赶超型产业政策、调整型产业政策、保持经济领先地位和增长势头型产业政策。其中,第一类是指通过重点发展国内某些产业,从而促进整个国民经济的恢复和发展,主要为后发国家或经济受创的国家所采纳;第二类是指通过改善国内政策环境、调整政策战略等,促进国民经济稳步前进,主要为平稳发展的国家所采纳;第三类是指通过加快技术开发、促进结构转换、刺激国内需求等手段,维持国民经济的高速增长,主要为经济高速发展的国家所采纳。

从作用上看,产业政策可以分为产业扶植政策、产业规范政策和产业抑制政策。产业扶植政策是指运用财政、金融、价格、贸易、政府购买和行政等手段,扶持主导产业,保护幼稚产业等特定产业的发展的产业政策,其目的在于保护和扶植特定产业的发展,政策带有明显的倾向性。产业规范政策是指为了满足经济社会发展需要,如环保、安全、保护战略资源等,规范产业发展方式和发展方向的产业政策。产业抑制政策是指为了环保、安全等原因,对某些产业的发展进行短期或长期的抑制甚至完全禁止。[1]

从实施策略上看,产业政策可以分为积极的产业政策和消极的产业政策。前者是为了发展和促进结构变化所采取的,多为持久性产业政策;后者是为了应对某一时期的短暂危机而采取的,如为了缓和结构变化引起的不良经济后果,多为过渡性产业政策。[2]

学者们最为常用的一种分类方式是从功能定位上对产

---

[1] 参见许明强、唐浩:《产业政策研究若干基本问题的反思》,载《社会科学家》2009年第2期。
[2] 参见周淑莲等主编:《中国产业研究》,经济管理出版社2007年版,第44页。

业政策进行划分,由此可以将产业政策分为产业组织政策、产业结构政策、产业布局政策和产业技术政策。其中,产业组织政策和产业结构政策是产业政策的核心内容。产业组织政策是指政府为了获得理想的市场效果而制定的干预市场结构和市场行为、调节企业间关系的综合性公共政策。它针对的是产业内规模经济和竞争力的矛盾问题。产业组织政策又由两类政策组成:一类是鼓励竞争、限制垄断的竞争促进政策,另一类是鼓励专业化和规模经济的产业合理化政策。① 产业结构政策是指政府为了经济发展的需要而制定的促进产业结构调整和优化的产业政策。它旨在解决产业结构的优化、升级问题,可以分为幼小产业扶持政策、主导产业选择政策、战略产业支持政策以及衰退产业调和政策。产业布局政策是指政府为了实现产业空间分布和组合合理化而制定的对产业布局进行调整的产业政策。产业技术政策是指政府为了促进产业技术进步而制定的支持研发新技术和鼓励引进外国技术的产业政策。

  国务院发布的《九十年代国家产业政策纲要》中增加了"其他对产业发展有重大影响的政策和法规"②,使这种分类更为周延,体现了产业政策体系的动态和发展。例如,20世纪六七十年代以后,涉及环境保护的产业政策愈来愈受到政府的重视,这些产业政策应当被归入"其他对产业发展有重大影响的政策和法规"之中。此外,随着国际贸易、投资等的日益繁荣,各国相继出台了各种旨在提升国内产业在国际上

---

  ① 参见苏东水主编:《产业经济学》,高等教育出版社2005年版,第362页。

  ② 《九十年代国家产业政策纲要》于1994年3月25日由国务院第十六次常务会议审议通过。资料来源:http://news.xinhuanet.com/ziliao/2005-03/17/content_2708873.htm,访问日期:2011年1月25日。

的竞争力的政策和法规,这些政策也应当被归入该类之中。

除此以外,产业政策还有其他分类方式。例如,以调整领域为标准,产业政策可分为农业政策、贸易政策、金融政策、环境保护政策等;以生产要素为标准,产业政策可分为产业金融政策、产业资源政策、产业技术政策等;[1]以调整范围为标准,产业政策可分为宏观产业政策、部门产业政策和微观产业政策;以产业政策的目的为标准,产业政策可分为经济性目的和非经济性目的,其中非经济性目的是指从保障公共安全、保护环境等角度对产业设定某些限制,而非出于发展经济的目的。鉴于"国际产业政策"这一概念开始为学者们所关注,产业政策亦可分为国内产业政策和国际产业政策。国际产业政策是指以本国产业为对象,以与本国产业发展密切相关的国外地区为政策的空间外延基础,所制定和实施的旨在推动本国产业发展的一系列政策措施的总和。[2]

第三节　产业政策的理论基础

一、贸易理论学说对产业政策的支持和否定

自 15 世纪以来,在资本主义国家始终存在一个争论,即经济自由放任主义和国家干预主义之间的争论,在国际贸易上也可以表现为贸易自由化和贸易保护主义的争论。从重商主义学说的提出,到古典自由贸易理论的盛行,再到新古典自由贸易理论和新贸易理论的出现,始终以这个争论为主

---

[1] 参见许明强、唐浩:《产业政策研究若干基本问题的反思》,载《社会科学家》2009 年第 2 期。

[2] 参见齐东平:《我国制定国际产业政策的初步设想》,载《中国工业经济》2000 年第 5 期。

线,而且崇尚市场机制作用的经济自由放任主义长期处于主导地位。

(一)重商主义学说

重商主义学说产生于15世纪的意大利,于16世纪和17世纪上半叶盛行于欧洲,特别是在英国和法国得到迅速发展。早期的代表人物主要有英国的海尔斯、法国的博丹等,晚期的代表人物有法国的塞拉和英国的托马斯·孟等。①

重商主义强调贸易保护政策的重要性,认为货币是财富的唯一标志,因此必须大力发展国际贸易。在这个过程中,国家应当利用政策、法律等各种手段干预经济,保护和发展国内产业,从而保证本国可以在国际贸易中取得顺差,获取更多财富。重商主义是一种旨在通过国家干预而发展经济和增加国家财富的学说。

重商主义在经过了一两个世纪的发展之后,在17世纪下半叶和18世纪受到了英国古典经济学派等的批判,逐渐衰落。值得一提的是,一战以后,世界性经济危机爆发,传统经济理论开始受到质疑和挑战。凯恩斯的思想开始受到重视,而他的部分思想具有新重商主义的倾向。例如,他认为以亚当·斯密为代表的自由贸易和不干预主义是错误的,国家应当对经济进行必要的干预和调节,且对外国商品的进口进行必要的限制。虽然凯恩斯和重商主义的理论基础不一样,但至少在国家干预经济这个问题上非常一致。

(二)古典贸易理论

17世纪中期,重商主义学说不再适应经济发展的需要,古典贸易理论应运而生。古典贸易理论又称"传统国际贸易

---

① 参见曹建明、贺小勇:《世界贸易组织》(第二版),法律出版社2004年版,第3页。

理论",建立在规模报酬不变、商品和要素处于完全竞争市场等诸多假设的前提之上,认为政府最好的选择是不干预贸易。古典贸易理论是绝对优势理论和相对优势理论的统称。

绝对优势理论的代表人物是亚当·斯密。作为英国古典政治经济学家,亚当·斯密在其代表作《国民财富的性质及原因的研究》中提出了"绝对优势说"。该学说认为,世界各国都应当生产本国最为擅长即生产成本绝对低廉的产品,然后用这些产品与其他国家交换,从而换得自己最不擅长生产即生产成本绝对高昂的产品。这样,交易双方都可以获得商品,节约劳动。[①] 一国真正的财富不是货币,而是商品和劳务。亚当·斯密认为国际贸易是一个互利的过程,有利于任何一方,因此他推崇自由贸易,反对重商主义的国际干预理论,认为自由贸易可以使资本和劳动获得最充分的利用,从而有效配置社会资源,使社会获得最大利益。

亚当·斯密的学说受到了极高的推崇,很快成为了古典经济理论的主导。1817 年,另一位英国古典经济学家大卫·李嘉图在其《政治经济学原理》一书中,在绝对优势理论的基础上,进一步提出了相对优势理论,对绝对优势理论进行了修正。该学说以成本比较说为基础,认为若想让国际贸易双方均获益,无须一国必定在某一方面拥有绝对优势,只要各国在生产不同产品上具有比较优势,贸易就会发生。李嘉图指出,国家间劳动生产率的不同是国际贸易的唯一决定因素。据此,一个国家或交易一方只要出口自身具有比较优势的产品或服务,进口不具有比较优势的产品或服务,就可以从中获益。由此,交易双方都可以通过国际贸易获得比自

---

① 参见曹建明、贺小勇:《世界贸易组织》(第二版),法律出版社 2004 年版,第 4 页。

身生产更多的利益。① 比较优势理论坚持绝对优势理论有关自由贸易的主张,认为有利的国际分工和收益只有在自由贸易的制度下才可以实现。

李嘉图的比较优势理论是国际自由贸易理论的基础和核心,解释了国际贸易的成因和开放市场的积极效果。此后发展起来的生产要素比例说、产品周期论等新古典贸易理论、新贸易理论以及新兴贸易理论都是建立在比较优势理论的基础上的。

在古典贸易理论的指导下,资本主义国家的自由贸易从19世纪下半叶到20世纪初取得了很大的发展。伴随着运输、通讯等各种新兴产业的兴起,资本主义国家的经济发生了巨大变革并取得了飞速发展。

(三)新古典贸易理论

20世纪30年代,瑞典经济学家埃利·赫克歇尔及其学生贝蒂尔·俄林提出了要素禀赋学说。该理论建立在比较优势理论的基础上,进一步考察了比较优势形成的原因,强调劳动及土地、资本等其他生产要素的重要性,认为各国的生产要素在国家资源中所占的比例存在较大差异,应当据此进行国际分工和国际贸易,从而获得最大利益。该理论又被称为"要素比例理论"。

与比较优势理论相类似,要素禀赋学说也认为政府无须实施积极的产业政策,要素禀赋的改变会自发有效地促进产业结构的优化升级,实现资源的最佳配置。②

---

① 参见刘伟丽:《战略性贸易政策理论研究》,东北财经大学2005年博士学位论文。
② 参见张泽一:《产业政策与产业竞争力研究》,冶金工业出版社2009年版,第6页。

(四) 国家竞争优势理论

20世纪90年代初,哈佛大学教授迈克尔·波特在《国家竞争优势》一书中提出了国家竞争优势理论。他指出,在全球化的今天,传统贸易学说中强调的劳动力、自然资源、资本等物质禀赋对国家竞争力的影响正在减弱,取而代之的是适宜的创新环境。他用"动态与不断进化的竞争"取代传统理论中的静态竞争,认为只有持续的投资和创新才能保证高层次的竞争优势,从而在国际竞争中胜出。他建立了一个"钻石模型",由四类核心要素(生产要素、需求条件、相关与支持性产业、企业战略结构与竞争状态)和两个辅助因素(政府和机遇)组成。

根据波特的"钻石模型",政府可以通过自己的活动影响上述四类核心要素中的任何一个。政府可以通过创造一个支撑生产率提升的良好环境,比如运用补贴、教育投资、资本市场等政策,或是实行金融市场规范、税收、反垄断法等,或是制定本地产品的规格标准等,影响产业的发展。波特肯定了政府对于产业的一定影响力,但他同时认为政府本身不能帮助企业或产业创造竞争优势。

(五) 保护幼稚产业理论

保护幼稚产业理论的代表人物是美国开国元勋亚历山大·汉密尔顿和德国经济学家弗里德里希·李斯特。[①] 1791年,时任美国财政部长的汉密尔顿向美国国会提交了《关于制造业的报告》,其中阐述了采取临时关税等措施保护美国制造业的必要性和重要性。1841年,李斯特在其《政治经济学的国民体系》一书中进一步指出,保护幼稚产业的根本目

---

① 参见曹建明、贺小勇:《世界贸易组织》(第二版),法律出版社2004年版,第6页。

的在于,保护一国的幼稚产业在初期发展阶段的成长,防止幼稚产业在其他国家的优势竞争下被打垮,但是对幼稚产业的保护必须是暂时的。

与绝对比较优势理论、相对比较优势理论等静态比较优势理论不同,保护幼稚产业理论着眼于经济的动态优化配置,认为政府应当发挥积极的保护作用,把贸易保护政策作为走向国际自由竞争阶段的手段。

(六)战略性贸易政策理论

战略性贸易政策理论被视做重商主义学说和保护幼稚产业理论在新形势下的演变和延伸。20世纪七八十年代,美国的绝对优势地位受到了来自西欧和日本产业的冲击,世界经济格局开始改变;贸易特征开始发生变化,如国际分工的形式和结构开始改变,跨国公司在世界经济中的影响力上升;实践中的不完全竞争和规模经济的现象开始动摇古典经济学理论中的完全竞争假设和静态的实证分析方法。传统的贸易理论开始受到挑战。在这样的背景下,20世纪80年代,保罗·克鲁格曼、赫尔普曼、布兰德、斯潘塞等人创立了战略性贸易政策理论。该理论引入不完全竞争、规模经济和差异产品,认为规模经济是独立于资源禀赋之外的另一个引发国际贸易的原因,亦是贸易利益的来源。

保罗·克鲁格曼在其《国际经济学》一书中指出,某些产业对国民经济发展具有战略意义,一国可以采取研究和开发补贴、出口补贴、进口限制等办法扶持其企业的成长。[①] 与传统的贸易保护政策不同,战略性贸易政策是一种积极的贸易保护政策,强调政府适度干预贸易对于本国企业和产业发展

---

① 参见曹建明、贺小勇:《世界贸易组织》(第二版),法律出版社2004年版,第6页。

的作用。

贸易理论学说从重商主义学说起步,发展至今,已经出现了很多有影响的理论学说。但是,无论是自由贸易学说还是国际贸易保护学说,都还处于继续发展的过程中。现实的情况是,自由贸易政策和各种保护国内产业的政策往往并存于一国,几乎没有哪一个国家实行完全的自由贸易或是完全的贸易保护。政府究竟是国民经济的"守夜人",还是经济的积极参与者,又或者是介于两者之间的第三种角色,这个讨论仍在继续。

二、产业政策的存在依据

贸易理论学说上的争论对产业政策的理论产生了重大影响,有关产业政策的存在和作用的争论可以视为贸易理论学说争论在产业政策领域的延续。为产业政策提供依据的理论学说主要有市场失灵理论、后发优势理论等。

(一)市场失灵理论

市场失灵是指由于市场本身存在信息不完全性、信息不对称性、经济外部性等缺陷,经常无法对资源实现有效的调节和运行,出现一些领域过度扩展或生产过剩,而另一些领域则生产不足的情况。市场存在的缺陷主要体现在三个方面:

一是无法解决过度竞争和垄断的问题。在规模经济中,自由竞争和垄断常常是一对难以分割的矛盾体。市场的自由竞争会自然地形成一些垄断企业,它们的存在又会妨碍资源的有效配置,破坏社会的正常发展。此外,还有人为设定垄断的现象,这种垄断通常是由于利用了经济上的优势或所享有的某些特权而造成的。

二是无法解决经济活动的外部性问题。外部性是指交易行为对交易双方以外的第三人产生的间接影响,包括负外部性和正外部性,前者指对第三人产生的负面影响,后者指对第三人产生的正面影响。在自由市场的情况下,市场只能反映私人成本和收益,无法反映经济活动中的所有经济成本和收益,而私人成本和收益往往与社会成本和收益存在不一致性。因此,市场参与者在作出决策和行为的过程中只会考虑自己的成本和收益,而不会兼顾其行为的外部效应。如果该行为的外部性为负,则可能表现为社会成本。私人成本与社会成本的分离必然导致市场主体在作出经济决策时不会考虑潜在的社会成本,例如,在完全自由市场的前提下,私人在建造化工厂时只会考虑这家化工厂会给自己带来的收益,而不会考虑由此可能产生的环境污染等问题。如果外部性为正,则可能表现为公共产品等。公共产品的"非排斥性"会导致公共产品的提供者无法从受益者那里获得对等的私人收益,从而使公共产品的相关行业无人问津。

三是信息不对称问题。例如,在消费领域,消费者拥有的信息不真实、不完全等原因,也会间接导致资源的不合理配置。这些缺陷使得市场无法实现完全的资源优化配置,也是经济自由主义显得过于理想化的原因。

针对市场存在的这些缺陷,政府可以利用产业政策以及其他干预手段对之进行调整、引导。对于自由竞争可能带来的过度竞争和垄断问题,政府可以通过实施产业政策,对相关产业进行引导和约束,从而减少过度竞争造成的资源浪费,或者减少垄断导致的不公平,实现资源更为有效的配置。对于市场外部性问题,政府也可以通过采取产业政策的方法,把外部性问题带来的社会成本或收益转化成为此行为或交易的私人成本或收益。例如,对严重污染环境或其他产生负外部性的行为,政府可以增加税收;而对教育、医疗卫生等基础设施,政府可以给予补贴。同样地,对于信息不对称的问题,政府也可以通过及时调查、公布宏观经济指数、各产业的具体发展状况报告,监督、检查并公布真实的信息,从而降低社会成员获取信息的成本,实现资源最优配置。此外,产业政策还可以调整产业布局,缓和区域经济发展的不平衡现象,维护社会稳定等。

以上即为传统的市场失灵理论,主要侧重于市场调节的不完善、经济活动外部性以及信息不对称问题。近年来,在这一理论的基础上,又出现了两种全新的观点。

一种观点是以信息外部性和协调外部性为基础内容的市场失灵论。持这种观点的学者有豪斯曼、罗德里克等。他们认为,传统理论只注重技术外部性问题。事实上,市场失灵还存在着两种情况,即信息外部性和协调外部性。信息外部性又称"信息外溢",是指新产品产生过程中的成本及风险往往由创新者独自承担,而新产品一旦进入市场,就会有众多模仿者,从而使收益为很多人一并分享。信息外部性可能会导致对于新产品的研发热情减少,不利于国家创新力和竞争力的提升。协调外部性又称"协调失灵",强调市场整体性和市场参与者之间协调的重要性。由于市场自身无力促使各参与者协调一致,可能影响到最终各方的收益。在信息外部性和协调外部性的情况下,政府应当发挥积极作用,通过实行产业政策等措施,保护创新产业始终处于竞争的环境中,保障创新者的利益,协调各参与者之间的关系。

另一种观点是系统失灵论,提出者是史密斯。史密斯利用系统论的方法,对以国家为主体的宏观系统和以公司及其他组织为主体的微观系统进行分析,将系统失灵分为四类,分别是基础设施失灵、转变失灵、锁定失灵和制度失灵。系统失灵会影响主体的创新能力,因此需要各国政府制定相应的创新政策,获得或维持竞争优势。①

正如詹姆斯·布坎南所言,市场失灵虽然不是政府干预经济的充分条件,但这一问题的存在却是政府采取干预措施以改进资源配置的一个正当理由。鉴于市场机制存在的种种缺陷,政府进行适当的干预显得极为必要。

(二)后发优势理论

后发优势理论又称"赶超论",源于日本经济学家筱原三代平于1957年发表的《产业结构和投资配置》。筱原三代平认为,产业结构的落后是当时的日本经济之所以落后于欧盟的原因,而完全依靠市场机制不可能改变自己的比较优势,因此必须通过产业政策改变日本的比较优势,从而实现产业结构的高度化。②

后发优势理论建立在李嘉图的比较优势说和李斯特的培育优势说的基础之上,指出了后发国家的优势所在。首先,后发国家可以直接吸收先进国家的先进经验和技术,成本要远低于原始开发的费用。其次,后发国家的劳动力成本通常更低。在这种情况下,后发国家只要在国家产业政策的保护和扶植下,就可以发展起新的优势产业,从而有能力与先进国家相竞争。

该理论为后发国家吸收发达国家的先进经验和技术,在产业发展过程中实现跳跃式发展,从而赶上发达国家提供了

---

① 参见许明强、唐浩:《产业政策研究若干基本问题的反思》,载《社会科学家》2009年第2期。
② 参见王健:《产业政策法若干问题研究》,载《法律科学》2002年第1期。

一个途径,为产业政策的制定和实施提供了新的理论依据。日本就在这一理论的指导下,成功改变了落后的产业结构。

（三）技术发展理论

技术发展理论认为,高新技术对国家产业发展而言具有重要的意义,而高新技术的研发必须依赖于产业政策的支撑。该理论基于两点认识:一是对技术外部性的认识。高新技术的首创者可以处于领先地位,但是由于技术研发的外部性,企业研发的积极性可能不高。二是对技术传递的认识。即使在资本完全自由流动的情况下,技术在国家间的流动也是不充分的。因此,国家需要干预,促进产业创新,使本国产业拥有更多的"技术首创者优势",或至少使本国企业能在较短时间内获得国外的高新技术。发展中国家可以通过实施产业政策,吸引外国直接投资,从而促成外国公司的技术转让。技术传递理论为国家干预高技术产业提供了重要依据。

（四）结构主义理论

结构主义理论强调国家在国际体系中的不同地位,特别是在经济贸易方面的差异。霸权国家经济实力雄厚,可以通过提供国际公共产品,如自由贸易和投资的制度、稳定的货币秩序等,获得更多利益。但是,霸权国家也要对此付出代价,即必须维持该国际经济制度,限制自身利益的扩展。非霸权国家可以采取各种措施保护自己的企业在国际竞争中不受损害,同时通过促进出口和向世界其他地区投资而获得自由贸易和国际货币制度的好处,如此增强自己的国际竞争力和地位。有学者直接认为:"产业政策是非霸权国家可以挑战霸权国家强权的一种方式。"[①]

---

① 黄兆银:《论战略性贸易和产业政策的理论及其意义》,载《经济评论》2001年第1期。

结构主义理论肯定了产业政策对于国家发展的重要作用。新古典主义发展经济学对结构主义理论作了尖锐的评判,认为结构主义隐含了政府具有干预经济的无限能力等问题。在新古典主义的抨击下,新结构主义出现并发展。

(五)经济发展理论

经济发展理论认为,世界可以分为两类国家,一类是处于中心地位的经济发达国家,一类是处于边缘地位的发展中国家。对于发达国家来说,为了保持自身的产业优势地位或实现更多的优势,有必要通过产业政策对目标产业进行调整。对于发展中国家来说,首先需要克服基础设施和基础工业的瓶颈制约,而这些部门的外部性较强,有投资大、周期长、风险高、盈利性低等弱点,如果仅依靠市场机制的自身调节,肯定不能在较短时间内实现在这些领域的发展,因此有必要依靠产业政策实现。

在经济全球化的今天,还出现了一些新理论,例如国际竞争论。该理论强调产业政策对于各国参与国际竞争的重要作用,认为产业政策可以充分发挥政府的经济职能,增强本国产业的国际竞争力。此外,国家利益论也成为产业政策的一个新的理论支撑。该理论认为,在经济全球化的环境下,产业政策的作用更为突出。因为与多边贸易体制的各种规则不同,产业政策往往立足于本国的实际情况和现实需要,可以更为有力地保障国家经济安全和国家根本利益。

三、产业政策无效性观点

虽然产业政策在近几十年中似乎取得了骄人的成就,也获得了很多国家的重视和信任,但是仍有很多学者对产业政策提出质疑,有的否认产业政策的必要性,认为应当充分信任市场机制;有的否认产业政策的作用,强调产业政策在经济调节方面的局限性。

一般来说,反对产业政策的理由主要包括:第一,政府信息不足或不对称。政府对于意在振兴的产业或经济部门,总是无法掌握足够的信息,而根据这些有限的信息制定的产业政策必定存在不确定性,再加上政府对市场指导力的有限性,使得产业政策所能产生的效果更难以预测。第二,政府动力不足。政府制定产业政策干预经济的行为是带有公共性的行为,往往首先干预公共产品领域,从而缺乏降低成本、提高效率的直接的利益驱动。第三,与市场运行背道而驰。产业政策会使经济问题受到政治、制度、行政等经济以外的其他因素的影响,而这些因素必然会影响市场本身能动性的发挥,干扰产业的正常发展和变化。第四,产业政策决策的失误。产业政策的制定和执行涉及面广,经济关系复杂,经济活动多变,而政府又无法获得完全充分的信息,再加上偶然因素的不可避免,使得政府很难制订出与实际需要完全吻合的产业政策。第五,经济全球化使政府制订出正确的产业政策的困难进一步增加。由此可见,政府难以驾驭产业政策对经济的影响,政府失灵难以避免。

鉴于上述原因,包括新自由主义在内的很多学者认为自由化是唯一的战略,国家的职责就是提供一个稳定的经济环境,维护明确有效的规则;产业政策只会扭曲市场调节资源配置时的运营机制,影响其效率。有些极端的经济自由主义推崇者甚至持"最好的产业政策是根本没有任何产业政策"的论调。①

---

① 参见姜达洋:《国外产业政策研究的新进展》,载《天津商业大学学报》2009年第5期。

尽管有很多学者质疑产业政策的有效性,但是它在国家经济和国际贸易中的地位和作用已日渐凸显。在当代经济环境下,政府似乎无法再次回归到19世纪后期到20世纪前期的"守夜人"角色。虽然学界对于政府干预市场的程度、产业政策的深度和广度仍有争议,但是不可否认的是,产业政策已经占据了重要的位置。

第四节 产业政策主权边界:WTO规则的约束

正如上文所言,虽然有关产业政策的有效、无效的争论仍在继续,但是产业政策已经成为各国经济发展过程中不可缺少的一部分。在经济全球化不断加深的今天,国家在实施产业政策的同时必须遵守国际规则。对于加入WTO的国家来说,在实施过程中还必须遵守WTO规定。在WTO框架之下,产业政策的空间发生了明显变化。

一、WTO与产业政策的天然矛盾——WTO以贸易自由化为基石

无论是二战以后各国外交代表积极筹备的《国际贸易组织章程》,还是为了应对该计划的破产而临时适用的《关税与贸易总协定》(GATT),或者是1994年筹备成立正式的世界贸易组织,都体现了追求贸易自由化的目标。

(一) GATT的产生和发展——多边贸易体制的建立

从WTO的前身GATT的产生就可以看出,设计这套机制的初衷是实现贸易自由化。二战胜利前夕,同盟国开始规划战后国际秩序。在经济方面,因为各国都从20世纪30年代保护主义、双边互惠主义等对外经济政策促成的畸形国际贸易和间接引起的经济危机中吸取了教训,所以当时的主要设

想是通过成立三大国际经济组织,建立未来的国家经济贸易体系:一是国际货币基金组织(IMF),用以维持汇率和国际收支的平衡;二是国际复兴开发银行(IBRD),用以筹集资金,协助经济复兴与发展;三是国际贸易组织(ITO),用以减少关税壁垒,促进国际贸易自由发展。前两个组织在1944年的布雷顿森林会议上顺利建立,而建立ITO的设想却由于美国等国拒绝批准而夭折。幸运的是,在筹备ITO及其宪章的过程中,ITO宪章有关关税减让义务的"一般条款"部分单独形成了一个协定——《关税与贸易总协定》(GATT1947)。GATT签署之后,为了使其尽快得到实施,各国签署了有关GATT的《临时适用议定书》。从此,GATT就一直以临时适用的多边协定形式存在和运作。

由于GATT是在筹备ITO的过程中形成的,其目的自然与ITO是一致的。这从GATT简短的序言中可以看出来:"……认识到在处理它们的贸易和经济领域的关系时,应以提高生活水平、保证充分就业、保证实际收入和有效需求的大幅稳定增长、实现世界资源的充分利用以及扩大货物的生产和交换为目的;期望通过达成互惠互利安排,实质性削减关税和其他贸易壁垒,消除国际贸易中的歧视待遇,从而为实现这些目标做出贡献……"

为了实现贸易自由化,GATT规定缔约方在关税和贸易方面采取关税减让、国民待遇、最惠国待遇等措施。GATT自1947年签订以来,先后举行了八轮多边贸易谈判,进一步削减了1947年协定中规定的关税减让水平。后期的几轮谈判还逐步修正、重新解释了GATT的最初条款,考虑到发展中国家的贸易和发展的特殊要求和问题,提出了"非互惠原则",并开始将非关税壁垒的内容纳入谈判范围且达成了诸多协定。在 1986 年至 1994 年的乌拉圭回合谈判（以下或简称"乌拉圭回合"）中，还首次将服务贸易、与贸易有关的知识产权问题以及与贸易有关的投资措施等列入谈判议题，达成了几个非常重要的新协定。更为重要的是，在乌拉圭回合中，各缔约方达成了《马拉喀什建立世界贸易组织协定》（以下简称《WTO 协定》）。根据这一协定，世界贸易组织于 1995 年 1 月 1 日正式成立。

GATT 从签订到为 WTO 所取代，期间主持了多轮多边贸易谈判，使各缔约国达成了一系列互惠互利的协议，促使关税总体水平大幅度削减。自日内瓦回合谈判至肯尼迪回合谈判，工业国家的非初级产品的平均关税下降幅度为 35%，涉及贸易额从 25 亿美元至 400 亿美元不等。在东京回合谈判中，平均关税下降了 34%，涉及贸易额达到 1550 亿美元。在乌拉圭回合谈判中，平均关税下降幅度达到 38%，涉及贸易额更是达到 3700 亿美元。[1] 这些数据体现了 GATT 在关税减让方面取得的成就，进一步体现出 GATT 在贸易自由化方面的不懈努力和追求。

（二）WTO 的法律体系——对贸易自由化的进一步追求

WTO 于 1995 年成立，由 GATT 继承和发展而来。作为贸易自由化理论的产物，WTO 推崇市场机制的作用和自由放任的经济发展方式，追求贸易自由化的目标。这从 WTO 的宗旨、目标和涵盖的一系列协定中都可以清晰地看出来。

WTO 法律体系的框架，是在 GATT1947 基础上，经过历次多边贸易谈判的修改、增减，特别是经过乌拉圭回合达成"一揽子协定"而最终形成的，其中根本性法律文件是《WTO

---

[1] 参见〔美〕约翰·H.杰克逊：《世界贸易体制——国际经济关系的法律与政策》，张乃根译，复旦大学出版社 2001 年版，第 81 页。

协定》及其四个附件。附件一由一系列货物贸易的有关协定以及《服务贸易总协定》和《与贸易有关的知识产权协定》构成,而货物贸易的有关协定主要包括《1994年关税与贸易总协定》(GATT1994)和一系列有关货物贸易的多边协定,依次是《农业协定》《卫生与动植物检疫措施协定》《纺织品和服装协定》《贸易技术壁垒协定》《与贸易有关的投资措施协定》《关于实施GATT1994第6条的协定》《关于实施GATT1994第7条的协定》《装运前检验协定》《原产地规则协定》《进口许可证程序协定》《补贴与反补贴措施协定》《保障措施协定》等。附件二是《关于争端解决规则和程序的谅解协定》,是WTO争端解决程序的基本依据。附件三是《贸易政策评审机制》。附件四是在WTO成立之前达成的四项复边贸易协定,目前仍有效力的还有两项,分别是《政府采购协定》和《民用航空器贸易协定》。

以《WTO协定》为基础,WTO法律体系主要由下列几个部分组成:

第一,《WTO协定》是WTO最基本的法律文件,列于乌拉圭回合形成的最后文件之首,规定了WTO的宗旨、原则、活动范围、职能等内容。其中,序言部分完整表述了WTO的宗旨:"各成员承认其贸易和经济关系的发展,应旨在提高生活水平,保证充分就业和大幅度稳步提高实际收入和有效需求,扩大货物与服务的生产和贸易,为持续发展之目的扩大对世界资源的充分利用,保护和维护环境,并以符合不同经济发展水平下各自需要的方式,加强采取各种相应的措施……期望通过达成互惠互利的安排,切实降低关税和其他贸易壁垒,在国际贸易关系中消除歧视待遇,为实现上述目标做出贡献;从而决心建立一个完整的、更有活力的和持久的多边贸易体系,以包括关税与贸易总协定、以往贸易自由化努力的成果和乌拉圭回合多边贸易谈判的所有成果;决心保持该多边贸易体系的基本原则和加强体系的目标……"从该表述中,可以清晰地看出 WTO 建立自由贸易多边体制的态度和决心。

第二,WTO 关于货物贸易的法律制度。国际贸易一直在国际经济中处于核心地位,而作为贸易中的传统部门——货物贸易,更是自 GATT 签署以来就是各国贸易中重点调整的对象。WTO 中与货物贸易有关的各项协定清楚地表明了 WTO 在贸易自由化问题上更强于 GATT 的决心。

GATT1994 除了基本继承了 GATT1947 的主要内容外,还包括了 WTO 生效前已经生效的 GATT 的其他文件,包括有关关税减让的议定书和确认书、加入议定书、根据 GATT1947 所给予的且仍然有效的豁免、在 WTO 生效时有效的所有 GATT1947 缔约方全体作出的其他决定,乌拉圭回合中对 GATT1994 达成的六项谅解,以及 GATT1994 马拉喀什议定书即 GATT1994 关税减让表。

除 GATT1994 以外,WTO 货物贸易规则还包括 GATT 附件下的各项多边货物贸易协议,它们分别从不同方面对开放国内市场、进行自由贸易作出了规定。例如,《卫生与动植物检疫措施协定》《装运前检验协定》《原产地规则协定》《进口许可证程序协定》对进出口贸易涉及的卫生检疫措施、装运前检验措施、进口许可证的实施措施以及原产地的确定等问题作了具体规定,防止因为各国在这些措施规定方面的不当而对国际贸易产生阻碍,旨在消除非关税壁垒的影响。《关于实施 GATT1994 第 6 条的协定》《补贴与反补贴措施协定》《保障措施协定》分别对"倾销""补贴"等概念作了规定,并严格限定了各国政府采取反倾销措施、反补贴措施或保障措施必须满足的法律要件和程序要求,既防止倾销、补贴等不公平贸易行为损害正常市场运行,又防止各国借反不公平贸易之名而行打击外国产品、保护本国产业之实。《农业协定》《纺织品和服装协定》《贸易技术壁垒协定》对农产品、纺织品、信息技术产品等特殊产品的自由贸易规定了具体的法律制度。《与贸易有关的投资措施协定》是迄今为止国际社会制定和实施的第一个与国际直接投资有关的多边货物贸易协定,虽然其范围仅局限于可能对国际贸易产生扭曲或限制作用的投资措施,但是它对这类投资措施的禁止或限制性规定以及对成员方实施与贸易有关的投资措施方面的透明度要求,对贸易以及投资的自由化都可以起到积极的推动作用。

第三,WTO 关于服务贸易的法律制度。相关规则主要体现在《服务贸易总协定》(简称"GATS 协定"),以及乌拉圭回合最后文本中部长级会议决议和宣言中有关的文件,如《关于服务贸易与环境的决定》《关于基础电信谈判的决定》《关于金融服务的决定》等。服务贸易作为 WTO 拓展的新的贸易领域之一,无疑突破了之前 GATT 时期多边贸易体制的管辖范围,促进了全球服务贸易自由化的进一步发展。

在乌拉圭回合之前,国际服务贸易壁垒种类繁多,各国都通过国内法律法规对服务及服务人员的跨国流动加以限制,严重阻碍了服务贸易的自由流动和发展。为了改善这一状况,GATS 协定将各成员方的义务分为一般性义务和具体义务。在一般性义务方面,GATS 协定要求各成员方必须遵守最惠国待遇原则、透明度原则等,还特别在国内规章方面作了基本要求,要求各成员方在其作出具体承诺的领域,保证相关法律措施以合理、客观、公正的方式实施等。在具体义务方面,各成员方通过谈判在具体的服务贸易领域中作了有关市场准入、国民待遇等的承诺。乌拉圭回合之后,有关成员方还就自然人流动、海运服务、基础电信、金融服务等内容进行了谈判,以期实现更高水平的市场开发。这些都体现了 WTO 在服务贸易自由化方面作出的努力。

第四,WTO 关于与贸易有关的知识产权法律制度。知识产权国际保护是知识产权人的利益与社会公共利益平衡的结果,是技术不断创新研发的保障,对国际贸易的稳定和健康发展有重要意义。作为 WTO 相关规则的集中体现,《与贸易有关的知识产权协定》(简称"TRIPS 协定")明确规定了版权、商标、地理标志、工业设计、专利、集成电路布图设计、未披露的信息等七类知识产权的最低国际保护标准,以及知识产权的效力、范围、取得和保护及其相关程序、争端的防止和解决等。

作为 WTO 拓展的另一新的贸易领域,TRIPS 协定无疑是 WTO 对于贸易自由化的又一贡献。TRIPS 协定首次将知识产权国际保护与国际贸易紧密联系起来,改善了各国国内和国际的知识产权保护体系。由于 WTO 的"一揽子"解决问题的方式,其更为强大有力的条约实施机制,以及 TRIPS 协定涉及范围的广泛,TRIPS 协定对于知识产权的保护较世界知识产权组织更进一步。

第五,WTO 关于争端解决机制的法律制度。作为《WTO 协定》附件二的《关于争端解决规则和程序的谅解协定》,规定了 WTO 争端解决机制应当遵守的规则。虽然 GATT 争端解决机制在运行期间解决了数百起争端,在很大程度上推动了贸易自由化的进程,但是由于 GATT 本身不是一个正式组织,内部实体法混乱,争端解决机制缺乏内部协调力和明确的程序期限,再加上协商一致通过原则等制度设计上的缺陷,使得 GATT 争端解决机制在处理案件过程中总有些力不从心。

与 GATT 争端解决机制相比,WTO 争端解决机制的管辖范围更为广泛,适用法律更为协调统一,在专家组成立、专家组及上诉机构报告等问题上采取反向一致的表决方式,禁止成员方采取单边贸易措施。WTO 争端解决机制是 WTO 多边贸易体制的有力后盾,有效保障了 WTO 各项多边协定的实施,推动了贸易自由化的进程。

第六,WTO 关于贸易政策评审机制的法律制度。贸易政策评审机制是指 WTO 对各成员方的贸易政策及其对多边贸易体制的影响作定期的全面审议并提出相应的建议。该机制规定了贸易政策评审的目标、机构、审议范围、程序等方面的法律制度,既可以提高各成员方政策的透明度,又可以对成员方的贸易政策进行有效监督。

自 1995 年至 2009 年底,WTO 贸易评审机构共完成了 222 次贸易政策评审,覆盖了绝大多数成员方。[1] 这些贸易政策评审所涵盖的内容愈加广泛具体,促使各成员方遵守和履行其在多边贸易协定项下的规则和承诺。

第七,WTO 关于复边贸易协定的规定。WTO 成立之时,共有四个复边贸易协定,即《民用航空器贸易协定》《政府采购协定》《国际乳制品协定》《国际牛肉协定》,前两个协定目前仍有效力。虽然复边贸易协定不属于乌拉圭回合"一揽子协定"的范围,但是这几个协定也致力于在各自的管辖范围

---

[1] 资料来源:http://www.wto.org/english/tratop_e/tpr_e/tp_rep_e.htm,访问时间:2011 年 2 月 3 日。

内促进贸易自由化的发展。

此外,WTO 所遵循的几项基本原则,如国民待遇原则、最惠国待遇原则、透明度原则等,也体现了 WTO 对贸易自由化的追求。由于第二章会对此进行具体讨论,这里不再赘述。

二、WTO 关于贸易自由化例外的规定

正如上文在贸易理论学说中所讨论的那样,贸易自由化与贸易保护的争论在最近几百年中从来没有停止过,反而愈加激烈。GATT 虽然以贸易自由化为基础,在实施的过程中组织了多次谈判,大大降低了各国关税水平,减少了非关税壁垒,为自由贸易体制的建立做出了巨大的贡献,但是由于 GATT 在组织机构、管辖范围、规则设计、争端解决等方面的缺陷,再加上 GATT《临时适用议定书》中规定的"祖父条款"和大量"灰色区域措施"(如自愿出口限制、有秩序的销售安排等)的存在,严重损害了 GATT 的权威,降低了 GATT 在实践中的作用。这些问题使得 GATT 饱受质疑和批评,甚至有学者怀疑 GATT 在贸易自由化中所扮演的角色。有关 GATT 规则是否是法律的争论也一直存在。

WTO 取代 GATT 之后,弥补了 GATT 的很多缺陷,取消了"祖父条款"的规定,"灰色区域"等问题也有所减少。但是,作为世界上规模最大、影响最广、缔约国最多的与贸易有关的国际组织,在各国的利益权衡和博弈之下,WTO 有时也会在贸易自由化和贸易保护的问题上摇摆不定,难以取舍。

(一)WTO 中的例外条款

《哈瓦那宪章》和 GATT 在拟定之初就遇到了巨大的阻碍,毕竟各国对于开放国内市场仍然顾虑重重。为了保证 GATT 的出台,各成员方在贸易自由化问题上必须有所让步,例如在各协定中设立的各种例外条款。这些规定经常为各国所援引,借以豁免自己采取的与贸易自由化相悖的措施,从而起到了自我保护的作用。WTO 在对 GATT 时期的法律规则继承和发展的过程中,也对很多例外条款予以保留,或有所修改和增减。

第一,有关一般例外的规定。GATT1994 第 20 条规定了十项例外情况,允许成员方出于特定目的或原因采取偏离原本义务的措施。这些政府措施主要包括:有关环境保护和卫生检疫的贸易措施、有关社会道德文化的措施、有关义务解除的措施、为了满足义务需要的措施、限制金银的措施等。值得注意的是,第 20 条在导言部分对这些例外情况规定了条件,即这些措施的实施在条件相同的各国间不会构成任意的或武断的歧视手段,不会对国际贸易构成变相限制。

第二,有关豁免义务的规定。GATT1994 第 25 条第 5 款规定:"在本协定另作规定的例外情况下,缔约方全体得免除本协定规定给一个缔约方的义务,但是此项决定需经投票数中三分之二的多数批准,而此多数中需包括半数以上的缔约方。……"该规定明确了在例外情况下得以解除一国某项条约义务的程序。《WTO 宪章》第 9 章第 3 款和第 4 款也有关于豁免义务的规定,其中第 3 款规定:"在例外情况下,部长会议得决定解除一个成员方的本协定或任何多边贸易协定加给它的一项义务,但任何这类决定要经成员方的四分之三多数通过,本款另作规定者除外。……"将 GATT1994 和《WTO 宪章》中的有关条款对比可知,《WTO 宪章》对于豁免义务的决策的程序规定得更为严格。根据《WTO 宪章》第 16 条第 3 款,"遇有本协定的规定和任何多边贸易协议的规定发生冲突时,在冲突范围内本协定规定优先适用",即《WTO

宪章》中的有关规定替代了GATT1994第25条的规定。

第三,有关安全例外的规定。GATT1994第21条规定了可以适用安全例外的几种具体情形,包括:涉及成员方基本安全利益的资料的公布、对核裂变物质采取的措施、武器军火等的贸易、在战时或国际关系紧急情况下采取的措施、为履行《联合国宪章》维护国际和平和安全的义务而采取的任何行动。安全例外的适用范围很广泛,还适用于服务贸易和知识产权保护。

第四,有关国际收支限制措施的例外规定。GATT1994第12条至第15条规定了成员方因国际收支平衡而被允许采取的与其义务相悖的措施,第18条还对发展中国家采取国际收支限制措施作了更为宽松的规定。发达国家和发展中国家在这一问题上分歧较大,发达国家要求发展中国家不以进口数量限制的方式解决国际收支失衡的问题。乌拉圭回合谈判中,通过了《关于GATT1994国际收支条款的谅解》,全面加强了实施国际收支限制措施的条件。

第五,有关发展中国家的各种例外规定。GATT中,长期以来都是发达国家占据主导地位,直到GATT第六轮回合谈判即肯尼迪回合谈判才有突破。在这一轮谈判中,第一次正式提出了非互惠原则,为普惠制的产生奠定了法律基础。此后,在第七轮回合谈判中,达成了《给予发展中国家以差别及更优惠的待遇、互惠和更全面参与的决定》,即通常所说的"授权条款"。授权条款认为,发达国家给予发展中国家以及发展中国家之间相互给予优惠待遇是世界贸易制度的一个长期法律特征,可以享受最惠国待遇的豁免。WTO把保证发展中国家成员方贸易、经济的发展作为自己的宗旨之一,其框架下的协定中关于给予发展中国家成员方特殊与差别待遇的条款有140多项,载于各项多边货物贸易协定、GATS协定、TRIPS协定、《关于争端解决的规则和程序的谅解协定》以及各种部长级会议宣言和决定中。

第六,区域性贸易安排的例外规定。GATT和WTO没有把区域安排笼统地看做多边贸易体制的对立物,而是承认其对区域贸易自由化的作用。GATT1994第24条对区域一体化规定了条件。与GATT1994相类似,GATS协定第5条也对区域一体化作了例外规定。但是,区域性贸易安排对国际贸易的影响是两面性的,它一方面可能为国际贸易开拓更大、更开放的市场;另一方面也可能成为新的贸易壁垒,不利于国际贸易的增长。

(二) WTO框架下的其他贸易保护措施

除了以上列举的各种例外条款,WTO机制下有关公平贸易、保护幼稚产业等的规则常常为各国所采用,借以保护本国产业的正常发展。但是,随着多边贸易体制的发展,传统的关税和非关税壁垒受到越来越严格的限制,各国在采取产业政策方面受到了更多约束。一些国家会利用这些规则,采取与WTO并不直接冲突的保护措施,例如贸易保障措施,保护幼稚产业等。

第一,与贸易救济有关的各种规则。WTO的贸易救济制度主要包括反倾销措施、反补贴措施和保障措施,主要规定在GATT1994、《反倾销协定》《补贴与反补贴协定》《保障措施协定》中,后三个协定对GATT1994中相应的贸易救济规则作了进一步的具体规定。

在国际贸易下,倾销是指一成员方出口到另一成员方的产品价格低于正常价格,可能对进口国相关产业造成损害,违反公平竞争的原则,为GATT和WTO所否定。虽然

GATT1947 对倾销的概念、构成要件作了规定,但是过于概括,各国在实践中对这一原则性条款没有一致的标准。为了加强 GATT 第 6 条的实施,在乌拉圭回合谈判中,达成了《关于执行关税与贸易总协定第 6 条的协定(1994)》,即《反倾销协定》,对倾销的认定、反倾销调查程序、反倾销措施等作了具体规定。《反倾销协定》一方面是为了抵制倾销,消除不公平价格的差异,以达到保护本国产业的目的;另一方面也是为了防止反倾销措施成为新的非关税壁垒。但是,由于《反倾销协定》中的各项规则带有一定的弹性,又为各国滥用反倾销措施提供了一定的便利。

与倾销不同,GATT 和 WTO 对待补贴的态度不是一并谴责或否认的。GATT1947 第 6 条和第 16 条对补贴作了原则性规定。最初 GATT 并不禁止缔约方使用补贴,只要求缔约方将补贴的性质、范围和有关情况通知缔约方大会。在 1955 年举行的第九次缔约方大会上,才对 GATT1947 有关补贴的内容进行修订,规定禁止对初级产品以外产品的补贴措施。为了加强反补贴机制,乌拉圭回合谈判中达成了《补贴与反补贴协定》,对补贴明确规定、分类并分别规定了救济措施和程序等。《补贴与反补贴协定》根据补贴对国际贸易的影响,将其分为禁止性补贴、可诉补贴和不可诉补贴三种类型,仅对那些对其他成员方的贸易造成不利影响的补贴予以禁止或审查。与《反倾销协定》类似,《补贴与反补贴协定》也具有两方面的目的:一是防止特定类型的补贴给国际贸易造成不利影响,二是防止不当的反补贴行为变相影响国际贸易的正常流向。但是,尽管该协定作了诸多努力,补贴和反补贴仍然既可能是各国维护本国产业平衡发展或保证公平贸易的合理手段,也可能蜕变为非关税壁垒的重要形式。

保障措施是 WTO 框架下另一个重要的贸易救济手段，又称"保障条款"，是指 WTO 成员方在进口激增并对其国内相关产业造成严重损害或严重损害威胁时采取的进口限制措施。GATT1994 第 19 条对保障措施作了概括性规定，允许缔约方在特定紧急情况下为保障本国经济利益而解除 GATT 项下的义务。《保障措施协定》在该第 19 条的基础上，对保障措施的定义、实施条件、形式和程序等作了进一步规定，旨在加强对保障措施的多边控制，成为 GATT 多边贸易体制稳定运行的"安全阀"。然而，由于保障措施固有的宽松性，它有时仍不可避免地成为贸易保护的一种手段。

第二，保护幼稚产业的有关规则。GATT1994 第 18 条规定，允许只能维持低生活水平、经济处于发展初期的发展中国家成员方为促进某一特定产业的发展而暂时背离 WTO 的义务——实施关税保护和数量限制的措施。

(三) 非贸易利益成为贸易保护新形式

WTO 取代 GATT 机制，使得贸易自由化又向前迈了一大步，各种关税和非关税壁垒都受到更为严格的限制。各国特别是发达国家出于适应本国经济、政治发展的需要，开始寻找新的手段保护本国产业，维护自身在国际竞争中的优势地位。各种新型贸易壁垒形式开始出现，它们对环保、劳工保护等非贸易利益的追求，常常使其贸易保护倾向更为隐蔽。比较典型的新型贸易壁垒形式有绿色贸易壁垒、蓝色贸易壁垒、技术性贸易壁垒等。

第一，绿色贸易壁垒。绿色贸易壁垒是指在国际贸易中一国以保护环境为由而制定的环境贸易措施，借以限制进口，既包括对进口产品设置的带有歧视性的贸易障碍，又包括建立严格的环保技术标准和产品包装要求等。由于环境与贸易之间联系密切,为保护环境而采取的贸易政策往往被视为解决环境问题的一个重要手段,因此 GATT 和 WTO 对环境与贸易问题非常重视,曾展开过多次谈判。但是,该问题的复杂性使得各利益方分歧太大,一直没形成协议,仅在乌拉圭回合谈判的最后文本中达成了《关于环境与贸易的决议》。

虽然 WTO 机制下尚未达成专门的贸易与环境问题的协定,但是在一系列协定中体现了环境与贸易的关系。例如,《WTO 协定》就将可持续发展和环境保护设为其目标之一;GATT1994 第 20 条的"一般例外"中的(b)款和(g)款规定了"保障人类、动植物的生命或健康所必需的措施"和"与保护可用竭的自然资源有关的措施"在满足条件的情况下可以作为义务的例外。此外,在《贸易技术壁垒协定》《卫生与动植物检疫协定》《补贴与反补贴协定》、GATS 协定、TRIPS 协定中,都有关于环境保护的例外条款。这些条款允许成员方为保护国内居民和动植物的生命健康或防止环境污染而制定本国的环保政策并组织实施,对于环境保护和人类健康具有重要的意义。各成员方也因此有理由在遵守 WTO 规定的前提下采取保护环境的政策。

但是,这些例外规定很可能被滥用,成为变相的贸易保护主义的手段。因为虽然 WTO 各项协定同时强调这些政策和措施的必要性且不得妨碍世界自由贸易体制的正常运行,但是这些限制性规定缺乏有效明确的约束性。同时,由于 WTO 没有就环境与贸易问题达成专门的协定,有些国家常借此不受 WTO 约束,借环保之名,行贸易保护之实。绿色贸易壁垒将环保作为其目标,往往具有很大的蒙蔽性,容易获得消费者和社会公众的认同。

第二,蓝色贸易壁垒。蓝色贸易壁垒也称"劳工标准贸易壁垒",是指以保护蓝领工人权利和工作条件为主要内容而形成的国际贸易限制措施。一直以来,劳工标准问题都是发达国家和发展中国家产业争议的议题之一,而且与贸易的关系也更紧密。西方流行的"劳动力倾销论"的观点是劳工标准与国际贸易联系的理论基础。该观点认为,发展中国家对劳工缺乏保护或者使用童工或囚犯生产产品,这样形成的出口竞争优势就是劳动力倾销或福利倾销。因此,发达国家主张将劳工标准与贸易相联系,使用贸易制裁等措施惩罚劳工标准较低的国家。发展中国家对此坚决反对,认为这会剥夺发展中国家在国际贸易中的比较优势。由于发展中国家的联合抵制,WTO 至今没有形成有关劳工标准的专门协定。

尽管如此,劳工标准与国际贸易的联系已经在多次谈判中得到了一定的肯定,发达国家仍然坚持将劳工标准纳入多边贸易体制中。在实践中,有些国家也将劳工标准纳入政策之中。这些劳工标准一方面促使各国改善劳工工作环境,提高劳工待遇,有利于社会进步;另一方面也容易为发达国家所利用,成为贸易保护的工具。

值得注意的是,自愿性认证标准对贸易的影响日益增大。例如,社会责任标准(SA8000)是由美国国际社会责任咨询委员会制定的,内容涉及保护劳工权利的管理标准体系,由企业自愿申请认证。目前,国际劳工组织和其他国际标准化机构尚未将其视为国际标准,也无政府规定将其作为强制标准执行。目前,SA8000 已经覆盖 64 个国家的 2000 多家企业,涉及 66 个行业,超过 110 万工人。[①] 虽然自愿性认证标

---

① 资料来源:http://www.sa-intl.org/index.cfm?fuseaction = Page.viewPage&pageId = 478,访问日期:2010 年 2 月 10 日。

准不具有强制执行力,但是它们对国际贸易的影响日益显著。

第三,技术性贸易壁垒。技术性贸易壁垒又称"贸易技术壁垒"或"技术壁垒",是指强制性或非强制性确定商品某些特征的技术法规或技术标准,以及旨在检验商品是否符合这些技术法规或技术标准的认证、审批和测试程序中所形成的不合理的贸易障碍。技术性贸易壁垒并非一个全新的贸易壁垒形式,它在 GATT 时期就已大量显现,乌拉圭回合谈判中达成的《贸易技术壁垒协定》对技术法规、技术标准和合格评定程序都作了规定。但是,由于该协定给予各国制定标准认证的自由度过大,而且 WTO 无法对各成员方的技术壁垒进行有效审查和制裁,再加上各成员方之间经济技术发展严重不平衡,导致技术性贸易壁垒非但没有消失,反而在表现形式、危害程度等方面逐渐升级。

越来越多的技术性贸易壁垒为国际贸易构筑了一个无形的障碍,阻碍了资源在世界范围内的有效配置,不利于国际贸易的发展。很多学者甚至预言技术性贸易壁垒将成为 21 世纪最主要的贸易壁垒形式。技术性贸易壁垒往往以高科技的技术标准为基础,或者利用各国产品标准的差异性。由于发展中国家的经济发展水平远远低于发达国家,且发达国家在标准制定方面往往处于主导地位,因此技术性贸易壁垒特别损害发展中国家的利益。

与传统贸易壁垒不同,这些新型的贸易壁垒往往着眼于贸易利益以外的东西,更多地考虑环境利益和社会利益等,因此带有双重性。它们一方面对环境保护、劳工利益保护、科技进步有促进作用,另一方面又会被作为借口对出口国进行有意刁难。它们涉及面广、隐蔽性强、技术性高,往往为贸易保护主义披上了合法的外衣。不过,无论是 WTO 框架下各协定中包含的各种例外条款,还是贸易救济措施、环境保护措施、劳工标准等,都是 WTO 在贸易自由化进程中给各国产业政策留下的空间。

三、产业政策在 WTO 框架下的路径选择

贸易自由化和贸易保护是国际贸易的两个方面,既相互矛盾、相互制约,同时又统一于国家利益之中。WTO 作为最重要的国际贸易组织,更是贸易自由化和贸易保护的矛盾统一体。因此,WTO 中的大多数观点是混合型的。这既是从市场机制不足的角度进行的考虑,以便消除纯粹的市场机制带来的显而易见的负面影响;又是从各国的现实需要出发作出的选择,给各国产业政策留下必要的空间。WTO 并没有忽视或否定政府在国际贸易中的作用,WTO 框架下的各项协议,例如《补贴与反补贴协定》《反倾销协定》《贸易技术壁垒协定》等,也只在一定程度上减少了补贴、反补贴、反倾销、技术标准等措施的弹性。

尽管如此,作为贸易自由化的产物和自由贸易体制的构建者,GATT 和 WTO 的各项规则必然对产业政策有诸多限制,要求各成员方加以遵守。自 GATT 诞生之日起,有关其对主权的影响和限制的讨论、争论甚至批评、谩骂就从来没有停止过。特别是当 1995 年 WTO 取代 GATT 体制之后,WTO 较之前的 GATT 被赋予更为强大的权力,如其"一揽子协定"的通过、更为有力的争端解决机制等,各国所要承担的义务必然也更多。WTO 所管辖的领域已经远远超过了当时 ITO 设计者们的设想,而这一领域还在进一步扩大。更有一些 WTO 的坚定支持者们已经不满足于 TRIPS 协定、TRIMS 协定

的作用,主张把投资、环境保护等各类问题统统纳入其中。无论 WTO 的走向如何,各成员方在实施产业政策时必须遵守 WTO 的各项规定。

对于 2001 年加入 WTO 的中国来说,也必须遵守 WTO 规则。作为发展中国家,中国在 WTO 框架下享受一定的优惠待遇。但是,中国入世谈判中所作的义务承诺,在很多方面受到更为苛刻的限制。就连"WTO 之父"——美国著名学者约翰·H.杰克逊也承认:"已有成员认为需要与中国就一些保障措施和分'阶段'实施的权利与义务进行协商。""值得注意的是,中国议定书经过谈判最终得以通过,而且该议定书在某些方面超越了 WTO 的通常规则,对中国执行了一套更为严格的规则。其中的部分(而并非全部)与 WTO 通常规则的偏离将随着时间的流逝而消失。"[①]这些源于中国与主要成员国的体制差异给成员国造成的担心,且欧美等国普遍认为中国经济含有非市场运行的特点,如政府管制和补贴等,以及中国作为一个新加入国家所处的弱势地位。这些都是中国在制定产业政策时必须注意的。

同时,为了适应产业集群、产业融合等新趋势,政府应当实施更为积极、开放的产业政策,不能仅仅满足于扶植、保护某一特定产业,而是应当立足于塑造良好的外部环境,重视基础设施建设、资本积累、技术创新和扩散等。

WTO 越来越重视环境、资源、生态、人文等问题,各国在实施产业政策的时候也要注意到这一点。在保证与经济发展水平相适应的前提下,各国应尽可能实施更具生态、人文亲和力的产业政策。这既可以适应 WTO 的发展需要,也有

---

① 〔美〕约翰·H.杰克逊:《国家主权与 WTO:变化中的国际法基础》,赵龙跃等译,社会科学文献出版社 2009 年版,第 131 页。

利于自身产业的可持续发展,在实现经济效益的同时,亦可以促进环境保护、资源节约、人口素质提高、科学技术进步等目标的实现。

WTO 是建立在由 120 多个国家代表谈判形成的制度框架的基础上的,又肩负着越来越重的职责。抛开 WTO 的制度设计和发达国家的主导地位不谈,仅从这两点上考虑,我们也不能期望这个组织可以满足所有的成员国、利益方的要求。我们必须自己主动利用 WTO 的规则和机制,既遵守又不一味盲从,积极在 WTO 机制下为自身争取应有的权利。关于贸易自由化和贸易保护的争论还在继续,各国在这一问题上的态度和行动还是摇摆不定,我们可以做的,就是尽可能在实施产业政策的时候,既要注意到 WTO 给予产业政策的空间,保证产业政策的合法性,又要考虑到在多边体制和贸易自由化下产业政策的有效性和合理性。只有这样,我们才能在从多边贸易体制中获益的同时,不损害到自身产业政策的实施和产业的发展。

第二章 产业政策应遵守的基本法律原则

WTO 的各项规则中,都体现了一些基本的法律原则,这些原则构成了 WTO 的基础和支柱。公认的 WTO 原则主要有互惠原则、最惠国待遇原则、国民待遇原则、市场准入原则、透明度原则、公平贸易原则等。这些原则有的由 WTO 直接加以规定,有的可以通过 WTO 的规定体现出来。

正如第一章所言,WTO 框架下的各种规则为产业政策的制定和实施划定了一定的主权边界。为了明确这种边界,各成员方首先应当明确作为 WTO 基石的各项原则的规定,然后才能进而明确 WTO 在补贴政策、知识产权政策等具体领域的规定。本章着重探讨最惠国待遇原则、国民待遇原则和透明度原则,其中最惠国待遇原则和国民待遇原则常被统称为"不歧视原则"。

第一节 最惠国待遇原则

一、最惠国待遇原则的含义

在 WTO 框架下,最惠国待遇(Most Favored Nation Treatment,MFN)主要是指 WTO 任一成员方在货物贸易、服务贸易和知识产权领域给予任何其他国家的优惠待遇,应立即、无条件地给予其他各成员方。

最惠国待遇原则的实践最早可以追溯至12世纪,不过直至17世纪才出现这一表述。欧洲各城邦之间的相互竞争,不仅促进了国际贸易的发展,也促进了国际贸易规则的发展。最初的最惠国待遇常常是非互惠的、有条件的。直至19世纪,西方国家之间才更多地采取现代模式下的最惠国待遇,即"相互的、无条件的最惠国待遇"。不过,那时这一模式只存在于西方国家相互之间的友好通商条约中。西方国家在与亚非相对落后的国家的贸易交往中,往往采用非互惠的最惠国待遇原则。19世纪到20世纪上半叶,由于两次世界大战和几次经济危机,最惠国待遇原则也经历了几次反复。1947年《关税与贸易总协定》签订以后,最惠国待遇就作为一项原则进入多边体制中。在GATT体制下,最惠国待遇以多边互惠为基础,适用于GATT所有成员国之间的货物贸易。WTO成立之后,最惠国待遇原则又进一步扩展至服务贸易和知识产权贸易领域。

作为不歧视原则的一个方面,最惠国待遇的实质是保证市场竞争机会的均等。这意味着一成员国必须平等地对待其他所有成员国,对与其交往的各个成员国实行非歧视待遇。特别是现代意义上的最惠国待遇,更是体现了其公平竞争和机会均等的实质以及对贸易自由化的追求。一方面,"互惠"体现了公平交往,是现代文明的结果;另一方面,"无条件"也真正体现了最惠国待遇的实质。将最惠国待遇原则纳入多边体制,则是在更广泛的基础上促进了最惠国待遇目标的实现。

最惠国待遇原则主要有下列几个特点:第一,自动性。

这是最惠国待遇的内在机制,主要体现在最惠国待遇原则的"立即"和"无条件"要求上。当 WTO 一成员方给予另一成员方的优惠超过其他成员方享有的优惠时,最惠国待遇的内在机制就自动启动了,即自动给予其他成员方相同的优惠待遇。第二,同一性。这一特点实际上是建立在自动性机制的基础上的。当一成员方给予另一成员方的某种优惠自动适用于其他成员方时,该成员方给予其他成员方的待遇必然是相同的。因此,同一性既是对优惠给予国的要求,也是最惠国待遇机制的必然结果,体现了其非歧视性的实质。第三,相互性。即任何一个成员方既是给惠方,也是受惠方。换句话说,任何成员方既承担最惠国待遇的义务,同时又享有最惠国待遇的权利。此外,在 WTO 体制中,最惠国待遇原则还体现出普遍性的特点,即最惠国待遇原则适用于全部非进出口产品、服务贸易的各个部门和所有种类的知识产权所有者和持有者。[①]

最惠国待遇原则被纳入多边贸易体系有其经济和政治基础。第一,非歧视将会起到一种友善的效果,有利于促进贸易自由的市场原则。当各国政府统一适用贸易限制而不考虑产品的原产地时,市场对产品生产和配置的功能将最大化。如果可以在附近的市场销售产品,就没有必要舍近求远,跑到其他国家的市场。第二,经济学理论认为最惠国待遇经常引起贸易自由政策的普遍化,因此可以产生更多的自由贸易。第三,最惠国待遇强调普遍适用于所有参加方,这可以使规则形成成本最小化。第四,最惠国待遇有利于减少交易成本,因为海关在履行其控制进口货物的任务时不必确

[①] 参见石广生主编:《中国加入世界贸易组织知识读本:世界贸易组织基本知识(一)》,人民出版社 2002 年版,第 18、19 页。

定货物的"原产地"而一体征税。最惠国待遇原则在政治上的好处是,如果不实行这一原则,各国政府就可能试图对一些国家或集团实施歧视性的分类,而这种分类可能引起憎恨、误解和争端。最惠国待遇既有助于减少各国之间的紧张关系,又可以抑制政府采取短期政策的冲动。①

二、最惠国待遇原则的适用

（一）最惠国待遇原则在货物贸易领域的适用

GATT1947 将最惠国待遇原则第一次规定在多边国际贸易协定中,从而成为关贸总协定的基石,对国际贸易的发展产生了重大影响。GATT1994 第 1 条第 1 款继承了 GATT1947 中关于最惠国待遇原则的规定:"在对进出口或有关进出口而征收的或者为进出口产品的国际支付转移而征收的关税及任何税费方面,在征收这些税费的方法方面,在与进出口有关的所有规则与手续方面,以及在第 3 条第 2 款与第 4 款规定的所有事项方面,任何缔约方给予原产于或运往任何其他国家的产品的任何好处、优惠、特权或豁免,应当立即地和无条件地给予原产于或运往其他成员方的相同产品。"

根据这一规定,最惠国待遇制定"好处、优惠、特权或豁免"适用的对象是产品,适用范围不仅包括产品的关税税率,还包括与进出口有关的其他费用,征收关税和费用的方式,与进出口有关的规则和程序,国内税或其他国内费用,有关影响产品的国内销售、许诺销售、购买、运输、分销和使用的法令、条例和规定。

---

① See John H. Jackson, The World Trading System: Law and Policy of International Economic Relations, The MIT Press, 1997, para.159.

"相同产品"(the like products),是最惠国待遇原则的一个非常重要的概念。在货物贸易领域中,最惠国待遇原则要求 WTO 成员方在上述范围内将其对任何第三国产品的优惠措施"无条件"地给予 WTO 任何其他成员方的"相同产品"。因此,对于"相同产品"的界定就非常重要。鉴于 GATT1994 并没有对"相同产品"作明确的界定,只能参考 GATT 和 WTO 的案例作出判断。

考虑到 GATT 第 1 条第 1 款主要是为了限制关税,因此关税分类表对于相同产品的判断非常重要。有人甚至建议将关税分类表作为决定产品是否相同的依据。问题是,一些国家有可能出于逃避最惠国待遇的目的而对关税表进行不适当的细分。这方面的著名历史案例是:1904 年,德国在和瑞士签订的条约中规定,对于"至少在海拔 300 米以上地区饲养而每年至少有 1 个月在海拔 800 米以上地点放牧的大花斑牛或棕色牛"降低关税。德国对牛的这种海关关税分类,其目的是防止别国援引最惠国待遇原则而享受该降低关税的待遇,因为只有瑞士产这个品种的牛。因此,在判断产品是否"相同"时,需要考虑更多的因素包括:产品在关税分类表或关税减让表中的分类,产品征收的关税,产品生产的方式,产品的合成、成分、化学物质等。[1] GATT 过去的一些案例可以提供参考。

例如,智利与澳大利亚关于对硫酸铵补贴的纠纷案。[2] 智利于 1949 年向 GATT 申诉,认为澳大利亚对硫酸铵提供补贴而取消对硝酸铵的优惠违反了 GATT 第 1 条规定的最惠国

---

[1] See Bhagirath Lal Das, The World Trade Organization: A Guide to the Framework for International Trade, Zed Book Ltd., London and New York, 2000, para. 19.

[2] See BISD Ⅱ/188,191.

待遇要求。GATT 工作组裁决认为:在澳大利亚的关税减让表中,硫酸铵和硝酸铵被分别列入不同类别而享受不同待遇;根据各国海关税收实践,硫酸铵和硝酸铵也被分别列出。据此,工作组认为澳大利亚没有违反 GATT 的最惠国待遇要求。

又如,欧共体与美国关于蛋白质饲料的纠纷案。[①] 该案要解决的问题是:所有基于增加蛋白质目的而生产的动物饲料是否属于 GATT 第 1 条中规定的"相同产品"?在该案中,专家小组分析了产品质量、关税税率、蛋白质构成、蛋白质中不同植物和动物及其合成情况。最后,专家小组得出结论:不同蛋白质饲料应被视为不同产品。

再如,巴西与西班牙关于咖啡关税税率的纠纷案。[②] 1980 年,巴西向 GATT 申诉,要求解决西班牙对咖啡的差别关税问题。西班牙政府将咖啡分成"淡味咖啡"和"其他咖啡"两大类,前者免征关税,后者征收 7% 的关税。1981 年,专家小组裁决认为:西班牙的分类基于地理因素、种植方法、咖啡豆的加工方法,而这些特征不足以将咖啡分为不同种类。特别是世界上没有任何一个其他国家对咖啡像西班牙那样进行分类。由此,咖啡应被视为 GATT 第 1 条中规定的"相同产品"。

值得指出的是,随着国际上对产品关税分类的趋同化,因产品关税分类而导致的纷争有减少的趋势。至 20 世纪 90 年代末,WTO 大部分成员方决定采用《商品名称及编码协调制度》(Harmonize Commodity Description and Coding System, HS)表示自己的关税减让表。HS 各条目由六位数字表示:前

---

① See BISD 25S/49, 63.
② See BISD 28S/112.

四位表示商品所在的种类,后两位表示产品的详细构成。例如,8470.10 表示"不需外接电源的电子计算器及具有计算机功能的袖珍式数据记录、重现及显示机器"。其中,"8470"表示电子计算器这样一个产品类别。HS 要求所有签字国必须将其关税分类统一到六位数。① 这样,各国对于产品关税的分类逐渐趋同。尽管如此,HS 也只要求各签字国把关税分类统一到六位数,至于六位数以后编码的进一步细分,由各国自主决定。由于关税分类的复杂性,各国在产品关税分类方面的纠纷虽然有所减少,但是仍时有发生。比如,2003 年底到 2004 年初,欧盟曾就等离子显示器的关税分类进行了激烈讨论。这是因为,欧盟成员国海关进行关税分类时,等离子显示器可归类于电脑显示器(进口税为 0%)或电视机(进口税为 14%),由于分类标准含糊不清,以致矛盾迭起。有关官员表示,只能与电脑一同使用的等离子显示器应归类于电脑显示器,而一个能够复制电视及视像讯号的等离子显示器,即使是要加装配件才能具有这些功能,亦不能算是只能与电脑一同使用的等离子显示器,因此应归类于电视机。②

除"相同产品"外,"无条件适用"也是最惠国待遇原则适用时必须明确的重要概念。GATT 最惠国待遇要求 WTO 成员方对任何第三国的产品所给予的利益、优惠、特权或豁免,应当"立即无条件地"给予来源于或运往其他成员方的相同产品。GATT/WTO 的有关案例为理解"无条件"的含义提供了参考。

---

① See Bernard M. Hoekman, The Political Economy of the World Trading System: The WTO and Beyond, Oxford University Press, 2001, para. 137.
② 参见《欧盟拟对部分等离子显示器加征关税》,载《国际商报》2004 年 3 月 30 日。

第二章　产业政策应遵守的基本法律原则

例如,比利时家庭补贴案。① 比利时对政府机构购买进口商品征收特别税,而如果该商品的生产国实行与比利时相同的家庭补贴计划,则可以免征特别税。由于挪威和丹麦不实行家庭补贴计划,所以不享受免税。1951年,两国向GATT申诉,认为比利时规定与最惠国待遇条款不符。GATT审理后认为,如果这种条件与进口产品本身无关,任何优惠(包括国内税和海关关税优惠)不允许附任何条件。

又如,加拿大汽车进口案。② 1998年,加拿大根据《汽车关税法》(The Motor Vehicles Tariff Order,MVTO)以及一系列特别许可证(Special Remission Order,SRO),给予某些汽车进口制造商以进口免税待遇。在MVTO中,加拿大规定,汽车生产商获得免税资格有三个条件:第一,该汽车生产商在法定的年限内曾在加拿大生产该类汽车;第二,在法定的年限内,该汽车生产商在加拿大生产该类汽车的销售值与进口到加拿大的该类汽车的销售总值相比,不得低于一定的比率;第三,该汽车生产商在加拿大生产的汽车中的本地增值部分必须等于或大于法定年限内在加拿大生产汽车的增值部分。作为在北美汽车市场拥有重要利益的成员,日本和欧盟认为,该法案给予原产于美国和墨西哥的汽车进口的待遇明显优于给予其他成员的同类产品的进口,是一个表面公正,实际上却造成对不同成员方贸易歧视的法案,原因是只有那些美国或墨西哥在加拿大投资的汽车生产商才有可能满足法律规定的三个条件。因此,该法案不符合GATT第1条第1款规定的最惠国待遇原则。在该案的审理中,争议双方均承

---

① See BISD IS/59,60.
② See Panel Report, Canada—Certain Measures Affecting the Automotive Industry, WT/DS/139/R, paras.10.18—10.30.

认免除进口关税系 GATT 第 1 条第 1 款所指的"利益、优惠",同时承认日本、欧盟诉争的标的物,即未享有这一"利益、优惠"的产品与已享有该"利益、优惠"的产品汽车是相同产品。从加拿大所采取的关税免除措施看,它不是依据与进口产品本身有关的标准而制定的,而是表面上给予了所有的汽车制造商。但是,由于加拿大对汽车制造商设定了三个条件,使得事实上只有美国等极少数国家的汽车制造商才能满足这三个条件。这就使其他国家的汽车制造商所生产的汽车受到与美国不同的贸易待遇,因而事实上构成了贸易歧视。专家组裁决认为,GATT 第 1 条第 1 款规定的"无条件"并不是指税率的获得不能设置条件,而是指这种条件不能形成事实上的歧视。

结合对比利时家庭补贴案和加拿大汽车进口案的分析,我们可以归纳出 WTO 最惠国待遇中"无条件"的含义。首先,"无条件"并不意味着不可以对进口产品征收的关税税率设置条件,但这种条件必须根据产品本身的特征设置,且这种条件的差别不会使得进口产品构成"相同产品";其次,不得设置除产品本身特征之外的条件作为获取最惠国待遇的条件;最后,"无条件"不仅要求保障法律形式的平等,而且要求保障实施时事实上的非歧视政策。

在国际货物贸易领域,最惠国待遇原则的适用存在一些例外。这些例外在第一章中也有所涉及,具体有下列几种:

首先,一般例外。GATT1994 第 20 条规定了十项例外情况,允许成员方出于特定目的或原因而采取偏离原本义务的措施。这些措施包括:为维护公共道德所必需的措施;为保护人类、动植物的生命或健康所必需的措施;关于金银进出口的措施;为实施与本协定各项规定无抵触的法律和规章而采取的必要措施,如海关法令等;有关监狱罪犯所制产品的措施;为保护本国具有艺术、历史或考古价值的文物而采取的措施;关于保护可用竭的自然资源的措施;为履行符合总协定原则的任何政府间协定所承担的义务;政府出于稳定目的;为保证国内工业需要而对某些原料所采取的输出限制措施;为保障当地非常紧缺物资的取得和分配而采取的措施。

其次,国家安全例外。GATT1994 第 21 条规定了可以适用安全例外的几种具体情形,包括:涉及成员方基本安全利益的资料的公布、对核裂变物质采取的措施、武器军火等的贸易、在战时或国际关系紧急情况下采取的措施、为履行《联合国宪章》维护国际和平和安全的义务而采取的任何行动。

最后,边境贸易、关税同盟和自由贸易区例外。GATT1994 第 24 条规定,任何成员方可以为方便边境贸易而对毗邻国家给予某种利益。成员方可以与一些特定的国家结成关税同盟或自由贸易区。对边境贸易、关税同盟或自由贸易区成员之间相互给予的优惠,其他成员不能自动获得。

此外,还有关于外汇安排的例外、授权条款例外、发展中国家成员方之间的优惠待遇例外、反倾销和反补贴措施例外等规定。

(二)最惠国待遇原则在服务贸易领域的适用

GATS 第 1 条第 1 款规定:"本协议适用于成员方为影响服务贸易所采取的各种措施。"第 2 条规定:"1. 对于本协议所涵盖的任何措施,每个成员方要立即地和无条件地给予任何其他成员方的服务和服务提供人以在优惠上不低于它给予任何其他国家(或地区)相同服务和服务提供人的待遇。2. 每个成员方得保持与第 1 款规定不一致的措施,只要该措施被列入'免除第 2 条义务附件'并符合该附件的条件。"

从这两个规定可知,虽然 GATS 对于最惠国待遇的表述与 GATT1994 很相似,但其内涵还是有区别的,这主要是由服务贸易的特殊性决定的。GATS 下的最惠国待遇主要包含几个方面的内容:(1)最惠国待遇原则不仅适用于服务产品,还适用于服务的提供者,即成员国的服务提供者与服务一样享受最惠国待遇。(2) GATS 关于最惠国待遇的规定属于"普遍义务",即最惠国待遇原则适用于服务贸易的各个部门,而不论这些部门是否开放。成员方在是否开放某一服务贸易部门、开放至何种程度以及对来自国外的服务和服务提供者实行何种限制等问题上,都不能使其他成员方处于低于第三国的地位。(3)参照标准是成员方对"任何其他国家"的服务和服务提供者的待遇,"任何其他国家"应包括非 GATS 成员。(4)允许成员方对最惠国待遇提出保留。很多发达国家特别是美国担心在服务贸易领域实行无条件最惠国待遇容易促成一些国家"搭便车"。GATS 为了将金融服务纳入多边贸易体制,最终作出了妥协,允许成员方在一定期间内维持与最惠国待遇不相符的措施,并在 GATS 生效之前将其列入"免除第 2 条义务附件"中。

与 GATT1994 类似,GATS 中"相同服务"和"相同服务提供者"的概念对于成员方履行最惠国待遇的义务关系重大。对于"相同服务"的界定,涉及服务贸易部门的分类。目前,各个成员方在减让表中承诺减让的服务贸易部门或分部门的分类主要以 WTO 秘书处关于"服务贸易分类"(Service Sectoral Classification,W/120)或联合国"产品中央分类制度"(UN Central Product Classification,CPC)为基础。2001 年 3 月 23 日,WTO 服务贸易理事会通过了服务贸易具体承诺指南,要求成员方继续跟进 W/120 和 CPC 对服务进行分类;如果不可行,也可以自行分类,但是应列出充分和详细的分类定义,以避免对服务范围的任何歧义。因此,各成员方在服务贸易减让表中所列的服务部门分类并不统一。由于标准不一,具有同样名称的服务部门,其贸易内涵可能不尽相同。这也就意味着判断服务是否为"相同服务"的分类标准并不统一。

对于如何判断"相同服务提供者",GATS并没有规定具体明确的标准。在著名的欧盟香蕉进口限制案中,关于欧盟的香蕉经营者和境外经营者是否为相同服务提供者的问题,专家组认为,根据CPC所规定的批发服务的性质和特点,无论香蕉经营者是从事欧盟当地香蕉的批发还是进口香蕉的批发,也无论香蕉经营者是从哪里进口香蕉,其作为批发商所提供的服务与境外香蕉经营者所提供的服务是同类服务。专家组认为:"如果将每一项服务活动加以比较,其区别主要是香蕉的原产地补贴,其他方面基本上完全相同。据此,我们认为,就提供香蕉经营服务的实体而言,既然其所提供的服务是相同服务,这些实体则为相同服务提供者。"[1]由此可见,专家组认为提供相同服务产品的服务提供者即为相同服务提供者。然而,影响服务提供者是否相同的因素除了是否提供相同服务产品之外,还包括许多其他因素。例如,相关实体的历史、规模、雇佣人数、人员素质、交易数额、设备、技术力量、业务范围等,这些因素往往影响服务提供者的实际业务能力。

美国与欧共体关于美国基础电信市场准入的问题再次反映了判断"相同服务提供者"的复杂性。1997年《全球基

---

[1] Panel Report, European Communities—Regime for the Importation, Sale and Distribution of Bananas, WT/DS27/R, para.7.322.

础电信协议》达成以后,美国联邦信息委员会(The Federal Communications Commission,FCC)颁布了《外国电信准入规定》(Foreign Participation Order),允许 WTO 成员方电信企业进入美国市场。另一方面,FCC 又保留权利,限制某些可能在竞争方面对公共利益产生负面影响的外国电信企业市场进入。[1] 欧盟认为美国基于外国电信企业在国际市场上的市场地位而拒绝其进入的做法不符合 GATS 中有关最惠国待遇的规定,因为占支配地位的外国企业与不占支配地位的其他外国电信企业是"相同服务提供者"。[2] FCC 则认为美国关于基础电信市场准入的标准没有违反 GATS 最惠国待遇规则,因为市场准入禁止不是基于服务提供者的国籍,而是基于服务提供者的市场地位,而这种市场地位会对美国市场竞争产生不利影响,且这种风险是美国反不正当竞争法所不能消除的。[3]

最惠国待遇原则在服务贸易领域的适用存在例外和豁免。GATS 主要规定了两种例外情形:一是边境服务贸易,并限于当地生产和消费的服务贸易;二是经济一体化成员方互相提供的优惠。GATS 允许任何成员方和其他国家达成仅在参加方之间适用的、进一步实现服务贸易自由化的区域经济一体化协定。达成这种协定必须满足如下条件:一体化协定

---

[1] See Report and Order on Reconsideration in the Matter of Rules and Policies on Foreign Participation in the U. S. Telecommunications Market, 12 F. C. C. R. 23, 81 (1997).

[2] See Comments of the Delegation of the European Commission in the Matter of Rules and Policies on Foreign Participation in the U. S. Telecommunications Markets, IB Docket No. 97—142, para. 7.

[3] See Comments of AT&T Corp. in the Matter of Rules and Policies on Foreign Participation in the U. S. Telecommunications Markets, IB Docket No. 97—142, para. 13.

必须涵盖众多的服务部门和四种服务提供形式;取消对协定参加方服务提供者的歧视性措施;禁止新的或更多的歧视性措施;协定应以促进成员方的服务贸易为目的,且不能使非成员与该协定成员在开展有关服务贸易时遭遇更多障碍。

GATS 第 2 条第 2 款允许各成员根据附件规定的条件自行作出是否享受最惠国待遇豁免的选择。实际上,附件只是作了实行豁免的程序方面的规定:任何成员方关于最惠国待遇的例外,可以在谈判确定本国第一份服务贸易减让表的同时,列出最惠国待遇例外清单,从而有权继续在特定服务部门给予特定国家以更优惠的待遇。这些例外只能一次确定,且例外清单的内容不得增加。在 GATS 生效后,任何新的最惠国待遇例外只能通过《WTO 协定》规定的豁免程序获得。凡是超过 5 年的最惠国待遇例外,只能通过《WTO 协定》规定的豁免程序获得,且都必须由服务贸易理事会审议。原则上,这种豁免不得超过 10 年,而且在任何情况下可由将来举行的多边贸易谈判予以变更。大多数 WTO 成员都宣布保留最惠国待遇豁免。在 1994 年 4 月 GATS 达成的 95 份服务贸易减让表中,共有超过 60 个成员方提交了最惠国待遇例外清单。这些例外主要涉及三大服务领域:视听服务、金融服务和交通运输服务。

(三) 最惠国待遇原则在知识产权领域的适用

TRIPS 协定第 4 条规定了最惠国待遇原则在知识产权领域的适用及例外规定。TRIPS 协定中的最惠国待遇原则是指,在知识产权保护方面,任何成员方对第三国国民所给予的优惠、特权以及豁免,应立即、无条件地给予其他成员方的国民。但是,在下列四种情况下,可不实施最惠国待遇:(1)基于国际司法协助协定而产生的任何优惠、特权以及豁免,且这种协定并非专门针对知识产权保护而签订;(2)按

《伯尔尼公约》或《罗马条约》的规定,不具有国民待遇性质而只是针对另一国的优惠、特权或豁免待遇;(3)TRIPS协定未列入的有关表演者、录音制品制作者以及广播组织者的权利,即使承认这些权利的成员方之间互相给予保护,也可以不延伸到未加保护的其他成员方;(4)TRIPS协定对某成员方生效之前,该成员方与其他成员方特别签订的协定中给予的优惠或特权,不过这些协定应通知与贸易有关的知识产权理事会。由此可见,与关税总协定的最惠国待遇相比,TRIPS协定的最惠国待遇的适用范围要小得多。

此外,TRIPS协定中规定的国民待遇以及最惠国待遇还有一个例外,这就是该协定第5条所指出的:凡参加了世界知识产权组织主持的、含有获得或维持知识产权的程序公约的成员方,没有义务向未参加此类公约的成员方提供这些公约所规定的程序上的优惠待遇。例如,一个微生物备案的《布达佩斯条约》的参加国,可以强制性要求一个非参加国国民在申请时必须提交活微生物标本;而对于《布达佩斯条约》的参加国,则仅仅要求提交某个国际交存标本机构已交存标本的证明书,尽管该两国都是WTO的成员方。

三、最惠国待遇原则对中国产业政策的影响

基于WTO"一揽子协定"对最惠国待遇原则的规定,《中国加入世界贸易组织议定书》(简称《中国入世议定书》)及《中国入世工作组报告》(简称《工作组报告》)对这一原则又作了进一步规定。[①]《中国入世议定书》第3条"不歧视"统

---

① 下文对《中国入世议定书》及《工作组报告》中具体条款的援引,均参考了英文版本以及赵维田书中的中文翻译。参见赵维田编著:《中国入世议定书条款解读》,湖南科学技术出版社2006年版,第145—162页、第235—268页。

一规定了最惠国待遇原则和国民待遇原则,具体条款如下:"除本议定书另有规定者外,在下列方面给予外国个人与企业以及外商投资企业的待遇,在优惠上不得低于给予其他个人与企业的待遇:(a)生产所需的投料、货物和服务的采购,和他们的货物在本国市场上或为出口而生产、营销方面所依据的条件;(b)国家及地方各级主管机关、公共事业或国家单位(state enterprises)在运输、能源、基础电信及其他生产设备与要素等方面所供给的货物与服务的价格和使用方面。"[①]据此,中国政府和立法部门在制定国家和地方产业政策时,应当注意遵守非歧视待遇原则,即给予外国个人、企业、外商投资企业的待遇,既不应低于给予其他外国个人、企业、外商投资企业的待遇,又不应低于给予中国国内个人、企业的待遇。第3条还特别强调了非歧视待遇原则在特殊货物贸易和服务贸易领域的适用。这主要是WTO各成员方在中国入世谈判时,考虑到中国的特殊性,特别强调了对几个方面的关注。

入世至今,中国与其他成员国之间的争端经常涉及最惠国待遇原则,其中较为著名的案件就是中美之间的集成电路增值税案。2004年3月18日,美国请求与中国就中国对国内生产或设计的集成电路给予优惠增值税的问题进行磋商。美国的主要观点之一是,中国允许对由于科技限制而由国内设计但在境外制造的集成电路所征收的增值税予以部分返还。这构成对进口自一国的产品所给予的高于进口自其他国家产品的优惠待遇,并构成对来自其他国家的服务和服务提供者的歧视。因此,美国认为中国违反了GATT1994第1

---

① 转引自赵维田编著:《中国入世议定书条款解读》,湖南科学技术出版社2006年版,第16页。

条以及《中国入世议定书》。这个争端最终以中国和美国在磋商中达成《中美关于集成电路增值税出口退税制度问题谅解备忘录》而结束。中国同意修改或撤销争议措施,并取消对于在中国境内生产和销售的集成电路的增值税返还,以及取消对于在中国境内设计、境外生产的集成电路的增值税返还。[①]

中国在颁布和执行各种产业政策时,要注意遵守 WTO 最惠国待遇原则的适用。

首先,要准确认识到最惠国待遇原则对中国经济的影响。一方面,最惠国待遇原则有利于促进中国进出口贸易的增长,促进外商对华投资,同时为中国企业向海外拓展投资和市场提供更多机会。另一方面,最惠国待遇原则也会给中国一些产业带来冲击,特别是在中国相对较为薄弱的产业,中小企业可能因为缺乏竞争力而面临减产甚至倒闭。因此,中国在适用最惠国待遇原则时,既要遵守 WTO 规则,又不能盲目,在开放市场可能影响有关产业安全的情况下,应当出台配套措施,加强对薄弱产业和中小企业的扶持力度,并给予适当的政策引导和支持。

其次,积极参加区域一体化经济集团,与其他国家建立自由贸易区,促进中国经济的发展。区域经济一体化是世界贸易发展的一个重要方面。近十几年来,亚太经济合作组织等区域经济组织得到了重要发展,在成员国的经济发展中也起到了巨大的推动作用。利用区域经济一体化和自由贸易区,不仅可以获得各种经济对话和合作机会,同时还可以增强成员国对外的竞争力以及讨价还价的能力。根据商务部

[①] 参见朱榄叶编著:《世界贸易组织国际贸易纠纷案例评析(2003—2006)》,法律出版社 2008 年版,第 92—93 页。

的资料,至2011年,中国已与东盟、新加坡、巴基斯坦等国签署了共计10个自由贸易区协定,正在与澳大利亚、挪威、瑞士等筹建自由贸易区。在符合原产地要求的前提下,中国和自由贸易区伙伴国的绝大部分产品将相互实行零关税或优惠关税,如此可以提高中国产品在伙伴国的竞争力。①

此外,在必要时,应积极援引WTO规则对于最惠国待遇原则设置的例外规定。

第二节 国民待遇原则

一、国民待遇原则的含义

广义的国民待遇(national treatment),指一个国家在民事权利方面给予在其国境内的外国公民、企业和商船与其国内国民、企业和商船一样的待遇。国民待遇专指外国自然人、法人、商船等在民商事方面而非政治方面的待遇。它通过国内立法和国际条约加以规定,为各国所普遍认可和接受。从理论上讲,依照规定给予外国人和本国人在民商事权利方面地位上的平等,可以防止对外国人实施不公平的歧视性做法;同时,也能避免如同从自由资本主义进入帝国主义时期那样,使外国人获得不合理的各种特权,从而有利于各国公民间在经济贸易方面的交往正常发展。

WTO中的国民待遇,是指对其他成员方的产品、服务或服务提供者及知识产权所有者和持有者所提供的待遇,不低于本国相同产品、服务或服务提供者及知识产权所有者和持有者所享有的待遇。

---

① 数据来源:http://fta.mofcom.gov.cn/,访问日期:2011年7月19日。

国民待遇原则是非歧视原则的具体表现,也是对最惠国待遇原则的补充。最惠国待遇强调的是"外外平等",即外国产品、服务或服务提供者之间的平等竞争;而国民待遇强调的是"内外平等",即调节进口产品、服务及知识产权与国内产品、服务及知识产权在国内市场上的竞争关系,要求成员方对进口产品、服务及知识产权给予不低于本国同类产品、服务及知识产权的待遇,即要求各国在本国与进口产品、服务及知识产权之间不要通过给进口产品以较低的待遇实行歧视,不要通过诸如国内税或其他限制措施抵消关税减让给进口产品带来的好处。譬如,进口国在国内税收如营业税方面,对进口产品征收高于本国产品的税收,其效果与对外国进口产品提高关税并无两样。

国民待遇原则包含以下三个要点:第一,国民待遇原则适用的对象是产品、服务或服务提供者及知识产权所有者和持有者,但因产品、服务和知识产权领域具体受惠对象不同,国民待遇条款的适用范围、具体规则和重要性有所不同;第二,国民待遇原则只涉及其他成员方的产品、服务或服务提供者及知识产权所有者和持有者在进口成员方境内所享有的待遇;第三,国民待遇定义中"不低于"一词的含义是,其他成员方的产品、服务或服务提供者及知识产权所有者和持有者与进口成员方相同产品、服务或服务提供者及知识产权所有者和持有者享有的待遇相比较,前者不低于后者即可;至于进口成员方给予前者更高的待遇,并不违背国民待遇原则。

二、国民待遇原则的适用

(一)国民待遇原则在货物贸易领域的适用

货物贸易领域的国民待遇原则主要体现于 GATT1994 第

3条第1、2、4、5、7款。

GATT1994第3条第1款规定:"各成员方认识到,国内税和其他国内费用,影响产品的国内销售、许诺销售、购买、运输、分销或使用的法律、法规和规定,以及要求产品的混合、加工或使用的特定数量或比例的国内数量法规,不得以为国内生产提供保护的目的对进口产品或国产品适用。"该款有关国民待遇原则的规定是货物贸易领域的原则性条款,对第3条其他各款有着指导意义。

GATT1994第3条第2款具体规定了国内税费方面的国民待遇问题:"一成员方领土的产品输入另一成员方领土时,不应对它直接或间接征收高于对相同的本国产品所直接或间接征收的国内税或其他国内费用。同时,成员方不应对进口产品或本国产品采用其他与本条第1款规定的原则有抵触的办法来实施国内税或其他国内费用。"第2款注释进一步规定:"凡符合第2款第一句要求的税收,只有在已征税产品与未同样征税的直接竞争或替代产品之间存在竞争的情况下,方被视为与第二句的规定不一致。"

GATT1994第3条第4款具体规定了国内规章方面的国民待遇问题:"一成员方领土的产品输入另一成员方领土时,在关于产品的国内销售、许诺销售、购买、运输、分销或使用的全部法令、条例和规定方面,所享受的待遇不应低于相同的国内产品所享有的待遇。"该款的目的是保障进口产品在经销过程中免遭歧视待遇,防止由于国内行政立法措施而造成的贸易保护主义。1958年7月,GATT就国内规章问题对英国诉意大利案进行审议。该案涉及1952年意大利颁布的一项法令。该法令规定,意大利农民如购买本国生产的农用拖拉机,可获得优惠低息贷款。英国认为该法令不符合

GATT1947 第 3 条第 4 款,因为根据意大利法律,凡购买进口拖拉机的农民无此优惠,因而造成了对外国同类产品的歧视。GATT 认为,这种贷款应向任何产地的农用拖拉机开放。

GATT1994 第 3 条第 5 款和第 7 款具体规定了产品加工方面的国民待遇问题。其中,第 5 款规定:"成员方不得指定或维持与产品的混合、加工或使用的特定数量或比例有关的任何国内数量法规,此类法规直接或间接要求接受其管辖的任何产品的特定数量或比例必须由国内来源供应。此外,成员方不得以违反第 1 款所列的其他方式实施国内数量法规。"

通过以上列举的 GATT1994 的各项条款可以看出,国民待遇原则在货物贸易领域主要体现在四个方面:

第一,成员方不应对进口产品征收超过对本国相同产品所征收的国内税或其他国内费用。由此可见,以下做法违反了国民待遇原则:(1)对进口产品征收某种国内税(如消费税),而对本国相同产品却不征收;或者在征收某种国内税时,对境外产品使用的税率高于本国相同产品。(2)对购买本国产品提供退税或免税,而对外国相同产品却无此待遇,或给予外国相同产品的待遇较低。这种情况实际上是对 GATT1994 第 3 条第 2 款第一句的反映。与最惠国待遇原则的适用相类似,国民待遇原则的适用同样面临"相同产品"的界定问题。如在欧共体、加拿大和美国诉日本关于酒的税收纠纷中,对于日本清酒与杜松子酒、威士忌、白兰地是否为相同产品的问题,上诉机构认为,GATT 缔约方 1970 年通过的《边境税工作组报告》中解释"相同或类似产品"的方法可以作为国民待遇中判断相同产品的参考。该报告指出:"对'相同产品'这一术语的解释应当个案处理,这样才能公平地评价每个案件中类似产品的各种因素。这些因素包括:产品的最终用户;因国家而异的消费者的喜好和习惯;产品的特点、性质和质量。"[1]在加拿大与欧共体石棉案中,上诉机构认为,经过实践的不断发展,判断产品是否相同应考虑以下因素:(1)产品的特征、性质和质量;(2)产品的最终用途;(3)消费者的喜好和习惯;(4)产品的关税分类。[2]

第二,在本国产品与进口产品具有直接竞争或可替代竞争关系时,不以保护国内生产的方式对两者区别征税。例如,某成员方对国产烧酒不征收从价税,而对进口威士忌和白兰地等烈酒既征收从价税又征收从量税,并且对国产烧酒征收的从量税比进口威士忌和白兰地征收的从量税低许多。这种做法就违反了国民待遇。因为对进口威士忌和白兰地等烈性酒而言,国产烧酒是所谓的"直接竞争或替代产品",该成员方的这种征税方法对国产烧酒提供了保护,从而对进口威士忌和白兰地等烈性酒造成了歧视。这种情况实际上是对GATT1994第3条第2款第二句的反映。要证明一成员方违反了该第二句规定的义务,必须满足三个条件:外国进口产品与国内产品是直接竞争或替代产品;对内外产品没有相同征税;没有相同征税是为了保护国内生产。

在智利酒类税案中,WTO专家组提出了判断产品"直接竞争或替代"的参考标准:替代性和竞争性,即两种产品虽在某些方面不尽相同,但它们能满足特定经济主体的相同或类似需求。由此可见,产品的最终用途的可替代性是判断该概念的重要指标。下列因素可作为产品的最终用途具有替代

---

[1] Report of the Working Party on Border Tax Adjustments, BISD 1 & S/97, para. 18.

[2] See Appellate Body Report, European Communities—Measures Affecting Asbestos and Asbestos-Containing Products, WT/DS135/AB/R, paras. 109—117, 125.

性的证据:(1)消费者视产品为满足某一特定需求的替代品的倾向;(2)产品推销策略的性质和内容表明,它们为争取某一市场的部分潜在消费者的支出在相互竞争;(3)与其他商品享有共同的经销渠道。①

在日本酒类税案中,上诉机构确立了"没有相同征税"的标准,即进口产品的税负比国内产品高,并且超过细微程度。② 在智利酒类案中,智利新税制规定,酒精含量不超过35%到39%之间,每上升1度,从价税增加4%。专家组和上诉机构比较了智利对其国产皮斯科酒与进口酒的税收差别后认为,作为一个事实问题,大约75%的国产酒可以享受27%的低税率,而95%的进口酒执行47%的高税率。实际上,智利市场上几乎不存在酒精含量在35%到39%之间的酒。鉴于此,进口酒的税负比国产酒高,而且其差距并不是微小的。③

对于没有相同征税是否对国内生产提供保护这一问题,在日本酒类税案中,上诉机构指出,对一税收政策是否对国内生产提供保护的审查,是该争议措施如何适用的问题。该审查应对税收政策的设计、结构标准和总的适用效果进行全面客观的分析。④

第三,在影响产品的国内销售、购买、运输、分销与使用的所有法律、法规、规章和要求,包括影响进口产品在国内销

---

① See Panel Report, Chile—Taxes on Alcoholic Beverages, WT/DS110/R, paras. 7.3—8.1.

② See Appellate Body Report, Japan—Taxes on Alcoholic Beverages, WT/DS10/AB/R, para. 16.

③ See Appellate Body Report, Chile—Taxes on Alcoholic Beverages, WT/DS110/AB/R, paras. 63—66.

④ See Appellate Body Report, Japan—Taxes on Alcoholic Beverages, WT/DS10/AB/R, para. 18.

售、分销与使用的投资管理措施等方面,进口产品所享受的待遇不得低于本国相同产品。

下述做法违反了国民待遇原则:(1)进口产品进入本国市场时必须通过某种检验或测试,而对相同本国产品则无此规定;(2)销售进口产品必须使用特定的批发、零售渠道,或经特定的运输、仓储方式,而对相同国内产品则无此要求;(3)《与贸易有关的投资措施协定》附件清单中列举了两种投资措施:其一,要求企业必须购买或使用当地产品(即国产化要求);其二,要求企业购买或使用的进口产品数量或金额,以其出口当地产品的数量或金额为限。这些情形实际上都是 GATT1994 第 3 条第 4 款的反映。需要指出的是,该款中的"相同产品"与第 2 款中的"相同产品"的内涵不尽相同。第 2 款中有"直接竞争或替代产品"作为"相同产品"的补充,所以对其中的"相同产品"的内涵应从严解释;而对第 4 款中的"相同产品"的内涵则应从宽解释,应根据相关产品之间竞争关系的性质及程度决定其是否为第 3 条第 4 款规定的"相同产品"。

第四,成员方对产品的混合、加工或使用实施国内数量管理时,不能强制要求生产者必须使用特定数量或比例的国内产品。比如,要求国内香烟制造商必须使用一定比例的国产烟叶,或要求国内生产人造黄油的厂家必须使用一定比例的国产天然黄油。

(二)国民待遇原则在服务贸易领域的适用

在服务贸易领域,成员方给予其他成员方服务或服务提供者的待遇不应低于给予本国服务或服务提供者的待遇,但以该成员方在服务贸易承诺表中所列的条件或限制为准;同时,在该成员方没有作出开放承诺的服务部门,外国服务或服务提供者不享有国民待遇。

乌拉圭回合关于服务贸易适用国民待遇原则的谈判很艰难,斗争激烈,尤其表现在发达国家与发展中国家之间。早在1989年4月,关贸总协定谈判方的部长们在对乌拉圭回合进行的中期回顾与总结中认为,国民待遇意味着:来自任何一成员方的服务输出或服务出口商在任何其他成员方的市场上,在法律、规章和管理方面,都应与该国的服务或服务提供者享受同等优惠待遇。

然而,由于服务贸易是无形的,对服务无法征收关税,因此如果将国民待遇原则适用于服务贸易,实际上就是允许一切外国服务业与本国服务业享有同等待遇。但是,有许多服务业是与国家主权和安全联系在一起的。在这个领域,要完全实施国民待遇原则有很大的困难。尤其是发展中国家目前在服务贸易方面的竞争力还很弱,在服务贸易上的全球利益甚少。

经过长期的谈判和各方的妥协让步,终于将国民待遇原则订立在GATS的"具体承担义务"部分,而未成为总的原则或一般义务。GATS第17条规定,每一成员方应在其承诺表所列服务部门或分部门中,根据该表内所列条件和资格,给予其他成员方的服务和服务提供者,就所有影响服务提供的政府措施而言,其待遇不低于本国相同的服务和服务提供者。

在服务贸易领域,国民待遇原则有如下几个特点:第一,国民待遇原则适用的对象包括产品(服务)、服务提供者,也包括外商投资企业。第二,国民待遇原则适用的范围是成员方政府(包括中央政府和地方政府)所采取的与提供服务有关的各项措施。第三,给予外国服务或服务提供者国民待遇,以成员方在服务贸易承诺表中所承诺的条件或限制为准;对成员方没有作出开放承诺的服务部门,不适用国民待遇原则。《服务贸易总协定》中的国民待遇原则的一个重要特征就是,将市场准入和国民待遇不作为普遍义务,而是作为具体承诺与各个部门或分部门的开放联系在一起,这样可以使分歧较小的国家早日达成协议。不能强迫发展中国家开放其难以开放的市场,否则会加重它们在服务贸易和国际收支中的负担,这是有悖于《服务贸易总协定》宗旨的。因此,服务贸易领域的国民待遇是以 WTO 成员方间在平等基础上通过谈判方式达成协议,在协议基础上确定不同服务行业中不同程度的国民待遇义务。

(三) 国民待遇原则在知识产权领域的适用

在乌拉圭回合达成的《与贸易有关的知识产权协定》的总则和基本原则中,明确规定了有关知识产权的保护适用国民待遇原则。它规定,在保护知识产权方面,任何成员方对其他成员方国民提供的待遇不得低于对本国国民所提供的待遇。这一规定将关贸总协定仅适用于外国进口产品的国民待遇原则扩大适用到包括商标权、专利权和版权等内容的知识产权领域。

国民待遇原则在知识产权领域的适用有如下特点:第一,国民待遇适用的对象包括著作权及其邻接权、专利、商标、地理标志、外观设计、集成电路布图设计以及未公开信息等知识产权的所有者和持有者。第二,国民待遇原则适用的范围是成员方所采取的知识产权保护措施,包括法律、法规、政策和措施等。第三,成员方给予其他成员方国民在知识产权保护方面的国民待遇,以该成员方在现行国际知识产权公约(包括《巴黎公约》《伯尔尼公约》《罗马公约》和《关于集成电路的知识产权条约》）中所承担的义务为前提。第四,对于《与贸易有关的知识产权协定》未规定的表演者、录音制品制作者和广播组织享有的其他权利,可不适用国民待遇。

（四）国民待遇原则适用的例外

国民待遇原则在适用上也存在例外,具体包括下列几种情形：

第一,与最惠国待遇原则的例外类似,GATT 第 20 条规定的一般例外和第 21 条规定的安全例外亦构成国民待遇原则的例外。

第二,《服务贸易总协定》将国民待遇原则作为成员方经谈判而承担的具体义务,而不是必须遵守的一般义务。成员方谈判承担义务时,可在其承诺表中列出不给予国民待遇的条件。此外,国家安全与一般例外也构成服务贸易领域国民待遇的例外。

第三,《与贸易有关的知识产权协定》对国民待遇也规定了不少例外,如有关保护知识产权方面的《巴黎公约》《伯尔尼公约》《罗马公约》和《关于集成电路的知识产权条约》中各自有关国民待遇原则的例外规定。此外,还包括一些行政程序方面的例外,如对专利、商标代理机构的规定等。

三、国民待遇原则对中国产业政策的影响

（一）中国在国民待遇方面的义务

如上文在探讨最惠国待遇原则时所言,《中国入世议定书》和《工作组报告》采取了统一规定的方式,将最惠国待遇原则和国民待遇原则的基本义务规定在"不歧视"的条款中。上文已经讨论了《中国入世议定书》第 3 条的"不歧视",此处再重点讨论一下《工作组报告》中的有关条款。

根据《中国入世议定书》第 1 条第 2 款,《工作组报告》第 22 段和第 23 段被纳入《WTO 协定》作为其组成部分,即对中国具有法律约束力。虽然第 15 段至第 23 段从标题到内容都以"非歧视"的用语统一规定了最惠国待遇和国民待遇,但从具体条款看,更侧重于国民待遇原则的各种情形,而且有些条款还特别强调了国民待遇原则的适用。例如,第 22 段规定:"中国代表确认,保证所有法律、法规与行政细则在国内产品与进口产品之间完全尊重不歧视原则,到中国加入世界贸易组织之日得到执行,除非议定书(草案)和报告另有规定。中国代表宣布,到加入世界贸易组织时,中国会取消与废止其效力不符合 WTO 国民待遇规则的所有这类现行法律、法规及其他措施。这个承诺是对最终或临时的法律、行政措施、规则与通告,或任何其他形式的规定或指针作出的。工作组注意到这些承诺。"第 23 段规定:"中国代表特别确认,国家与地方各级政府将采取措施,包括废止或修改立法,在适用于下列的国内销售、许诺销售、购买、运输、直销或使用的法律、法规及其他措施提供完全的国民待遇……(包括售后服务、药品、香烟、酒类、化学品和锅炉及压力容器)"第 21 段还特别强调,中国在程序性事项上应注意遵守不歧视原则,具体包括发放营业执照的程序、费用与条件,产品测试与认证要求,包括现场检验程序,以及合格评定程序和标准等。

(二)中国的有关国内立法和发展

入世以后,中国采取了很多措施,以保证对国民待遇义务的履行。中国在入世前后做了大量的"立、改、废"工作,除对全国及地方的各类法律、法规进行清理外,还根据 WTO 规则和中国的入世承诺进行修改和废止。之后,中国还颁布了许多法律,逐渐建立起一个统一、公平、透明的法律制度体系。

首先,逐渐取消了外商投资企业受到的各种限制性规定,并改变了外资企业在税收上长期享有的超国民待遇。中国在 2000 年、2001 年先后修改了《中外合资经营企业法》及其实施条例以及《中外合作企业法》《外资企业法》等多部法律,取消了原法中对当地成分要求、贸易平衡要求的限制。2005 年,中国通过了新《公司法》,对规定外商投资企业法律没有特殊规定的,也适用新《公司法》的规定。2007 年,中国通过了《企业所得税法》,对内资企业和外资企业统一适用,并对内资企业和外资企业实行同一企业所得税标准,包括统一的税率(25%)、统一的税前扣除办法和标准、统一的税收优惠政策,从而改变了此前内资税法和外资税法差异很大的局面,统一税收待遇,公平竞争。

此外,中国在 2004 年修订了《对外贸易法》。《对外贸易法》的修订主要基于两个背景:一是中国加入 WTO 后,需要依照入世承诺和 WTO 规则制定或修改有关法律、法规,而《对外贸易法》由于涉及贸易权的获得、透明度、知识产权保护等问题而成为一个重点问题;二是中国对外贸易发展迅速,之前的《对外贸易法》已不能满足新形势下的发展要求,亟待改善。修订后的《对外贸易法》比之前的法律增加了三章内容,多了 26 条规定,扩大了适用范围,减少了行政审批,规范了管理措施,进一步明确了中介机构的作用,完善了外贸促进措施,健全了贸易救济措施。其中,有几个方面的修改很重要:第一,增加了"国民待遇原则"的明确规定。该法第 6 条规定:"中华人民共和国在对外贸易方面根据所缔结或者参加的国际条约、协定,给予其他缔约方、参加方最惠国待遇、国民待遇等待遇,或者根据互惠、对等原则给予对方最惠国待遇、国民待遇等待遇。"第24条规定:"中华人民共和国在国际服务贸易方面根据所缔结或者参加的国际条约、协定中所作的承诺,给予其他缔约方、参加方市场准入和国民待遇。"第二,取消了贸易权审批。根据中国在《工作组报告》第83段关于"在三年过渡期内,中国将逐步开放贸易权的范围与可获得性"的承诺,新《对外贸易法》取消了贸易权审批制,改为备案登记制。第三,将对外贸易经营主体的范围扩大至"个人",为国内各类外贸经营者提供平等条件,加快内外贸易一体化进程,进一步提高贸易自由、便利程度。这具体体现在该法第8条中。

(三)中国的有关实践和教训——以中国汽车零部件案为例

谈国民待遇原则与中国产业政策,不得不提到中国汽车零部件案。该案是中国第一次作为被申诉方参加WTO案件。虽然在2004年美国曾就我国的集成电路增值税问题请求与中国磋商,但是由于双方后来达成了协议,美国并没有进一步请求成立专家组。2006年,欧共体、美国和加拿大分别将就中国对进口自欧共体、美国、加拿大的汽车零部件所施加的措施提交WTO。WTO于2007年1月成立了专家组审理该案。该案的有关措施主要包括《汽车产业发展政策》《实施进口汽车零部件和整车组成部分的措施》《决定进口汽车零部件和租车部分是否构成整车的规则》,以及任何相关修改、替代、拓展、执行措施及其他相关措施。该案中,核心且争议较大的问题是中国对超过整车价值60%以上的进口零部件按整车税率征税的做法是否对进口汽车零部件构成歧视,从而违反GATT1994第3条关于国民待遇的规定。对于这一问题,专家组和上诉机构均给出了肯定的裁决。

根据专家组报告和上诉机构报告,首先,中国有关措施属于GATT1994第3.2条中的"国内费用",而非中国所主张的第2.1条(b)项中的"普通关税"。在判断某一征税措施是否属于GATT1994第3.2条中的"国内费用"时,应重点考察该措施是否源于一项国内因素(例如,产品在国内被转售或在国内被使用),而国内税征收的时间和地点并不必然是第3.2条范围内的决定性标准。"普通关税"是指货物进入另一成员方的关税领土时所发生的付费义务,且其征收必须以货物进口时为估价标准。鉴于中国的有关措施征收费用依据的是汽车零部件进口到中国领土之后而非进口时产品的状况,该有关措施构成第3.2条中的"国内费用"。

其次,进口汽车零部件和国内汽车零部件属于"相同产品"。专家组采纳了美欧等申诉方的主张,认为除了原产地标准外,有关措施没有采取任何其他标准区分进口汽车零部件,因此认定进口汽车零部件和国产汽车零部件是相同产品。

再次,进口零部件被征收税费高于国产零部件的国内税和费用,因此构成了违反GATT1994第3.2条和第3.4条的情形。中国的有关措施并不适用于国内产品,基于该措施而征收的费用也就不适用于国内产品。因此,进口产品被征收了超过国内产品的税费,违反了GATT1994第3.2条。同时,因为该有关措施,进口汽车零部件被施加了国内汽车零部件所无须适用的行政程序,违反了GATT1994第3.4条。

最后,中国的有关措施不符合GATT1994第20条(d)项的例外。第20条(d)项规定的例外情形是:"为保证与本协定规定不相抵触的法律或法规得到遵守所必需的措施,包括与海关执法、根据第2条第4款和第17条实行有关垄断、保护专利权、商标和版权以及防止欺诈行为有关的措施。"中国强调有关措施的实施旨在防止某系汽车企业"规避"中国进口汽车海关关税的非法行为,认为如果漠视这些规避行为,则无法再以整车的关税税率要求进口商缴纳进口关税。专家组认为"规避"仅在有关反倾销税、原产地规则、《农业协定》和纺织品贸易中被承认,并未以与关税相联系的方式出现在 WTO 的法律文本中,因此并不支持中国的这一主张。中国的有关措施违反了 GATT1994 第 2.1 条(a)项和(b)项的义务,又无法证明其是"为保证与本协定规定不相抵触的法律或法规得到遵守所必需的措施",因此不符合 GATT1994 第 20 条(d)项的例外情形。[①]

最终,中国被要求改变其与 GATT1994 不符的措施。虽然本案中中国在几个关键问题上都被认定为违反 WTO 规则,但是中国积极应诉的态度和充分利用 WTO 争端解决程序的处理方式还是值得肯定的。早在 2004 年中美集成电路增值税案中,也有涉及国民待遇的争议,当时中国采取的是友好解决争端的策略,更愿意通过磋商化解分歧。然而,事实上,充分利用 WTO 争端解决程序,积极应诉答辩,即使最终无法取得胜诉,也可以为中国产业政策的调整赢得一定的时间,不失为一种可取的解决方式。特别是自 2006 年至今,中国又在 WTO 经历了多次案件,应诉经验更加丰富,也为充分运用争端解决机制解决争议、保护自身利益奠定了基础。

(四)中国产业政策应注意的问题

一方面,中国在制定产业政策时,要注意符合 WTO 项下国民待遇的有关要求;另一方面,对中国产业进行扶持也是

[①] 参见朱榄叶编著:《世界贸易组织国际贸易纠纷案例评析(2007—2009)》,法律出版社 2010 年版,第 25—46 页。

必要的,以保障中国产业在国际竞争中的生存和发展。

第一,认真研究WTO有关国民待遇的规定,以及迄今为止与国民待遇有关的WTO争端,了解WTO争端解决机构在一些重要问题上所持的态度。纵观专家组和上诉机构的报告,经常提及之前案件对相同问题、相关问题的分析和认定。因此,认真研究WTO案例,既有利于在发生争议时及时援引,提高中国的应诉水平,也利于平常制定产业政策时对WTO规则的把握。

第二,各政府部门之间的及时沟通协调也很必要。2010年8月19日,海关总署颁布了54号公告,规定:自8月1日起,进境居民旅客携带超过5000元人民币的个人自用物品,经海关审核确属自用的,海关仅对超出部分的个人自用进境物品征税,对不可分割的单价物品,全额征税。其中,对iPad入境将依照5000元人民币全额征收1000元人民币的税收。随后不久,商务部向海关总署发送一份咨询函,认为中国加入WTO后的重要承诺之一,就是对各类计算机实施零关税,海关对iPad等征收进口税的做法与WTO规则不一致,20%的税率过高,iPad完税价格被高估。随后,海关总署回应:WTO规则下的信息产品零关税仅仅是针对贸易类产品而言,并非针对个人用品,因此不违反WTO规则。尽管这一解释得到了商务部和一些学者的认同,但是该规定还是反映出政府部门在制定政策上的随意性和粗放性,公布后遭受广泛质疑。同时,两个部门就同一问题是否违反WTO规则产生分歧,更容易使公众产生质疑。因此,各部门在制定新的规定之前,应尽可能征询民意,广泛调研,并和其他部门积极沟通和协调。

第三,灵活运用WTO相关规则,擅用国民待遇的例外规定。2007年金融危机爆发以后,几乎全球主要的经济体都在强调防止贸易保护主义抬头,把反对贸易保护主义作为一个目标,不出台新的贸易投资壁垒。然而,事实上,金融危机导致了市场萎靡、经济衰退,各国出于保护本国经济、迅速复苏经济的需要,不断出台各种贸易保护措施,或者滥用贸易救济措施。很多国家出台法令以提高进口壁垒,或出台扶持本国的经济刺激政策。例如,美国出台的刺激经济法案包含了"购买美国货"的条款,以及向银行注资、补贴汽车产业等措施。这些政策有可能不完全符合WTO基本规则,但是鉴于处在金融危机的特殊时期,各国又都在采取相关措施以使经济尽快复苏,似乎达成了一种默契。其实,中国在金融危机发生后也采取了各项"救市"政策,例如在2009年出台了一系列保增长的刺激计划,其中包含十大产业调整振兴规划,集中对汽车业、钢铁业、物流业、石化业、有色金属、轻工业、电子信息、船舶工业、装备制造和纺织工业加大扶持力度。因此,中国在出台产业政策时,既要注意遵守WTO规则,又要灵活运用WTO规则,不能因为一味坚持而损害到本国产业的发展,尤其是在金融危机等特殊时期。

第四,密切关注正在谈判中或已经成立专家组的案件。例如,2011年2月,美国就中国电子支付服务措施正式向WTO提请设立专家组,提出中国银联垄断中国电子支付市场,认为中国对希望在华提供电子支付服务的其他国家供应商设置了市场准入限制,违反了GATS协定中关于市场准入和国民待遇方面的承诺。美国认为,目前在中国境内以人民币进行交易的支付卡,只有中国银联被允许提供电子支付服务,而其他成员国的服务提供商则只能以外币交易的支付卡提供服务。同时,中国要求所有商家的支付卡处理设备与中国银联的系统相一致,这使得其他国家的服务提供商不得不同商家谈判以获得接入途径。中国要求包括双币卡在内的所有在中国境内发行的人民币支付卡必须具有银联标识,实际上是对中国供应商和外国供应商实行差别待遇。① 由于电子支付服务案可能推动中国未来电子支付市场结构的改变,可能对中国的金融市场产生巨大的影响,因此中国必须在应诉时积极应对。

第三节　透明度原则

一、透明度原则的含义

在 WTO 项下,透明度原则(transparency)是指 WTO 成员方应公布所制定和实施的贸易措施及其变化情况(如修改、增补或废除等),没有公布的贸易措施不得实施,并且应将这些贸易措施及其变化情况通知 WTO;同时,成员方所参加的有关影响国际贸易政策的国际协定也应及时公布和通知WTO。透明度对于增加市场竞争的可预见性以及减少政府的暗箱操作具有重要作用。

保持各成员方的经济贸易政策充分透明,是 WTO 实现其总体目标所必不可少的先决条件,也是各成员方根据 WTO 所确立的各项机制获得利益的先决条件。第一,WTO 的总体目标是实现贸易自由化和维持稳定的国际贸易秩序,而这个目标的实现取决于各成员方所制定和实施的贸易政策。要

---

① 参见《世贸将就美诉银联垄断案设专家组　进入实质环节》,http://chinawto.mofcom.gov.cn/aarticle/f/u/201102/20110207414911.html,访问日期:2011年7月19日。

使各成员方的贸易政策与 WTO 的目标保持一致,就必须使各成员方所制定和实施的贸易政策保持充分的透明度。第二,对于每一个成员方而言,它根据 WTO 各项协议所能够享受到的利益,将有赖于所有其他成员方所制定和实施的贸易政策;而它对 WTO 所承担和履行的义务,也具体体现在它所制定和实施的贸易政策上。因此,要确保每个成员方的利益,首先就要确保每个成员方的贸易政策具有充分的透明度。第三,贸易政策的透明可以减少 WTO 争端解决机制的压力。因为贸易政策的透明,许多贸易措施可以在 WTO 的合适机构中非正式解决。此外,贸易政策的透明有利于增进 WTO 作为国际经济组织的合法性。这是因为,如果一成员方不能及时了解其他成员方的信息,WTO 作为一个机构的合法性将受到挑战。第四,贸易政策的透明有利于减少其不确定性,而其不确定性往往与低投资率、低生产率、腐败联系在一起,使得经济资源向非贸易部门流动。

因此,能否保证各成员方的贸易政策充分透明,是决定 WTO 法律体系能否有效运行、发挥实际作用的一个关键问题。多年来,GATT 和 WTO 一直致力于建立一个完整的、完善的贸易政策透明度约束机制。

二、透明度原则的主要内容

透明度原则的主要内容包括贸易政策的公布、贸易政策的通知和贸易政策的评审三个方面。

(一)关于贸易政策的公布

公布所有的贸易政策和措施,是 WTO 成员方最基本的义务之一。如果不公布有关贸易政策和措施,成员方就很难保证另一成员方能够提供稳定的、可预见的贸易环境,也难以监督另一成员方是否履行了 WTO 规定的义务。这样，WTO 的一系列协议也难以得到充分、有效的实施。比如，如果成员方决定实施新的产品标准，出口方企业必须了解有关该标准的实施方法和程序、检验标准等信息，否则其生产的产品就无法进入该成员方市场。因此，WTO 要求，成员方应承担公布和公开有关贸易政策及其变化的义务。

公布的具体内容包括以下几个方面：产品的海关关税分类和海关估价等海关事务；对产品征收的关税税率、国内税税率和其他费用；对产品进出口所设立的禁止或限制等措施；对进出口支付转账所设立的禁止或限制等措施；影响进出口产品的销售、分销、运输、保险、仓储、检验、展览、加工、与国内产品混合使用或其他用途的要求；有关反倾销、反补贴、保障措施等贸易措施；有关服务贸易的法律、法规和措施；有关知识产权的法律、法规、司法判例和行政裁定等；WTO 成员方签订的其他影响国际贸易政策的协定等。

关于公布的时间，WTO 规定，成员方应迅速公布和公开有关贸易法律、法规、政策和措施，最早应在生效之时公开或公布，使 WTO 其他成员方和贸易商及时得以知晓。在公布前，不得提前采取措施，如提高进口产品的关税，对进口产品的支付转账实施新的限制等。此外，《卫生与动植物检疫措施协定》和《贸易技术壁垒协议》进一步规定，成员方在起草制定有关技术法规和合格评定程序的过程中，如果该有关法规和程序与现行国际标准不一致，或没有相应的国际标准，并且该标准将对国际贸易产生重大影响，成员方应留出一段合理时间（45—60 天），以便其他成员方就有关标准和程序发表评论意见。

WTO 除了要求成员方公布有关贸易政策外，还要求成员方承担应其他成员方要求提供相应信息和咨询的义务。

但是，对于公布可能会影响法律执行、违背公共利益或损害某些企业合法商业利益的机密信息，比如说一国汇率、利率的调整等信息，WTO通常不要求这类信息在实施之前予以公开。

(二) 关于贸易政策的通知

WTO不仅要求成员方自行公布有关贸易政策和措施，而且还要求成员方通知WTO相应机构，以保证其他成员方能够及时获得有关成员方在贸易方面的信息。

WTO关于贸易政策和措施通知的规定是在实践中不断发展完善的。GATT建立时即明确规定，缔约方应公布有关贸易政策的所有信息。但是，GATT当时并没有要求把这些信息都通知关贸总协定，只要求通知由国营贸易经营的进出口产品清单，或者缔约方决定参加某个关税同盟或自由贸易区的决定等少数事项。东京回合结束后，GATT的管辖范围有限度地拓展到了非关税领域，缔约方的通知义务变得更加广泛和具体。东京回合通过的《关于通知、磋商、争端解决和监督的谅解》要求缔约方"最大可能将其所采取的影响GATT执行的贸易政策或措施通知缔约方全体。而且，这种通知应如实说明这些措施与总协定项下的权利与义务是否相一致。"GATT还成立了专门委员会进行监督，要求东京回合守则的每个签署方定期向GATT通知有关措施的制定、实施和变化情况。

乌拉圭回合谈判的结果，进一步强化了WTO成员方承担的通知义务，通知的范围从货物贸易领域扩大到服务贸易领域和知识产权贸易领域。乌拉圭回合通过的《关于通知程序的部长决定》作为最后文件的一部分，重申了上述谅解中规定的一般性的通知义务,成立由WTO秘书处负责的通知登记中心,负责记录收到的所有通知,向成员方提供有关通知内容,并提醒成员方履行通知义务。根据《关于通知程序的部长决定》附件中列出的"需要通报措施的说明性清单",成员方应通知的贸易措施包括:关税;关税配额和附加税;数量限制;许可证程序和国产化要求等其他非关税措施,以及征收差价税的情况;海关估价;原产地规则;政府采购;贸易技术壁垒;保障措施;反倾销措施;反补贴措施;出口税;出口补贴、免税和出口优惠融资;自由贸易区的情况,包括保税货物的生产情况;出口限制,包括农产品等产品的出口限制,以及WTO限期取消的自愿出口限制和有序销售的安排等;其他政府援助,包括补贴和免税;国营贸易企业的作用;与进出口有关的外汇管制;政府授权进行的补偿贸易。

应当指出的是,虽然《关于通知程序的部长决定》附件"需要通报措施的说明性清单"所列举的通报措施只限于货物贸易领域,但是该决定所涉及的通知措施还包括其他贸易领域,如服务贸易领域和知识产权贸易领域的措施等。例如,《服务贸易总协定》第3条第3款规定:各成员方对现行法律、法规或行政规定,如有新的规定或有所改变,以至于严重影响本协定项下的有关服务贸易的特定义务时,应立即或至少每年向服务贸易理事会提出报告。《与贸易有关的知识产权协定》第36条第1款、第2款规定,任何成员方应将通过的法律、法规向知识产权理事会通报。

WTO各协定对通知的期限作了不同规定,有的要求定期通知,有的不要求定期通知。不定期通知主要适用于法律、法规、政策、措施的更新,如《贸易技术壁垒协定》要求,只要成员方国内通过了新的技术法规和合格评定程序,就要立即通知。定期通知包括两种情况:一种是一次性通知,如《装运前检验协定》要求,在《WTO 协定》对有关成员方生效时,一次性通知其国内有关装运前检验的法律和法规。另一种则是多次通知,有的要求每半年通知一次,大部分则要求每年通知一次,如《农业协定》要求,成员方应每年通知对国内生产者提供的补贴总量。

为了便于成员方履行通知义务,WTO 相继制定了 100 多项有关通知的具体程序和规则,包括通知的项目、通知的内容、通知的期限、通知的格式等。WTO 的通知要求比较复杂,成员方履行这些义务的工作量相当大,需要具备健全的信息统计系统。

为了更好地监督各成员方履行有关的通知义务,《关于通知程序的部长决定》要求秘书处成立一个通知中心(central registry of notifications)。该登记中心的任务主要是:(1) 将各成员方所通报的有关措施的情况,诸如该措施的目的、其适用的贸易范围及其所依据的通知要求等记录在案;(2) 对各成员方的通知措施与义务进行参照对比;(3) 每年通知各成员方下一年度内应履行的常规通知义务;(4) 对尚未履行常规通知义务的成员方,应提请其注意;(5) 在任何有权得到有关通知情况的成员方,索要其他成员方的通知资料时,应使其能够获得该通知的信息内容。从 WTO 实践看,通知义务的履行率较低。以 WTO 进口许可证程序委员会 2004 年 5 月 5 日发表的新闻为例:147 个成员方中,有 24 个从来没有向 WTO 通知过任何事项;33 个成员方从来没有通知过其法律和法规;37 个成员方对于进口许可证程序委员会发出的调查问卷置之不理。

(三)关于贸易政策的评审

为提高成员方贸易政策的透明度,WTO 建立了独特的贸易政策评审机制(Trade Policy Review Mechanism,TPRM)。根据该机制,WTO所有成员方的贸易政策都要定期接受评审。贸易政策评审的内容,一般为世贸组织成员最新的贸易政策,它可从一个侧面反映出被评审成员方履行世贸组织各协定义务的情况。

建立TPRM的目的在于:第一,促使WTO所有成员方遵守其在多边贸易协定(包括已经接受的复边贸易协定)项下的规则、纪律和承诺,通过更多地了解成员的贸易政策和实践以及更大的透明度而使多边贸易体制更加顺利地运行,避免贸易摩擦;第二,通过这一机制,能对各单个成员的贸易政策和实践及其对多边贸易体制的影响进行定期集中考察和评估。但是,TPRM不得增加被评审成员在WTO各协定下的义务,也不得把评审结果视为执行WTO相关协定或进行争端解决的基础。

贸易政策评审机构(Trade Policy Review Body,TPRB)作为专门的机构,负责对各成员方的贸易政策进行审议。但是,TPRB并非WTO的单独机关。当总理事会行使贸易政策评审职能时,就被称为"TPRB"。贸易政策评审的对象主要是WTO各成员方的全部贸易政策和措施,评审范围从货物贸易领域扩大到服务贸易领域和知识产权领域。贸易政策评审机制还要求对国际贸易环境的发展变化情况进行年度评审。

WTO所有成员方的贸易政策和措施都应受到评审,但不同的成员方可以有不同的评审周期。成员方接受贸易政策评审机制评审的频率取决于成员方对多边贸易体制的影响程度,而对多边贸易体制影响的大小又取决于该成员方在某一代表性时期内在世界贸易总量中所占份额的大小。成员方占世界贸易的份额越大,接受评审的次数就越多。对美国、欧盟(作为一个实体)、日本和加拿大等四个最大的贸易实体(在贸易量占世界前20位的国家和地区中,它们列前四名,其贸易量合计占世界贸易总量的70%),每两年审查一次;对其后的16个成员方,每四年审查一次;对第20位以外的其他成员方,每六年审查一次;对最不发达国家成员方,可以确定一个更长的审查周期。如果某一成员方,贸易政策和实践的变化对其贸易伙伴造成了重大影响,TPRB可以通过协商要求对该成员方的贸易政策和实践进行再次评审。

在评审过程中,首先,TPRB应与被评审成员方磋商,确定每年的评审方案,同时完成评审前的准备工作。接受评审的成员方可以派出人员,在评审过程中介绍有关情况。其次,收集审查资料。审查资料包括:被评审的成员方提交的关于其贸易政策和实践的报告;其他WTO成员方提供的关于被评审成员方贸易政策和实践的报告;WTO秘书处亦根据其所掌握的有关资料以及其他成员方提供的资料,另外作出一份报告。在此过程中,秘书处可要求有关成员方对其贸易政策和实践加以澄清。然后,TPRB召开会议,在接受评审的成员方提交的报告以及秘书处起草的报告的基础上进行评审。任何与接受评审的国家有利害关系的成员方均可出席评审会议,并针对有关的贸易政策和实践提出质询、批评或表扬。最后,接受评审的成员方贸易代表针对各方提出的问题进行答辩。评审结束后,秘书处负责将成员方提交的报告、秘书处的报告以及TPRB会议记录概要三份文件编订,提交部长级会议,由部长级会议把这些文件记录在案。

为了实现最大程度的透明度,每一成员方应当定期向TPRB提交报告。这种报告应当全面反映有关成员方所实施的贸易政策和实践,并以TPRB规定的统一格式撰写。这种格式可以由 TPRB 根据实际情况加以修改。在 1995 年之前，各成员方提交的报告依据的是 1989 年 6 月 19 日决议（BISD36S/406—409）所制定的格式提纲。据此，受评审的成员方提交的报告主要包括三部分：贸易政策和实践，包括贸易政策目标、进出口体制、贸易政策法规框架以及贸易政策的实施；对贸易政策进行评估的有关背景，包括广泛的经济与发展需要以及外部环境等；贸易与宏观经济统计资料。这种格式使报告的内容局限在货物贸易领域。为适应 WTO 管辖领域的发展，现在的 TPRB 已要求将国别报告的范围扩展到服务贸易、与贸易有关的投资措施和知识产权等方面。在两次评审之间，若某成员方在贸易政策上发生重大变动，应及时提交简洁报告。报告所提供的信息应尽量与多边贸易协定和复边贸易协定中规定的应注意的事项相适应。对于最不发达国家成员方所作综合报告的困难，TPRB 应给予特别考虑。对于发展中国家成员方特别是最不发达国家成员方提出的要求，秘书处应给予适当的技术协助。

TPRM 要求总干事以年度报告的形式，对影响多边贸易体制的国际贸易环境的变化情况进行综述。该报告应列出 WTO 的主要活动，并指出可能影响多边贸易体制的重大政策问题。最初几次世界贸易环境评议的经验表明，这种评议提供了一个重要机会，特别是在不举行部长会议的年份里，使 WTO 成员方可以对国际贸易政策和贸易环境的发展趋势进行总体评估。

根据 TPRB2003 年度的报告，自 1989 年 4 月 TPRM 正式建立到 2003 年底，该机构已完成 182 次贸易政策评审，覆盖了 WTO147 个成员方中的 110 个，接受评审的成员方数目占 WTO 成员方总数的 75%，其贸易额占 2002 年世界贸易总额的 87%。对这些成员方贸易政策和实践的评审,不仅仅改善了这些成员方贸易政策的透明度,而且促进了这些成员方贸易政策与 WTO 规则的接轨。

三、GATS 关于透明度原则的特别规定

透明度原则对于服务贸易的意义更大,因为货物贸易尚且存在关税管理制度,而服务贸易几乎没有任何边境措施,只能依靠立法实施管理。为此,GATS 第 3 条从以下几个方面规定了成员方透明度的基本义务:

第一,立即公布相关法律、法规和措施。除非情况紧急,每一成员方应迅速并最迟于其生效之时,公布所有普遍适用的涉及或影响 GATS 实施的法律、法规和措施,包括涉及或影响服务贸易的国际协定。

第二,每年向服务贸易理事会报告新的或更改的措施。每个成员方应将新的立法或对现行法律、法规或行政命令的任何修改,及时并每年向服务贸易理事会报告,前提是这些新法规或修改对该成员方依本协定所作具体承诺的服务贸易构成重大影响。

第三,设立咨询点。如果其他成员方就上述第一点中的措施请求某一成员方提供详细情况,该成员方应及时予以答复,并设立咨询点。咨询点应在《WTO 协定》生效后的两年内建成。就每一发展中国家成员方而言,这一期限经同意可以适当放宽。

此外,任何成员方如认为某一成员方所采取的措施影响《服务贸易总协定》的实施,可通知服务贸易理事会。

四、TRIPS 协定关于透明度原则的特别规定

TRIPS 协定第 63 条要求,WTO 成员方关于知识产权的

效力、范围、获得、实施或防止知识产权滥用方面的法律、法规和普遍适用的司法终局裁决或行政裁定都应公布。此外,成员方还必须将其有关知识产权保护的法律、法规通知TRIPS理事会;对于其他成员方书面要求提供相关法律、法规和普遍适用的司法裁决或行政裁定的,WTO每一成员方应及时提供;若一成员方认为属于知识产权领域的某一特定司法裁决或行政裁定的,或者双边协定影响其在TRIPS协定项下权利的,可以书面请求为其提供或向其告知此类具体司法裁决、行政裁定或双边协定的足够细节。

五、透明度原则对中国产业政策的影响

中国正处于经济飞速发展和社会转型的阶段,改革和发展并进,每年出台大量的产业政策,以促进行业创新、产业进步以及经济稳定持久地发展。作为WTO支柱之一的透明度原则,无疑对于中国产业政策有着重大的影响。

其实,早在入世谈判之初,中国就将透明原则作为谈判的一个重要方面。必须承认,中国在入世谈判前,的确存在长期计划经济体制遗留的一些问题,一些政府部门习惯于"红头"文件或首长审批的办事方式,政策不透明、信息不公开的问题很多。《中国入世议定书》第2条对中国所承担的透明度义务作了专门规定。根据第2条(C)节的规定,中国有关透明度的义务主要包括以下三个方面:

第一,根据第2条(C)节第1款的规定,"中国承诺:只执行那些已公布的,其他WTO成员方、个人和企业可容易看到的,属于或影响货物贸易、服务贸易与知识产权或外汇管制的法律、规章以及其他措施。在这里,对关系到或影响到货物贸易、服务贸易与知识产权或外汇管制的法律、规章以及其他措施在实行或执行前,于请求时,中国应使WTO各成员方得到。在紧急情况下,起码在法律、规章以及其他措施实行或执行时,应使之得到。"该款规定主要针对当时中国存在的法律规定错综混乱的问题。中国在入世前后进行的大规模的"立、改、废"工作,其主要目的也是对过去的各种"红头"文件和规章制度进行清理,并使之透明化。

第二,根据第2条(C)节第2款的规定,"中国应创办或指定一个官方公报,用于发布所有属于或影响货物贸易、服务贸易与知识产权或者外汇管制的法律、规章及其他措施,并于其法律、规章及其他措施在该公报上发布之后,在执行之前有一段合理期间供人们向主管当局提出评论,但涉及国家安全、确定外汇率或货币政策的法律、规章及其他措施,以及公布会影响具体执行的特定措施,不在此限。中国应定期出版这种公报,并使个人与企业随时可以得到这种公报的各期。"该款实际上是敦促中国政府建立起合理的信息公开制度。

第三,根据第2条(C)节第3款的规定,"中国应设置或指定一个查询点,遇到任何个人、企业、WTO成员方请求时,均可得到本议定书第2条(C)节第1款所规定应予公布的所有措施的资料。在接到资料请求后,一般应在30天内予以答复。在例外情况下,在收到请求后45天内予以答复。应将延误及其原因以书面形式通知该有关当事方。对WTO成员方的答复应该是完整的,并应代表中国政府的权威看法。向个人和企业应提供准确与可靠的资料。"

《中国入世工作组报告》第三部分"指定与执行政策的框架"中也对上述义务作了进一步规定。不过,根据《中国入世议定书》第1条第2款,在该部分只有第68、70、73、75、78、79段被纳入《WTO协定》,作为其组成部分,即对中国具有法律约束力。

对于产业政策而言,透明度原则的影响首先体现在立法层面,即产业政策的制定、颁布应当符合 WTO 透明度的要求;其次,在执行层面,对产业政策的执行也应当符合 WTO 透明度的要求。入世十余年,中国包括产业政策在内的各种法律的制定和执行愈加规范,信息公开透明的制度逐渐建立起来,中国政府的执政方式也在悄然发生变化。中国产业政策在透明度方面的变化主要表现在以下几个方面:

首先,中国先后于 2003 年、2007 年颁布了《行政许可法》《政府信息公开条例》。《行政许可法》自 2004 年 7 月 1 日起正式施行,规定了公平、公开、公正的原则,严格限定了行政许可的范围和设定权,更加重视保护被许可人的合法权益,极大地改善了此前行政审批设置过多过滥、程序烦琐的问题。《政府信息公开条例》自 2008 年 5 月 1 日起正式施行,保障公民、法人和其他组织依法获取政府信息。各级政府和部门都编制了政府信息公开指南和公开目录,并建立了政府信息公开工作机制和制度规范。国务院办公厅还于 2008 年 4 月 29 日颁布了《国务院办公厅关于施行〈中华人民共和国政府信息公开条例〉若干问题的意见》,就《政府信息公开条例》中的政府信息公开管理体制问题、信息发布协调机制问题、保密审查问题、主动公开问题、依申请公开问题、监督保障问题以及公共企事业单位的信息公开工作分别作了进一步说明。上述各项法律、法规及部门规章的颁布,使中国逐渐建立起了政务公开制度,使公民的知情权有了实体法和程序法的保障。

其次,政府信息公开制度的建立。纸质公开和电子信息公开相结合。现在各级政府基本都建立起了政府网站,市级以上政府也都建立起了较为规范和日常化的信息公开方式。

特别是电子政务工程,将政府网站作为公开政府信息的平台。大部分政府部门网站都开设政府信息公开专栏,设置政府网站公共检索点。很多政府网站,例如上海、北京等政府网站,还设有市民办事、企业办事服务系统,有一次性告知单供免费下载。这些都极大地方便了公民、企业,也提高了政府部门的办事效率。但是,一些政府部门,特别是基层政府部门,仍存在信息公开滞后、片面的情况,而且网站的建设也不完善,信息不能及时更新。

最后,咨询电话。一些政府部门设有专门的咨询接待部门或咨询电话,开始向服务型政府职能方向转化,注重对企业的信息服务,不仅对国内企业提供信息咨询、建议和政策指导,也同样为各种外资企业提供政策和信息服务。

中国在制定和执行产业政策的过程中,应当遵循透明度原则。这既有利于中国企业准确了解和把握法律规定和政策动态并及时作出正确的商业决策,同时也对中国政府的政务公开起到了一定的推动作用。

当然,中国也要合理地利用透明度原则的例外规定,对于涉及公共利益或国家秘密的信息,在公开时应非常谨慎,严格遵守法律规定的程序。例如,《行政许可法》和《政府信息公开条例》的实施就可能会带来国家保密信息的威胁,需要国家保密制度的进一步完善。因此,《政府信息公开条例》第14条强调:"行政机关应当建立健全政府信息发布保密审查机制,明确审查的程序和责任。行政机关在公开政府信息前,应当依照《中华人民共和国保守国家秘密法》以及其他法律、法规和国家有关规定对拟公开的政府信息进行审查。……行政机关不得公开涉及国家秘密、商业秘密、个人隐私的政府信息。但是,经权利人同意公开或者行政机关认为不公开可能对公共利益造成重大影响的涉及商业秘密、个人隐私的政府信息,可以予以公开。"《国务院办公厅关于施行〈中华人民共和国政府信息公开条例〉若干问题的意见》还进一步强调:"(七)对主要内容需要公众广泛知晓或参与,但其中部分内容涉及国家秘密的政府信息,应经法定程序解密并删除涉密内容后,予以公开"。"(八)已经移交档案馆及档案工作机构的政府信息的管理,依照有关档案管理的法律、行政法规和国家有关规定执行。"由此可见,政府在建立信息公开制度的过程中已经注意到了国家安全的问题,并在立法时作了必要的例外规定。

此外,中国也应当关注国际上关于透明度问题的最近动态。2011年7月18日,联合国贸易与发展会议、非洲发展银行、国际贸易中心、世界银行以及联合国统计司在日内瓦签署《贸易透明协议》,旨在促进全球贸易数据透明度。该协议致力于减少并解决因缺乏特定国家贸易政策的相关数据而导致贸易失败的问题。根据该协议,各国可以获取外部世界相关单位与国家的现行贸易政策与具体数据等,包括相关国家的关税制度、非关税措施、服务条例等,既要促进信息传递的快捷性,也要保证信息数据的准确性,并将对发展中国家的用户免费开放。这些数据一方面可以促进数据分析,让各国更加完全地认清各自的贸易政策局限;另一方面也将对贸易相关项目起到更好的监督作用。因此,中国在制定产业政策时也不得不考虑到国际上透明度的发展趋势对 WTO 以及对中国自身的影响。[①]

[①] 参见《联合国多个组织签署协议 加强全球贸易数据透明度》,http://www.cacs.gov.cn/news/smdongtaoshow.aspx? articleId = 87172,访问日期:2011年7月21日。

第三章 补贴政策与 WTO 规则的协调问题

第一节 WTO 关于补贴政策的法律规制

补贴政策作为一国产业政策实现的重要手段,有利于国家或地方政府实现其经济目标或社会目标,同时也可能会对国际贸易造成扭曲,损害其他国家或地区的利益。因此,早在 1947 年关贸总协定起草时,各缔约国即对这一问题进行了讨论,并在 GATT1947 第 6 条和第 16 条中作了原则性规定。有关补贴政策的议题几经讨论,终于在乌拉圭回合达成了相对明确的、对成员国普遍适用的《补贴与反补贴措施协定》,该协定成为 WTO 对补贴政策进行法律规制的主要依据。

一、补贴的认定

(一)补贴的"三要素"分析

WTO《补贴与反补贴措施协定》(以下简称《SCM 协定》)第 1.1 条明确规定了"补贴的定义",具体如下:"就本协定而言,如出现下列情况应视为存在补贴:(a)(1)在一成员(本协定中称"政府")领土内,存在由政府或任何公共机构提供的财政资助,即如果:(ⅰ)涉及资金的直接转移(如赠款、贷款和投股)、潜在的资金或债务的直接转移(如贷款担保)的政府做法;(ⅱ)放弃或未征收在其他情况下应征收的政府税收(如税收抵免之类的财政鼓励);(ⅲ)政府提供除一般基础设施外的货物或服务,或购买货物;(ⅵ)政府向一筹资机构付款,或委托或指示一私营机构履行以上(ⅰ)至(ⅲ)列举的一种或多种通常应属于政府的职能,且此种做法与政府通常采用的做法并无实质差别;或(a)(2)存在 GATT 1994 第16条意义上的任何形式的收入或价格支持;及(b)则因此而授予一项利益。"根据该规定,补贴是指一成员方政府或任何公共机构向某些企业提供的财政捐助、价格支持或收入的支持,以使相关企业获得利益的行为。具体而言,要构成补贴,必须满足三个条件,即补贴的"三要素":

第一,补贴是由政府或公共机构提供的。对于"政府或公共机构"(a government or any public body),《SCM 协定》本身没有作进一步规定。在 WTO 各类补贴争端案件中,DSB 专家组和上诉机构对这个概念都进行了多次讨论。DSB 对"政府或公共机构"的界定颇为广泛,可以包括各种公共实体。特别是"公共机构",DSB 认为它包括政府控制的任何实体。[①]

第二,补贴的性质为财政资助或者任何形式的收入或价格支持。企业的生产和出口条件可能会因各种各样的政府干预行为而受影响,而《SCM 协定》主要管辖政府财政性的补贴,包括财政资助和收入或价格支持。财政资助主要包括:(1)涉及资金的直接转移(如赠款、贷款和投股)、潜在的资金或债务的直接转移(如贷款担保)的政府做法;(2)放弃或未征收在其他情况下应征收的政府税收(如税收抵免之

---

① See Panel Report, United States—Definitive Anti-Dumping and Countervailing Duties on Certain Products from China, WT/DS379/R, para.50.

类的财政鼓励);(3)政府提供除一般基础设施外的货物或服务,或购买货物;(4)政府向一筹资机构付款,或委托或指示一私营机构履行以上(1)至(3)列举的一种或多种通常应属于政府的职能,且此种做法与政府通常采用的做法并无实质差别。收入或价格支持是政府提供补贴的另外一种形式,这种支持可能表现为由法律限定某一种产品的最低价格,也可能表现为维持物价的物资储备制度。

第三,补贴使相关企业或产业获得利益。由于《SCM协定》第1条未对利益作出规定,因此关于利益如何衡量的问题曾经有很多争论,主要有"成本说"和"接受者说"两种观点。"成本说"以欧共体为代表,指政府为了提供补贴而承担的净成本构成利益;"接受者说"以美国为代表,指不考虑政府是否为补贴付出成本,只要考察接受补贴者是否从中获得某种好处。[1] 在加拿大飞机案中,专家组和上诉机构均采纳了"接受者说"的观点,认为对于利益的判断无须考察政府是否存在净成本,仅需考察接受者是否获得好处。[2] 专家组和上诉机构在美国铅案中进一步肯定了这一观点。通过考察GATT1994第6.3条和《SCM协定》第10条下的第36个脚注,专家组认为反补贴调查中的利益必须考察财政资助是否直接或间接地授予了生产者。[3]

(二)补贴的专向性要求

在《SCM协定》项下,专向性要求与"补贴"概念密切相

---

[1] 参见甘瑛:《WTO补贴与反补贴法律与实践研究》,法律出版社2009年版,第22页。

[2] See Appellate Body Report, Canada—Measures Affecting the Export of Civilian Aircraft, WT/DS70/AB/R, paras. 153—154.

[3] See Panel Report, US—Imposition of Countervailing Duties on Certain Hot-Rolled Lead and Bismuth Carbon Steel Products Originating in the United Kingdom, WT/DS138/R, paras. 6.66—6.69.

关,是《SCM 协定》区别对待不同补贴的重要标准。《SCM 协定》有关专向性的规定旨在将具有贸易扭曲作用的补贴和基于社会利益而普遍授予的补贴区别对待,限定反补贴的范围。只有专向性补贴才可能属于禁止性补贴或可诉补贴,WTO 成员方才可能采取行动;非专向性补贴则属于不可诉补贴。《SCM 协定》第 2 条具体规定了专向性标准,并将专向性补贴分为三类:其一,企业或产业专向性补贴(第 2.1 条);其二,地区专向性补贴(第 2.2 条);其三,任何属于第 3 条规定范围内的补贴,一般称为"拟制专向性补贴"或"禁止性补贴"(第 2.3 条)。

企业或产业专向性补贴是指对授予机关管辖范围内的企业或产业或一组企业或产业(即"某些企业")的专向性补贴。如果授予机关或其执法所依据的法律将补贴的获得明确限于某些企业,则这种补贴属专向性补贴;如果授予机关或所依据的法律中规定了获得补贴资格和数量的客观标准或条件,且该资格是自动获得的,标准和条件也可得到严格遵守,则不存在专向性。根据《SCM 协定》第 2.1 条(a)、(b)、(c)各项的表述,在对企业或产业专向性进行认定时,应还有法律专向性与事实专向性之分。即在不满足法律专向性的要求下,补贴还可能因为一些因素满足事实上对专向性的认定,这些因素包括:有限数量的某些企业使用补贴计划、某些企业主要使用补贴、给予某些企业不成比例的大量补贴以及授予机关在作出给予补贴的决定时行使决定权的方式。

地区专向性补贴是指针对授予机关管辖范围内指定地理区域的某些企业的补贴。《SCM 协定》专门强调,不得将有资格的各级政府所采取的确定或改变普遍适用的税率的行动视为专向性补贴。地区专向性问题主要涉及对两个概念

第三章　补贴政策与 WTO 规则的协调问题

的理解,一是"某些企业",二是"指定地理区域"。有关问题会在本章第二节中涉及。

拟制专向性补贴即禁止性补贴,包括出口补贴和进口替代补贴。对于禁止性补贴,《SCM 协定》直接将其认定为具有专向性。对于禁止性补贴的具体认定,将在下文补贴的分类规制中具体讨论。

另外,《SCM 协定》第 2.4 条规定,对专向性的认定应"依据肯定性证据明确证明"。该条位于各类专向性补贴之后,同属于第 2 条中的一款,其适用于各类补贴的专向性认定是毫无疑问的。在各种与专向性有关的案件中,争端解决机构也都适用《SCM 协定》第 2.4 对调查机构的行为进行认定。鉴于《SCM 协定》对于专向性只有原则性的规定和标准,没有具体的认定方法,因此争端解决机构在考察调查机构的行为是否符合第 2 条的规定时,也主要通过个案分析。

在欧共体对韩进口动态随机存取存储器反补贴措施案中,专家组认定:(1) 只有数量非常有限的企业利用了补贴计划,即 200 家合格企业中只有 6 家利用了计划;(2) Hyundai 集团公司过度地利用了补贴计划;(3) 总补贴金额中有 41% 提供给了 Hynix。这些数据明显属于《SCM 协定》第 2.4 条中所指的"肯定性证据"。[1] 在审查中国钢管等某些产品案中,美国商务部对于中国国有商业银行向轮胎行业提供优惠贷款的事实专向性作认定时,专家组认为:"对于专向性,即使任何一方在调查中均未提出任何争论,调查机关在《SCM 协定》下也有肯定性的义务。根据《SCM 协定》第 2.4 条,任何

---

[1] See Panel Report, EC—Countervailing Measures on DRAM Chips, WT/DS299/R, paras. 7.223—7.232.

专向性的认定都必须基于肯定性证据明确证明。"① 专家组随后指出,正如上诉机构在美国软木案中指出的,专家组有义务审查调查机关对于专向性的认定是否基于其公布的报告中的权威记录和解释中包含的信息并进行了审慎彻底的审查。同时,上诉机构在美国对韩进口动态随机存取存储器反补贴税调查案中又认为,调查机关的反补贴调查没有必要引用或讨论终裁中支持事实的每一点证据。② 从这些讨论中可以看出,调查机关的审查要求是极其严格的,但是并没有必要包含每一点证据,专家组在审查这一问题时必须进行个案分析。

二、补贴的分类规制

《SCM 协定》并非旨在不合理地限制政府实施补贴的权力,而是禁止或不鼓励政府使用那些对其他成员方的贸易造成不利影响的补贴。因此,根据补贴对国际贸易造成的影响的不同,《SCM 协定》将补贴分为禁止性补贴、可诉补贴和不可诉补贴三类,并分别加以规制。

(一) 禁止性补贴

禁止性补贴是指成员方不得实施或维持的补贴。《SCM 协定》第 3 条规定了禁止性补贴的两种情形:一是"法律或事实上'视出口实绩为唯一条件或多种其他条件之一而给予的补贴'",即出口补贴;二是"视使用国产货物而非进口货物的情况为唯一条件或多种其他条件之一而给予的补贴",即进口替代补贴。

---

① See Panel Report, United States—Definitive Anti-Dumping and Countervailing Duties on Certain Products from China, WT/DS379/R, para. 9.50.
② Id., paras. 9.44—9.52.

根据《SCM 协定》对出口补贴的界定,出口补贴可以分为法律上的出口补贴和事实上的出口补贴两类。如果法律上明确规定以出口实绩作为给予补贴的唯一条件或条件之一,则这种补贴当然属于出口补贴;如果法律上并没有这种规定,但是补贴的给予在事实上与出口或预期的出口联系在一起,则这种补贴也属于出口补贴。但是,《SCM 协定》亦强调,"将补贴给予从事出口的企业这一事实本身不得成为被视为属本规定含义范围内的出口补贴的原因"[①]。《SCM 协定》在附件一中列举了 12 种情形作为出口补贴的示例:(1) 政府以出口实绩为标准对一公司或一产品提供的直接补贴;(2) 涉及出口奖励的货币保留方案或任何类似做法;(3) 政府提供或授权的对出口装运货物征收优于国内装运货物的内部运输和货运费用;(4) 政府为用于出口商生产的产品和劳务提供的条件优于对内销产品的生产提供的条件,且该条件也优于出口商在世界市场中商业上可获得的条件;(5) 全部或部分免除、减免或递延工业或商业企业已付或应付的、专门与出口产品有关的直接税或社会福利费用;(6) 在计算直接税的征税基础时,对出口产品给予特殊扣除备抵;(7) 对于出口产品的生产和分销,其间接税的免除或减免超过对于销售供国内消费的同类产品的生产和分销所征收的间接税;(8) 超额免除或缓征用于出口商生产之货物或服务的前期累计间接税;(9) 超额退还用于生产出口产品的进口投入物的进口税费;(10) 政府提供条件优惠的出口信贷;(11) 政府长期提供明显不能弥补费用和损失的保险、出口信贷担保;(12) 构成出口补贴的官方账户收取的任何其他费用。

---

① 《SCM 协定》第 3 条的脚注 4。

出口补贴给予的对象是出口产品的生产者或出口商,而进口替代补贴给予的对象是使用国产货物的使用者。尽管《SCM 协定》对于进口替代补贴的定义没有像出口补贴一样规定"法律上或事实上",但是上诉机构在加拿大汽车案中认为,《SCM 协定》对于进口替代补贴的规定应同时包含法律上的进口替代补贴和事实上的进口替代补贴两类。①

（二）可诉补贴

可诉补贴是指不被一律禁止但又不能自动免于质疑的补贴。这类补贴在一定范围内被允许实施,但如果在实施过程中对其他成员方的经济贸易利益产生了不利影响,受到不利影响的成员方便可以向使用这类补贴的成员方提出反对意见或向 WTO 争端解决机构提起申诉。在美国抵消法案一案中,专家组认为,如果一补贴政策符合《SCM 协定》关于补贴的定义,具有"专向性"的特征,并会引起"不利影响",则构成了可诉补贴。②"不利影响"包括三种情况:(1) 损害另一成员方的国内产业,具体是指一成员方政府的补贴对另一成员方国内产业造成的实质损害或实质损害威胁;(2) 使其他成员方在 GATT1994 项下直接或间接获得的利益丧失或减损;(3) 严重侵害另一成员方的利益。鉴于"严重侵害"这一情形的广泛性和复杂性,《SCM 协定》第 6 条详细规定了界定"严重侵害"的具体标准。

首先,第 6 条第 1 款列举了四种构成"严重侵害"的情形:(1) 对一产品从价补贴的总额超过 5%;(2) 用以弥补一产业承受的经营亏损的补贴;(3) 用以弥补一企业承受的经

---

① See Appellate Body Report, Canada—Certain Measures Affecting the Automotive Industry, WT/DS139/AB/R, paras. 137—143.

② See Appellate Body Report, US—Continued Dumping and Subsidy Offset Act of 2000, WT/DS217/AB/R, para. 7.106.

营亏损的补贴,但仅为制定长期解决办法提供时间和避免严重社会问题而给予该企业的非经常性的和不能对该企业重复的一次性措施除外;(4)直接的债务免除,即免除政府持有的债务及用以偿债的赠款。一旦出现上述四种情形之一,即视为存在严重侵害。

其次,在符合第6条第1款的情况下,如果提供补贴的成员方可以证明该补贴未造成第6条第3款列举的任一种或多种影响,则不视为严重侵害。这些影响包括:(1)补贴的影响在于取代或阻碍另一成员方同类产品进入提供补贴成员方的市场;(2)补贴的影响在于在第三国市场中取代或阻碍另一成员方同类产品的出口;(3)补贴的影响在于与同一市场中另一成员方同类产品的价格相比,补贴产品造成大幅价格削低,或在同一市场中造成大幅价格抑制、价格压低或销售损失;(4)补贴的影响在于与以往三年期间的平均市场份额相比,提供补贴成员方的一特定补贴初级产品或商品的世界市场份额增加,且此增加在给予补贴期间呈持续上升的趋势。对于这些影响,第6条第4款至第8款又作了进一步界定。

(三)不可诉补贴

不可诉补贴是指各成员方在实施这类补贴措施的过程中,一般不受其他成员方的反对且其他成员方不得对该类补贴采取反补贴措施。根据《SCM 协定》第8条的规定,不可诉补贴包括两类:一类是不属于专向性补贴的补贴,即不针对特定企业、特定产业或特定地区的补贴;另一类虽属于专向性补贴,但是针对科研、落后地区或环保方面的补贴。

用于科研的不可诉补贴主要是指对公司进行研究活动的援助,或对高等教育机构或研究机构与公司签约进行研究活动的援助,援助不超过工业研究成本的75%或竞争前开发活动成本的50%,且援助仅限于人事成本,专门和永久用于研究活动的仪器、设备、土地和建筑物的成本,专门用于研究活动的咨询和等效服务的费用,因研究活动而直接发生的额外间接成本,以及因研究活动而直接发生的其他日常费用。

对落后地区的补贴主要是指按照地区发展总体框架对成员方领土内落后地区的援助,且满足下列条件:(1)每一落后地区必须是一个明确界定的毗连地理区域,具有可确定的经济或行政特征;(2)该地区依据中性和客观的标准被视为属落后地区,表明该地区的困难不是因临时情况产生的;(3)标准应包括对经济发展的测算,此种测算应依据下列至少一个因素:① 人均收入或人均家庭收入二者取其一,或人均国内生产总值,均不得高于有关地区平均水平的85%;② 失业率必须至少相当于有关地区平均水平的110%。

环保补贴是指为促进现有设施适应法律、法规实行的新环境要求而提供的援助,且满足下列条件:(1)援助是一次性的临时措施;(2)援助数额限于适应所需费用的20%;(3)不包括替代和实施受援投资的费用;(4)与公司计划减少废弃物和污染有直接联系且成比例,不包括任何可实现的对制造成本的节省;(5)能够适应新设备或生产工艺的公司均可获得。

三、WTO下反补贴单边救济规制

WTO为禁止性补贴和可诉补贴提供了两种救济途径:一种是单边救济措施,即进口国通过国内反补贴法律程序,发动反补贴调查、采取反补贴措施以得到救济;另一种是多边救济措施,即通过WTO的争端解决程序解决。其中,国内反补贴措施具体是指进口方的主管机构应国内相关产业的申请,对受补贴的进口产品进行反补贴调查,并采取征收反补贴税或价格承诺等方式,抵消进口产品所享受的补贴,恢复公平竞争,保护国内受损产业。对于国内反补贴措施,《SCM协定》从实体方面和程序方面均作了规定。

（一）WTO对于反补贴单边救济的实体性规定

根据《SCM协定》第11.2条的规定,如果一成员方想采取反补贴措施,必须证明:(1)存在一定数额的禁止性补贴或可诉补贴;(2)存在属由本协定所解释的GATT1994第6条范围内的损害;(3)补贴进口产品与损害之间存在一种因果关系。

首先,证明补贴的存在及其数额。要证明补贴的存在,需要证明相关补贴政策满足《SCM协定》关于补贴定义的三要素,即政府或公共机构是补贴提供者,存在财政资助或收入、价格支持,以及相关企业或产业获得利益;同时,还需要证明补贴具有专向性,属于禁止性补贴或可诉补贴,排除不可诉补贴的可能。

补贴数额的计算应以接受者所获利益为基准。《SCM协定》第14条规定,各成员国应在立法或实施细则中对补贴数额的计算作出规定,这些规定应透明地使用于每一具体案件并附充分说明。此外,《SCM协定》还列举了不得视为授予利益的四种情形:(1)政府提供股本不得视为授予利益,除非投资决定可被视为与该成员方领土内私营投资者的通常投资做法(包括提供风险资金)不一致;(2)政府提供贷款不得视为授予利益,除非接受贷款的公司支付政府贷款的金额不同于公司支付可实际从市场上获得的可比商业贷款的金额,在这种情况下,利益为两金额之差;(3)政府提供贷款担保不得视为授予利益,除非获得担保的公司支付政府担保贷款的金额不同于公司支付无政府担保的可比商业贷款的金额,在这种情况下,利益为在调整任何费用差别后的两金额之差;(4)政府提供货物或服务或购买货物不得视为授予利益,除非提供所得低于适当的报酬,或购买所付高于适当的报酬。报酬是否适当应与所涉货物或服务在提供国或购买国现行市场情况相比较后确定(包括价格、质量、可获性、适销性、运输和其他购销条件)。

其次,证明损害的存在。《SCM 协定》中的损害是指对一国内产业的实质损害、对一国内产业的实质损害威胁或对此类产业建立的实质阻碍。对于损害的确定应当依据肯定性的证据。因此,损害分为三种情形:其一,进口方生产相同产品的产业受到实质损害;其二,进口方生产相同产品的产业受到实质损害威胁;其三,进口方建立生产相同产品的产业受到实质阻碍。

实质损害是指进口产品对进口方的产业已经造成了较严重的损害确定。确定补贴政策是否对进口方境内的相同产业造成了实质损害,应审查以下内容:(1)补贴进口产品的数量。考察补贴进口产品的数量时,调查主管机关应考虑补贴进口产品的绝对数量,或相对于进口成员方中生产或消费的数量是否大幅增加。(2)补贴进口产品对国内市场同类产品价格的影响。考察补贴进口产品对价格的影响时,调查主管机关应考虑与进口成员方同类产品的价格相比,补贴进口产品是否大幅削减价格,或此类进口产品的影响是否为大幅压低价格,或是否在很大程度上抑制了在其他情况下本应发生的价格增加。(3)补贴进口产品对同类产品的国内生产者生产的影响。评估这种影响的因素和指标有很多,例如产量、销售、市场份额、利润、生产力、投资收益或设备利用率的实际和潜在的下降。影响国内价格的因素有：对现金流动、库存、就业、工资、增长、筹措资金或投资能力的实际和潜在的消极影响；对于农业，则为是否给政府支持计划增加了负担。主管机关应当对这些因素进行评估，但是并非一个或多个因素就可以起到决定性的作用。

实质损害威胁是指补贴产品虽未对国内产业造成实质损害，但根据各种迹象判断，将会对相关产业造成实质损害。对实质损害威胁的确定应依据事实，而不是仅依据指控、推测或极小的可能性。补贴将造成损害发生的情形变化必须是能够明显预见且迫近的。在确定存在实质损害威胁时，主管机关应特别考虑下列因素：(1) 所涉一项或几项补贴的性质和因此可能产生的贸易影响；(2) 补贴进口产品进入国内市场的大幅增长率，表明进口实质增加的可能性；(3) 出口商可充分自由使用的或即将实质增加出口的能力，表明补贴出口产品进入进口成员方市场实质增加的可能性，同时考虑吸收任何额外出口的其他出口市场的可获性；(4) 进口产品是否以对国内价格产生大幅度抑制或压低影响的价格进入，是否会增加对更多进口产品的需求；(5) 被调查产品的库存情况。这些因素中的任何一个本身都未必能够给予决定性的指导，但被考虑因素作为整体必须得出如下结论：更多的补贴出口产品是迫近的，且除非采取保护性行动，否则实质损害将会发生。

实质阻碍国内产业的建立是指补贴虽未造成实质损害或实质损害威胁，但若严重阻碍了进口方生产相同产品的产业的建立，进口方也可以采取反补贴措施。对于实质阻碍国内产业的建立，《SCM 协定》没有给出具体的考虑因素。一般认为，主管机关可以适当参考上述实质损害威胁因素。

此外,还应证明补贴进口产品与损害之间的因果关系。证明补贴进口产品与对国内产业损害之间存在因果关系应以审查主管机关得到的所有有关证据为依据。主管机关还应审查除补贴进口产品以外的、同时正在损害国内产业的任何已知因素,且这些其他因素造成的损害不得归因于补贴进口产品。在这方面,可能有关的因素特别包括未接受补贴的所涉及产品的进口数量和价格、需求的减少或消费模式的变化,外国和国内生产者限制贸易的做法及它们之间的竞争、技术发展,以及国内产业的出口实绩和生产率。

如果上述三点均成立,则符合《SCM 协定》的规定,主管机关可以对涉案补贴产品依照正当程序采取反补贴措施。

(二) WTO 对于反补贴单边救济的程序性规定

反补贴单边救济程序主要包括申请、立案、调查、裁决、司法审查等阶段。《SCM 协定》为了防止成员方滥用反补贴调查和反补贴措施,对于调查程序规定得非常详细。

首先,申请和立案阶段。《SCM 协定》对于反补贴调查程序规定了两种发起方式:一般而言,反补贴调查程序由主管机关收到国内产业或国内产业的代表提出的书面申请而发起;但在特殊情况下,如果主管机关掌握关于补贴、损害和因果关系的充分证据,从而足以证明发起调查是正当的,即使没有收到国内产业或其代表提出的书面申请,也可自行发起调查。由国内产业或其代表申请发起调查是最常见的方式。《SCM 协定》规定,申请人应为国内产业或代表国内产业。如果申请得到总产量构成国内产业中表示支持或反对申请的同类产品生产者生产的同类产品总产量的 50% 以上,则该申请应被视为由国内产业或代表国内产业提出。但是,如果表示支持申请的国内生产者的产量不足国内产业生产的同类产品总产量的 25%,则不得发起调查。

其次,调查阶段。主管机关应审查申请中提供的证据的准确性和充分性,以确定是否有足够的证据证明发起调查是正当的。调查是指反补贴立案后,主管机关根据反补贴申诉人提出的申请,在一定期间内,对被诉方的产品是否存在补贴、是否造成损害及两者之间是否存在因果关系,从事实和法律上予以查证的过程。主管机关只有在确定申请是由国内产业或代表国内产业提出的,才能接受申请,发起调查。在产品不是自原产国直接进口而是自一中间国向进口成员方出口的情况下,本协定的规定应完全适用。就本协定而言,此项或此类交易应被视为发生在原产国与进口成员之间。主管机关一经确信不存在有关补贴或损害的足够证据以证明继续进行该案是正当的,则根据第 1 款提出的申请,即应予以拒绝,且调查应迅速终止。如补贴金额属微量,或补贴进口产品的实际或潜在数量或损害可忽略不计,则应立即终止调查。就本款而言,如补贴不足从价金额的 1%,则补贴金额应被视为属微量。除特殊情况外,调查的期限为发起后 1 年,最多不能超过 18 个月。《SCM 协定》在 11.10 条中特别强调,调查不得妨碍通关程序。

再次,裁决阶段。反补贴裁决包括初裁和终裁两类。初裁指在适当调查的基础上,主管机关作出肯定或否定的有关倾销或损害的初步裁定。其意义在于,进口方当局可以视情况采取临时措施或接受承诺。终裁指进口方当局最终确定进口产品的补贴及其造成的损害,并据此对进口产品征收反补贴税的裁决。

最后,采取反补贴措施阶段。进口方在反补贴主管机关作出肯定性的初裁或终裁后,即会根据裁决对进口产品采取反补贴措施。反补贴措施包括临时反补贴措施、接受承诺、征收反补贴税。如果在反补贴调查中初步认定存在倾销、损害及其因果关系,则进口方主管机关可能视情况采取临时反补贴措施,以防止相关补贴政策在反补贴调查期间对进口方的产业造成进一步的损害。临时措施的实施必须满足三个条件:(1)已依照《SCM 协定》第 11 条的规定发起调查,已为此发出公告,且已给予受到调查的成员方和利害关系方提交信息和提出意见的充分机会;(2)已作出关于存在补贴和存在补贴进口产品对国内产业造成损害的初步肯定裁定;(3)有关主管机关判断此类措施对防止在调查期间造成损害是必要的。临时反补贴措施可以采取征收临时反补贴税的形式,以金额等于临时计算的补贴金额的现金保证金或保函担保。临时措施不得早于发起调查之日起 60 天实施。临时措施的实施应限制在尽可能短的时间内,不应超过 4 个月。

在就补贴和补贴所造成的损害作出初步肯定裁定后,主管机关除了采取临时措施外,还可能会选择接受承诺,使调查程序中止或终止,但前提是该承诺已获得出口成员方的同意。承诺包括两种情形:(1)出口成员方政府同意取消或限制补贴,或采取其他与此影响有关的措施;(2)出口商同意修改价格,从而使调查主管机关确信补贴的损害性影响已经消除。根据此类承诺所作的提价不得超过消除补贴金额所必需的限度。如提价幅度小于补贴金额即足以消除对国内产业的损害,则该提价幅度是可取的。如承诺被接受,且出口商希望或主管机关决定,则关于补贴和损害的调查仍应完成。在此种情况下,如作出关于补贴或损害的否定裁定,则承诺即自动失效,除非此种裁定主要是由于承诺的存在而作出的。在此类情况下,主管机关可要求在与本协定规定相一致的合理期限内维持承诺。如作出关于补贴和损害的肯定裁定,则承诺应按其条件和本协定的规定继续有效。进口成员方的主管机关可要求承诺已被接受的任何政府或出口商定期提供有关履行该承诺的信息,并允许核实有关数据。如违反承诺,则进口成员方的主管机关可根据本协定的相应规定采取迅速行动,包括使用可获得的最佳信息,立即实施临时措施。在此种情况下,可依照本协定对在实施此类临时措施前90天内进口供消费的产品征收最终税,但此追溯课征不得适用于在违反承诺之前已入境的进口产品。如进口成员方的主管机关认为承诺无法接受,则不必接受所提承诺。例如,由于实际或潜在的出口商数量过大,或由于其他原因,包括一般政策原因。如发生此种情况且在可行的情况下,主管机关应向出口商提供其认为不宜接受承诺的理由,且应在可能的限度内给予出口商就此发表意见的机会。值得注意的是,《SCM协定》非常强调承诺的自愿性,进口成员方的主管机关可以提出价格承诺的建议,但不得强迫出口商作出此类承诺。

征收反补贴税是指进口国调查主管机关在作出肯定性终裁后,根据终裁中确定的反补贴税率征收反补贴税。反补贴税的征收前提是必须满足上文提到的三个实体性要素,即存在补贴、损害及其因果关系。在所有征收反补贴税的要求均已获满足的情况下,进口国主管机关有权决定是否征税及征收反补贴税金额是否应等于或小于补贴的全部金额。但是,对任何进口产品征收的反补贴税均不得超过认定存在的补贴金额,该金额以补贴出口产品的单位补贴计算。《SCM协定》还规定了征收反补贴税的非歧视原则,即如果对任何产品征收反补贴税,则应对已被认定接受补贴和造成损害的所有来源的此种进口产品根据每一案件的情况在非歧视基础上征收适当金额的反补贴税,已经放弃任何所涉补贴或根据本协定的条款提出的承诺已被接受的来源的进口产品除外。任何出口产品被征收最终反补贴税的出口商如因拒绝合作以外的原因实际上未接受调查,则有资格接受加速审查,以便调查主管机关迅速为其确定单独的反补贴税率。

此外,《SCM 协定》第 23 条还规定了司法审查的有关要求。根据该条,如果成员国在国内立法中规定了反补贴税措施,则应有司法、仲裁或行政庭或程序的相关规定,其目的特别包括迅速审查与最终裁定有关的行政行为以及属《SCM 协定》第 21 条范围内的裁定。此类程序应独立于行政终局决定的行政机关,并且应向所有利害关系方提供了解审查情况的机会,从而保证审查的客观公正。

四、WTO 下反补贴多边救济规则

WTO《关于争端解决规则与程序的谅解》(以下简称"DSU")将《SCM 协定》涵盖在其适用范围之内。因此,各成员国之间的补贴政策争端亦可以适用 DSU 的普遍性规定。但是,正如 DSU 第 1.2 条所强调的,在适用 WTO 争端解决机制的规则和程序时,应当首先遵守附录 2 中所列协议中所含的特殊或附加规则的程序。因此,《SCM 协定》中有特殊规定的,应当优先适用。鉴于《SCM 协定》对于不同类型的补贴规定了不同的多边救济规则和程序,下文也分别进行讨论。

(一) 禁止性补贴的多边救济

根据《SCM 协定》第 4 条的规定,只要一成员方有理由认为另一成员方正在给予或维持一禁止性补贴,该成员方即可请求与该另一成员方进行磋商,澄清有关情况的事实并达成

第三章 补贴政策与 WTO 规则的协调问题

双方同意的解决办法。如果在提出磋商请求后 30 天内未能达成双方同意的解决办法,则参加此类磋商的任何成员方可将该事项提交争端解决机构,以便立即设立专家组。

专家组可就所涉措施是否属禁止性补贴而请求常设专家小组予以协助。常设专家小组应在专家组确定的时限内向专家组报告其结论。该结论应由专家组接受而不得进行修改。专家组应向争端各方提交其最终报告。应在专家组组成和职权范围确定之日起 90 天内,将该报告散发给全体成员方。在将专家组报告散发给全体成员方后 30 天内,DSB 应通过该报告,除非一争端方正式将其上诉决定通知 DSB,或 DSB 经协商一致决定不通过该报告。如专家组报告被上诉,则上诉机构应在 30 天内作出决定。如上诉机构认为不能在 30 天内提供报告,则应将迟延的原因和它将提交报告的估计期限以书面形式通知 DSB,不能超过 60 天。上诉机构报告应由 DSB 通过,并由争端各方无条件接受,除非 DSB 在将报告散发各成员后 20 天内经协商一致决定不通过上诉机构报告。如在专家组指定的时限内 DSB 的建议未得到遵守,该时限自专家组报告或上诉机构报告获得通过之日起开始,则 DSB 应给予起诉方采取适当反措施的授权,除非 DSB 经协商一致决定拒绝该请求。如所涉措施被视为属禁止性补贴,则专家组应建议进行补贴的成员方立刻撤销该补贴。在这方面,专家组应在其建议中列明必须撤销该措施的时限。

《SCM 协定》第 4.12 条特别规定,除本条具体规定的时限外,DSU 项下适用于处理此类争端的时限应为该谅解中规定时间的一半。由此可见,《SCM 协定》意识到禁止性补贴对于国际贸易的直接影响,专门规定了更短的程序时限。

(二)可诉补贴的多边救济

根据《SCM 协定》第 7 条的规定,只要一成员方有理由认为另一成员方给予或维持的补贴对其国内产业产生损害、使其利益丧失或减损或者产生严重侵害,该成员方即可请求与另一成员方进行磋商。磋商请求应列明:(1)所涉补贴的存在和性质;(2)对请求磋商的成员国国内产业造成的损害、利益丧失或减损或者严重侵害。

如磋商未能在60天内达成双方同意的解决办法,则参加此类磋商的任何成员方可将该事项提交DSB,以立即设立专家组。专家组的组成及其职权范围应在专家组设立之日起15天内确定。专家组应审议该事项并向争端各方提交其最终报告。该报告应在专家组组成和职权范围确定之日起120天内散发给全体成员。在专家组报告散发给全体成员方后30天内,DSB应通过该报告,除非一争端方正式将其上诉决定通知DSB,或DSB经协商一致决定不通过该报告。如专家组报告被上诉,上诉机构应在争端方正式通知其上诉意向之日起60天内作出决定。如上诉机构认为不能在60天内提供报告,则应将延误的理由和它将提交报告的估计期限以书面形式通知DSB。该程序绝不能超过90天。上诉机构报告应由DSB通过,并由争端各方无条件接受,除非DSB在将报告散发给各成员方后20天内,经协商一致决定不通过上诉机构报告。

如专家组报告或上诉机构报告获得通过,其中确定任何补贴对另一成员方的利益导致第5条范围内的不利影响,则给予或维持该补贴的成员方应采取适当步骤以消除不利影响或撤销该补贴。如在DSB通过专家组报告或上诉机构报告之日起6个月内,该成员方未采取适当步骤以消除补贴的不利影响或撤销该补贴,且未达成补偿协议,则DSB应授权起诉成员方采取与被确定存在的不利影响的程度和性质相当的反措施,除非 DSB 经协商一致决定拒绝该请求。

(三) 不可诉补贴的多边救济

不可诉补贴一般不会对国际贸易造成消极影响,且各成员方政府具有合法理由实施这些补贴,因此《SCM 协定》一般不予干涉。但是,对于具有专向性的不可诉补贴,《SCM 协定》要求实施成员方通知补贴与反补贴措施委员会。一旦这些措施被认为与《SCM 协定》规定的标准不符,可能被视为可申诉的补贴;即使某些补贴符合协定规定的不可诉补贴标准,但是一成员方有理由认为该计划已导致对其国内产业的严重不利影响,例如造成难以补救的损害的,则该成员方可请求与给予或维持该补贴的成员方进行磋商。如在 60 天内磋商未能达成双方接受的解决办法,则提出磋商请求的成员方可将此事项提交委员会。如一事项提交委员会处理,委员会应立即审议所涉及的事实和第 1 款所指的关于影响的证据。如委员会确定存在此类影响,则可建议提供补贴的成员修改该计划,以消除这些影响。委员会应根据第 3 条,在此事项提交之日起 120 天内作出结论。如建议在 6 个月内未得到遵守,则委员会应授权提出请求的成员方采取与确定存在的不利影响的程度和性质相当的反补贴措施。

第二节 中国在 WTO 项下有关补贴政策的义务

一、中国在补贴政策方面的具体义务

中国除了要遵守《SCM 协定》外,还要遵守《中国入世议定书》的有关规定。除此以外,《工作组报告》第 147 段至第 152 段是关于"反倾销税、反补贴税"的内容。根据《中国入世议定书》第 1 条第 2 款,《工作组报告》第 148 段、第 152 段

被纳入《WTO 协定》作为其组成部分,即对中国具有法律约束力。

《中国入世议定书》第 10 条"补贴"根据《SCM 协定》,向中国具体提了三点要求:"1. 中国应该将其境内给予或保持的、按专项产品编排、属于《SCM 协定》第 1 条含义上的任何补贴,包括《SCM 协定》第 3 条界定的补贴,通知 WTO。所提供的资料应尽可能具体,并遵守《SCM 协定》第 25 条提到的对补贴作问卷调查的要求。2. 为适用《SCM 协定》第 1 条第 2 款和第 2 条的目的,举凡国有企业是该补贴的主要接收者,或者国有企业得到的补贴大到不相称时,应视为专向。3. 自入世时,中国应取消属《SCM 协定》第 3 条范围的补贴项目。"[①]

《中国入世议定书》第 10 条第 1 款规定了中国向 WTO 通知其补贴政策的义务,这实际是对《SCM 协定》第七部分"通知与监督"第 25 条"通知"的进一步强调。《SCM 协定》第 25 条共 12 款,详细规定了各成员方每年向委员会通知其专向性补贴的义务。根据《SCM 协定》第 25 条第 2 款,通知的补贴包括在成员方领土内给予或维持的、按《SCM 协定》第 1 条第 1 款的规定且属于《SCM 协定》第 2 条范围内的任何专向性补贴。根据《SCM 协定》第 25 条第 3 款,通知的内容应包含足够具体的信息,具体包含补贴的形式(例如赠款、贷款、税收优惠等)、单位补贴量、预算总额或年度预算额、政策目标和/或补贴的目的、补贴的期限和/或所附的任何其他时限以及可据以评估补贴贸易影响的统计资料。

《中国入世议定书》第 10 条第 2 款针对中国国有企业作

[①] 赵维田编著:《中国入世议定书条款解读》,湖南科学技术出版社 2006 年版,第 149 页。

为接收者的情况作了规定,列举了两种专向性补贴的情形:一是中国国有企业是该补贴的主要接收者,二是国有企业得到的补贴大到不成比例。这一规定实际上源于《SCM 协定》第 2 条"专向性"第 1 款(c)项。该项规定列举了可能属于事实上的专向性补贴的情形:有限数量的某些企业使用补贴计划,某些企业主要使用补贴,给予某些企业不成比例的大量补贴,以及授权机关在作出给予补贴的决定时行使决定权的方式。值得注意的是,《SCM 协定》的该项规定是将这些情形视为判断补贴是否具有事实上的专向性的考虑因素(factors that may be considered),并强调在适用(c)项规定时,应考虑授予机关管辖范围内经济活动的多样性程度以及已经实施补贴计划的持续时间。相比而言,《中国入世议定书》中适用的措辞颇为强硬,"举凡国有企业是该补贴的主要接收者,或者国有企业得到的补贴大到不相称时,应视为专向"(…will be viewed as specific if, inter alia,…)。

《中国入世议定书》第 10 条第 3 款的规定,因为涉及中国在《SCM 协定》中是否属于发展中国家的认定,会在下一部分讨论。

《工作组报告》对中国的补贴政策作了更多的详细说明。特别是第 171 段至第 176 段,以标题"产业政策,包括补贴"的方式分别提及了中国很多具体的补贴政策。

二、中国在《SCM 协定》中的身份讨论

在《SCM 协定》中,中国的身份讨论主要涉及两个方面:一是中国是否属于发展中国家,是否可以享有发展中国家的特殊待遇;二是中国是否具有市场经济地位。

(一)中国是否属于发展中国家

在入世谈判中,中国的发展中国家地位一直是各成员方

热议的焦点。中国也在谈判中争取各成员方对其发展中国家身份的承认。然而,WTO体制本身就没有对发展中国家作明确的定义。在WTO法律文本中,1979年东京回合达成的《有差别与更优惠待遇,对等以及发展中国家充分参与》经常被援引。该文件第七段写道:"欠发达缔约国期望:它们做贡献或谈判减让的能力或者在(关贸)总协定规定与程序下作出协调一致行动的能力,会随着它们的经济逐步发展和贸易地位的改善而得到增强,因此它们期待着,在总协定权利与义务的框架里作出更充分的参与。"这段话被发达国家称为"毕业条款"。[①] 根据这段话,WTO项下的"发展中国家"通常被理解为一个动态的、发展的概念,即在经济发展、地位改善、实力增强的情况下,一国可能不再具有发展中国家的地位。

在《工作组报告》中,有几段话也体现了这一思路。《工作组报告》引言第8段称:"中国代表说明,中国的经济发展虽取得了重大成就,但仍属于发展中国家,因此应该有权享有《WTO协定》所规定的给予发展中国家的所有特殊的与特惠的待遇。"但是,第9段又表明了一些成员方的不同态度:"工作组有些成员方表示,鉴于中国经济的规模巨大、增长很快和过渡性质,在确定中国援引发展中国家成员方可使用《WTO协定》中的过渡期和其他特殊规定的需要方面,应采取务实态度。对每个协定与中国的情况应予仔细考虑并作具体处理。"这说明中国在WTO项下是否具有发展中国家成员方的地位是不确定的,必须依据具体的情况而定。这一点在《SCM协定》对中国的适用问题上也得到了印证。中国未

---

① 参见赵维田编著:《中国入世议定书条款解读》,湖南科学技术出版社2006年版,第55页。

能享有《SCM 协定》中给予发展中国家的特殊待遇。

《SCM 协定》第八部分"发展中国家成员"第 27 条规定了发展中国家成员的特殊和差别待遇。第 27 条共 15 款,对发展中国家成员方的特殊和差别待遇既作了程序上的规定,也有实体权利的规定。根据第 27 条第 2 款,《SCM 协定》第 3 条第 1 款有关禁止性补贴的规定分情况不适用于发展中国家成员方,即出口实绩补贴和出口替代补贴分别在不同年限内不适用于不同的发展中国家成员方。但是,第 27 条第 5 款规定:"如一发展中国家的任何特定产品已达到出口竞争力,则该发展中国家成员方应在 2 年内取消给予此项或此类产品的出口补贴。"第 6 款规定了判断出口竞争力的标准,即"一发展中国家成员方一产品的出口连续 2 个日历年在该产品世界贸易中达到至少 3.25% 的份额"。

但是,根据《中国入世议定书》,第 27 条的有些规定似乎并不适用于中国。《中国入世议定书》第 10 条第 3 款规定,中国应自入世起取消《SCM 协定》第 3 条范围内的补贴。在《工作组报告》第 167 段和第 168 段,中国代表也分别就《SCM 协定》第 3 条第 1 款(a)项和(b)项两种出口补贴作了"自加入时即取消"的承诺。《工作组报告》第 171 段似乎对这种差别作了一些阐述和解释:"工作组有些成员表示关注,中国经济的特征,在其改革的现阶段仍可能产生一定程度扭曲贸易的补贴。这不仅影响对中国国内市场的进入,而且影响中国出口产品在其他 WTO 成员方市场的表现,因而应受到《SCM 协定》规定的有效制约。有鉴于此,有些成员觉得让中国从《SCM 协定》第 27 条受益是不适宜的。"同样在第 171 段,中国代表也表明了态度,认为"这条的有些规定应对中国适用",并告知工作组:"作为中国正在进行改革进程的一部分,正努力减少某几种补贴的使用。中国承诺,将以对中国公平公正,也对 WTO 成员方公平公正的方式执行《SCM 协定》。依此做法,中国代表认为,他有意保留从《SCM 协定》第 27 条第 10—12 款和第 15 款规定收益的权利并确认,中国将不寻求引用第 27 条第 8、9、13 款。工作组注意到这些承诺。"

虽然第 171 段属于"成为《WTO 协定》的组成部分"(依据《中国入世议定书》第 1 条第 2 款),但是对于这一条中的部分表述是否表明中国可以径直援引《SCM 协定》第 27 条第 10—12 款以及第 15 款,尚不明确,有待案件中进一步确认。

(二)中国是否具有市场经济地位

中国是否具有市场经济地位,是另一个在 WTO 中难以取得一致的问题。无论在入世谈判中,还是在此后的各种反倾销、反补贴案中,中国都在竭力争取自己的市场经济地位。尽管在一些案件中取得了认同,但是在大部分案件中,中国企业依旧在非市场经济地位的前提下接受调查和征税。

《中国入世议定书》第 15 条"认定补贴与倾销的价格可比性"(a)项规定了计算原产自中国的倾销产品的价格认定方法,规定了市场经济条件下的(i)项认定方法和非市场经济条件下的(ii)项认定方法,而市场经济条件需要受调查的生产方清晰说明。与反倾销一样,中国的补贴价格认定也存在两种方法。《中国入世议定书》第 15 条(b)项规定了计算中国的补贴利益金额的方法:"在依《SCM 协定》第二、第三与第五部分提出的诉讼中,在处理第 14 条(a)、(b)、(c)、(d)项所指补贴时,应适用《SCM 协定》的有关规定;但在该适用中若有特殊困难,进口 WTO 成员方考虑到中国国内现有价目与条件,并不总能为认定与衡量该补贴利益提供合适基准的可能性,得采用一套认定与衡量该补贴利益的方法。在使用该套方法时,只要可行,该进口成员方在考虑适用中国以外的价目与条件之前,应对该价目与条件进行调整。"根据该规定,进口成员方可以适用"中国以外的价目与条件"作为基准。事实上,这一规定比倾销价格认定更带有不确定性。一方面,倾销的"替代国"方法尚有具体的操作标准,而补贴中适用的外国基准缺乏依据,十分模糊,且忽略了补贴对比倾销更为复杂的差异。另一方面,倾销适用非市场经济方法有具体的判断标准和前提,虽然这些标准和前提也有不合理之处,但是补贴产品的进口成员方在适用外国基准时却缺乏足够的依据,上述规定也仅仅以"在适用中若有特殊困难"概括之。

除此以外,与倾销价格认定方法的适用期限相比,中国的补贴认定在期限上也有更为不利的规定。《中国入世议定书》第15条(d)项规定:"一旦按进口WTO成员方的国内法认定中国属市场经济,(a)项规定应予终止。但无论如何,自入世之日起,15年后(a)项(ii)规定应属期满。再者,中国依该进口成员方国内法得确认:某行业或部门具备市场经济条件,则(a)项的非市场经济规定不应再适用于该行业或部门。"据此,中国在入世15年后,《中国入世议定书》第15条(a)项(ii)的替代国方法不再适用于中国,而该议定书对于补贴的价格认定在方法上却没有任何的期限限制。

第三节 中美有关补贴政策争端的法律问题

一、中美补贴政策争端概述

美国自乔治城钢铁案后,一直奉行不对其认定的"非市场经济国家"适用反补贴法的做法。但是,2006年11月,美国商务部对源自中国的铜版纸发起反补贴调查,中美之间的贸易争端形式开始由反倾销争端为主转为反倾销与反补贴并行,而且美国成为对中国进行反补贴调查和征税的主要国家之一。面对美国向中国产品频频发起的反倾销、反补贴("双反")调查及采取的措施,中国也将其中的部分案件申诉至 WTO。

从 WTO 受理的案件来看,自 2006 年至 2010 年,成员国申诉的案件中涉及《SCM 协定》的共计 23 件。其中,与中国有关的案件共 12 件(中国作为申诉方或被申诉方),不包括中国以第三方身份参与案件的情形。这 12 件案件中,共有 7 件是中美反补贴争端。[①] 其中,大部分案件是因中国产品的补贴问题产生的争议。这一方面与中国作为出口大国的地位分不开,另一方面也说明中国产品的补贴问题是中美间补贴政策争端的核心。因此,本节主要讨论中美之间源自中国产品的补贴与反补贴争端的主要问题。

二、中美补贴政策争端的主要问题分析——以 DS379 案为例

2008 年,美国商务部继铜版纸案之后,在一个月内针对中国 4 种产品(环状碳质钢管、非公路用轮胎产品、特定矩形管件产品和复合编织袋产品)连续发起 4 起"双反"调查,并

---

① 根据 WTO 官方网站(www.wto.org),自 2006 年至 2010 年间,涉及中国的反补贴案件的案号依次为:DS339、DS340、DS342、DS358、DS359、DS368、DS379、DS387、DS388、DS390、DS414、DS419。其中,中美之间的反补贴案件为DS340、DS358、DS368、DS379、DS387、DS414、DS419。在这 7 个案件中,只有DS340 案(中国影响汽车零部件进口措施案)和 DS379 案(美国对来自中国某些产品的反倾销反补贴措施案)两个案件有最终的专家组裁决或上诉机构裁决,DS414 案(中国对来自美国的进口取向电工钢的反倾销反补贴税案)于 2011 年 5月 13 日成立专家组,其余案件要么尚在磋商阶段,要么已通过协商等方式达成和解或撤回。

第三章 补贴政策与 WTO 规则的协调问题

在当年 6 月至 9 月间陆续对上述 4 起案件作出了征收反倾销税和反补贴税的决定。9 月 19 日,中国将美国的上述"双反"措施提交 WTO 争端解决机构(DSB)。2010 年 10 月 22 日,DSB 公布了专家组报告。① 12 月 1 日,中国就该报告向上诉机构提起上诉。2011 年 3 月 11 日,上诉机构作出最终裁决。② DS379 案涉及诸多反补贴的焦点问题,例如公共机构的认定、专向性的具体认定方法、对美国"一步走"的利益传递方法的认定、补贴外部基准的确定方法以及双反措施可能产生的双重救济问题,下文将对这些焦点问题展开讨论。

(一)"公共机构"的认定——中国国有企业、国有商业银行的身份之争

作为《SCM 协定》第 1.1 条补贴定义涉及的核心概念之一,"公共机构"的认定关系到涉案行为是否属于补贴这一前提性问题。因此,有关"公共机构"认定的争论也很多。尤其是在中美反补贴案件中,中国国有企业、国有商业银行这些特殊实体的身份认定更是争议的焦点。

美国商务部在环状碳质钢管、非公路用轮胎产品、特定矩形管件产品和复合编织袋产品的"双反"调查中将中国国有企业认定为公共机构,在非公路用轮胎产品案中将中国国有商业银行认定为公共机构。美国商务部的主要依据是"多数所有权规则"(rule of majority ownership),即政府拥有国有企业的过半数股权。专家组将《SCM 协定》中的公共机构解释为"政府控制的任何实体"。专家组认为,国有性质与政府控制密切相关,且对政府控制有决定性的证明作用。因此,

---

① See Panel Report, United States—Definitive Anti-Dumping and Countervailing Duties on Certain Products from China, WT/DS379/R.

② See Appellate Body Report, United States—Definitive Anti-Dumping and Countervailing Duties on Certain Products from China, WT/DS379/AB/R.

专家组支持了美国商务部将中国国有企业和国有商业银行认定为公共机构的做法。然而,上诉机构推翻了专家组的部分认定。

首先,必须明确"公共机构"这一概念的具体含义和认定标准。上诉机构认为公共机构和政府有些共同属性。《SCM协定》第1.1(a)(1)条项下的公共机构必须拥有、行使或被授予政府权力。但是,鉴于公共机构的情况各异,专家组或调查机构必须正确评估相关实体的核心特征,以及该实体与狭义上的政府之间的关系。判断公共机构的关键在于一个实体是否获得政府授权,而非该实体如何获得授权。证明获得授权的方式有很多。例如,实体行使政府职能就可以用于证明获得授权。在一些情况下,政府对一个实体及其行为进行有实际影响力的控制(meaningful control),可以证明相关实体获得政府权力并在履行政府职能时行使了该权力。但是,仅仅依靠实体与政府之间形式上的联系不足以证明获得政府授权。因此,政府是实体的过半数股东的事实不足以证明政府对实体有实际影响力的控制,更无法说明存在政府授权。如果可以证明政府明显控制该实体,且该控制对该实体有实际影响力,则也许可以推出获得政府授权的结论。[①]

其次,判断中国国有企业是否属于上述公共机构。美国在之前的调查中,常常使用五因素检验方法(five-factor test),分别是:(1)政府的所有权;(2)政府出席董事会的情况;(3)政府对企业活动的控制;(4)政府政策和利益的遵守;(5)该实体的成立是否依据立法。美国在判断涉案的中国国

---

① See Appellate Body Report, United States—Definitive Anti-Dumping and Countervailing Duties on Certain Products from China, WT/DS379/AB/R, paras. 282—322.

有企业时，仅仅考察了其所有权情况，未考察五因素检验方法中的其他因素。这也说明，美国并没有考察除所有权以外的其他信息并作出客观评估。因此，上诉机构认为美国对于涉案中国国有企业的认定不符合《SCM 协定》。①

最后，判断中国国有商业银行是否属于公共机构。在这一点上，上诉机构肯定了美国的判断方法。美国考察涉案中国国有商业银行并得出公共机构的结论，主要基于四个因素：一是中国的银行业几乎全部国有；二是《中华人民共和国商业银行法》第34条规定，"商业银行根据国民经济和社会发展的需要，在国家产业政策指导下开展贷款业务"；三是各种记录显示，中国国有商业银行仍缺乏足够的风险管理能力和分析技巧；四是在调查过程中，美国商务部未能获得足够的证据以综合记录有关发放给造纸业的贷款的申请、发放、评估程序。鉴于美国商务部列出的各种考虑因素，上诉机构最终认可了美国商务部的认定。②

通常而言，国有企业和国有商业银行当然不属于政府的一部分，是否属于公共机构尚有争议。DS379案中，上诉机构推翻美国商务部对中国涉案国有企业属于公共机构的认定，主要是基于美国的认定方法标准不足，并不排除美国之后利用与五因素检测方法或类似方法对公共机构进行认定，也不排除因此可能导致的肯定性结论。这从上诉机构认可美国将中国国有商业银行认定为公共机构这一点上可以看出来。

虽然中国国有企业在过去的十几年中已基本完成政企分开、股权分置等各种改革，但在国际经济争端中仍然常常

---

① See Appellate Body Report, United States—Definitive Anti-Dumping and Countervailing Duties on Certain Products from China, WT/DS379/AB/R, paras. 338—347.

② Id., paras. 348—356.

面临其独立身份不被承认的尴尬,而国有商业银行的很多职能也常常被看做政府职能的一部分。中国要想获得其他成员国对其国有企业和国有商业银行独立性的承认,一方面要增加与贸易伙伴的沟通,增进理解;另一方面要更好地运用有关规则,研究案例,及时维护自己的正确立场。当然,中国国有企业和国有商业银行也要加大改革力度,加强独立性,并在出台政策时减少不必要的授权性用语,从而最大程度地减少误解,也减少中国在案件中可能面临的不利局面。

(二) 关于土地所有权地区专向性的认定

依照中国法律规定,要在国有土地上开发建设房地产项目,只有通过出让、划拨、转让、租赁等方式取得国有土地使用权后方可进行,其中出让已成为房地产开发建设单位取得国有土地使用权的主要方式。《土地管理法》《土地管理法实施条例》《城市房地产管理法》等法律、法规明确规定,对于通过出让、转让获得的土地使用权必须交纳土地出让金或使用费,交纳数额由地方土地及房地产管理部门予以确定和征收。各地方政府根据本地实际情况确定土地使用费和土地出让金的数额及减免,相关规定及优惠政策各不相同。近年来,许多对华反补贴调查往往会关注地方政府出台的这些土地优惠政策,并将其认定为地方政府向特定企业提供的补贴。DS379案即涉及地方政府向一家生产复合编织袋产品的生产企业艾福迪塑料包装公司出让位于新世纪工业园内的土地使用权,美国商务部在反补贴调查中将该土地使用权视为补贴,并认定该土地使用权符合地区专向性。

1. 《SCM 协定》对于地区专向性的规定

《SCM 协定》有关专向性的规定旨在将具有贸易扭曲作用的补贴和基于社会利益而普遍授予的补贴区别对待,限定反补贴的范围。《SCM 协定》第 2 条具体规定了专向性标准,并将专向性补贴分为三类:其一,企业或产业专向性补贴(第 2.1 条);其二,地区专向性补贴(第 2.2 条);其三,任何属于第 3 条规定范围内的补贴,一般称为"拟制专向性补贴"或"禁止性补贴"(第 2.3 条)。第 2.4 条规定,对专向性的认定应"依据肯定性证据明确证明"。根据第 2.1 条(a)、(b)、(c)各项的表述,在对企业或产业专向性进行认定时,应还有法律专向性与事实专向性之分,即在不满足法律专向性的要求下,补贴还可能因为实际存在的一些因素满足事实上对专向性的认定。WTO 有关补贴专向性的争端一般集中在对企业或产业专向性补贴方面,[①]专家组和上诉机构在裁决中较少涉及对于地区专向性补贴的讨论。

《SCM 协定》第 2.2 条规定:"限于授予机关管辖范围内指定地理区域的某些企业的补贴属专向性补贴。各方理解,就本协定而言,不得将有资格的各级政府所采取的确定或改变普遍适用的税率的行动视为专向性给特定区域的企业的,则不论是提供给该特定区域的部分企业还是全部企业,补贴都具有专向性;对于地方政府来说,其向补贴。"根据对该条的理解,对于中央政府来说,如果补贴是其向特定区域的部分企业提供的,则补贴具有专向性,向特定区域的全部企业提供的补贴并不具有专向性。20 世纪 80 年代,美国对欧共体发起的一起反补贴调查曾引起对于第 2.2 条"授权机关"

---

① 自 2003 年至 2009 年,与企业或产业专向性补贴有关的案例主要有:美国对来自加拿大某些软木的最终反补贴税裁定(WT/DS257)、美国对韩进口动态随机存取存储器反补贴税调查案(WT/DS296)、欧共体对韩进口动态随机存取存储器反补贴措施案(WT/DS299)、日本对韩进口动态随机存取存储器反补贴税案(WT/DS336)等。具体可参见朱榄叶编著:《世界贸易组织国际贸易纠纷案例评述(2003—2006)》,法律出版社 2008 年版;朱榄叶编著:《世界贸易组织国际贸易纠纷案例评述(2007—2009)》,法律出版社 2010 年版。

的讨论。这起反补贴调查主要源于欧共体批准的一项荷兰政府投资保险项目。美国商务部经调查认为,该项目由荷兰政府负责出资,并广泛适用于荷兰全国,因此不具有专向性。但是,该认定结果遭到了很多学者的批评。有学者认为,该案中的授权机关是欧共体,而非荷兰政府。根据欧共体法律规定,只有欧共体批准了荷兰的项目,荷兰政府才有权提供投资保险。所以,事实上,欧共体才是整个项目的授权机关,该项目应当被认定为具有专向性。① 从该案可以看出,在指定地理区域确定的情况下,对"授权机关"认定的不同可能会影响到专向性的最终认定结果。

2. DSB 对于地区专向性的解释和适用

地区专向性问题主要涉及对两个概念的理解,一是"某些企业",二是"指定地理区域"。这两个概念也是 DS379 案在地区专向性问题上的争议焦点。专家组对这两个概念作了解释。专家组认为,第 2.2 条中的"某些企业"指的是在指定地理区域里的企业,与指定地理区域外的企业相对应。不应对"某些企业"增加其他的限制,并非只有在补贴是授予位于指定地理区域的部分企业的情况下才能认定为专向性补贴。② 对于"指定地理区域",中国根据第 8.2 条(b)项中关于落后地区的条款中有"可确定的经济或行政特征"的规定,认为应当根据各级机关正式的行政或经济特征确定。但是,专家组最终未采纳中国的观点。专家组认为,第 2.2 条与第 8.2 条(b)项是不同的,第 2.2 条中的"指定地理区域"应包括授权机关管辖范围内的任何可以确定的区域范围,而非特

---

① See Rudiger Wolfrum, Peter-Tobias Stoll and Michael Koebele, WTO—Trade Remedies, Boston: Martinus Nijhoff Pubishers, 2008: 467—468.

② See Panel Report, United States—Definitive Anti-Dumping and Countervailing Duties on Certain Products from China, WT/DS379/R, paras. 9.127—9.139.

指必须具有正式的行政或经济特征。①

值得注意的是,专家组还对第2.2条的适用范围进行了讨论。专家组认为,第2.2条规定的地区性补贴的专向性可能是基于法律或事实而产生的。虽然第2.2条没有像第2.1条一样提到补贴的获得应明确限定"某些企业",但是考虑到第2.2条与有关法律上的专向性和事实上的专向性的条款是分开规定的,同时第2.2条并没有提及法律上的专向性或事实上的专向性,因此第2.2条不应仅指法律上的专向性情形或事实上的专向性情形,而应当包括这两种情形。②

3. 地区专向性在DS379案中的适用

DS379案中,专家组认为美国商务部在认定专向性时存在问题。美国的裁决表明,美国之所以认定政府给予该企业的土地所有权存在专向性,是因为该土地位于授权机关管辖范围内的指定地理区域(即新世纪工业园)。鉴于土地本身必然是一个地点,美国的分析实际上是循环论证。依照美国的逻辑,任何从政府处获得土地使用权的企业都在接受财政资助,这显然是不合理的。要符合专向性,美国必须证明园区内外的政策是不一致的,县政府的该优惠政策是专门针对园区内企业的。DS379案中,美国反补贴报告显示,针对新世纪工业园区内外的土地使用权的有关政策并无区别:从性质上看,都是土地使用权,出让主体都是县政府,而且出让条件、价格在园区内外都一致。该工业园并没有构成一个政府提供财政资助的明显区域,因此专家组裁决美国的认定违反了《SCM协定》第2条的规定。

---

① See Panel Report, United States—Definitive Anti-Dumping and Countervailing Duties on Certain Products from China, WT/DS379/R, paras. 9.140—9.144.

② Id., para. 9.134.

DS379 案专家组支持了中国对于土地使用权的专向性问题的诉请,也是基于证据。专家组在裁决中着重强调,专家组对于美国违反《SCM 协定》第 2.2 条的认定是基于报告中的特定事实作出的,这并不意味着土地使用权的地理属性可以自然排除地区专向性的适用;如果美国进行足够的调查,并提供工业园内外提供的土地使用权的区别,专家组可能会作出相反的认定。

近年来,中国各地方设立了包括工业园、创新园、保税区、经济技术开发区、高新技术产业开发区在内的各类开发区,并出台了各种优惠政策。这些开发区作为增强区域经济实力的主要动力,为推动各地区的经济发展做出了重要贡献。但是,美国在近几年的对华反补贴调查中,经常将这些开发区内的土地使用权视为补贴。DS379 案的裁决表明,地方政府向企业出让的土地使用权,并不因为其位于各类工业园、开发区内而可以直接认定为具有地区专向性。调查机构必须证明园区内外的土地使用权的有关政策有区别;否则,各类工业园、开发区的土地使用权并不具有专向性,不能成为反补贴的对象。

(三)补贴利益传递分析的适用范围

1. 美国有关上游补贴和补贴利益传递的规定

一般情况下,企业直接从政府给予自己的财政资助中获得利益。但是,在特殊情况下,政府可能为上游企业生产某项原材料提供资金、货物等,而下游企业却通过合法渠道获得该原材料。补贴的接受者和实际受益者不一致,可能发生补贴利益的传递。这就涉及对下游企业是否获得补贴的认定,即对上游补贴和补贴利益传递的认定问题。WTO 文本中对于这一问题并没有明确的规定。《SCM 协定》第 1 条规定,构成补贴需满足两项基本要求:一是政府或任何公共机构提供了财政资助,二是因此授予一项利益。在上述例子中,《SCM 协定》并未对财政资助的接受者和利益的接受者作出区分,也没有对补贴利益传递作出规定。

美国《1930 年关税法》(Tariff Act of 1930)和 1998 年《最终反补贴规则》(Final Countervailing Duty Regulations)分别对上游补贴和利益传递分析作了规定。根据《1930 年关税法》第 771a 节(即《美国法典》第 1677-1 节),构成"上游补贴"(upstream subsidies)必须满足三个条件:其一,受调查产品的投入物(input,即受调查产品生产所需的各种产品)的生产商获得了可抵消补贴;其二,受调查产品因此获得了竞争利益;其三,该补贴对于受调查产品的生产成本产生重大影响。[1]《最终反补贴规则》第 351.523 节进一步规定了上游补贴的调查、投入物、竞争利益的判断方法及重大影响的认定方法。[2]《最终反补贴规则》规定得更为具体,并且明确了对上游补贴调查的前提条件。

2. DSB 对于利益传递分析的实践

如上文所述,WTO 文本未对上游补贴和补贴利益传递作出明确规定。但是,GATT 时期和 WTO 时期的许多补贴案涉及补贴利益传递及其分析方法,专家组和上诉机构对此进行了解释。GATT 时期的美国加拿大猪肉案中,[3]专家组认为,美国只有在认定猪肉生产过程中存在补贴的前提下才能对猪肉采取反补贴措施;生猪和猪肉在加拿大是两个遵循正常

---

[1] See Title VII of the Tariff Act of 1930, International Trade Administration [2010-12-29], http://ia.ita.doc.gov/regs/title7.txt.

[2] See 19 CFR Part 351: Countervailing Duties, Final Rule, International Trade Administration [2010-12-29], http://ia.ita.doc.gov/regs/98-30565.pdf.

[3] See GATT Panel Report, US-Canadian Pork.

交易原则的独立产业,提供给生猪生产者的补贴只有导致猪肉生产者对生猪支付的价格低于对其他可获得商业供应来源的生猪支付的价格水平,才能被视为对猪肉的生产给予了补贴。[①] 在美国对来自加拿大某些软木的最终反补贴税裁定案(以下简称"美加软木案")中,加拿大认为美国商务部没有分析补贴是否通过伐木者和无关联锯木厂以及锯木厂和下游的生产商之间的正常交易而传递给了下游产品。上诉机构通过对 GATT1994 第 6.3 条中"间接给予的补贴"的分析,认为通过对加工产品征收反补贴税抵消的补贴金额可以包括政府对受调查产品投入物的生产提供的财政资助,但对于这种间接补贴的情形需要进行利益传递分析。即在投入物的生产者获得补贴,加工产品生产商受到调查,而两者并非同一实体的情况下,调查机关不能径直认定部分或所有的补贴传递,而必须证明至少有部分补贴在投入物的生产商与加工产品的生产商的交易中传递给了后者。[②] 在墨西哥欧共体橄榄油案中,专家组亦对传递分析方法进行了讨论。欧共体认为,墨西哥没有进行补贴利益的传递分析,其计算是不合理、不充分的。专家组认为,欧共体虽然补贴的产品是橄榄,但是生产橄榄油是橄榄生产者获得补贴的前提,该补贴实际针对的是橄榄油;鉴于墨西哥发起的反补贴调查的对象是橄榄油,所以无须进行利益传递分析。[③]

从上述各案件可以看出,适用利益传递分析方法必须满

[①] 参见朱榄叶编著:《世界贸易组织国际贸易纠纷案例评述(2003—2006)》,法律出版社 2008 年版,第 342 页。

[②] See Panel Report, US—Final Countervailing Duty Determination with Respect to Certain Softwood Lumber from Canada, WT/DS257/R, paras. 123—166.

[③] See Panel Report, Mexico—Definitive Countervailing Measures on Olive Oil from the European Communities, WT/DS341/R, paras. 7.130—7.169.

足一定的情形。首先,必须存在间接补贴的问题,即上游产品被授予补贴,下游产品遭到调查,且上游产品和下游产品的生产商不是同一实体。其次,上游产品和下游产品的生产商之间的交易属于正常交易。下列情形下,无须进行利益传递分析即可直接认定存在利益转移:(1) 上下游产品生产商为同一实体,或同为被调查产品生产商;(2) 两者之间的交易不满足正常交易的条件。

3. 利益传递分析的相关争议

在具体分析利益传递时,仍有一些概念需要进一步明确。首先,应当明确认定直接被授予补贴的产品的标准。在墨西哥欧共体橄榄油案中,欧共体提出被补贴产品实际上是橄榄而非橄榄油,专家组认为其没有提供任何事实证据,因此不予支持。但是,专家组并没有提出认定被授予补贴的产品的具体标准,难以防止调查国在仅仅进行形式上的分析后即得出存在补贴的结论。其次,关于是否应当限制利益传递的环节,目前尚无定论。美国在对1998年《反补贴最终规则》征求意见的时候,有学者建议该规则应明确规定在调查上游补贴时仅限向上游追溯一个环节。美国商务部并未予以采纳,它的解释是:上游环节与受调查商品相距越远,对受调查商品的影响越小,引起上游补贴调查的可能性就越小。但是,美国商务部同时指出:"如果可以证明多个上游环节之前的补贴的重大影响,仍可以引起上游补贴调查。"[①]这意味着,美国商务部并不认为补贴利益只能传递一次。

事实上,很多成员方在多哈回合谈判中对利益传递问题提出了若干修改议案,希望对利益传递分析的适用条件和具

---

① See 19 CFR Part 351: Countervailing Duties, Final Rule, International Trade Administration [2010-12-20], http://ia.ita.doc.gov/regs/98-30565.pdf.

体方法加以限定,以防成员方滥用利益传递的理论依据而无限制地对相关联的产品征收反补贴税。① 但是,成员方间至今没有对利益传递分析的具体方法达成一致。

4. DS379案中有关利益传递的争议点——美国"一步走"方法②

DS379案对于利益传递的争议主要集中在美国对于补贴利益转移的认定方法上。DS379案实际涉及三个环节:其一,国有企业从政府处获得补贴,生产投入物;其二,贸易公司作为中间商与国有企业进行交易,获得投入物;其三,受调查企业向贸易公司购买投入物,用于自身产品即受调查产品的生产(具体环节见图1)。美国在计算受调查企业所获得的利益时,只考虑了第三个环节中受调查企业向贸易公司支付的价款与可适用的市场基准之间的价格差,而没有同时考虑第二个环节。中国认为,美国商务部应当先证明贸易公司从国有企业购买投入物而获得可抵消利益,进而证明贸易公司将这些利益转移给了被调查产品的生产商。DS379案中,美国商务部并未证明前者,就直接认定被调查产品的生产商获得了"间接"补贴。③ 美国商务部认为自己对两者都作了考察,而且无论两次交易(国有企业和私营贸易公司之间的直接交易与贸易公司和被调查生产商之间的贸易)之间是否存在价格差,自己在计算利益时都恰当地计算了授予最终买方即被调

---

① 例如,加拿大等国在多哈回合谈判中针对利益转移提出了关于上游补贴传递认定的提案。具体参见甘瑛:《WTO补贴与反补贴法律与实践研究》,法律出版社2007年版,第137—141页。

② 美国在本案中采取了利益转移分析方法,只考察了受调查企业购买投入物的价格与市场基准价格之间的差额,没有考虑上游环节的补贴利益。为行文方便,本文将该方法均表述为"一步走"方法。

③ See Panel Report, United States—Definitive Anti-Dumping and Countervailing Duties on Certain Products from China, WT/DS379/R, paras. 12.1—12.7.

查生产商的利益。例如,假设贸易公司在向国有企业购买投入物时获得了 10 个单位的利益(基于市场基准利率),而在向下游生产商出售该产品时获得了 4 个单位的利益补偿,则将两者相比较可以知道下游生产商获得了 6 个单位的利益。①

专家组主要针对非公路用轮胎反补贴调查作了回答。专家组认为,美国的这种"一步走"的利益计算方法仅适用于第二个环节和第三个环节可以同时进行的情形,即被调查产品的生产商名义上向贸易公司购买产品,再由贸易公司向上游产品的生产商发出订单。实际上,贸易公司可能是经销商或批发商,先大批量购买上游产品,再逐批出售。这样,上游产品的价格自贸易公司购买时到出售时可能发生了波动,贸易公司购买上游产品时的市场基准价格不同于出售时的市场基准价格。DS379 案中,美国商务部并未对贸易公司的经营方式进行调查,所以其"一步走"方法可能导致高估利益的结果,不符合《SCM 协定》第 1.1 条和第 14 条项下的要求。

(箭头表示利益走向)

图 1 补贴利益转移涉及的三个环节及走向

(四)补贴外部基准的确定

如本章第二节所述,《中国入世议定书》第 15 条(b)项规定了计算中国的补贴利益金额的方法。根据该项,进口成员

---

① See Panel Report, United States—Definitive Anti-Dumping and Countervailing Duties on Certain Products from China, WT/DS379/R, paras. 12.13—12.14.

国应依据《SCM协定》第14条的方法,以接受者所获利益计算补贴的金额。但是,若进口成员国在适用《SCM协定》时有特殊困难,得采用一套认定与衡量该补贴利益的方法。根据该规定,进口成员国可以适用"中国以外的价目与条件"作为基准。但是,由于《SCM协定》和《中国入世议定书》对于何时可以适用外部基准未作具体规定,因此实践中各国分歧很大。在实践中,进口成员国在计算中国出口产品的补贴利益时,往往不采用产品生产企业实际获得的利益,而是通过替代基准计算补贴利益,有时还通过这种方法有意夸大中国企业获得的利益,从而征收过高的反补贴税。

在DS379案中,主要涉及两个替代基准,一个针对的是生产企业投入物的计算基准,另一个则针对的是人民币贷款基准利率的计算。

1. 投入物的计算基准

在DS379案所涉及的环状碳质钢管调查案、特定矩形管件产品调查案和复合编织袋产品调查案中,美国商务部均拒绝使用中国国内私营价格(即投入物的价格)作为补贴利益的计算基准。中国认为这一做法违反了《SCM协定》第14条(d)项。专家组根据US—Softwood Lumber IV案上诉机构报告,对《SCM协定》第14条(d)项作了解释,认为"可以基于政府是货物主导供应商而得出市场扭曲的认定并作出不使用国内私营价格的决定",且这种决定应当个案分析。专家组不认为美国商务部拒绝使用中国国内私营价格作为补贴利益的计算基准的做法违反了《SCM协定》第14条(d)项。上诉机构在报告中进一步认可了专家组的认定和美国商务部的做法。

上诉机构认为,如果政府作为供应商在市场上占主导地位,国内私营价格由此受到过分扭曲,调查机构可以据此拒绝使用国内私营价格,但需根据《SCM 协定》第 14 条(d)项进行比较。因此,调查机构可以基于价格扭曲而拒绝使用国内私营价格,但不能仅仅基于政府是处于主导地位的供应商而拒绝使用国内私营价格。价格扭曲必须个案分析,调查机构不能仅凭政府是相关产品主要供应商即拒绝考虑政府市场份额以外的其他因素。专家组对《SCM 协定》的解释是正确的。①

DS379 案中的核心问题在于,调查机构是否可以基于政府在热轧钢供应中占 96.1% 的事实及对于其他市场特征有些草率的考察而拒绝使用国内私营价格作为基准。根据 96.1% 的市场份额,政府在该市场中的地位更接近于唯一的供应商,而非主要的供应商。这使得政府有权力通过自己的定价战略影响同一商品的私营供应商的定价,使之与政府定价一致,此时政府市场份额以外的证据在认定价格扭曲方面就没有那么重要了。虽然美国商务部对于其他因素的考察有些草率,但是政府在热轧钢市场显然已具有压倒性的地位。因此,上诉机构认为美国商务部的做法没有违反《SCM 协定》第 14 条(d)项的规定。②

2. 人民币贷款利率基准的确定方式

在 DS379 案所涉及的环状碳质钢管调查案、非公路用轮胎产品调查案和复合编织袋产品调查案中,美国商务部使用外部替代利率而非中国利率作为基准,以此计算中国国有商业银行提供的人民币贷款是否授予利益。中国认为美国商

---

① See Appellate Body Report, United States—Definitive Anti-Dumping and Countervailing Duties on Certain Products from China, WT/DS379/AB/R, paras. 446—447.

② Id., paras. 454—455.

务部的做法违反了《SCM 协定》第 14 条(b)项。美国认为其做法是因为中国政府对银行业的干预造成了严重的扭曲,甚至限制和影响了中国境内的外资银行。美国商务部的做法是基于收入水平和真实的利率水平之间的"反比关系"。专家组支持了美国的意见。但是,上诉机构最终给出了不同意见。

上诉机构认为,基准的选择具有一定的灵活性。同时,当调查机关选择另一货币基准或替代基准下的贷款时,必须保证该基准趋近于"可比商业贷款"。对于这种方法,包括它是如何使另一货币或替代基准的贷款趋近于可比商业贷款的,都必须透明并充分说明。① 在这个问题上,上诉机构认同专家组的解释。

但是,专家组认为自己无须仔细审查所选基准的适当性,也无须考虑是否存在更符合标准的基准。上诉机构不赞成这一观点,因为:首先,专家组有义务对美国商务部选择替代基准的理由进行仔细审查;其次,并没证据表明"中国未对美国商务部的方法中的具体缺点提出争议"。中国提出的争议足以要求专家组进行充分的、实质性的审查。因此,上诉机构认为专家组在审查美国商务部的替代基准时不够严谨。专家组只是接受了美国商务部的认定理由,而没有进行仔细严谨的分析,缺乏客观评估。因此,上诉机构推翻了专家组的相关认定。②

(五)美国对华"双反"措施可能引起双重救济的问题

1. WTO 对于"双反"措施的规定

---

① See Appellate Body Report, United States—Definitive Anti-Dumping and Countervailing Duties on Certain Products from China, WT/DS379/AB/R, para. 489.
② Id., paras. 523—527.

第三章　补贴政策与 WTO 规则的协调问题

在 WTO 框架下,《关于执行关税与贸易总协定第 6 条的协定》(以下简称《反倾销协定》)和《SCM 协定》中分别规定了反倾销措施和反补贴措施。WTO 条文中同时明确提及"双反"措施的条款是 GATT1994 第 6.5 条。该条规定:"在任何缔约方领土的产品进口至任何其他缔约方领土时,不得同时征收反倾销税和反补贴税以补偿倾销或出口补贴所造成的相同情况。"根据第 6.5 条的表述,WTO 明确禁止在出口补贴的情况下适用"双反"措施的情形,并强调可能造成双重救济的后果。但是,该条款适用于"出口补贴"的情形,因为倾销幅度 = 正常价值 − 出口价格;对于受补贴的企业而言,出口价格会因享受补贴而降低,倾销幅度从而增加,进而导致反倾销税增加。

对于国内补贴适用"双反"措施是否会导致重复计算的结果,需要先将市场经济国家和非市场经济国家情况下的国内补贴分开讨论,考察是否会导致双重救济,进而考察 WTO 对于国内补贴所导致的双重救济的态度和规定。

首先,对于市场经济国家而言,企业倾销幅度的计算不会受到补贴的影响。因为国内补贴会同时影响正常价值和出口价格,反倾销税不会抵消补贴的因素,所以不存在重复计算的问题。但是,对于非市场经济国家来说,因调查机构在计算中对其采取非市场经济方法(non-market economy methodology,以下简称"NME 方法"),会造成重复计算的问题。NME 方法是判断非市场经济国家产品是否构成倾销时,采用替代国的正常价值而非非市场经济国家国内的生产价格和成本计算倾销幅度的方法。之所以采取 NME 方法,是因为非市场经济国家政府对经济的干预可能会导致国内的价格无法真实反映市场情况。但是,将不包含政府补贴的替代国正常价值与因享受补贴而降低出口价格进行比较,会造成倾销幅度及反倾销税变高。这样,依据 NME 方法采取的反倾销措施在抵消倾销损害的同时,可能也会抵消补贴带来的损害。此时,一旦同时采取反补贴措施,就会产生重复计算和双重救济的问题。所以,在国内补贴的情况下,对于非市场经济国家适用"双反"措施可能导致双重救济。

其次,WTO 对于双重救济持有否定的态度。《SCM 协定》第 19.3 条和《反倾销协定》第 9.2 条均规定征收的反补贴税(反倾销税)必须适当。由此可见,WTO 规定并不认可双重救济。同时,GATT1994 第 6.5 条的规定明确禁止适用"双反"措施补偿倾销和出口补贴造成的相同结果,据此也可以看出立法者排除双重救济的意图。尽管 WTO 没有关于禁止双重救济的明确规定,但是从 WTO 的立法精神、实践以及《SCM 协定》的规定中均可以看出双重救济是被否定的,对于非市场经济国家适用"双反"措施是不符合 WTO 规定的。[①]

2. DS379 案对双重救济的认定——《SCM 协定》第 19.4 条与 GATT1994 第 6.5 条

中国认为美国对中国采取的"双反"措施可能导致双重救济,违反了美国在 WTO 下的诸多义务。专家组首先承认,使用 NME 方法可能会对补贴产生一定形式的救济,因此同时征收反补贴税和依据 NME 方法计算出的反倾销税可能会导致有关补贴得到一次以上的抵消,从而产生双重救济的问

[①] 美国联邦巡回上诉法院也多次要求商务部应避免双重救济。例如本案涉及的非公路用轮胎反倾销反补贴案中,美国国际贸易法院认为商务部的非市场经济国家的倾销幅度计算方法很可能导致税率的重复计算,将案件发回美国商务部审理。参见邓德雄:《反倾销和反补贴重复救济问题及其司法审查研究——兼析美国国际贸易法院非路用轮胎双反案判决》,载《国际贸易》2009 年第 11 期。

题。专家组进而考察了中国有关美国违反 GATT1994 及《SCM 协定》有关规定的申诉,主要从文本解释的角度对有关规定作了讨论。例如,专家组认为,从表面上看,中国列举的《SCM 协定》第 19.4 条等规定并没有提及双重救济的情况,第 19.4 条的上下文表明成员方规定第 19.4 条的意图并非解决或禁止与补贴有关的双重救济措施。专家组还注意到,反倾销措施和反补贴措施分别规定在两个协定中,GATT1994 第 6 条在不同的段落对其分别加以规定,第 6.5 条是唯一一条明确针对两种救济的同时实施问题加以限制的条款。根据第 6.5 条的规定,它仅适用于"出口补贴"的情形。① 据此,专家组没有支持中国有关双重救济的申诉。

上诉机构首先肯定了在利用非市场经济方法计算倾销幅度的情况下,可能会产生双重救济。随后,上诉机构解释了两个问题:(1)《SCM 协定》第 19.3 条中规定,应"在每个案件中收取适当金额的反补贴税";(2) 在导致或可能导致双重救济的情况下,征收反补贴税是否不当。

对于第一个问题,"适当金额"至少是指调查机构不能在确定反补贴税额时,直接忽略反倾销税可能已抵消了同一补贴的事实。根据《SCM 协定》第 19.3 条,决定反补贴税的适当金额时,应当考虑到对同一产品施加的反倾销税可能会对同一补贴造成抵免。如果征收的反补贴税的金额等同于认定补贴的全部金额,而反补贴税额中又包含了同一补贴的部分金额,则同时适用反补贴税和反倾销税会造成反补贴税金额的"不适当"。在利用非市场经济方法计算倾销幅度的情况下实施"双反"措施,有可能就属于上述情形。因此,上诉

---

① See Panel Report, United States—Definitive Anti-Dumping and Countervailing Duties on Certain Products from China, WT/DS379/R, paras. 14.116—14.117.

机构推翻了专家组对于《SCM协定》第19.3条的解释,同时认为《SCM协定》第19.3条禁止双重救济。在利用非市场经济方法计算倾销幅度的情况下实施"双反"措施的做法,违反了《SCM协定》第19.3条。

对于第二个问题,在利用非市场经济方法计算倾销幅度的情况下实施"双反"措施的做法是否会产生双重救济,取决于国内补贴是否降低且在多大程度上降低了出口价格,并且取决于调查机构是否采取了必要措施以保证自己的方法在实际情形下不产生双重救济。美国商务部没有证明自己的做法是否会引起双重救济违反了其在《SCM协定》第19.3条项下"适当金额"的义务。

上诉机构最终认定,在四个"双反"案件中,美国商务部在采取"双反"措施时没有评估是否可能导致双重救济,违反了其在《SCM协定》第19.3条项下的义务。[1]

3. 美国对华"双反"措施存在的双重救济问题

美国《1930年关税法》虽然在第七节中规定了美国反补贴法的基本规则,但并不涉及反补贴法对于非市场经济国家是否适用的问题。美国在其商务部的反补贴调查实践和法院的司法实践中,逐步确认了不对非市场经济国家采取反补贴措施的做法。在著名的乔治城钢铁案中,美国商务部及联邦巡回上诉法院均认为反补贴法无法适用于非市场经济国家。[2] 1991年,美国商务部在对中国的螺母和电风扇展开反

---

[1] See Appellate Body Report, United States—Definitive Anti-Dumping and Countervailing Duties on Certain Products from China, WT/DS379/AB/R, paras. 541—605.

[2] 参见陈立虎、赵艳敏:《美国对华并用反倾销反补贴措施问题分析》,载孙琬钟、高永富主编:《WTO法与中国论丛(2010年卷)》,知识产权出版社2010年版。

补贴调查的时候，也基于上述理由排除了反补贴法的适用。但是，在这两次反补贴调查中，美国商务部的态度发生了微妙的变化，将反补贴法的适用扩大到了非市场经济国家的市场导向产业。自1983年至2006年，美国商务部从未对源自非市场经济国家的产品征收反补贴税。

即使对中国适用"双反"措施不存在法律上的障碍，美国的调查方法仍然可能导致重复计算，造成双重救济。在对中国企业进行反倾销调查时，美国适用NME方法计算倾销幅度，将不包含政府补贴的替代国正常价值与因享受补贴而降低出口价格进行比较后得出倾销幅度，必然造成倾销幅度包含补贴的因素，这样计算出的反倾销税实际包含了补贴的因素；同时，美国还对中国企业获得的补贴采取反补贴措施，必然导致双重救济。

DS379案中，专家组仅从WTO文本字面上讨论是否存在双重救济的规定，而不考虑美国计算方法的合理性，其在对双重救济问题进行分析时的逻辑也值得注意。一方面，专家组首先承认了在采用NME方法的情况下适用"双反"措施可能造成双重救济的后果，并且指出美国也没有完全否认这种可能性的存在。然而，另一方面，专家组似乎又在后续的分析中仅从WTO各协议文本方面就排除了美国"双反"措施违反GATT1994和《SCM协定》的可能性。正如专家组在裁决中所指出的，专家组认为《SCM协定》中并未含有任何有关双重救济的条款，GATT1994中唯一与双重救济有关的条款是第6.5条，而该条又仅规定了出口补贴的情形。这样的解释似乎将WTO体制下的反倾销和反补贴制度置于非常尴尬的境地，即使DS379案中美国在采用NME方法的情况下适用"双反"措施肯定造成双重救济，通过GATT1994和《SCM协定》也无法解决这一问题。这种解释必然难以令人信服。

值得庆幸的是,上诉机构及时纠正了专家组在双重救济问题上的错误,并要求美国改变其不符合《SCM 协定》的做法。

三、中国的应对

2010 年,美国对中国产品共发起六起反倾销、反补贴调查,分别涉及钻杆、铝挤压材和多层实木地板反倾销、反补贴合并调查,涉案金额 8.6 亿美元。12 月,美国多名众议员提出关于《加强执行反倾销和反补贴税令及减少规避海关税收行为法令》的法案,主要内容是赋予美国公司要求海关调查出口商规避反倾销和反补贴税的权利,旨在加强反倾销反补贴税令的实施。① 中国频频遭遇"双反"调查和"双反"措施,有着深层次的经济、政治等原因,也和近年来全球经济就业的严峻形势等密不可分。中国必须从各个方面应对各种对华"双反"调查,其中的法律途径主要有以下几个:

(一)完善国内补贴政策

补贴是一国制定和实施产业政策的必要手段,无法回避。在中国发展经济的过程中,必然要运用大量的补贴,以调整产业结构,促进经济的健康有序发展。但是,目前中国某些地方出台的补贴的确存在混乱、无序的情况,亟待改进。中国补贴主要针对出口导向型外商投资企业、经济开发区企业、某些重点扶持产业的企业及所有的国有企业,主要采取税收减免、财政资助等优惠措施。② 首先,由于行政层级多,

---

① 参见《商务部发布〈国别贸易投资环境报告 2011〉》,http://gpj.mofcom.gov.cn/aarticle/d/cw/201104/20110407504244.html,访问日期:2011 年 8 月 7 日。
② 参见唐宜红、唐若锴:《美国对华反补贴的焦点问题与我国的对策》,载《国际贸易》2010 年第 5 期。

有权出台补贴政策的政府部门多,中央政府无法掌握各级政府部门的现行补贴政策,因此有必要对目前中国的补贴情况进行调查和梳理,对于与补贴相关的政策性文件也应及时报备和审查,以便于中央政府把握地方的补贴政策信息。其次,中国应加强对于补贴政策的审查,尤其是专向性审查;在选择受补贴的范围和对象时,应尽量符合市场经济的要求,防止不合理的财政资助扰乱市场正常秩序。① 最后,中国还应加强补贴政策的沟通,避免不必要的误解。在 DS379 案及前述铜版纸案中,"十一五"发展规划和各地方、各行业的发展纲要等各类指导性文件都被作为授予补贴的依据。事实上,这些指导性文件往往用语宽泛,起到方向性的指引作用,如果缺乏相应的具体实施文件与之配套,并不能给予具体企业、行业任何财政资助。中国应加强对外沟通,一方面要介绍中国各类补贴政策的出台背景、目的和实际实施情况,另一方面应重点解释这类纲要指导文件的效力和目的。此外,政府部门还应规范支持特定产业发展的政策性文件的用语,努力避免出现"对关键领域和重点项目给予资金支持""提供优惠贷款"等表述。调查机构在进行反补贴调查时,倾向于仅从表面上对政策进行审查,这种表述容易造成补贴肯定性的认定结果。

(二)利用调查国国内司法救济手段

WTO 要求调查国对行政机构的贸易救济提供司法审查,发达国家已建立起了较为完善的贸易救济司法审查机制,中国企业在美欧等国均有司法审查阶段胜诉的先例。② 涉案企

---

① 参见彭岳:《中、美、墨三国税收补贴争端的法律分析》,载《法商研究》2008 年第 2 期。

② 参见商务部进出口公平贸易局编著:《应对国外贸易救济调查指南》,中国商务出版社 2009 年版,第 20 页。

业可根据调查机构所在国的相关法律、法规,通过各种复审程序、行政复议或司法诉讼等,争取取消反补贴措施。例如,在美国,国际贸易法院(CIT)及联邦上诉巡回法院(CAFC)负责反倾销、反补贴调查的司法审查。对于反倾销、反补贴调查的肯定性仲裁,一旦利害关系方认为调查机构行为违法或不当,可以请求上述法院进行审查并予以纠正。① 在 DS379 案涉及的非公路用轮胎案中,河北一家涉案企业在美国作出损害裁定后即向美国国际贸易法院起诉,认为美国商务部的做法将导致双重救济的后果。法院最终判定美国商务部采取的非市场经济国家的倾销幅度计算方法很可能导致税率的重复计算,将案件发回美国商务部重审,要求美国"要么放弃对中国产品征收反补贴税,要么修改针对非市场经济国家反倾销和反补贴调查的政策和程序"。②

(三) 强化运用 WTO 多边救济手段

美国开始打破不对非市场经济国家进行反补贴调查的判例,既是其保护国内相关利益集团的需要,也是其对外贸易政策转变的体现。从美国近年来对华的铜版纸案、环形碳质钢管案等反补贴调查中可以看出,美国商务部对华反补贴调查中涉及的补贴类型和范围都在逐渐扩大,现在不仅包括政策性贷款、股权优惠措施、税收减免、股权方面的优惠措施、政府低价提供的商品和服务等,还包括各种指导性文件。美国对于补贴概念及专向性认定的肆意扩大,对于专向性认定方法处理的随意性,违背了其所应承担的国际义务。

---

① 参见陈立虎、赵艳敏:《美国对华并用反倾销反补贴措施问题分析》,载孙琬钟、高永富主编:《WTO 法与中国论丛(2010 年卷)》,知识产权出版社 2010 年版。

② 参见邓德雄:《反倾销和反补贴重复救济问题及其司法审查研究——兼析美国国际贸易法院非路用轮胎双反案判决》,载《国际贸易》2009 年第 11 期。

DS379 案中,上诉机构在裁决中肯定了中国国有企业的非"公共机构"身份以及美国"双反"措施的问题,为中国在相关问题上提供了依据和支持,有利于中国应对类似的反补贴调查。今后,中国应当继续利用 WTO 争端解决机制、《SCM 协定》及 WTO 其他有关协定,积极寻求多边救济方式对于争端的解决。

此外,政府部门和涉案企业应加强对反补贴调查中各种问题的研究,增强应对技巧和策略,相互配合,充分准备,积极应诉;针对"双反"调查,应将反倾销和反补贴结合抗辩,以妥善应对对华反补贴调查;政府和企业应攻守结合,在运用 WTO 规则和他国法律维护自身权益的同时,也应合理运用 WTO 规则和国内法规,适当采取贸易救济措施,一方面消除他国补贴行为给中国企业和经济带来的损害,另一方面也对他国对华反补贴措施起到威慑和制约的作用。

第四章 汇率政策与 WTO 规则的协调问题

第一节 人民币汇率争端的态势

一、美国政府与国会在汇率争论上的分歧

改革开放以来,中国的发展一直与全球化紧密联系在一起。胡锦涛在中国共产党十七大报告中指出,当代中国同世界的关系发生了历史性变化,中国的前途命运日益紧密地同世界的前途命运联系在一起。2001 年加入 WTO 以来,中国金融对外开放更是从技术层面的开放转到制度层面的开放,融入全球化的速度骤然加快。①

2002 年之前,中国金融面临的对外开放的压力主要来自于金融服务领域,集中于这一领域开放的部门和程序。虽然自 2002 年后人民币汇率机制逐渐成为中美争议的焦点问题,但是对人民币汇率率先发难的是日本。早在 2000 年,日本中央银行的理事松本(Soben)就撰文称人民币估值过低,应当大幅度升值。随后,日本在国内、国际多个场合宣扬人民币

---

① 有关中国融入金融全球化的进程,可参见贺小勇:《金融全球化趋势下金融监管的法律问题》,法律出版社 2002 年版,第 63—73 页;王元龙:《中国金融安全论》,中国金融出版社 2003 年版,第 144—157 页。

币值低估论。比如,2002年12月,时任日本财务省次官的黑田东彦在英国《金融时报》(Financial Times)上发表文章,认为由于人民币汇率被低估,从而导致中国通过出口大量商品向世界各国输出通货紧缩。2003年2月,日本财务大臣盐川正十郎在G7财长会议上要求各国对中国施加压力,以迫使人民币升值。但是,当2003年美国一些国会议员提出要求人民币升值的法案后,日本要求人民币汇率升值的声音却开始有所缓和。① 本轮金融危机趋于稳定后,日本考虑到在自身经济复苏过程中,与中国维持良好的关系是必不可少的,没有像美国那样极力施压,要求人民币升值。②

2003年起,美国取代日本成为要求人民币升值的主要国家。当年6月,时任美国财政部长约翰·斯诺(John Snow)发表谈话,要求中国实行灵活的外汇政策。随后,美国政府通过美中经济联合会(Sino-U. S. Joint Commission on Commerce and Trade)、美中战略与经济对话(the U. S.-China Strategic and Economic Dialogue),凸显人民币汇率在两国领导人对话中的重要性。比如,第三轮中美战略与经济对话于2011年5月9日在美国首都华盛顿举行,主题为"建设全面互利的中美经济伙伴关系"。对话中,人民币汇率问题也是中美双方

---

① 例如,在2005年6月召开的第六届欧亚财长会议上,时任日本财务大臣谷垣祯一表示,中国应该实行更加灵活的汇率政策,而且强调在人民币汇率问题上,冷静的讨论是必须的。2010年4月3日,时任日本财务大臣菅直人曾对中国国务院总理温家宝表示,期待中国在人民币汇率问题上作出决定,但是不明示人民币汇率的具体做法。本轮金融危机之前,日本基本上是跟着美国对人民币汇率评头论足。金融危机时,来自日本的对人民币汇率升值的压力变小。后来由于地震等原因,日本的声音变得底气不足。长期以来,日本对人民币汇率的评论是广义的,并不针对具体的汇率制度或者要求汇率变动的幅度具体是多少。

② 日本在人民币汇率问题上前后态度转变的原因,可以作为美国施压人民币升值的一个客观考量。参见韩龙:《人民币汇率的国际法问题》,法律出版社2010年版,第20页。

的议题之一。①

从2003年至今,关于人民币汇率问题,值得关注的一个现象是,美国政府和国会虽然在要求人民币汇率升值上态度是一致的,但在如何达到这一目标的方法上却存在分歧。美国政府力主通过对话和磋商的方式推动人民币升值,认为对话和磋商比采取强硬的法律行动更能取得成效。所以,美国政府十分重视通过美中战略与经济对话等形式对人民币汇率施压。作为美国政府这一态度的具体体现,美国财政部(Department of the Treasury)根据美国法律,在每半年向国会提交的《国际经济与汇率政策的报告》(Semi-Annual Report to Congress on International Economic and Exchange Rate Policies)中,②虽然每次都要求中国加快人民币升值,使其更具灵活性,但却因为难以找到确定中国为汇率操纵国(currency manipulator)的主观目的要求的确凿证据而没有将中国认定为汇率操纵国。此外,美国政府认为不应该将全部注意力都放在汇率问题上,也应该要求中国继续向美国开放金融服务业和加强内需。

相比而言,美国国会在人民币汇率问题上表现得十分强硬,强调通过立法等行动解决人民币汇率问题。本轮金融危机前后,美国国会的参众两院提出了几十项有关人民币汇率的法案,获得了不同程度的支持。面对美国对中国巨大的贸易逆差,美国国会一直要求美国政府采取强硬的行动,要求中国政府大幅度升值人民币汇率,否则就采取法律行动,对中国进行制裁。美国国会的强硬派还对美国财政部屡次未认定人民币汇率存在操纵而大加批评,指责财政部在汇率议

---

① 参见《中美签署经济合作框架协议》,载《文汇报》2011年5月11日第6版。
② 《1988年综合贸易与竞争法》(Ominous and Competitive Act of 1988)第三部分(Title Ⅲ)要求美国财政部就汇率操纵问题每半年向国会提交一份报告。

题上畏首畏尾,认为对话无法促使中国进行有意义的汇率改革,批评美国财政部为避免与中国产生摩擦,过于依赖汇率操纵条件限制的规定。[1]

二、美国国会对中国汇率法律指控的演变

纵观迄今为止美国国会对人民币汇率的法律指控,以2008年美国金融危机全面爆发和2009年下半年金融危机企稳为分界点,可以分为三个阶段。在金融危机全面爆发前,日本对人民币汇率施加压力后,美国逐渐加大对人民币汇率的压力。金融危机全面爆发后,为了联合中国对付金融危机,美国采取了有意淡化人民币汇率问题的权宜之计。2009年下半年出现金融危机企稳以及经济恢复的势头后,美国国会对人民币汇率的指控逐渐升温,立法技巧翻新,企图为本国经济的全面振兴创造空间。

(一)金融危机前美国国会对人民币汇率的法律指控

2003年9月25日,美国贸易和制造业联盟(Trade and Productivity Manufacturers Alliance)的高级官员欧内斯特·H. 普里格(Ernest H. Preeg)在美中经济与安全审议委员会(U. S. -China Economic and Security Review Commission)的发言中,认为人民币汇率政策已经构成了对《国际基金组织协定》(以下简称《IMF协定》)第4条以及GATT1994第15条的违反,构成了操纵汇率;指出政府在具体应对措施方面不仅要保持双边协商,也要利用亚太经济合作组织(Asia-Pacific Economic Cooperation)、G7以及IMF等多个场合进行施压;同

---

[1] 例如,美国财政部2010年下半年的一期《国际经济与汇率政策的报告》并未把中国当成汇率操纵国,美国国会对此颇有怨言。资料来源:http://www.treasury.gov/press-center/press-releases/Pages/tg1051.aspx,访问日期:2011年3月4日。

时,还提出利用 WTO 争端解决中的正式磋商(formal consultation)解决美中关于人民币汇率的争议。① 几乎在同一时间,一个名为"健全美元联盟(Coalition for a Sound Dollar)"的美国国会游说集团就人民币汇率问题向美国政府提出三项要求:第一,援引"301 条款",启动调查程序;第二,援引 GATT1994 第 21 条关于"安全例外"(security exceptions)的内容,限制中国产品进口;第三,采取贸易保障措施。

2003 年 9 月,以美国参议员查尔斯·舒默(Charles Schumer)和格拉厄姆(Graham)为首的数名美国参议员,在参议院提出一项关于人民币汇率的法案(被称为"舒默法案",编号 S.1586);对法案重新修正后,于 2005 年 4 月提交参议院,并以 67 票同意对 33 票反对的结果获得通过。该法案认为,人民币汇率被人为操纵压低,其平均低估幅度为 27.5%,②这有悖于 WTO 的宗旨和原则。鉴于中国政府没有对此予以重视,也没有提供解决该问题的时间表,因此如果中国不在 180 天内提高汇率,那么美国将对"所有在中国生产、制造、组装,并直接或间接进口至美国的产品"征收 27.5% 的从价关税。③

2005 年 7 月,中国对人民币汇率机制进行改革,人民币汇率单向升值,国际压力稍微减轻。但是,到了 2006 年 2 月,美国贸易代表(United States Trade Representative)向国会提交了一份名为《美中贸易关系:进入一个承担更大责任和实施

---

① See Chinese Currency Manipulation and the U.S. Trade Deficit, available at http://www.mapi.net/filepost/PreegTestimonySep2503.pdf, visited on 2011-3-1.

② 27.5%是舒默等人对当时人民币低估估测 40% 和 15% 的算术平均值。此项议案并未获得众议院的通过。参见黄韬、陈儒丹:《WTO 法律规则视野之中的人民币汇率争议》,载《国际金融研究》2007 年第 9 期,第 75 页。

③ 参见毛骁骁:《从 GATT 第 21 条看美国"汇率关税"问题》,载《国际经济法学刊》2006 年第 2 期,第 273 页。

的新阶段》(U. S.-China Trade Relations: Entering a New Phase of Greater Accountability and Enforcement)的报告。这是自 2001 年 12 月中国加入 WTO 以来,美国出台的首个对华贸易政策综合性评估报告。该报告将中美经济关系分为三个阶段,前两个阶段依次是 1986—2001 年和 2001—2005 年,第三个阶段是自 2006 年以后的时期。美方认为,在第三个阶段,中国已经履行其加入 WTO 的大部分早期义务,但还没有履行最难的义务(the hardest obligations),"准确地说这是因为中国要履行这些义务已被证明是非常困难的",如何成功地解决这些遗留的实施问题需要美中双方予以高度的关注。美方认为,中国贸易扩张的规模和速度在全球贸易史上是没有先例的,中国已从加入开放的全球贸易体系和快速增长的世界经济中获得好处。但是,要保持世界经济的快速增长,无论从经济上还是从政治上考虑,中国在解决全球贸易不平衡方面都必须发挥"应有"的作用。① 该报告强调,从 2006 年开始,美国对华贸易政策需要增添第三项核心原则——追求更平等、更持久、具有平衡的机会、能够为美国创造对称的出口部门就业机会的贸易关系。② 2006 年以来,美国对中国适用反补贴法以及通过 WTO 数次控告中国涉嫌违反 WTO 的政策与规则的做法,是美国在美中贸易关系进入第三个阶段,开始监督中国履行复杂承诺的重要例证。③

 2007 年 11 月 15 日,美国国会下属的美中经济与安全审

---

① 参见栾信杰:《两条腿走三步——美国对华反补贴态势分析》,载《国际贸易》2008 年第 1 期,第 45—48 页。

② See USTR, U. S.—China Trade Relations: Entering a New Phase of Greater Accountability and Enforcement, 2006, para. 11.

③ 参见陈利强:《WTO 协定下美国贸易权利论——以美国对中国实施"双轨反补贴措施"为视角》,载《法律科学》2008 年第 2 期,第 156—162 页。

议委员会向国会提交了 2007 年年度报告。该报告就人民币汇率及美中贸易顺差问题明确向美国国会提出若干建议,包括:(1) 建议美国国会制定法律,将汇率操纵(manipulate)列为出口补贴的一种形式,并修改有关法律,以方便在计算反补贴税时将汇率操纵与其他应禁止的补贴一起考虑在内;(2) 建议美国国会敦促美国贸易代表针对人民币汇率问题向 WTO 提起诉讼,指控中国由于违反 IMF 的有关原则进行货币操纵而获取了不正当的贸易优势;(3) 建议美国国会修改《1988 年汇率与国际经济合作法》(Exchange Rate and International Economic Coordination Act of 1988),删除要求美国财政部在确定一国是否存在操纵汇率时必须首先确定该国是否具有获取贸易优势之意图的要求。①

2007 年至 2008 年上半年,美国参众两院提交了超过十份针对人民币汇率的法案,其中第 110 届美国参议院提出了七份法案。三份法案在内容上具有代表性,分别是:由马克斯·鲍卡斯(Max Baucus)、查尔斯·格拉斯利(Charles Grassley)、查尔斯·舒默和林塞·格雷厄姆(Lindsey Graham)等提出的《2007 年货币汇率监督改革法案》(Currency Exchange Rate Oversight Reform Act of 2007,编号 S. 1607);②由参议员克里斯托弗·多德(Christopher Dodd)领衔参众两院七位议员提出的《2007 年货币改革和金融市场准入法案》(Currency

---

① See U.S.—China Economic and Security Review Commission, 2007 Report to the Congress, One Hundred Tenth Congress, First Session, U.S. Government Printing Office, Washington: 2007, para. 74.

② 该法案的目标在于确定汇率偏差的定义(Identification of Misaligned Currency)。资料来源:http://www.gpo.gov/fdsys/pkg/BILLS-110s1607is/pdf/BILLS-110s1607is.pdf,访问日期:2011 年 3 月 24 日。

Reform and Financial Markets Access Act of 2007,编号 S. 1677);① 由众议员蒂姆·瑞恩(Tim Ryan)和邓肯·亨特(Duncan Hunter)提出的《2007年汇率改革促进公平贸易法案》(Currency Reform for Fair Trade of 2007,编号 H. R. 2942)。与此前提出的法案相比,这三份法案具有四个共同特征:(1)这些法案都指责人民币"汇率偏差"(misalignment)或者"低估"(undervalue)违背 WTO 规定,特别是构成对中国出口产品的补贴或造成中国产品对美出口的倾销,要求美国行政当局在中国没有对人民币进行重估的情况下,采取单边或多边贸易措施,通过国际或国内的渠道,尤其是以征收反补贴税或者反倾销税的办法解决人民币汇率问题。(2)尽管这些法案在中国的哪些做法属于违法的问题上涵盖范围不一,但它们在确定人民币是否构成汇率偏差或低估时,都删除了 IMF 认定"汇率操纵"(manipulate)的主观(目的)因素。(3)这些法案都指示美国财政部在 IMF 采取更有力的措施。(4)这些法案都拟定采取行动的最后期限,最长的是360天。

以蒂姆·瑞恩和邓肯·亨特提出的《2007年汇率改革促进公平贸易法案》为例,它为应对所谓的"人民币币值严重低估"提供了全面的解决方法。根据该法案,对于因货币低估而获得竞争优势的产品,美国可以将反补贴规则适用于非市场经济国家;严重的货币低估在反补贴案中可以作为禁止性出口补贴;如果美国公司赢得了反倾销令或是现有反倾销令的受益者,禁止出口补贴的数量可以加到倾销幅度中去;确

---

① 该法案的目标在于修正《1988年汇率与国际经济合作法》。资料来源:http://www.gpo.gov/fdsys/pkg/BILLS-110s1677is/pdf/BILLS-110s1677is.pdf,访问日期:2011年3月25日。

定货币是否严重低估要依据客观标准,不要求财政部对一国的意图作出判断。该法案的重点在于,它允许美国的生产者向美国行政当局申请征收反补贴税,以惩罚从货币严重低估中受益的外国生产者或出口商。如果该法案成为法律且美国的一家公司或产业在反补贴案中胜诉,就会创造一个先例,之后所有的产业都可能效仿。该法案企图以此迫使汇率低估的国家,比如中国,对汇率进行重估。

(二) 2008 年至 2009 年上半年美国国会对人民币汇率指控的缓和

2008 年,美国次贷危机的影响扩大至全球,演变成影响世界的金融危机。在这种情况下,美国政治家的注意力被金融危机占据,人民币汇率问题的受关注度下降,他们需要寻求国际合作,特别是与中国这样一个经济大国合作。美国各界开始淡化甚至避开人民币汇率问题。例如,时任美国众议院筹款委员会主席的查尔斯·兰格(Charles Rangel)在金融危机前积极参与要求人民币汇率升值的活动。但是,在 2008 年,该委员会迟迟没有提出自己的法案,似乎对人民币汇率失去了原有的热情。过去一直热衷于促成人民币升值的中国货币联盟(Chinese Currency Coalition)也停止了在人民币汇率问题上对筹款委员会的游说。特别是在金融危机深重之际,2009 年 1 月 22 日,当时即将出任美国财政部长的盖特纳(Geithne)在回答参议院财务委员会书面质询时表示,根据经济学者作出的结论,奥巴马总统相信中国操纵了汇率,美国将积极通过所能动用的外交途径,寻求让中国在汇率方面作出改变。此言一出,即在西方遭到了不少的批评。1 月 27 日,英国《金融时报》发表题为《货币争论适得其反》的评论,批评美国财政部长盖特纳攻击中国操纵汇率的做法不仅于事无补,还会令应对全球经济失衡这个首要任务复杂化。该评论指出,美国应该鼓励中国发挥作用,而不是作秀式的喋喋不休。出于对中国对盖特纳作出激烈反应的担心,美国总统奥巴马致电时任中国国家主席胡锦涛,试图平息风波,希望双方维持巩固正面关系,并期待与中国在当前全球面临的诸多危机上进行合作。当然,这些都是美国的权宜之计。①

(三) 2009年下半年以来美国国会对人民币汇率指控的新动向

2009年中期,金融危机在各国的大力拯救和干预下出现了触底和企稳的势头,美国经济逐渐走出危机。此时,美国的一些政治人物,如查尔斯·舒默等,开始积极行动,加大对人民币汇率的指控,并出现了一些新动向。

1.《2009年汇率改革促进公平贸易法案》

2009年5月13日,来自参众两院的四位议员提出了《2009年汇率改革促进公平贸易法案》(Currency Reform for Fair Trade Act of 2009,编号 S.1027)。从名字上看,该法案和《2007年汇率改革促进公平贸易法案》相同;而从内容上看,它汲取此前一些法案的教训,欲以符合WTO规则的方式,采取征收反倾销税或反补贴税的方法解决人民币"汇率偏差"的问题,②以迫使人民币升值。该法案强调,外国政府在外汇市场从事长期、大规模的干预,导致其货币在经通货膨胀调整和贸易加权的基础上,在18个月内平均"低估"或者"高

---

① 参见韩龙:《人民币汇率的国际法问题》,法律出版社2010年版,第25—26页。

② 法案在第一段列明目的,相关原文:To amend title of the Tariff Act of 1930 to clarify that fundamental exchange-rate misalignment by any foreign nation is actionable under United States countervailing and anti-dumping duty laws, and for other purposes.

估"至少5%,即构成严重的汇率偏差。这种行为性质复杂,虽为货币措施,但通过降低货币低估国出口产品的价格提供补贴,并通过对进口到该国的产品增加关税而扭曲了国际贸易。美国的贸易救济手段还没有被用来抵消货币低估的补贴效果。

《2009年汇率改革促进公平贸易法案》与此前提出的法案的不同点在于,它集中关注"汇率偏差"的贸易方面,主要体现在:(1)确保所采取的贸易救济手段符合WTO规则,以补充根据《1988年综合贸易与竞争法》从货币的角度所作出的外交努力。(2)由于该法案强调汇率偏差的贸易性质,因此要求美国商务部而不是财政部确定一国货币是否存在严重低估。但是该法案要求商务部在计算汇率低估时,使用IMF可靠、公开的数据,并采用IMF在计算汇率偏差时采用的两种方法。如果IMF的两种方法不适用(not available),则运用广泛接受(generally accepted)的经济学和计量经济学技术方法测量低估水平。[①](3)明确规定外国政府通过外汇市场干预货币的行为可以通过征收反补贴税或者反倾销税的方法抵消。该法案声称,要按照WTO规则的要求,只有在美国国际贸易委员会确定不公平的贸易行为已经造成威胁或者造成对美国企业和工人严重损害的情况下,才能采取这些救济措施。法案强调,汇率偏差的效果和影响,而非《IMF协定》或《1988年综合贸易与竞争法》相应规定中的这一政策

---

① 相关原文:Implement the macroeconomic-balance approach and the equilibrium-real-exchange-rate approach using the methodologies described in the guidelines of the International Monetary Fund's Consultative Group on Exchange Rate Issue, whenever possible; In the event that the guidelines of the International Monetary Fund's Consultative Group on Exchange Rate Issues are not available, employ generally accepted economic and econometric techniques to implement the macroeconomic-balance approach and the equilibrium-real-exchange-rate approach.

的政府用意或意图,才是 WTO 相关协定所关注的,以此作为不采用 IMF 认定"汇率操纵"的主观要素的理由。(4) 该法案要求美国商务部将货币低估作为禁止性的出口补贴。该法案还认为,WTO 的《补贴与反补贴措施协定》的条文和相关法理支持由于政府长期、大规模的外汇市场干预造成的货币"低估"构成禁止性出口补贴的结论。(5) 对汇率偏差或者汇率低估不采取反补贴措施的,该法案规定了采取反倾销措施时计算倾销幅度以抵消低估的方法。该法案声称,考虑到贸易手段可能引发上诉至 WTO,所以在设计法案时尤其注重使内容与 WTO 相关协定的规定相一致。①

2.《2010 年货币汇率监督改革法案》

2010 年 3 月 17 日,在美国财政部依法向国会递交半年一次的《国际经济与汇率政策的报告》之前,查尔斯·舒默和林赛·格雷厄姆等十多位参议员在参考了《2007 年货币汇率监督改革法案》的基础上,共同提出了《2010 年货币汇率监督改革法案》(Currency Exchange Rate Oversight Reform Act of 2010,编号 S. 3134),在人民币汇率问题上又一次对中国施压。②

该法案的主要特点有:(1) 依据法案,对汇率"根本性偏差"(fundamental misalignment)的判断:将现行汇率经周期性和过渡性(cyclical and transitory)的因素调整,然后与中期均衡水平相比较,如果存在严重的、持续的差距,则可以得出汇

---

① 该法案的目标在于修正"汇率偏差"的概念。资料来源:http://www.gpo.gov/fdsys/pkg/BILLS-111s1027is/pdf/BILLS-111s1027is. pdf,访问日期:2011 年 3 月 19 日。

② 该法案目标在于修正汇率"操纵"的概念。资料来源:http://www.gpo.gov/fdsys/pkg/BILLS-111s3134is/pdf/BILLS-111s3134is. pdf,访问日期:2011 年 3 月 25 日。

率偏差的结论。(2)该法案要求设立新的客观标准。该法案要求财政部在半年一次向国会提交的《国际经济与汇率政策的报告》中确定两类货币：一类是根据观察到的客观标准确定普通类别(general category)的根本性偏差的货币；另一类是需要确定优先采取行动的选定类别(selected category，以下简称"优先货币")的根本性偏差的货币。该法案强调，《国际经济与汇率政策的报告》应该就他国币值是否偏低进行事实陈述。然而，根据美国目前的法律，《国际经济与汇率政策的报告》不但要审视他国货币币值是否偏低，而且必须把他国政府是否故意进行人为操纵、不公平贸易纳入考量范围。在美国一些议员看来，后者让财政部有很大的解释空间。因为《国际经济与汇率政策的报告》必须把他国政府的意图纳入考量范围，所以如果财政部认为他国政府没有故意进行不公平贸易，就不会在报告中认定有关货币被人为操纵，也就不至于引发美国政府后续的惩罚动作。该法案强调，标准的客观性意在缩小财政部在报告中进行解释的空间。(3)加强解决汇率根本性偏差的反补贴措施。该法案特别指出，根据美国法律，商务部有权调查一个政府操纵货币是否提供了"可诉补贴"，而且在美国产业请求调查时必须这样做。美国商务部被认为一直不愿意行使法律赋予的权力。该法案旨在加强和重申现有的法律规定的商务部应承担的义务。根据美国现行的贸易法律，如果商务部和国际贸易委员会认定接受补贴的进口正在对美国产业造成经济损害，美国政府必须对这些进口产品征收附加关税以抵消补贴的影响。根据该法案，一旦财政部把特定货币列为优先采取行动的选定名单，同时美国企业要求调查，那么商务部必须调查该货币是否构成"可诉补贴"。一旦发现外国货币币值存在根本性偏差,在计算差额之后,商务部可以对他国进口的产品征收同样幅度的反补贴关税,以抵消外国政府这种变相补贴的措施。(4)加大对列入优先货币名单国家的制裁力度。根据该法案,一旦特定货币的币值被认定出现根本性偏差,美国政府必须与所涉国家立即进行交涉。对于优先货币,除非有关国家采取措施消除,否则会引起一系列的严重后果,这些后果分为立即、90天和360天三种情形。有关货币一旦被认定为"优先货币",美国政府必须立即反对,并且通过IMF的有关程序对相关国家采取措施;同时,决定是否根据《1930年关税法》给予一个国家"市场经济"地位。如果该国90天内不采取适当政策,美国政府必须在对指定的国家生产或制造的产品倾销计算中反映现行汇率和均衡汇率的差值;禁止联邦政府从指定的国家采购货物和服务,除非该国是WTO《政府采购协定》的会员国;要求IMF与指定国家就其汇率进行特别磋商;禁止海外私人投资公司资助在指定国家开展的项目或为其保险;反对多边银行对在指定国家开展的项目提供融资。如果"优先货币国"360天后没有采取适当政策,美国政府应要求美国贸易代表与该货币国政府进行WTO争端解决磋商;要求财政部与美国联邦储备委员会和其他中央银行进行磋商,考虑干预货币市场以进行补救。

3.《汇率改革促进公平贸易法案》

2010年9月29日,美国众议院以348票赞成、79票反对的结果,高票通过了《汇率改革促进公平贸易法案》(Currency Reform for Fair Trade Act,编号H. R. 2378,以下简称《汇率改革法案》)。《汇率改革法案》是在《2009年汇率改革促进公平贸易法案》的基础上修改的,再次试图修改美国《1930年关税法》,使之能够在特定条件下把货币"低估"行为视为补贴,进而对相关国家输美商品征收反补贴关税。①

《汇率改革法案》分为三节（Section），第一节是"名称"（Short Title），第二节是"关于反补贴定义的说明"（Clarification Regarding Definition of Countervailable Subsidy），第三节是"执行法案的汇报"（Report on Implementation of Act）。从文章的字数和主旨来看，第二节是重心，包含四个内容：(1) 受益（benefit conferred）；(2) 出口补贴（export subsidy）；(3) 根本性低估货币的定义（definition of fundamentally undervalued currency）；(4) 真实有效汇率被低估的定义（definition of real effective exchange rate undervaluation）。

一旦《汇率改革法案》实施，如果发生涉及政府干预导致币值低估的情况，则通过《汇率改革法案》第二节对根本性低估货币的定义，美国商务部可以根据出口商由于币值低估所获的额外货币评定"利益"，如果：(1) 相对于"均衡真实有效汇率"（equilibrium real effective exchange）而言，其真实有效汇率被至少低估5%；(2) 在18个月内，该国具有大量而持续的全球经常账户盈余（global current account surpluses）；(3) 在18个月内，政府所拥有的外国资产储备（foreign asset reserves）超过① 政府在未来12个月内需要偿付的所有到期债务总和；② 以 M2 作为标准衡量，该国货币供应（money supply）的 20%；③ 该国前 4 个月的进口总值。对于真实有效汇率低估的计算，《汇率改革法案》以递进的形式列举了两种方法：(1) 根据 IMF 汇率问题咨询部门（Consultative Group on Exchange Rate Issues, CGER）提供的方法计算出的结果，或这一结果的平均值；(2) 如果第一种方法不适用，则运用广泛

---

① 资料来源：http://repcloakroom.house.gov/News/DocumentSingle.aspx? DocumentID = 209278，访问日期：2010 年 9 月 23 日。

接受的经济学和计量经济学技术方法测量低估水平。

《汇率改革法案》能够以高票通过,是因为和之前的法案相比,它在自身内容上进行了比较大的改动:抛开了认定"汇率操纵"的主观标准,仅仅采用客观标准。按照美国现行法律关于"汇率操纵国"主观要件的规定,美国财政部在确定汇率操纵国的过程中,必须证明目标国是"故意"操纵汇率,而"故意"的定义(判断)比较抽象。在客观标准的判断上,《汇率改革法案》的内容集中于判断他国货币是否为根本性低估货币的三项标准:第一项标准,虽然为 IMF 标准,但是仍然存在不确定性和不可靠性,而"5%"的出现使其表面上类似《补贴与反补贴措施协定》第 6 条第 1 款中对于从价补贴 5% 的要求。第二项标准,尽管这几年中国全球经常账户盈余出现缩减(《宏观中国》公布的半年度数据显示,中国的经常账户盈余从 2008 年的 4261 亿美元收缩至 2009 年的 2841 亿美元;经常账户占 GDP 的比例也从 2008 年的 9.4% 骤降至 5.8%,创 2005 年以来的最低水平),但是规模仍然很大;[①] 2010 年经常账户盈余仍然占到 GDP 的 3.5%,很容易被认定为具有大量而持续的全球经济账户盈余。第三项标准,中国的外汇储备长时间居于世界第一,2010 年 10 月底已经将近 3 万亿美元。[②] 可见,《汇率改革法案》针对人民币汇率的意图比较明显。

4.《2011 年货币汇率监督改革法案》

2011 年 10 月 12 日,美国参议院以 63 票赞成、35 票反对的结果,通过了《2011 年货币汇率监督改革法案》(Currency

---

[①] 参见《世行:本年度中国经常盈余账户减半》(视频),http://finance.ifeng.com/video/20091105/1432929.shtml,访问日期:2009 年 11 月 5 日。

[②] 参见白全贵:《"十二五":中国发展的关键时期》,http://theory.people.com.cn/GB/13061182.html,访问日期:2010 年 10 月 27 日。

Exchange Oversight Reform Act of 2011,编号 S.1619)。围绕着货币根本性偏差,该法案提出了一系列制裁措施。这在当年引起了社会的全面关注,政府、媒体、商界和学术界普遍认为该法案获得的支持以及在众议院通过的可能性要超过之前的任何类似法案,并将对中美经贸关系产生极大的负面影响。

全球金融危机前,美国参议院财政委员会曾经通过了名称相似的法案——《2007年货币汇率监督改革法案》。两个法案相似度很高,2011年法案在2007年法案的基础上进行了扩充和更改。最重要的变化是,2011年法案增加了"反补贴法下的币值低估"的内容(第11节),并分成"调查审议"和"利益计算方法"两部分。2011年法案认为货币根本性偏差带来币值低估,让出口到美国的产品获得了利益,进而构成补贴。和2007年法案类似,2011年法案要求修改美国《1930年关税法》,向输美产品征收反补贴税。

2007年以后,美国国会提出的数项有关人民币汇率的法案的一个突出内容是,将争端直接或间接地提交WTO解决。直接的方法是将与人民币汇率有关的争端径直交由WTO解决。间接的方法是依据美国受WTO约束的国内反补贴或反倾销规则解决人民币汇率问题。直接的方法主要有两方面的依据:一是美国依据GATT1994第15条第4款向WTO提出申诉,指控人民币汇率"偏差"或者"低估"妨碍了GATT各项规定的意图的实现。二是依据《SCM协定》向WTO提出申诉,指控人民币汇率低估构成禁止性出口补贴。间接的方法是将低估的人民币币值作为中国对出口产品的补贴,适用美国的反补贴法;或适用美国的反倾销法,使用"矫正过"的人民币币值计算补贴或倾销幅度。根据美国反补贴和反倾销规则提供的救济,受影响的美国产业或者企业可以向美国商务部(确定补贴或倾销的部门)和国际贸易委员会(确定损害的部门)提起诉讼。如果这两个部门作出了肯定的结论,那么中国出口到美国的产品就会被征收相应的反补贴税或反倾销税,以此抵消人民币被低估的程度。[①]

另外,值得注意的是,美国等发达国家不仅通过双边层面向中国施加压力,而且通过其在 IMF 中的主导权,推动 IMF 执行董事会于 2007 年 6 月通过《对成员国政策双边监督的决定》,从而在国际范围内形成对中国汇率施压的态势。

三、人民币汇率法律争端的实质

就中国参与金融全球化的深度和广度而言,人民币汇率并不应该成为各大国和国际金融组织关注的重点。但是,由于国际经贸与市场格局的结构性变化,使得中国过早地被卷入大国金融博弈之中。2001 年加入 WTO 后,中国对外贸易及其顺差迅速增加。中国对外贸易顺差 2001 年为 522 亿美元,2006 年为 2599 亿美元,2007 年为 3718 亿美元,2008 年为 4451 亿美元,2009 年为 4419 亿美元,2010 年上半年为 2321 亿美元。[②] 历史经验表明,每个国家的成功崛起都有庞大的国际收支盈余支撑,英国和美国的崛起过程就是典型例证。从国际政治关系的理论角度看,现存的强国不愿意看到一个潜在的大国的崛起。如果说在中国入世前美国可以依靠贸

[①] 参见韩龙:《美国近期针对人民币汇率的立法动向述评》,载《金融理论与实践》2010 年第 8 期,第 94—100 页。

[②] 参见《统计与数据:中国国际收支报告》,http://www.safe.gov.cn/model_safe/tjsj/tjsj_list.jsp? ct_name = % D6% D0% B9% FA% B9% FA% BC% CA% CA% D5% D6% A7% B1% A8% B8% E6&id = 5&ID = 110700000000000000,访问日期:2011 年 3 月 24 日。

易领域政策制约中国的发展,那么中国成功入世之后,美国再也不能像以前那样自如地利用不公平的贸易手段牵制中国。中美人民币汇率争端表明中美经济战略博弈由实体层面进入虚拟经济层面,由贸易领域进入金融领域。中国过早地被拉入大国金融博弈之中,这是作为一个正在实现体制模式和发展模式转轨的发展中大国始料未及的,金融外交不可避免地走到中国对外开放战略的前沿。[①] 一场突如其来的全球金融危机更是将中国推到金融博弈的中心。全球经济衰退所引发的贸易保护主义思潮将会对人民币汇率形成更大的压力。有分析人士认为,美国总统奥巴马力图恢复并提升美国本土制造企业的国际竞争力,因此对人民币升值施压将会是一场中美"恶战"。[②]

从法律层面看,人民币汇率机制面临两大挑战:第一,美国等西方国家认为中国操纵人民币汇率而获得不公平竞争优势,违反了《IMF 协定》。前述 2007 年几个主要针对人民币汇率的法案,以及金融危机后三个再次针对人民币汇率的法案,尽管没有得到美国国会参众两院的一致通过而形成法律,但是法案用词颇费心思,核心都在于如何设计对"汇率操纵"的认定。早在 2005 年 4 月,众议院的《2005 年中国货币法案》(Chinese Currency Act of 2005)就已经拟对《1930 年关税法》和《1974 年贸易法》进行修改,将汇率操纵定义为:"一国货币当局长期、大规模地干预汇率市场,通过低估其货币,妨碍国际收支的有效调整或取得对任何其他国家贸易的不

---

① 参见刘光溪:《制度宜当与竞争优势——论构建金融国际博弈优势的战略选择》,载《国际贸易》2008 年第 4 期,第 55—64 页。
② 参见高乐咏、王孝松:《美国逼迫人民币升值的深层次原因探讨——政治经济学视角》,载《南开学报(哲学社会科学版)》2008 年第 1 期,第 108—115 页。

公平竞争优势。"关于汇率操纵的衡量指标,法案提出:"在衡量是否构成汇率操纵时,应当考虑:(1)中美双边贸易盈余或赤字;(2)中国与其他贸易伙伴单独或总体贸易盈余或赤字;(3)外国在华直接投资额;(4)特定货币或外汇储备总量;(5)中国为维持相对另一国货币的固定汇率所采取的做法,尤其是这种做法的性质、期限和货币支出;(6)其他相关的经济因素。"①第二,美国等西方国家认为人民币汇率机制违反了 WTO 的有关规则,尤其是反补贴规则。例如,指控人民币汇率低估妨碍了 GATT 规定的意图的实现,即人民币汇率低估使得中国企业得以人为地低价向美国出口产品,造成中美双边贸易和全球多边贸易的失衡,并造成美国就业的损失,违背了 GATT1994 第 15 条第 4 款不得以外汇行动妨碍 GATT 各项规定的意图实现的规定。又如,指责人民币汇率低估违背了 WTO 有关协定,特别是构成对中国出口产品的补贴,或造成中国产品对美出口倾销,要求美国行政当局对中国采取单方或多边贸易措施,通过国内或者国际的渠道,尤其是以反补贴或反倾销措施解决人民币汇率问题。2007 年,美国民主党众议员蒂姆·瑞恩和共和党众议员邓肯·亨特在众议院提出《2007 年汇率改革促进公平贸易法案》,首次将"汇率偏差"和贸易补贴直接联系起来,把汇率偏差解释为非法的出口补贴。该法案认为,压低货币币值,等于为产品出口提供补贴,为进口设置了非关税壁垒。

  金融危机后通过的法案,无一例外地采取了汇率问题贸易化的措施,并在美国国会得到不同程度的支持。我们深刻地认识到,人民币汇率问题不单纯是法律问题,在更深层次

---

① See Section 3 (b) of the "Chinese Currency Act of 2005", H.R. 1498.

是经济和政治问题。因此,我们一方面应依据 IMF 和 WTO 框架和规则分析中国汇率政策的主权;另一方面应分析美国对人民币升值的压力到底有多大,以及中国在多大程度上可以缓解这些压力。这样,中国既可以保持法律上的抗辩理由,又能够保持政策运作的灵活性,从而在金融博弈中既能保持法律上的主动权,又具有解决问题的务实性。

第二节 人民币汇率政策与出口补贴的界限问题

一、美国对中国汇率机制下的出口补贴指控问题

迄今为止,在众多指责人民币汇率机制违反 WTO 法律制度的观点中,最主要的争议点是,人民币汇率机制是否构成 WTO 体系下的禁止性补贴。2006 年 12 月 15 日,时任美国联邦储备委员会(简称"美联储")主席的本·伯南克(Ben Bernanke)在北京发表了一次公开演讲,他在为这次演讲而准备的原稿中明确提出,"人民币汇率低估,向把重点放在出口而非本国市场的中国企业提供了有效补贴",并认为这种补贴正使生产和贸易模式受到扭曲。尽管本·伯南克在其正式演讲中放弃了"有效补贴"这一措辞,但美联储表示仍支持其原稿中的措辞。[①] 这是美国官方关于人民币汇率机制构成补贴的首次正式表态。除此之外,国外有关学者、研究机构或游说团体对中国的人民币汇率形成机制构成补贴的讨论

---

① See Krishna Guha, Edward Luce, Eoin Callan and Alan Beattie, FED Calls RMB "Effective Subsidy", Financial Times, 18 December, 2006.

第四章 汇率政策与 WTO 规则的协调问题

也很热烈。①

建立在上述主张的基础之上,有人建议美国政府将中国的汇率问题诉至 WTO,主要理由之一便是申诉人民币汇率形成机制构成了 WTO 下所定义的禁止性补贴。比如,美国著名的白宫智囊机构——华盛顿彼得森国际经济研究所(Peterson Institute)的主任弗雷德·伯格斯坦(Fred Bergsten)在 2007 年 5 月的国会证词中,呼吁美国制定新策略,并建议其向 WTO 申诉,控告"中国干预汇率,以此作为一项出口补贴"。② 如前所述,美国一个由工业、服务业、农业及劳工组织组成的游说集团——中国货币联盟(China Currency Coalition)早在 2004 年 9 月 9 日就曾向美国贸易代表递交了一份详细的书面请求,意图促使美国政府向 WTO 提出针对中国汇率机制的诉讼,并寄希望于 WTO 作出关于中国汇率机制违反 WTO 规则的裁决。③

面对上述指控,我们必须对人民币汇率形成机制是否真正构成 WTO 法律体系下的补贴有清醒认识,只有在理论上作好充分准备,才能在中国的汇率机制因补贴问题而被申诉

---

① See E. g., Marc Benitah, China's Fixed Exchange Rate for the Yuan: Could the United States Challenge It in the WTO as a Subsidy? (corrected version), ASIL Insights (October,2003); Matthew R. Leviton, Is It a Subsidy? An Evaluation of China's Currency Regime and Its Compliance with the WTO, Bepress Legal Series, Working Paper 660, available at http://law.bepress.com/expresso/eps/660, 26 June; John R. Magnus, Chinese Subsidies and US Responses, Testimony before the U. S. -China Economic and Security Review Commission, Hearing on China's World Trade Organization Compliance: Industrial Subsidies and The Impact on US and World Markets, 5 April, 2006.

② See Clive Crook, The Utter Folly of China-Bashing, Financial Times, 26 June, 2007.

③ See China Currency Coalition, Petition for Relief under Section 301(a) of the Trade Action of 1974, As Amended, Before the Office of the United States Trade Representative, 9 September, 2004.

到 WTO 时更好地应诉,也才能更好地判断这种威胁对中国所可能产生的实际影响,在实质上评价中国所面临的国际法压力。

二、关于人民币汇率形成机制与出口补贴的界限问题

目前关于人民币汇率形成机制构成补贴的指控,均是直接指向了禁止性补贴的重要部分——出口补贴。要对这种指控的合理性进行分析,必须重点关注出口补贴的构成要件。限于主旨和篇幅考虑,对于"可诉性补贴"的构成要件,在这里不作进一步讨论。

对于人民币汇率制度是否构成补贴问题,国内外学者存在较大分歧。在国内学者中,绝大部分学者认为人民币汇率制度不会构成 WTO 体系下的出口补贴。[1] 但是,也有部分学者认为,从 WTO 下补贴的构成要件看,人民币汇率的形成机制与出口补贴的界限并不是特别清晰。[2] 在国外学者和国际贸易律师中,也存在截然相反的观点。较早对这一问题进行探讨的是魁北克大学(University of Quebec)的国际法教授马克·本尼塔(Marc Benitah),他在反补贴法律方面的研究上颇有建树,曾于 2003 年出版专著《GATT/WTO 体制下的反补贴法律》(The Law of Subsidies under the GATT/WTO System)。他早在 2003 年 10 月就曾撰文提出,尽管在 WTO 体系下将中

---

[1] 参见林念:《中国人民币汇率制度的国际法探讨》,载曾令良主编:《珞珈法学论坛(第六卷)》,武汉大学出版社 2007 年版,第 265—284 页。
[2] 参见段爱群:《汇率操纵与反补贴》,载《21 世纪经济报道》2005 年 9 月 5 日第 31 版;黄韬、陈儒丹:《WTO 法律规则视野之中的人民币汇率争议》,载《国际金融研究》2007 年第 9 期,第 75—80 页。

国的固定汇率制度指控为补贴并不容易,但还是有可能的。①此后,这一观点得到了一些学者和游说团体的支持。随着中美贸易顺差的形势越来越严峻,这一主张由于其表面上具有较强的逻辑性和说服力而在更广泛的层面上得到了支持和传播。本节开头部分提到的美联储的观点就是这一趋势的明显体现。在众多指控人民币汇率机制构成出口补贴的观点中,中国货币联盟在其于2004年9月9日向美国贸易代表提出的301条款申请(以下简称"301申请")中,对这一主张进行了最为系统的阐述。② 与此相对,也有相当一部分学者或其他法律专家认为人民币汇率机制无法构成《SCM协定》下的出口补贴,③其中最有代表性的人物之一是美国国际贸易法领域著名律师,曾在1995年至2003年期间担任WTO上诉机构主席的詹姆斯·巴克斯(James Bacchus)。他曾与自己所在的Greenberg Traurig律师事务所的同事艾拉·夏皮罗(Ira Shapiro)律师一起,于2006年9月12日就一份国会议案(H. R. 1498, the Ryan-Hunter Bill)向国会议员吉姆·贾利特(Jim Jarrett)发出一份律师函,明确表达了反对将人民币汇率制度认定为《SCM协定》下"补贴"的论点。④ 就詹姆斯·巴

---

① See Marc Benitah, China's Fixed Exchange Rate for the Yuan: Could the United States Challenge It in the WTO as a Subsidy? (corrected version), ASIL Insights, October 2003.

② See China Currency Coalition, Petition for Relief under Section 301(a) of the Trade Action of 1974, As Amended, Before the Office of the United States Trade Representative, 9 September, 2004, paras. 50—69.

③ See Matthew R. Leviton, Is It a Subsidy? An Evaluation of China's Currency Regime and Its Compliance with the WTO, Bepress Legal Series, Working Paper 660, available at http://law.bepress.com/expresso/eps/660, visited on 26 June, 2005.

④ See David A. Hartquist and Jeffrey S. Beckington (Kelley Drye Collier Shannon LLP), Memorandum Regarding the WTO-consistency of H. R. 1498, the Ryan-Hunter Bill (addressed to Governor John Engler on behalf of China Currency Coalition), 21 September, 2006.

克斯的观点,即使是在这个问题上站在其对立面的其他专家也承认:"詹姆斯·巴克斯先生是国际贸易法领域的声望卓著的专家,其关于 WTO 事务的观点当然应该得到尊重。"①

若想在众说纷纭的观点之中对人民币汇率制度与补贴的关系有一个清楚的认识,归根结底,还需要从上文所列的补贴的构成要件出发,进行具体分析。如前所述,由于中国货币联盟在 301 申请中对于人民币汇率机制构成出口补贴的理由进行了比较系统的阐述,②为使本文的分析更具有针对性,避免"闭门造车"式的研究,下文将结合 301 申请中的观点,对人民币汇率形成机制与出口补贴的界限进行具体分析。

(一) 关于财政资助的认定问题

301 申请主张,中国按照被严重低估的人民币汇率,将美元兑换成人民币,通过这一过程,中国的出口商与其美国的竞争者相比,可以获得更加便宜的原材料和劳动力。因此,中国的汇率机制给予了中国的出口商《SCM 协定》第 1 条第 1 款(a)项(1)(iii)下所规定的财政资助。③ 301 申请中还主张,在中国汇率机制下,由于出口商在任何情况下都不存在汇率波动的风险,因此出口商没有采取汇率远期对冲机制(hedging mechanism)的必要性。这在实质上可以视为中国政府为出口商提供的一项服务(即对冲汇率风险),从而构成

---

① Stewart and Stewart Law Offices, Reponses to Bacchus/Shapiro Analysis of WTO-Consistency of Hunter-Ryan Bill (H. R. 1498), 21 September, 2006.

② 在中国货币联盟起草 301 申请的过程中,专门聘请的 Collier Shannon Scott 律师事务所(由 David A. Hartquist 律师带领的五人律师团队)为其提供了国际贸易法方面的法律意见。

③ See China Currency Coalition, Petition for Relief under Section 301(a) of the Trade Action of 1974, As Amended, Before the Office of the United States Trade Representative, 9 September, 2004, paras. 58—61.

《SCM 协定》第 1 条第 1 款(a)项(1)(iii)下规定的政府服务。[①]

301 申请针对中国汇率机制构成出口补贴的主张中,仅仅提到了财政资助的一种形式,即《SCM 协定》第 1 条第 1 款(a)项(1)(iii)下规定的"政府提供的货物与服务"。根据该条款,如出现"政府提供除一般基础设施外的货物或服务,或购买货物",则应视为存在补贴。针对这一指控,我们可以从以下三个层面逐一分析:

首先,是否存在提供补贴的主体,即"政府或任何公共机构"?这是有疑问的。因为在中国,出口企业在获得外汇之后,是与商业银行进行结汇交易,而不是直接将外汇卖给政府部门,只不过各商业银行可以参与银行间外汇市场的交易,在这个过程中可能(但不是必然)与中央银行产生直接的外汇交易关系。中国目前可以进行结汇业务的商业银行不仅包括国有商业银行,还包括股份制商业银行、民营银行,甚至还有外资银行。[②] 将它们归入"公共机构"的范畴,需要有足够的法律和事实依据。

值得注意的是,美国商务部习惯从企业的所有权属性质上认定"公共机构",并以此解读《SCM 协定》的"专向性"问题,这是一种误读。2011 年 3 月 11 日,WTO 上诉机构发布中国诉美反倾销反补贴措施争端案的裁决报告,认定美方对华同时采取反倾销和反补贴措施违反 WTO 规则。美国商务部在本案中认

[①] See China Currency Coalition, Petition for Relief under Section 301(a) of the Trade Action of 1974, As Amended, Before the Office of the United States Trade Representative, 9 September, 2004, paras.60—61.

[②] 例如,2009 年 11 月 25 日,中国国家外汇管理局发布《关于进一步完善个人结售汇业务管理的通知》,规定外资银行也可以进行个人结售汇业务。资料来源:http://www.safe.gov.cn/model_safe/laws/law_detail.jsp?ID=80304000000000000,21&id=4,访问日期:2011 年 5 月 1 日。

定,中国商业化运作的国有企业构成所谓的"公共机构",中国国有企业提供原材料构成政府"财政资助",主要理由就是国有企业大部分由政府所有(majority government-owned)。上诉机构推翻了这种认定。上诉机构认为,"公共机构"并非"由政府控制的单位(any entity controlled by a government)",单独依靠所有权属的认定不足以构成认定"公共机构"的基础。①

其次,应该指出的是,301申请提起于2004年,而自2005年7月21日中国人民银行发布《关于完善人民币汇率形成机制改革的公告》之后,由于人民币的持续升值,中国的出口企业实际上已经面临了很长时间的汇率风险,比如订立合同时与实际收到货款时的汇率差异,将在实质上影响出口企业的所得。这种汇率风险已经促使中国的出口企业开始越来越频繁地寻求银行为其提供外汇套期保值服务。据报道,九省市抽样调查结果显示,在汇改后的连续三个季度,中国的出口企业由于对汇率风险准备不足,蒙受了较严重的汇率损失;而从第四个季度开始,绝大多数出口企业已经开始在市场竞争中适应新的汇率机制,并通过尝试调整产品结构和运用国际结算、贸易融资工具和远期结售汇等避险工具,规避相关汇率风险。显然,这些避险工具都必须支付相应的成本或费用。② 因此,301申请中关于财政资助主张的事实基础,即由于人民币汇率机制使得出口商无须花费成本进行汇率避险的状况,实际上已经不复存在。

最后,《SCM协定》的条文以及WTO争端解决实践已经表明,不能仅仅依据中国汇率政策使出口商受益的事实,就

---

① See Appellate Body Report, United States-Definitive Anti-Dumping and Countervailing Duties on Certain Product from China, WT/DS379/AB/R, para. 346.
② 参见梁桦:《汇改一周年述评:企业积极应对汇率风险》,载《经济日报》2006年7月27日第5版。

判定中国政府对这些出口商给予了《SCM 协定》下所要求的财政资助。在美国出口限制案（United States—Measures Treading Export Restraints as Subsidies）中，专家组指出："不能将所有在经济理论上可能对贸易产生潜在扭曲后果的政府干预视为《SCM 协定》下所定义的补贴，否则'财政资助'要求将被这样一种要求所替代，即系争政府措施被普遍地认为是具有贸易扭曲作用的补贴。"[1]专家组进一步指出："《SCM 协定》的起草者们希望避免产生这样一种消极后果，即任何可能有利于出口的政府措施都将被贴上补贴的标签。"[2]"《SCM 协定》的谈判历史表明，第 1 条第 1 款（a）项（1）中（i）到（iii）将政府措施限制为经济资源从政府到私人实体的转移。这些条款下，政府措施起到的效果应当是，直接地将一些具有价值的东西（无论是金钱、货物还是服务）提供给私人实体。"[3]因此，第 1 条第 1 款（a）项（1）（iii）的要求是，必须证明中国政府以货物或服务的形式向某私人实体提供了财政资助，否则无法认定财政资助的存在。实际上，中国的汇率政策在效果上对所有领域的出口商提供了同等的条件，而并非仅仅针对特定企业。即使中国的汇率政策给出口商带来了利益，这种利益也并不是来自于为促进出口而进行的自政府向私人商业体进行的货币、货物或服务的转移。尽管中国人民银行需要用人民币购买出口企业因出口而获得的外汇，以控制汇率的大幅浮动，但是这种结汇的过程并不存在公共资产向私人出口商的转移，因为国有资金并未在这一过程中

---

[1] See Panel Report, United States—Measures Treating Exports Restraints as Subsidies, WT/DS194/R, para. 8.62.

[2] See Panel Report, United States—Measures Treating Exports Restraints as Subsidies, WT/DS194/R, para. 8.68.

[3] Id., para. 8.65.

从国家机构向私人出口商处进行转移。

专家组在美国出口限制案中指出,国际贸易中,仅仅那些导致公共账户或政府预算产生费用的措施才可能构成补贴。中国实行以市场供求为基础的、单一的、有管理的浮动汇率制度,其基础是通过外汇指定银行所进行的结售汇制度。机构和个人买卖外汇都通过外汇指定银行进行,而外汇指定银行又根据核定的结售汇周转头寸上下限,将多余或不足的外汇头寸在银行间外汇市场进行平补,进而生成人民币汇率。这个过程始终都不存在公共费用的支出,因此就无法构成所谓的"财政资助"。正如前 WTO 上诉机构主席詹姆斯·巴克斯所指出的,即使在中国的汇率形成机制下人民币被低估了,这一过程也仅仅是中国政府所行使的一般性的政府调控职能。与通常作为补贴形式的直接给予政府资助或提供低于市场利率的贷款不同,在人民币汇率形成过程中,中国政府在其转移经济资源的过程中并没有发生实际成本(real cost)。[1]

从微观经济学的角度看,低价不一定带来利润的增加;利润等于总收益减去总成本;利润最大化的原则是边际收益等于边际成本。低价固然可以减轻出口企业的成本负担,但是却不一定会带来需求的增加。经济学家研究发现,一些低端商品和某些炫耀性商品经常出现价格下跌时需求减少的现象。考虑到作为"世界工厂"的中国出口企业的产品相当一部分属于低端商品,采取低价得到的结果可能是成本降

---

[1] Cf. David A. Hartquist and Jeffrey S. Beckington (Kelley Drye Collier Shannon LLP), Memorandum Regarding the WTO—Consistency of H. R. 1498, the Ryan-Hunter Bill (addressed to Governor John Engler on behalf of China Currency Coalition), 21 September, 2006, para. 3.

低、收益减少,总的利润不如未降价时的利润。①

因此,301申请中将这种结汇的过程等同于政府部门提供的服务,是对"财政资助"条款的扩大解释。换言之,人民币汇率形成机制无法构成对中国出口企业的财政资助。

(二)"授予一项利益"

301申请主张,中国的固定汇率制度为中国的出口商提供了利益,因为中国的出口企业无法在正常的开放市场上取得同样的价格竞争优势。②

出口补贴还需要满足的要素之一是,补贴必须授予被补贴方以某种利益。与"财政资助"要素集中于考察政府行为不同,"利益"要素将关注点从政府转移到了接受者身上。③如前文所述,利益的授予意味着受补贴方从某项政府补贴计划中取得了某些它从市场上不能取得的价值,往往表现为企业收入增多、成本减少或税金减免等。在巴西诉加拿大关于出口民用飞机补贴一案中,专家组认为,因财政资助而产生的利益最重要的特征就是接受者获得了比市场条件更优越的待遇。④此案的上诉机构指出,不论是WTO专家组,还是上诉机构,在审理有关补贴案件时,都认为市场是确定是否授予利益的适当基础。如果补贴的接受者由于接受了财政资助而获得了比市场提供的更大的优势,就是被授予了利益。也就是说,衡量是否授予利益的基准是市场。加拿大为

---

① 参见尹伯成主编:《西方经济学简明教程》(第六版),格致出版社、上海人民出版社2008年版,第15页。

② See China Currency Coalition, Petition for Relief under Section 301(a) of the Trade Action of 1974, As Amended, Before the Office of the United States Trade Representative, 9 September, 2004, para. 61.

③ See WTO Analytical Index art. 1.1(b), para. 17.

④ See Appellate Body Report, Canada—Measures Affecting the Export of Civilian Aircraft, WT/DS70/AB/R, paras. 157—158.

支线飞机提供出口信贷和贷款担保案(Canada—Export Credits and Loan Guarantees for Regional Aircraft)的专家组也指出，《SCM协定》第1条第1款(b)项"因此而授予一项利益"的规定隐含着某种比较，即如果没有这些财政资助，接受者就不会有这种利益。换句话说，除非存在财政资助使接受者处于优于没有支持的情况，否则就不存在对接受者的利益。以出口信贷为例，如果企业从政府或公共机构获得贷款的条件（诸如利率、偿还期限、担保要求等）与其从金融市场中获取贷款的条件并无差异，就不构成"利益的授予"；反过来，若从政府或公共机构获取贷款的条件优于从金融市场中获取贷款的条件，那就可能被认定存在"利益的授予"。

存在自由市场或这种市场被认可的情况下，对利益进行衡量比较易行。例如，如果一家公司从政府获得的贷款利率低于该国商业银行对该公司收取的利率，政府即授予该公司以利益。但是，在自由市场难以确定或不存在的情况下，由于比较的基础欠缺，对利益的界定就会遇到麻烦。这涉及怎么理解"市场"，它的范围是限于被控补贴国家的境内市场，还是包括其他市场。对此，美国软木案(US—Softwood Lumber)的上诉机构作出了突破性的阐释，而美国也热衷于援引该案的结论指责人民币汇率授予中国出口商以利益。因此，考察美国软木案有助于分析人民币汇率是否授予中国出口商以利益，[1]进而回应美国等西方国家的指责。按照一般做

---

[1] 本案起因于美国声称加拿大的立木采伐项目(Stumpage Programs)为加拿大的软木出口提供了政府补贴。美国商务部在确定加拿大各省的立木采伐项目是否低于适当的报酬时，认为由于加拿大政府干预市场造成价格扭曲，导致在加拿大没有市场决定的价格可用以衡量"利益"，所以使用了美国北部邻近州的立木采伐价格作为基准，以此与加拿大立木采伐价格进行比较，确定加拿大立木采伐项目是否授予了利益。

第四章 汇率政策与WTO规则的协调问题

法,要证明中国政府通过人民币汇率授予出口商以利益,需要将人民币汇率与所谓的"人民币自由市场价值"作比较。对于人民币自由市场价值,西方的一些经济学家和人士认为人民币币值被严重低估,即政府在出口后的汇兑交易中多给了出口商人民币;提出市场要素表明人民币兑美元的汇率要高于现有汇率水平,这使出口商获得了利益,也使中国输美产品廉价,出口商在扩大出口数量的同时增加了收入。他们还提出,人民币汇率的中间价每天由中国人民银行授权中国外汇交易中心确定和发布,并根据国内外经济金融形势对人民币汇率进行管理和调节,这说明中国不存在真正意义上的人民币外汇市场,或人民币外汇市场没有反映市场力量。[1] 因此,中国的出口商和出口产品从人民币汇率的低估中获得了正常市场条件下不能获得的利益。他们继而提出,要用一种推断的人民币汇率作为基准,衡量中国产品的出口补贴问题。[2]

我们认为,西方不能以人民币具有上述情况为由,采用一种推断的汇率,并以此衡量中国出口产品获得了利益。因为:

第一,美国软木案的上诉机构之所以允许反补贴国家采用被控补贴国家之外的价格作为基准,准确地说,不是因为该国政府是特定货物的唯一或主要提供者,而是因为这种状

---

[1] See Marc Benitah, China's Fixed Exchange Rate for the Yuan: Could the United States Challenge It in the WTO as a Subsidy [OL], available at http://www.asil.org/insights, visited on 15 October, 2003.

[2] 例如,Skip Hartquis指出,由于中国不存在一个私营的外汇市场用做确定人民币低估的牢靠基准,因此主张采用蒂姆·莱恩和邓肯·亨特提出的《2007年汇率改革促进公平贸易法案》规定的方法计算严重的汇率偏差是否存在及其程度。参见韩龙:《人民币汇率是否授予中国出口商以利益》,载《法学论坛》2008年第6期,第70—77页。

况导致了价格扭曲,无法计算出财政资助所授予的利益。换言之,价格扭曲才是能否使用境外价格的决定因素。即便一国政府是特定商品的唯一或主要提供者,只要市场价格没有被扭曲,那么该国的价格仍然构成利益授予的基准。这为美国软木案上诉机构对《SCM协定》第14条(d)项的解读所肯定。①

就中国而言,早在1994年就建立了全国统一的银行间外汇市场,从根本上改变了原来地区分割、价格各异的分散市场格局,同时确立了以市场供求为基础的、单一的、有管理的浮动汇率制度。2005年7月21日,中国开始实行以市场供求为基础、参考"一篮子货币"(Basket of Currencies)进行调节、有管理的浮动汇率制度,并将美元兑人民币交易价格调整为1美元兑8.11元人民币,同时允许人民币在兑"一篮子货币"正负0.3%的区间内波动。2006年3月1日,中国人民银行再次宣布,人民币兑美元汇率升值到8.039,并实行"主动性、可控性、渐进性"的汇率改革原则。② 这些都表明,决定人民币汇率的基础是市场供求关系,人民币汇率反映了市场力量,中国政府不是人民币汇率的决定者或提供者。另外,从2006年1月4日起,中国在银行间即期外汇市场上保留撮合方式的同时,引入询价交易方式(over-the-counter),人民币兑美元汇率中间价的形成方式由此前根据银行间外汇市场以撮合方式产生的收盘价确定,改进为中国外汇交易中心于每日银行间外汇市场开盘前向所有银行间外汇市场做市商询价,并将全部做市商报价作为人民币兑美元汇率中间价的

---

① 参见韩龙:《人民币汇率是否授予中国出口商以利益》,载《法学论坛》2008年第6期,第70—77页。
② 《中华人民共和国外汇管理条例》(2008年8月修订)第27条规定:"人民币汇率实行以市场供求为基础的、有管理的浮动汇率制度。"

计算样本,去掉最高和最低报价后,将剩余做市商报价加权平均,得到当日人民币兑美元汇率中间价,权重由中国外汇交易中心根据报价方在银行间外汇市场的交易量及报价情况等指标综合确定。询价交易方式的引入在原有的基础上进一步完善人民币汇率的市场形成机制,以此形成的人民币汇率更充分地体现了人民币的市场价值。① 因此,指责中国没有真正的人民币外汇市场,进而用一种推断的汇率指责人民币汇率因人为低估而授予中国出口商以利益,是站不住脚的。

第二,以纯粹的市场力量决定的人民币币值作为基准,衡量人民币现行汇率,在经济学上是不现实的,在法律上也缺乏依据。从经济学角度来说,要证明人民币汇率存在补贴,就必须证明人民币汇率存在低估。然而,用纯粹市场力量即完全竞争得出的人民币币值衡量和替代现有的人民币市场汇率是行不通的,因为完全竞争并不能如实反映现实,现实世界显然是垄断不完全性和竞争因素的混合物,既非完全竞争,也非完全垄断。② 在这种情况下,用通常仅在理论上存在而在现实中无法实现的币值确定人民币汇率存在低估和授予利益,有悖于经济学常识和常理。③

第三,如果将中国市场的成本价格与美国市场的成本价格进行比较以推定"利益"的存在,这种方法也不科学。两种市场下,除汇率制度不同外,导致产品价格差异的原因还有

---

① 资料来源:http://www.pbc.gov.cn/publish/zhengcehuobisi/897/2011/20110310101152218784868/20110310101152218784868.html,访问日期:2011年4月3日。

② 参见尹伯成主编:《西方经济学简明教程》(第六版),格致出版社、上海人民出版社2008年版,第98页。

③ 参见韩龙:《人民币汇率是否授予中国出口商以利益》,载《法学论坛》2008年第6期,第70—77页。

很多,尤其是劳动力成本。因此,即使中国实行与美国一样的汇率制度,中国市场上产品的价格仍可能比美国市场上产品的价格低廉很多,汇率因素所起到的作用非常有限。许多学者的研究表明,人民币升值并不会减缓中国出口的速度。前美联储主席本·伯南克就曾提醒美国国会,人民币加速升值"虽然重要",却"不太可能解决贸易失衡问题"。① 甚至有其他学者,如渣打银行顾问王志浩在2006年就提出,人民币升值将加大中国的贸易顺差。②

因此,在判断人民币汇率形成机制是否对中国出口商授予"利益"时,就不应当将中国市场与其他国家的市场进行比较,而只能以中国市场上实行的现行汇率制度的情况与实行完全浮动汇率制度的情况进行比较。然而,对于现行人民币汇率政策以及结汇制度而言,并不存在一个参照系,无法进行直观的比较。汇率本质上就是市场供求关系与政策干预的统一体。在1994年汇率并轨之前,中国实行的复汇率制度使得不同行业的产品出口按照不同的汇率标准结汇,结果导致多样的外汇留成比例,而这种做法是《SCM协定》所明确禁止的出口补贴。③ 目前中国实行的是单一汇率制度,汇率水平是否被低估,以至于出口结汇成为变相的"利益"授予,很大程度上是一个见仁见智的经济学问题,而不是一项纯粹的法律争议。目前经济学家们对于人民币是否被低估、低估程度以及人民币汇率对贸易顺差的影响,尚未形成一致的看法。

---

① See Krishna Guha, Call to Broaden Focus on China, Financial Times, 20 July, 2007, para.7.

② 参见王志浩:《人民币升值将加大中国贸易顺差》,载《证券日报》2006年11月6日第B2版。

③ 参见黄韬、陈儒丹:《WTO法律规则视野之中的人民币汇率争议》,载《国际金融研究》2007年第9期,第75—80页。

无论如何,我们起码可以得出这样的结论:要在经济学上进行比较,进而说明现行汇率机制给中国出口商授予了补贴,存在相当大的难度。

(三) 专向性

301申请主张,中国的汇率政策符合专向性要求,因为该机制在事实上取决于预期的出口实绩。①

1. 企业专向性

国内有学者认为,"专向性"问题是最容易得出结论的,其理由在于"既然货币兑换只存在于对外贸易的结汇领域,那自然只有对于出口企业才存在汇率的问题",因此"企业专向性"是可以认定的。②

在"专向性"问题上,我们认为还存在另外一种思路。《SCM协定》在谈及专向性时,似乎并不是拿出口企业与非出口企业进行比较。这是因为,凡是WTO下所提到的禁止性补贴,其目的当然是针对出口或进口替代。如果简单认为某措施仅仅适用于出口企业就符合了专向性要求,那么所有对国际贸易产生影响的措施都将自动具有专向性,因为非出口企业本来就不会直接受到国际贸易的影响。因此,将结汇措施适用于出口企业判定人民币汇率措施符合专向性的依据,似乎扩大了专向性要求的范围。《SCM协定》下的"专向性",针对的或是某一特定行业的出口商,或是特定类型的出口企业,或是特定地区的出口商,而很难简单地指"针对出口企业"。

---

① See China Currency Coalition, Petition for Relief under Section 301(a) of the Trade Action of 1974, As Amended, Before the Office of the United States Trade Representative, 9 September, 2004, paras. 62—66.

② 参见黄韬、陈儒丹:《WTO法律规则视野之中的人民币汇率争议》,载《国际金融研究》2007年第9期,第75—80页。

进一步说,中国的结汇制度也不仅仅限于出口企业。无论是企业还是个人,取得外汇的渠道有很多,出口仅仅是其中之一。这些学者的论点忽视了将通过境外投资、借款等途径获得的外汇结汇成人民币的现实。因此,中国的汇率政策实际上适用于整个中国经济,无论是贸易还是投资,而不是限于特定行业或特定企业。① 对此,即使在国外学者间也极少存在争议。在他们看来,"WTO 规则下所允许的出口补贴税或反倾销税一般仅仅适用于特定货物,而非来自一个特定国家的所有货物,汇率操纵可能被认为是针对一国出口的普遍性的跨境补贴。但是,WTO 争端解决实践下还没有先例从这个角度考察汇率。如果一国有权在其单方面认为其他国家的货币被低估时任意课征反补贴税,那么 WTO 规则将面临很大的挑战。"② 从这些观点来看,专向性要求能否得到满足是存在疑问的。

2. 取决于出口

当然,尽管中国的汇率机制适用于所有经济领域,但是根据《SCM 协定》,若人民币汇率机制在法律上或事实上取决于出口,则专向性要求就被视为自动得到满足。所以,是否"取决于出口",对于判断专向性要求具有重要意义。

301 申请自身也承认,没有任何中国立法中规定中国的汇率政策取决于出口实绩。因此,人民币汇率机制应该不存在"法律上取决于出口"的可能性,值得我们进一步关注的问题是"事实上取决于出口"。对于这个问题,需要分三步进行

---

① 参见李杨、姚枝仲:《汇率问题,美议员在隐瞒真相》,载《环球时报》2010 年 8 月 2 日第 16 版。

② See Jonathan E. Sanford, China, the United States and the IMF: Negotiating Exchange Rate Adjustment, CRS Report for Congress (Order Code RL 33322), 13 March, 2006, para. 39.

第四章 汇率政策与 WTO 规则的协调问题

分析:

第一步,首先应该考察中国当前的汇率机制是否以出口实绩为前提。

在判断"事实上以出口实绩为条件"的标准时,存在广义和狭义两种解释方法。广义解释方法认为需要考虑补贴措施的结构、意图及相关事实,如果施予者在决策时考虑的因素之一是实际或预期的出口,那么就可能存在事实上取决于出口的补贴;而狭义解释方法将事实上的补贴解释为非立法的行政安排。在澳大利亚车用皮革补贴案中,专家组即采取了广义解释方法。[1] 因此,与法律上取决于出口不同,在判断事实上取决于出口时,需要将与特定补贴有关的所有事实和环境考虑在内,进行客观评价,而主观意图也应该是考虑的因素之一。在加拿大飞机案中,上诉机构认为,在具体案件中,任何单一事实本身都不可能具有决定性意义。[2]

如前所述,中国的货币政策无法被认定为为出口商提供了财政资助,因此补贴本身很难被认定为存在。即使这是一种补贴,还需要看这种补贴是否以出口实绩为前提,否则将不构成 WTO 下的禁止性补贴。中国当前的汇率机制即"有管理的浮动汇率制度"形成于 1994 年,围绕这一汇率制度的是复杂的资本项目和经常项目的结售汇制度,其设计初衷之一是克服 20 世纪 80 年代由于过快的经济增长所导致的通货膨胀。因此,中国政府对人民币汇率形成进行管理(而非操纵)的目的不是阻碍其他国家对国际收支的有效调整,而完全是基于本国现实的金融情势,主要是考虑到金融体制太脆

---

[1] 参见甘瑛:《国际货物贸易中的补贴与反补贴法律问题研究》,法律出版社 2005 年版,第 112—113 页。

[2] See Appellate Body Report, Canada—Measures Affecting the Export of Civilian Aircraft, WT/DS70/AB/R, para. 167.

弱。瑞士银行亚太区首席经济学家乔纳森·德森(Jonathan Anderson)也曾指出,中国政府制定汇率政策的意图"并不是为了阻止人民币升值,反而是为了防止人民币大幅贬值。中国经济泡沫在1995年与1996年之间的破裂为中国在国内外制造了一大堆坏账。当时企业赢利骤减,实际的经济增长率很可能降到了4%以下。屋漏偏逢连夜雨,这时又爆发了亚洲金融危机,许多投资者因此确信,人民币将是接下来倒地的那张多米诺骨牌,短期资本开始以前所未有的速度逃离中国。中国政府此时决定让人民币汇率与美元形成事实上的挂钩关系,这是在向世界明确承诺人民币不会贬值。"[1]1997年亚洲金融危机之际,当其他亚洲国家的货币纷纷贬值时,中国作为一个负责任的大国,通过增加货币供给、扩大内需等货币政策,维持了人民币的稳定,为国际金融形势的稳定做出了自己的贡献。当前,中国正在进行广泛的银行和金融领域改革,以建立符合自身发展国情的、有中国特色的市场经济。因此,即使是国外学者都认可,维护经济稳定、控制通货膨胀是中国汇率政策的主要关切点。[2] 在这一前提下,由于中国汇率政策下的多重经济考虑,简单地推定中国将人民币汇率与美元挂钩是为了促进出口,显然就排除了其他重要因素。即使促进出口是中国汇率政策的目标之一,其他目标也同样是不能被忽略的。

第二步,分析赋予补贴是否与出口实绩相联系,或者这一补贴是否以出口为条件。

---

[1] Jonathan Anderson, China Should Speed up the Yuan's Rise, Far Eastern Economic Review, July/August 2007.

[2] See Matthew R. Leviton, Is It a Subsidy? An Evaluation of China's Currency Regime and Its Compliance with the WTO, Bepress Legal Series, Working Paper 660, 26 June, 2005, para. 22.

第四章 汇率政策与 WTO 规则的协调问题

WTO 争端解决实践表明,仅有接受者以出口为导向的事实本身并不能证明补贴的授予是与实际或预期出口"联系在一起"的。① 中国的汇率形成机制是与防止金融危机、通货膨胀以及促进经济稳定密切相关的,即使其客观效果可能与出口有关,维护经济的整体稳定等其他因素也是不能被排除在外的。尽管对外贸易在中国经济中占重要比例,但中国经济的其他方面,比如外国直接投资、间接投资同样值得给予关注,而汇率政策的客观效果与这些领域同样是紧密相连的。比如,从外国直接投资角度看,一国提供稳定的汇率机制对促进外国投资者到本国投资具有重要意义,因为稳定的汇率可以防止大规模的货币价值波动,而货币价值的波动往往会构成投资者进行长期投资的主要关注点。因此,那种认为中国汇率制度的实施目的在于促进出口的观点是非常武断的。正如前 WTO 上诉机构主席詹姆斯·巴克斯所指出的,即使中国政府存在汇率操纵,中国政府通过汇率操纵而向该国出口商进行的支付并不是依赖于出口实绩,因为这个汇率对于持有美元而需要将其兑换为本国货币的所有人都是同样适用的。②

第三步,需要着眼于给予补贴时是否可预见出口的增加。

如前所述,中国实行严格货币控制(包括有管理的浮动汇率),其首要预期在于经济的稳定。加拿大飞机案表明,必

---

① 参见甘瑛:《国际货物贸易中的补贴与反补贴法律问题研究》,法律出版社 2005 年版,第 114 页。

② See David A. Hartquist and Jeffrey S. Beckington (Kelley Drye Collier Shannon LLP), Memorandum Regarding the WTO-consistency of H. R. 1498, the Ryan-Hunter Bill (addressed to Governor John Engler on behalf of China Currency Coalition), 21 September, 2006, para. 3.

须预见出口才能构成"事实上取决于出口"。与加拿大飞机案中的情况不同,中国的汇率形成机制是着眼于宏观经济的计划和预期,而非为了增加某一具体行业的出口。没有证据可以表明中国在 20 世纪 90 年代初制定新汇率政策时可以预见到未来出口的大幅度增长。相反,有国外学者评论,2005 年之后中国贸易顺差的急剧增长实际上也使中国政府感到非常吃惊。① 因此,这一事实无法说明中国在制定(或改革)汇率机制时就预见到了出口的增长。正如有学者所指出的,在汇率制度与出口之间缺乏明显条件性时,对中国通过维持固定汇率增加出口的指责是毫无意义的。②

国外经济学界很多学者认为,由于中国的汇率机制下人民币被低估,使得中国出口产品的价格比同类在美国生产的产品更加便宜,因此中国的出口企业从中国汇率机制上获得了经济上的好处。③ 但是,事实上,即使纯粹从经济数据上看,也不能绝对地将汇率走向与出口增长完全挂钩。研究表明,不论是出口还是净出口,与中国 GDP 增长的相关性较大,与人民币汇率的相关性并不显著。例如,2003 年,人民币汇率随美元走软,出口增长 34.6%,进口却增长 39.9%,这导致外贸顺差同比缩小了 16%。一个相反的例子是,2005 年汇改以后到 2009 年初,人民币相对美元升值 21%。④ 但是,同期

---

① See Jonathan Anderson, China Should Speed up the Yuan's Rise, Far Eastern Economic Review, July/August 2007.

② 参见林念:《中国人民币汇率制度的国际法探讨》,载曾令良主编:《珞珈法学论坛(第六卷)》,武汉大学出版社 2007 年版,第 279 页。

③ See Gary Clyde Hufbauer & Yee Wong, International Economics Policy Briefs: China Bashing 2004, Institute for International Economics (September, 2004).

④ 参见《在十一届全国人大二次会议记者会上温家宝总理答中外记者问》(2009 年 3 月 13 日),http://lianghui2009.people.com.cn/GB/145748/8961278.html,访问日期:2011 年 3 月 1 日。

第四章　汇率政策与WTO规则的协调问题

中国贸易顺差到 2008 年底仍然以较快的速度增长。例如,2005 年贸易顺差为 1019 亿美元,① 到 2007 年顺差就已经达到了 3718 亿美元。②

3. 出口补贴列示清单

与"取决于出口"相关的另一个问题是《SCM 协定》的附件一,即"出口补贴列示清单"。如前所述,该清单专门列举了禁止使用的出口补贴清单,共有 12 种形式的出口补贴。专家组在巴西飞机出口融资计划案(DSU 第 21 条第 5 款专家组程序)中认为,一旦证明涉案措施属于"列示清单"的范围,则视为禁止性出口补贴,成员不需要首先证明涉案措施以出口实绩为条件。③ 因此,要彻底排除专向性的要求,还必须证明中国汇率机制不符合"列示清单"中的任何一项。

301 申请中认为,中国的汇率形成机制符合该清单中的(b)项(外汇留成计划)和(j)项(政府出口信贷保证计划)。因此,下文将主要针对这两项内容进行分析。

清单中(b)项所列举的外汇留成计划,指的是允许出口商保留一部分外汇收入,豁免其将外汇售予中央银行以兑换本币的义务。这种政府计划所涉及的是双汇率机制下,政府允许那些在正常情况下有义务将其外汇收入兑换成人民币的出口商保留外汇。中国在 20 世纪 70 年代到 80 年代之间,为了调动企业出口的积极性,曾经实行过这种外汇留成制度。由于企业持有的外汇指标留成额度与现实生产需求之

---

① 参见崔笑愚:《海外媒体看中国贸易顺差》,载《国际金融报》2006 年 1 月 12 日第 8 版。

② 资料来源: http://www.customs.gov.cn/Default.aspx?tabid=2453&moremoduleid=3760&moretabid=4370,访问日期:2011 年 4 月 5 日。

③ See Panel Report, Brazil—Export Financing Programme for Aircraft—Recourse by Canada to Article 21.5 of the DSU, WT/DS46/RW/R, paras. 6.30—6.31.

间有一个时间差,加上在企业现实的经营活动中,企业作为创汇者与用汇者的双重身份常常发生职能上的分离。80年代,计划经济逐步向市场经济过渡,对人民币高估带来的问题逐渐显现,一些外贸企业出现了"出口越多,亏损越多"的经营困境。从1981年起,人民币实行两种官方汇率:一是继续保留人民币的公开牌价,主要适用于非贸易外汇收支;二是贸易外汇的内部结算价,把企业的利益与进出口业务挂钩。由于实行了外汇留成制度和贸易内部结算价,一定程度上刺激了出口,增加了外汇储备。[①] 但是,到了1994年1月1日,随着新的人民币汇率体制启动,中国开始实施以调剂价格为单一价格的汇率并轨,同时取消外汇留成。[②] 很显然,当前的中国汇率制度与货币留成计划并无任何关联。301申请在这一点上的指控完全无视中国早就已经完成的外汇体制改革的相关内容。因此,清单(b)项所列举的补贴情形不能用于指控当前的人民币汇率形成机制。

清单中(j)项所列举的政府出口信贷保证计划,指的是保障出口商免遭汇率风险的政府信贷计划。301申请中认为,既然人民币与美元的兑换价格保持在一个相对固定的汇率之上,那么中国出口商就无须采取汇率对冲避险等手段规避汇率风险,从而获得间接的利益。对于这一指控,可以从两方面分析:一方面,如前所述,由于人民币持续升值,中国的出口企业开始越来越频繁地寻求银行为其提供外汇套期保值服务,因此在当前情况下,认定中国出口商不存在汇率风险的事实基础已经不复存在。另一方面,即使中国出口商

[①] 参见青岛市外债管理办公室:《我国外汇体制沿革及变迁》,载《外债信息》2005年第11期。

[②] 参见易纲:《中国的贸易收支和汇率》,载《北京大学中国经济研究中心政策性研究中心简报》1995年第6期。

不面临汇率波动而间接获得了利益,这种局面也不是由于中国政府专门提供了财政拨款或财政预算而专门进行的某种保证计划造成的。中国的结售汇制度,其实只是为了适应有管理的浮动汇率制度而设计的。出口商是否在事实上面临汇率风险,并不是政府在正常结售汇制度之外额外增加的一项保证或保险计划。因此,中国的汇率制度也不符合清单(j)项所列举的补贴情形。

综上所述,《SCM 协定》以及 WTO 的争端解决实践对被视为补贴的政府行为进行了严格限制,很难令人信服地证明中国的人民币汇率制度属于《SCM 协定》下的禁止性出口补贴。

三、美国 2010 年《汇率改革促进公平贸易法案》评析

2010 年 9 月 29 日美国众议院高票通过的《汇率改革促进公平贸易法案》(Currency Reform for Fair Trade Act,以下简称《汇率改革法案》)引人注目。这是因为,之前针对人民币汇率的提案尽管花样繁多,但经过众议院立法表决程序且以高票通过的仅此法案。该法案的特别之处在于将汇率低估与出口补贴挂钩,从而使汇率政策贸易化,通过单边贸易措施威胁他国的汇率主权。虽然该法案尚未真正成为法律,但其动向应引起我们的高度重视。

(一)《汇率改革法案》的实质

从表面上看,《汇率改革法案》的重点是规定认定一国汇率根本性低估的标准,理当属于金融汇率方面的法案。但是,其实质恰恰是将汇率根本性低估视为一项贸易措施(即出口补贴行为),并以反补贴这种贸易救济措施予以应对。《汇率改革法案》这种对待汇率政策的模式反映出美国试图

通过贸易措施影响他国汇率政策。众所周知,关于汇率政策问题,在国际层面上主要由 IMF 管辖,在美国国内一直由财政部主管。如前所述,1988 年以来,美国国会授权财政部每半年出具一份有关贸易对象是否操纵汇率以获取竞争优势的报告。《汇率改革法案》则从两个方面进行了修订:一是规定汇率根本性低估构成补贴措施,可以征收反补贴税;二是认定汇率根本性低估的主管机关为美国商务部。这种将非贸易政策的经济金融政策与贸易措施挂钩的方式是美国传统。例如,对知识产权保护问题,在国际上已有世界知识产权组织(World Intellectual Property Organization)、《巴黎公约》(Paris Convention for the Protection of Industrial Property)和《伯尔尼公约》(Berne Convention for the Protection of Literary and Artistic Works)等国际知识产权保护条约的情况下,美国却通过其国内特殊 301 条款立法,将知识产权保护政策贸易化。因为美国发现,将知识产权保护与贸易措施联系后,贸易伙伴在美国贸易制裁措施的威胁下纷纷提高知识产权保护水平,乃至在乌拉圭回合中愿意就《与贸易有关的知识产权协定》(Agreement on Trade—Related Aspects of Intellectual Property Rights)达成协议,将知识产权保护纳入多边贸易体系之中。[①]

《汇率改革法案》试图对美国《1930 年关税法》进行修订,使之能够在特定条件下把汇率根本性低估视为出口补贴,进而对相关国家输美商品征收反补贴关税。根据该法案的规定,若向美国出口商品的国家的货币与美元之间的汇率

[①] See Peter Drahos, Negotiating Intellectual Property Rights: Between Coercion and Dialogue, in Peter Drahos and Ruth Mayne (eds.), Global Intellectual Property Rights: Knowledge, Access and Development, Hampshire: Palgrave Macmillan, 2002, para. 121.

存在该法案所定义的汇率根本性低估,则该汇率可被视为一种出口补贴,美国可以采取反补贴措施;低估的汇率与依据该法案推算的该国均衡、真实、有效的汇率之间的差额则为授予利益,构成补贴程度或数额。美国将汇率政策与反补贴贸易救济措施联系在一起,确实会有相当大的威慑力,这种动向是我们必须引起高度重视的。

(二)关于汇率政策能否贸易化的问题

《汇率改革法案》的本质在于将汇率根本性低估视为出口补贴的贸易措施,问题在于:即使一国汇率根本性低估,这种汇率政策能否被视为贸易措施?对此问题的回答,必须厘清汇率政策与贸易措施之间的联系与区别。

就本质而言,汇率是一国调整宏观经济金融的政策工具,不属于调整贸易的工具或措施,不直接与国际贸易挂钩,尽管汇率政策能够影响国际贸易。也就是说,低估或高估汇率客观上会降低或提高出口产品的价格,但是并不能因此就将其视为贸易措施,并以国际贸易规则予以规制。对此,GATT1994 第 15 条第 9 款第(1)项有明确规定:"本协定不得妨碍一成员方依照《IMF 协定》或该成员方与成员方全体之间订立的特殊外汇协定,使用外汇管制或外汇限制。"根据该规定,凡符合《IMF 协定》的外汇管制措施均构成 WTO(GATT)成员方外汇义务的例外。即使一成员方采取的外汇管制措施影响了 GATT 项下的有关义务,只要它符合《IMF 协定》,则不能视其为违反 WTO 规则的贸易措施。

就对国际贸易的影响而言,外汇管制或限制外汇措施显然比一国低估汇率要严重得多。根据 GATT1994 第 15 条第 9 款的规定,既然对贸易影响更为严重的外汇管制措施,只要它符合《IMF 协定》的规定,都被认为符合 GATT 规定,那么对贸易影响相对较小的汇率政策,如果符合《IMF 协定》的规定,自然应被认为符合 GATT 的规定。1952 年,希腊以征税方式对进口付汇实行限制。这一措施遭到了美国和法国的异议,认为这种做法违反了 GATT 第 3 条。对于第 3 条中的国民待遇问题,专家组指出,如果 IMF 认为该税收制度构成多种汇率措施且与《IMF 协定》条款相符,那么该措施就超出了第 3 条的范围之外。杰克逊指出,如果希腊的措施构成其声称的对进口付汇所课征的税收,问题就在于它是否违反了 GATT 第 15 条第 5 款。即使违反了该款规定,同条第 9 款还包含一项一般例外。① 原 GATT 法律事务主任弗瑞德·罗斯勒(Frieder Roessler)教授也指出,GATT 第 15 条不得妨碍符合《IMF 协定》的外汇行动。②

由此可以进一步推论,根据 GATT1994 第 15 条第 9 款的规定,凡是符合《IMF 协定》的汇率政策,即使影响国际贸易,也不能当然地认定它是贸易措施。只有违反《IMF 协定》且对国际贸易有影响的汇率政策才能与贸易措施相挂钩。其实,《IMF 协定》第 4 条第 1 款对此有明确规定,即各成员国不得为取得对其他成员国不公平的竞争优势而"操纵汇率"。由此可见,只有一国采取的汇率政策构成操纵汇率,该政策才因为不符合《IMF 协定》的规定,进而又因为操纵汇率,对国际贸易造成影响,可被认定为违反 GATT 的贸易措施。

前面提及,美国有关汇率的提案大都使用"偏差"(misalignment)这个词汇,《汇率改革法案》则通过使用"汇率根本

---

① See John H. Jackson, World Trade and the Law of the GATT, Bobbs-Merrill Co., 1969, para. 484.

② See Frieder Roessler, Selective Balance-of-Payments Adjustment Measures Affecting Trade: The Roles of the GATT and the IMF, Journal of World Trade Law, Vol. 9, 1975, para. 622.

性低估"(fundamental undervalue)证明汇率偏差,进而征收反补贴税。不管美国的法案用词如何,根据 GATT1994 第 15 条第 9 款和《IMF 协定》第 4 条第 1 款的规定,除非《汇率改革法案》中所规定汇率根本性低估构成"操纵汇率",否则不能将汇率根本性低估当做贸易措施对待。

那么,如何判断一国汇率政策构成影响国际贸易的操纵汇率? 2007 年 6 月,IMF 执行董事会通过了《对成员国汇率政策双边监督的决定》(以下简称《2007 年新决定》),从主观和客观方面澄清了操纵汇率的认定标准。从客观要件看,操纵汇率系指那些事实上已经影响到汇率变动的政策措施,这些政策措施既包括促使汇率变动也包括阻碍汇率发生应有变动的措施。从主观要件看,操纵汇率包括两层意思:一是成员国采取的政策措施旨在影响汇率变动;二是成员国有通过低估汇率造成操纵的故意,并且成员国造成汇率操纵的目的在于增加净出口。根据《2007 年新决定》,判断 IMF 成员国汇率政策是否构成影响国际贸易的汇率操纵,关键不在于成员国是否对外汇市场进行干预,而主要取决于成员国外汇政策或措施的动机和目的是否为获取出口优势。[①]

通观美国《汇率改革法案》,判断汇率根本性低估的标准中没有一项具有主观标准。由此可见,《汇率改革法案》中的汇率根本性低估的认定标准不符合《IMF 协定》及《2007 年新决定》中所规定的操纵汇率的认定标准,即汇率根本性低估不等于操纵汇率。换言之,假使存在如《汇率改革法案》中所称的汇率根本性低估的政策,由于这种汇率政策并不构成违

[①] See Bilateral Surveillance over Members—2007 Decision, available at http://www.imf.org/external/pubs/ft/sd/index.asp? decision = 13919-(07/51), visited on 2010-12-08.

反《IMF 协定》强制性规定的操纵汇率,那么根据 GATT1994 第 15 条第 9 款,这种汇率根本性低估政策因符合《IMF 协定》的规定而自动符合 WTO 规则。① 其实,美国国会议员对于为何以《汇率改革法案》中的汇率根本性低估标准替代《IMF 协定》中的操纵汇率标准心知肚明。根据美国《1988 年综合贸易与竞争法》,美国财政部每年都需向国会作两次关于操纵汇率国家的报告,若财政部正式认定某个国家操纵其货币汇率,将触发双边谈判,以迫使该国停止操纵汇率行为。然而,尽管面临国会以及院外集团的强大压力,美国财政部在 2005 年人民币汇率形成机制改革之后的所有报告中却从未认定过中国存在操纵汇率的行为。原因在于,美国财政部无法认定中国外汇体系的运转是以妨碍国际收支平衡调整或使中国在国际贸易中获得不公平竞争优势为目的的。由于认定操纵汇率需满足主观标准,而美国又无法认定中国具有谋求出口优势而操纵汇率的主观目的,因此《汇率改革法案》抛弃操纵汇率的法律标准,而换成不需要主观要素的汇率根本性低估标准。但是,不管美国如何转换标准,只要一国汇率政策不构成《IMF 协定》的操纵汇率,这种汇率政策就不构成违反 WTO 规则的贸易措施,美国也就不能将这种汇率政策与贸易措施挂钩,并以反补贴予以救济。

(三)关于美国是否有权单方面认定他国汇率低估的问题

《汇率改革法案》中,美国规定了汇率根本性低估的判断

---

① 《汇率改革法案》中的"汇率根本性低估"判断指标与 2007 年《对成员国汇率政策双边监督的决定》所规定的"成员国应避免采用导致外部不稳定的汇率政策"的判断指标有许多类似之处,比如两者都不需要主观标准。但是,由于"外部稳定"原则存在各种法律缺陷,《对成员国汇率政策双边监督的决定》明确指出"外部稳定"要求不像"避免操纵汇率"那样具有法律强制效力。

标准,而且规定了判断机构为美国商务部。问题是:美国是否有权认定他国汇率低估?换言之,如果政府之间就汇率问题发生争议,是美国还是其他国际机构有权认定汇率低估或者有操纵问题?对于该问题,必须仔细分析有关汇率政策的国际条约。就国际法层面而言,涉及汇率方面的国际条约主要有《IMF 协定》和《WTO 协定》。

1. 从《IMF 协定》角度考察美国的权限问题

《IMF 协定》第 4 条第 3 款规定,IMF 成员国在汇率制度方面所承担的程序上的主要义务为接受 IMF 的监督并与 IMF 磋商。《IMF 协定》第 4 条第 3 款(a)项赋予 IMF 监督成员国履行第 4 条第 1 款所规定的汇率义务的权力,规定:"IMF 应监督国际货币制度,以保证其有效实行,应监督成员国是否遵守本条第 1 款规定的义务。"第 4 条第 3 款(b)项特别就 IMF 对成员国汇率政策的监督作了规定:"为了履行上述(a)项规定的职能,IMF 应对各成员国的汇率政策行使严密的监督,并应制定具体原则,以在汇率政策上指导所有成员国。各成员国应该向 IMF 提供为进行这种监督所必要的资料,在 IMF 提出要求时,应就成员国的汇率政策问题同 IMF 进行磋商……"由此可见,成员国汇率政策监督机构为 IMF。例如,20 世纪 80 年代,北欧国家认为瑞典货币贬值是为了谋求不正当的竞争优势,于是向 IMF 投诉瑞典。最后,IMF 并没有明确作出瑞典是否构成操纵汇率的认定,尽管在 IMF 内部广泛认为瑞典的贬值行为有违反《IMF 协定》第 4 条第 1 款第(3)项"避免操纵汇率"之嫌。[1] 由此可见,如果美国认为其他国家汇率低估,应向 IMF 投诉,由 IMF 启动监督与磋商

---

[1] See IMF Annual Report 1983, para. 65.

程序。

2. 从《WTO 协定》角度考察美国是否有权认定汇率低估的问题

WTO 规则中有关汇率与贸易关系的内容体现在 GATT1994 第 15 条第 2 款、第 4 款和第 9 款中。这些条款的内容可以归纳为如下几点:(1) 成员方不得通过外汇行动阻碍 GATT 各项规定意图的实现,同时也不得通过贸易措施妨碍 IMF 目标的实现;(2) 本协定不得妨碍一成员方依照《IMF 协定》,使用外汇管制或外汇限制;(3) 在 WTO 争端解决机构被提请审议有关外汇安排的问题时,它应当与 IMF 进行充分磋商;(4) WTO 争端解决机构必须接受 IMF 对有关成员方在外汇问题上所采取的行动是否与《IMF 协定》相一致的认定。由此可见,从程序上而言,当 WTO 成员方认为其他成员方汇率政策损害其在 WTO 项下的权利(如美国认为汇率根本性低估构成出口补贴),并提交 WTO 争端解决机构时,就被诉方的汇率政策是否符合《IMF 协定》的规定,WTO 争端解决机构必须接受 IMF 的决定,而无权自行决断。姑且不论美国认定的汇率根本性低估是否符合《IMF 协定》这一实体性问题,仅就程序而言,连 WTO 争端解决机构都无权认定汇率政策问题,更何况 WTO 的一个成员方?

DSU 明确规定,禁止未经 WTO 争端解决机构裁决而采取单方面贸易措施。一国汇率是否构成根本性低估,根本性低估是否构成阻碍 GATT 协定意图的实现、是否因符合《IMF 协定》而豁免 WTO 项下义务等,对于这方面的争议,必须先诉诸 WTO 争端解决机构,而 WTO 争端解决机构在征询 IMF 决定后方可作出判决,岂能由美国单方面立法,规定某种汇率政策等同于出口补贴措施,然后单方面设定根本性低估的标准,再通过国内商务部单方面认定,最后单方面采取贸易措施? 如果美国的做法能够成立,那么其他国家是否也可以这样立法:严重滥发国际货币的行为会使该国际货币的汇率被严重低估,构成出口补贴,其他国家可以对该国产品征收反补贴税?

(四)关于美国商务部就人民币汇率机制是否构成补贴的实践

即使退一步,假定美国可以将汇率政策与贸易措施挂钩,假定美国有权单方面认定何谓汇率根本性低估,接下来的问题是:汇率根本性低估是否符合出口补贴的认定标准? 关于人民币汇率不构成出口补贴问题,前面章节已有所论述。从实践来看,截至 2010 年 9 月,美国商务部针对中国反补贴的 13 个案件中,凡是有关人民币汇率构成补贴的指控均被驳回。美国商务部认为单一的人民币汇率不是针对个别企业或者工业的。总之,汇率政策和利率政策一样,都是宏观经济政策工具,它们是根据整个宏观经济形势的变动进行调整的,与补贴中的专向性无关。①

第三节　人民币汇率政策与中国其他 WTO 义务的协调问题

除指控中国的汇率机制违反《SCM 协定》外,国外一些学者和组织还针对中国的汇率形成机制提出了与 WTO 其他条款或专门协定有关的指控,这些指控涵盖了最惠国待遇、国

---

① See US Says No Basis for Probe into Chinese Currency Claim, available at http://www.chinapost.com.tw/business/americas/2010/09/02/271018/US-says.htm, visited on 2011-03-01.

民待遇、数量限制等 WTO 法律制度的重要领域。也有人主张应以"非违法之诉"为依据,针对中国的汇率机制,在 WTO 下对中国提出申诉。为了更全面地考察人民币汇率形成机制与中国在 WTO 框架下义务的协调,本节针对这些主要指控进行分析。

一、关于最惠国待遇的问题

301 申请认为,中国将人民币汇率与美元挂钩,使那些货币汇率不与美元挂钩的国家获得了更多的优惠。如果这些国家的货币贬值,而美元价格不变,则这些国家向中国出口货物的人民币价格比美国产品的价格更便宜,产品将更加具有竞争力;相反,如果美元贬值,由于人民币汇率与美元挂钩,则将无法使美国的出口商在向中国出口产品时获得任何好处,因为这些产品的人民币价格将保持不变,导致美国产品的竞争力下降。① 基于这样的原因,301 申请认为中国的汇率制度违反了 GATT 下所要求的最惠国待遇原则,剥夺了美国在浮动汇率制度下通过汇率调整而使其出口至中国的产品本可以获得的优势地位,对美国产品造成了歧视。除了 301 申请,其他学者亦以最惠国待遇原则为依据,指控人民币汇率机制。

如果我们认真分析最惠国待遇的构成要件,就会发现 301 申请的这种主张是完全站不住脚的。

首先,最惠国待遇在 WTO 体系下的适用有着特定范围。最惠国待遇并不像字面所说给某个国家最好待遇,它要求对

---

① See China Currency Coalition, Petition for Relief under Section 301(a) of the Trade Action of 1974, As Amended, Before the Office of the United States Trade Representative, 9 September, 2004, paras. 58—61.

所有其他国家的待遇一视同仁。WTO(GATT)最惠国待遇原则的本质是,要求一成员方给予另一国家在进出口货物方面的好处应该相应地给予所有进出口类似货物的其他成员方,不得在贸易伙伴之间造成对进出口货物的歧视待遇。① GATT1994 第 1 条第 1 款规定:"在对进口或出口、有关进口或出口或对进口或出口产品的国际支付转移所征收的关税和费用方面,在征收此类关税和费用的方法方面,在有关进口和出口的全部规章手续方面,以及在第 2 项、第 3 项和第 4 项所指的所有事项方面,任何缔约方给予来自或运往任何其他国家任何产品的利益、优惠、特权或豁免应立即无条件地给予来自或运往所有其他缔约方领土的同类产品。" GATT1994 第 3 条第 4 款进一步规定:"任何缔约方领土的产品进口至任何其他缔约方领土时,在有关影响其国内销售、许诺销售、购买、运输、分销或使用的所有法律、法规和规定方面,所享受的待遇不得低于同类国产品所享受的待遇。"显然,人民币汇率制度与关税或费用的征收无关。但是,301 申请认为,人民币汇率制度既是与进口有关的规章,又是与进口有关的手续,并且是 GATT1994 第 3 条第 4 款所指的事项。② WTO 下的最惠国待遇实际上是围绕"对产品征收关税"这个中心的。③ 在我们看来,立足进出口的角度,汇率起到的作用主要是价格的计算和表示物价。不管采取何种形式,一国的汇率不会影响与进口有关的手续。301 申请认为,

---

① 参见王传丽主编:《国际贸易法》,法律出版社 2008 年版,第 478 页。
② See Attachment to China Currency Coalition, Petition for Relief under Section 301(a) of the Trade Action of 1974, As Amended, Before the Office of the United States Trade Representative, 9 September, 2004, para. 2.
③ 参见赵维田:《世贸组织(WTO)的法律制度》,吉林大学出版社 2000 年版,第 76 页。

人民币与美元的挂钩,导致美国无法通过货币贬值而使其向中国出口的产品获得价格优势。但是,除非其他 WTO 成员方能够证明,中国对不同价格的同类进口产品施加了不同税率的关税或费用,或者要求不同价格的同类产品进口履行不同的进口程序,否则无法仅仅以人民币汇率与美元挂钩为理由,指控这种汇率计算方法违反了最惠国待遇原则。

其次,随着中国外汇体制改革的深化以及人民币汇率形成机制的变革,中国早已改变了传统的与美元挂钩的汇率机制。《关于完善人民币汇率形成机制改革的公告》宣布,"人民币汇率不再盯住单一美元,形成更富弹性的人民币汇率机制"。因此,美国不能再以人民币盯住美元而使其无法通过货币贬值而获得贸易优势为借口,指责中国的汇率形成机制违反了 WTO 最惠国待遇原则。

应该指出,301 申请在这个问题上的主张带有明显的"强盗逻辑"。这一主张建立的基础是:美国企图通过操纵汇率降低其产品在中国的售价,从而增加自己对中国的出口。但是,由于中国的汇率政策,使得这一企图无法得逞,美国就反过来指责中国违反了最惠国待遇原则。在谢国忠先生看来,当今最大的货币操纵国可能当属美国,美国决策者期望实现低美元币值下的均衡,促进其出口增长,以这种方式尽可能减少赤字。但是,弱势美元政策并没有解决其经常项目赤字问题。这也并不是由于其他国家的币值采取了"盯住美元"的政策,而主要应归咎于美国自身两相矛盾的做法。美国一方面想通过货币和财政刺激保持高增长,另一方面又想利用弱势美元降低其经常项目赤字。但是,在现实中,这两手策略的组合的最终结果是加剧了赤字。美国的赤字如此之大,除非大量减少消费,否则不会有实质性改变。此外,全球化进程也降低了弱势美元的效力。美国与那些低成本的新兴经济体之间的成本差异非常大,仅靠弱势美元政策是无法填补这个巨大落差的。① 301申请没有看到美元政策无法达到其目的的真正原因,却希望以此为依据,指责中国的汇率制度。其逻辑上的荒谬性在于,汇率操纵本身就是违反国际法的行为,其结果将遏制国际贸易的发展,加剧经济上的恶性循环,而301申请却企图以其违法行为无法达到非法目的为依据,起诉其他成员方。

如果301申请的这一主张能得到认可,那么实际上所有采取"盯住汇率制"的WTO成员方都可能在这一问题上败诉。根据IMF在2003年的统计,世界上有41个国家和地区采取了与中国类似的"盯住汇率制"。② 正如有学者指出的,美国政府提出人民币币值的问题表面上看起来是中美贸易之间中国的大量顺差所致,究其真正原因,却是美国国内政治的需要。美国政府企图是中国故意低估人民币币值,向美国大量出口廉价产品,抢走了美国的市场和就业机会,造成美国经济增长缓慢、就业率增加的假象,以此转移国内选民对政府政策的不满。③

二、关于国民待遇的问题

301申请认为,由于中国政府对外汇市场进行干预和货币控制,使得人民币兑美元的价值被低估,相应地,从美国进口至中国的产品在转换成人民币定价时会使得该产品的人

---

① 参见谢国忠:《美国在操纵货币》,载《财经时报》2006年5月14日第A06版。
② See IMF, Annual Report of 2003, para. 118.
③ 参见林毅夫:《关于人民币汇率问题的思考与政策建议》,载《世界经济》2007年第3期,第3—12页。

民币价格更高,在结果上造成对美国产品施加更高的税收,而这种税收的数额就相当于人民币被低估的部分。因此,该申请的结论是:人民币汇率机制使得美国产品在中国的"国内销售、许诺销售、购买"等方面所受到的待遇劣于中国本国生产的产品,违反了 WTO 的国民待遇原则。①

GATT1994 第 3 条的标题为"国内税和国内法规的国民待遇"(National Treatment on Internal Taxation and Regulation),其第 1 款规定:"各缔约方认识到,国内税和其他国内费用、影响产品的国内销售、许诺销售、购买、运输、分销或使用的法律、法规和规定以及要求产品的混合、加工或使用的特定数量或比例的国内数量法规,不得以为国内生产提供保护的目的对进口产品或国产品适用。"因此,WTO 下适用国民待遇原则包括两种情况:一是"国内税和其他国内费用";二是政府管理措施,即"影响产品的国内销售、许诺销售、购买……的法律、法规和规定"。显然,人民币汇率形成机制不会构成第一种情况,因为它无法被解释成"国内税和其他国内费用"。在此情况下,301 申请中主张,中国汇率机制对应的是国民待遇原则的第二种适用情况。其出发点显而易见,因为"政府管理措施"的措辞极为广泛,利用这一点,有利于其扩大国民待遇原则的适用范围,增加关于人民币汇率机制违反国民待遇原则的说服力。

GATT1994 第 3 条第 4 款规定:"任何缔约方领土的产品进口至任何其他缔约方领土时,在有关影响其国内销售、许诺销售、购买、运输、分销或使用的所有法律、法规和规定方

---

① See Attachment to China Currency Coalition, Petition for Relief under Section 301(a) of the Trade Action of 1974, As Amended, Before the Office of the United States Trade Representative, 9 September, 2004, paras. 8—11.

面,所享受的待遇不得低于同类国产品所享受的待遇。"根据GATT 专家组的解释,该款以及 GATT1994 第 3 条下第 5、6、7、9 款的宗旨在于,"一俟[进口]货物清关后,提供同等的竞争条件"。① 必须看到,美国向中国出口的产品,其价格不是在货物清关后才能确定的。不管人民币与美元之间的汇率如何,美国产品的人民币价格应该在清关之前就能确定。换言之,中国的进口商不需要在清关之后才了解美国进口产品的人民币价格。因此,即使人民币存在低估,这种低估对美国进口产品的人民币价格的影响也应该早在清关之前就存在了。相应地,美国产品在人民币价格上的竞争地位也并不是在清关之后才能得到体现。因此,尽管国民待遇原则第二种适用情况的范围极其广泛,也不能对其进行随意解释。

经济学家们对于人民币汇率是否被低估并未达成一致意见。也有权威学者的研究表明,人民币汇率存在低估的说法缺乏说服力。② 因此,301 申请这一主张的事实前提实际上是一个见仁见智的问题,即使在经济学界也无法得到普遍认可。但是,无论如何,即使人民币价值可能被低估,将这种低估认定为对美国产品征收的税收,也是无法站得住脚的,在WTO 争端解决历史上更无法找到任何先例。

总之,由于人民币汇率不会在美国进口产品清关后,在美国进口产品和中国产品之间造成不同等的竞争条件,301 申请中关于人民币汇率违反国民待遇原则的指责是无法站得住脚的。

---

① 参见赵维田:《世贸组织(WTO)的法律制度》,吉林大学出版社 2000 年版,第 146 页。
② 参见林毅夫:《关于人民币汇率问题的思考与政策建议》,载《世界经济》2007 年第 3 期,第 3—12 页。

三、关于数量限制问题

301 申请主张,由于人民币被严重低估,美国向中国出口产品的人民币价格实际上被提高了;而如果人民币币值处于合理的水平,则中国市场上来自美国的产品的价格将会更低。因此,人民币汇率机制阻碍了美国产品向中国的大量出口,并造成了中美之间的经常项目顺差持续增加,从而构成了对 GATT1994 第 11 条(普遍取消数量限制)的违反。①

GATT1994 第 11 条规定:"任何缔约方不得对任何其他缔约方领土产品的进口或向任何其他缔约方领土出口或销售供出口的产品设立或维持除关税、国内税或其他费用外的禁止或限制,无论此类禁止或限制通过配额、进出口许可证或其他措施实施。"根据该规定,WTO 原则上一般禁止以配额、许可证或其他数量限制措施限制进口。进口配额一般指一国政府在一定时期内对于某种商品的进口数量或金额的最高限制;进口许可证指进口商在进口商品前必须向政府有关当局提出申请,经审查批准后发给许可证,才能进口货物;而"其他限制措施"一般指自动进口约束(出口国在进口国的要求和压力下,"自动"规定在某一时期内出口的最高数额)或禁止(在特定条件下所用的限制,可以是全面禁止,如禁运;也可以是根据当局的规定而对部分地区进口的禁止)。②

首先,人民币汇率机制无论如何是无法与进口配额或进口许可证画上等号的,也无法与"其他限制措施"中的传统限

---

① See Attachment to China Currency Coalition, Petition for Relief under Section 301(a) of the Trade Action of 1974, As Amended, Before the Office of the United States Trade Representative, 9 September, 2004, paras. 12—14.
② 参见曹建明、贺小勇:《世界贸易组织》(第二版),法律出版社 2004 年版,第 74 页。

制措施相联系。

其次,考虑到 GATT1994 第 11 条下"其他限制措施"的含义较为广泛,要考察人民币汇率机制是否构成"其他限制措施",还需要研究人民币汇率是否确实对美国产品向中国的进口有限制作用。在这个问题上,中美经济学家之间确实存在争议。但是,我们也注意到,不少具有相当影响力的美国学者或团体也承认,人民币汇率问题与中国对美国的贸易顺差基本无关。比如,华盛顿著名智囊机构彼得森国际经济研究所中一位对华强硬派人士莫里斯·古德斯坦(Morris Goldstein)在 2008 年 3 月发表的一份工作报告中也无奈地承认,由于美国经济已处于充分就业状态,因此如果说中国的操纵汇率行为正在向外输出失业,那么那些出口产品一定是输往其他地方了。所以,即使允许人民币快速升值,这对美国的经常项目赤字影响也不大。[1] 前美联储主席本·伯南克也曾提醒美国国会,人民币加速升值"虽然重要",却"并不太可能解决贸易失衡问题"。[2] 总部位于美国的国际商业组织世界大企业联合会(Conference Board)于 2007 年 12 月发布了其研究报告,认为人民币低估与美中贸易逆差基本无关。相反,非同寻常的生产率增长是中国竞争力的主要推动因素,这为企业带来了利润,而这些利润又被进行再投资,进而带来更大的利润。因此,指责中国的汇率机制对美国产品向中国的进口造成了限制,这在经济学上是缺乏足够的说服力的。

---

[1] See Morris Goldstein, A (Lack of) Progress Report on China's Exchange Rate Policies), available at http://www.petersoninstitute.org, visited on 9 March, 2008.

[2] See Krishna Guha, Call to Broaden Focus on China, Financial Times, 20 July, 2007.

四、关于 GATT1994 第 15 条第 4 款的问题

有学者指出,其他 WTO 成员方可以依据 GATT1994 第 15 条第 4 款的规定,在 WTO 框架下起诉人民币汇率机制,并且应该同时提起两种诉讼主张:一方面,中国的汇率机制系"通过外汇措施使得 WTO 协定有关条款的意图无效";另一方面,中国的汇率机制系"通过贸易措施使得《IMF 协定》有关条款的意图无效"。①

GATT1994 第 15 条第 4 款规定:"缔约方不得通过外汇行动而使本协定各项条款的意图无效,也不得通过贸易行动而使《IMF 协定》各项条款的意图无效。"可以看出,该条规定非常原则和抽象。事实上,其具体的适用标准也从未在 WTO 的争端解决实践中得到过检验。根据 GATT 对第 15 条第 4 款的附加解释,这里的"使……无效"(frustrate)一词旨在表明,任何侵犯本协定任何条款文字的外汇行动,如实际上不存在明显偏离(appreciable departure)该条款的意图,则不应被视为违反该条款。根据这个解释,在援引违反第 15 条第 4 款的时候,并不能够仅仅依据第 15 条第 4 款提出指责,还应当具体指出 GATT 哪个条款的意图被违反了,即最终要落实到某个具体的 GATT1994 条款,这就提高了难度。在 1977 年美国诉日本政府要求日本银行不得对从美国进口的某种产品开立信用证的案件中,美国的理由之一就是该措施妨碍了 GATT 原则的实现,具体违反了 GATT1994 第 15 条。此案最终通过双边途径得以解决。②

---

① See Raj Bhala, Virtues, The Chinese Yuan and the American Trade Empire, Hong Kong Law Journal, Vol. 38, 2008, paras. 221—222.

② 参见纪文华、姜丽勇:《人民币汇率和 WTO 规则关系的法律分析》,载吴志攀、白建军主编:《金融法路径》,北京大学出版社 2004 年版,第 680 页。

第四章 汇率政策与 WTO 规则的协调问题

具体到针对中国汇率制度所可能提出的指控上,如果将汇率机制视为"外汇行动",那么就要证明这一外汇行动违反了 GATT 具体条款的意图。第一,通过本章其他部分的分析可以看出,无论是从《SCM 协定》角度,还是从最惠国待遇、国民待遇等原则角度,都很难证明中国的汇率制度究竟使 GATT 机制下哪些具体条款的意图无效。第二,有学者主张,由于 GATT/WTO 的意图就在于贸易自由化,而中国的汇率给美国造成了巨大的贸易逆差,因此违反了 GATT/WTO 的意图。① 然而,即使这种贸易逆差与人民币汇率机制有关,我们似乎也无法将一个国家的贸易逆差局面与违反贸易自由化原则画上直接的等号。相反,不承认贸易逆差客观原因的这种思路,倒很可能体现了与 WTO 原则相违背的重商主义的倾向。因此,人民币汇率制度本身和 WTO 相关协定的原则无效之间的因果关系是非常难以证明的。

那么,能否将汇率制度认定为贸易措施,进而认为这种贸易措施违反了《IMF 协定》的意图?尽管在前文中我们认为,汇率制度可能属于"与贸易有关的外汇措施",但是否能将汇率机制直接认定为一种"贸易措施",对此我们还是持怀疑态度。如果仅仅因为汇率机制对贸易平衡产生了积极或消极的效果,就认为汇率机制属于贸易措施,那么所有可能产生贸易效果的投资措施、金融措施都可能被直接认为是贸易措施,这岂不会使 WTO 的管辖范围无限扩大?即使将汇率制度认定为一种"贸易措施",也需要进一步考察中国的汇率制度是否违反了《IMF 协定》的意图。

---

① See Raj Bhala, Virtues, The Chinese Yuan and the American Trade Empire, Hong Kong Law Journal, Vol. 38, 2008, para. 223.

五、关于非违法之诉的问题

具体到人民币汇率争议的问题,美国若针对中国的人民币汇率机制提起"非违法之诉",那么它就有义务证明中国目前实施的汇率制度与它认为自身根据 WTO 框架下谈判成果而应获得的直接或间接利益的丧失或减损存在因果关系。

这中间暗含一个逻辑:提起"非违法之诉"的一方必须是在缔结协议谈判的时候对另一方现在实施的某项措施无法进行合理的预期,否则也就不存在事后的"直接或间接利益的丧失或减损"。在这个问题上,美国很难充分履行举证责任。在中国入世之时,人民币汇率已经长期处于相对固定的状态,波动幅度很小,不存在美国所无法合理预期到的某项汇率措施。因此,美国若提起"非违法之诉",其主张获得支持的可能性很小。[①]

根据中国入世谈判代表温建东博士的介绍,WTO 中国工作组会议于 2001 年 6 月在日内瓦恢复多边谈判时,美国曾要求在《中国入世议定书》和《工作组报告》中加入外汇事务的条款,旨在将中国的外汇事务纳入 WTO 争端解决机构的管辖范围。有关外汇问题的案文主要是:要求中国向 WTO 承诺外汇安排,开放部分资本项目,提供外汇管制的完全信息。对此,中方认为,外汇事务应当由 IMF 管辖,并不在 WTO 争端解决机制范围内。中国就此问题与美国进行了多次多边磋商,WTO 中国工作组举行了八轮多边谈判。经过艰苦谈判,最后各方达成协议,《中国入世议定书》和《工作组报告》中删除要求中国对外汇制度进行承诺的规定,仅仅作一般性

[①] 参见黄韬、陈儒丹:《WTO 法律规则视野之中的人民币汇率争议》,载《国际金融研究》2007 年第 9 期,第 75—80 页。

第四章 汇率政策与 WTO 规则的协调问题

的表述。中国代表介绍了中国现行汇率制度,即实行以市场为基础的、单一的、有管理的浮动汇率制度,中国人民银行根据形势对外汇市场进行干预。WTO 成员方(包括美国)当时对此均未提出异议。在 2003 年对中国的过渡审议机制中,各成员方也未涉及中国汇率制度和政策问题。①

从中国加入 WTO 的谈判历程可以看出,中国自 1994 年以来所实施并维持的有管理的浮动汇率制度早就为 WTO 其他成员方所获知,且在《工作组报告》中有明确阐述,WTO 其他成员方在当时并未对中国的汇率制度提出过异议。需要提及的是,中国自己界定汇率制度为有管理的浮动汇率制度,IMF 则认为中国采取的是"其他传统的盯住汇率制(other conventional pegged arrangement)"。②《IMF 执行董事会 2003 财政年度报告》显示,与中国采取同样汇率制度的还有 41 个国家和地区。这 41 个国家和地区绝大多数是 WTO 成员方或者正在申请加入 WTO,而目前没有资料显示 IMF 和其他 WTO 成员方对这种汇率制度提出过质疑。当前的情况与中国入世之时的情况相比,其实已经有所变化。在 2005 年 7 月 21 日中国人民银行发布了《关于完善人民币汇率形成机制改革的公告》之后,中国汇率制度的形成变得更加市场化,更加灵活。如果中国的汇率政策会对 WTO 其他成员方的贸易产生影响,那么目前的汇率政策所产生的影响也要比中国入世谈判时的汇率政策所能产生的影响小得多。这种情况下,WTO 其他成员方显然难以证明其遭受了"不可预见"的损失。

---

① 参见温建东:《从 IMF 和 WTO 规定看人民币汇率》,载《金融研究》2004 年第 6 期,第 27—34 页。
② See IMF, Annual Report of 2003, para.118.

综上所述,我们认为,除《SCM 协定》之外,在 WTO 框架下针对人民币汇率机制所提出的其他指控都是无法自圆其说的。美国政府最终拒绝了 301 申请,且在拒绝该申请时,表示了其对美国能否赢得这样的诉讼的怀疑,并警告说这一方法"在当前将起不到任何帮助,反而可能有害"。① 从司法角度看,2010 年 10 月 22 日,美国国际贸易法院(International Trade Court)作出裁定,不支持美国 Nucor 公司对美国商务部拒绝就人民币汇率补贴展开调查而提起司法审查。② 法院以美国商务部作出的决定并非一个"终局决定"为由而认为不适于司法审查。尽管本案临时性地得到解决,但本案涉及的人民币汇率补贴问题并没有被正面论及。从实际情况来看,美国正面对人民币升值施压的效果不明显。因此,美国一些国会议员就鼓动美国企业在对华反倾销和反补贴的诉讼中,增加"人民币汇率操纵而导致补贴"的诉求。③ 但是,正如本书前面分析得出的结论,人民币汇率的形成机制并未对出口企业构成 WTO 规则下的"补贴"行为。因此,美国法院对于此类问题只能"绕道而行"。

人民币汇率制度并不构成对任何中国承担的 WTO 法律义务的违反。面对各种关于中国汇率机制在 WTO 规则下违法的正式或非正式的指控或诉讼威胁,我们应该有足够的底气进行有理有节的反驳,以减轻中国在汇率问题上所面临的国际压力。

---

① See USTR Press Release, November 12, 2004.
② See United States Court of International Trade, Nucor Fastener Division, Plaintiff v. United States, Defendant, and XL Screw Corporation, et al., Defendant—Intervenors, Court No. 09-00534, 22 October, 2010.
③ 参见龚柏华、尤浩:《美国对华反补贴诉讼中有关人民币汇率的法律问题分析》,载《国际商务研究》2011 年第 1 期,第 16—21 页。

第五章　知识产权保护政策与 WTO 规则的协调问题

　　随着经济全球化与科学技术的发展,以及中国越来越多地参与世界经济,知识产权保护问题已经越来越受到关注,并影响着国与国的外交。近几年来,中国更将知识产权保护提高到了战略高度,一方面是出于国内知识产权保护的需要;另一方面是因为来自世界的压力,特别是欧美等发达国家。2007 年,美国就中国知识产权保护措施和中国文化作品贸易措施向 WTO 争端解决机构(以下简称"DSB")提起诉讼,专家组、上诉机构裁决部分中国知识产权保护措施不符 WTO 规则。自此,中国知识产权保护措施与 WTO 规则协调的问题亟待解决。本章从中美知识产权争端案件出发,梳理中国知识产权保护措施,就中国如何协调知识产权保护政策与 WTO 规则展开探讨。我们认为,自 2001 年加入 WTO 后,中国对 WTO 规则一直处于不断的学习和运用中。在知识产权保护政策与 WTO 规则的协调方面,中国应当从国情出发,适度地提高知识产权的保护,同时充分利用 WTO 规则赋予的抗辩机制。

第一节　中美有关知识产权刑事保护政策争端问题

2007年4月10日,美国向DSB提出就中国知识产权保护和实施措施(中美知识产权保护和实施措施案,DS362)与中国进行磋商。6月,中美双方进行了磋商,但没有解决问题。9月25日,经美国请求,DSB就该争端成立专家组。专家组于2008年11月13日向中美双方提交了最终报告。2009年1月26日,DSB向各成员方公布了专家组报告。该案是DSB受理的第一起涉及知识产权刑事保护的争端,[①]其中一个焦点是中国知识产权刑事保护措施是否符合TRIPS协定的规定。专家组最终裁定中国知识产权刑事保护措施没有违反TRIPS协定规定的义务。中美双方都没有提起上诉。研究专家组对TRIPS协定中知识产权刑事保护措施的解释及其影响,分析争端发生的深层次原因,对中国完善知识产权保护和应对知识产权争端具有积极的意义。

一、中美知识产权刑事保护争端概述

美国就中国知识产权刑事保护措施指出,中国没有对达到商业规模但未达到刑事门槛的蓄意假冒商标和盗版行为规定刑事程序和处罚。[②] 因此,美国请求专家组裁定中国知识产权刑事保护门槛违反TRIPS协定第61条第一、二句以及

---

① 参见贺小勇:《论TRIPS协定第61条"商业规模"的解释问题——评析中美知识产权贸易争端》,载《国际贸易》2008年第7期,第60页。

② See Panel Report, China—Measures Affecting the Protection and Enforcement of Intellectual Property Rights, WT/DS362/R, para.2.2.

第五章 知识产权保护政策与 WTO 规则的协调问题

第 41.1 条规定的义务。① 下面就从中国知识产权刑事保护措施规定、专家组对知识产权刑事保护争端的分析两方面对中国知识产权保护刑事门槛规定是否符合 TRIPS 协定规定的义务进行说明。

（一）中国知识产权刑事保护措施规定

中国 1997 年《刑法》总则对犯罪进行了总体的规定；分则第三章第七节"侵犯知识产权罪"第 213—220 条分别对假冒注册商标罪，销售假冒注册商标的商品罪，非法制造、销售非法制造的注册商标标识罪，假冒专利罪，侵犯著作权罪，销售侵权复制品罪，侵犯商业秘密罪，单位犯侵犯知识产权罪的定罪、刑罚等作了规定。由于中国《刑法》对侵犯知识产权罪的规定比较原则，最高人民法院、最高人民检察院对其中的一些术语进行了解释。例如，1998 年，最高人民法院颁布《关于审理非法出版物刑事案件具体应用法律若干问题的解释》；2004 年，最高人民法院、最高人民检察院颁布了《关于办理侵犯知识产权刑事案件具体应用法律若干问题的解释》（以下简称《2004 年司法解释》）；2007 年，"两高"又颁布了《关于办理侵犯知识产权刑事案件具体应用法律若干问题的解释（二）》（以下简称《2007 年司法解释》），对《刑法》第三章第七节的规定进行了细化。② 由于该案只针对假冒商标与盗版，下面对侵犯商标权与版权相关罪行的法律规定进行说明。

---

① See Panel Report, China—Measures Affecting the Protection and Enforcement of Intellectual Property Rights, WT/DS362/R, para.3.1(a)。
② 2011 年 1 月 10 日，最高人民法院、最高人民检察院和公安部发布了《关于办理侵犯知识产权刑事案件适用法律若干问题的意见》（法发〔2011〕3 号），对《刑法》第 213、215 和 217 条的相关术语进行了解释。详见本节第三部分（二）。

1. 假冒商标

《刑法》第 213、214、215 条①分别规定了假冒注册商标罪,销售假冒注册商标的商品罪,非法制造、销售非法制造的注册商标标识罪的刑罚。

在假冒注册商标罪方面,《2004 年司法解释》第 1 条对《刑法》第 213 条中的"情节严重"和"情节特别严重"进行了解释,分别为"(一)非法经营数额在五万元以上或者违法所得数额在三万元以上的;(二)假冒两种以上注册商标,非法经营数额在三万元以上或者违法所得数额在二万元以上的;(三)其他情节严重的情形"和"(一)非法经营数额在二十五万元以上或者违法所得数额在十五万元以上的;(二)假冒两种以上注册商标,非法经营数额在十五万元以上或者违法所得数额在十万元以上的;(三)其他情节特别严重的情形"。由此规定可知,《2004 年司法解释》是以"非法经营数额"和"违法所得数额"的高低作为具体确定刑事门槛的标准。《2004 年司法解释》第 12.1 条进一步对"非法经营数额"进行了规定,即"行为人在实施侵犯知识产权行为过程中,制造、储存、运输、销售侵权产品的价值。已销售的侵权产品的价值,按照实际销售的价格计算。制造、储存、运输和未销售的侵权产品的价值,按照标价或者已经查清的侵权产

---

① 《刑法》第 213 条【假冒注册商标罪】:"未经注册商标所有人许可,在同一种商品上使用与其注册商标相同的商标,情节严重的,处三年以下有期徒刑或者拘役,并处或者单处罚金;情节特别严重的,处三年以上七年以下有期徒刑,并处罚金。"第 214 条【销售假冒注册商标的商品罪】:"销售明知是假冒注册商标的商品,销售金额数额较大的,处三年以下有期徒刑或者拘役,并处或者单处罚金;销售金额数额巨大的,处三年以上七年以下有期徒刑,并处罚金。"第 215 条【非法制造、销售非法制造的注册商标标识罪】:"伪造、擅自制造他人注册商标标识或者销售伪造、擅自制造的注册商标标识,情节严重的,处三年以下有期徒刑、拘役或者管制,并处或者单处罚金;情节特别严重的,处三年以上七年以下有期徒刑,并处罚金。"

品的实际销售平均价格计算。侵权产品没有标价或者无法查清其实际销售价格的,按照被侵权产品的市场中间价格计算。"根据最高人民法院《关于审理非法出版物刑事案件具体应用法律若干问题的解释》第17条的规定,"违法所得"是指"获利数额"。①

在销售假冒注册商标的商品罪方面,《2004年司法解释》第2条将《刑法》第214条中的"销售金额数额较大的"解释为"销售金额在五万元以上的",将"销售金额数额巨大的"解释为"销售金额在二十五万元以上的"。

在非法制造、销售非法制造的注册商标标识罪方面,《2004年司法解释》第3条对《刑法》第215条中的"情节严重"和"情节特别严重"进行了解释,分别为"(一)伪造、擅自制造或者销售伪造、擅自制造的注册商标标识数量在二万件以上,或者非法经营数额在五万元以上,或者违法所得数额在三万元以上的;(二)伪造、擅自制造或者销售伪造、擅自制造两种以上注册商标标识数量在一万件以上,或者非法经营数额在三万元以上,或者违法所得数额在二万元以上的;(三)其他情节严重的情形"和"(一)伪造、擅自制造或者销售伪造、擅自制造的注册商标标识数量在十万件以上,或者非法经营数额在二十五万元以上,或者违法所得数额在十五万元以上的;(二)伪造、擅自制造或者销售伪造、擅自制造两种以上注册商标标识数量在五万件以上,或者非法经营数额在十五万元以上,或者违法所得数额在十万元以上的;(三)其他情节特别严重的情形"。

---

① 下文涉及"违法所得"时均采用该解释,不再赘述。

2. 侵犯著作权

《刑法》第217、218条①对侵犯著作权罪和销售侵权复制品罪进行了规定。

在侵犯著作权罪方面,《2004年司法解释》第5条对《刑法》第217条规定的"违法数额较大"和"违法数额巨大"作了解释,分别为"三万元以上"和"十五万元以上";对"其他严重情节"和"其他特别严重情节"作了解释,分别为"(一)非法经营数额在五万元以上的;(二)未经著作权人许可,复制发行其文字作品、音乐、电影、电视、录像作品、计算机软件及其他作品,复制品数量合计在一千张(份)以上的;(三)其他严重情节的情形"和"(一)非法经营数额在二十五万元以上的;(二)未经著作权人许可,复制发行其文字作品、音乐、电影、电视、录像作品、计算机软件及其他作品,复制品数量合计在五千张(份)以上的;(三)其他特别严重情节的情形"。《2007年司法解释》第1条进一步规定,"以营利为目的,未经著作权人许可,复制发行其文字作品、音乐、电影、电视、录像作品、计算机软件及其他作品,复制品数量合计在五百张(份)以上的",为《刑法》第217条所指的"有其他严重情节";"复制品数量在二千五百张(份)以上的",属于该条所指的"有其他特别严重情节"。可以看出,《2007年司法解释》

---

① 《刑法》第217条【侵犯著作权罪】:"以营利为目的,有下列侵犯著作权情形之一,违法所得数额较大或者有其他严重情节的,处三年以下有期徒刑或者拘役,并处或者单处罚金;违法所得数额巨大或者有其他特别严重情节的,处三年以上七年以下有期徒刑,并处罚金:(一)未经著作权人许可,复制发行其文字作品、音乐、电影、电视、录像作品、计算机软件及其他作品的;(二)出版他人享有专有出版权的图书的;(三)未经录音录像制作者许可,复制发行其制作的录音录像的;(四)制作、出售假冒他人署名的美术作品的。"第218条【销售侵权复制品罪】:"以营利为目的,销售明知是本法第二百一十七条规定的侵权复制品,违法所得数额巨大的,处三年以下有期徒刑或者拘役,并处或者单处罚金。"

第五章 知识产权保护政策与 WTO 规则的协调问题

降低了刑事门槛,将《2004 年司法解释》的"1000 份"降低为"500 份"。

在销售侵权复制品罪方面,《2004 年司法解释》第 6 条对《刑法》第 218 条中的"违法所得数额巨大"进行解释,即"违法所得数额在 100000 元以上"。

3. 单位犯罪及其他

《刑法》第 220 条[①]对侵犯知识产权的单位犯罪的处罚作了规定,同时总则对各种犯罪形态及处罚原则进行了规定。由于《刑法》总则普遍适用于分则,因此其中有关侵犯知识产权的犯罪形态也适用于第三章第七节。

从以上《刑法》对侵犯知识产权犯罪的规定可知,《刑法》及其司法解释在知识产权刑事保护门槛方面主要考虑违法所得的数额、侵犯知识产权作品的数量等,对侵犯知识产权罪的处罚主要包括经济罚和人身罚。同时,司法解释对《刑法》有些条文的解释也包含兜底条款,如"其他严重情节的情形""其他特别严重的情形",可以将其他一些侵犯知识产权的犯罪情形也纳入《刑法》的管辖范围。

(二)专家组对知识产权刑事保护争端的分析

专家组对该案进行分析后认为,美国就中国知识产权刑事保护措施的诉请主要分为两方面:第一,刑事门槛的水平和计算方法;第二,刑事门槛规定的有限的数量标准。就第一方面,专家组评估了中国刑事门槛对于具有商业规模的侵犯知识产权行为是否过高的问题;就第二方面,专家组评估了美国提出的其他因素是否应当被纳入中国刑事门槛的考

---

① 《刑法》第 220 条【单位犯侵犯知识产权罪的处罚规定】:"单位犯本节第二百一十三条至第二百一十九条规定之罪的,对单位判处罚金,并对其直接负责的主管人员和其他直接责任人员,依照本节各条的规定处罚。"

虑范围,是否为 TRIPS 协定规定应当纳入考虑范围的因素。

1. 中国刑事门槛是否涵盖所有具有商业规模的侵权行为

美国认为,中国刑事门槛的规定违反了 TRIPS 协定第 61 条第 1 句的规定。专家组从分析 TRIPS 协定第 61 条出发,对美国的观点逐一进行了分析。

首先,专家组认为,TRIPS 协定第 61 条第 1 句"各成员国应规定至少将适用于具有商业规模的蓄意假冒商标或盗版案件的刑事程序或处罚"中,"应"(shall)表明该句给成员国设定了一项义务,是强制性的。① 根据 TRIPS 协定第 1.1 条的规定,TRIPS 协定第 61 条设定的义务应当达到最低的国际标准。② 其次,专家组对 TRIPS 协定第 61 条第 1 句义务的范围进行了解读。专家组注意到,该条款为该义务设定了四个限制:第一,它只适用于商标权和版权,而不适用于其他类型的知识产权;第二,它只适用于假冒商标和盗版,而不适用于其他形式的商标权和版权侵权;第三,它只适用于"蓄意"的假冒商标或盗版;第四,它只适用于具有商业规模的上述侵权。③ 专家组认为,该案关于条约解释的关键是对"商业规模"的解释。

专家组分析了美国、中国以及各第三方提出的对"商业规模"的解释,最后认为,"商业规模"是指"典型或通常的商业活动的量或程度",即某种产品的商标被假冒或产品被盗版在某个典型或通常的商业活动中的量或程度,而这种"典型或通常的商业活动中的量或程度"即评估 TRIPS 协定第 61

---

① See Panel Report, China—Measures Affecting the Protection and Enforcement of Intellectual Property Rights, WT/DS362/R, para. 7.503.
② Id., para. 7.514.
③ Id., paras. 7.518,7.519,7.523,7.524.

第五章 知识产权保护政策与 WTO 规则的协调问题

条第 1 句义务的基准。① 专家组同时认为,"典型或通常的商业活动"本身是一个可变的概念,要视具体情况而定。②

专家组对"商业规模"作出解释后,进一步讨论中国刑事门槛是否符合 TRIPS 协定第 61 条第 1 句规定的义务。首先,专家组重申"商业规模"是一个相对的标准,会随不同的情形而有所变化。其次,专家组引用 TRIPS 协定第 1.1 条第三句的规定,即"各成员方有权在其各自的法律制度和实践中确定实施本协定规定的适当方法",认为 TRIPS 协定并不强制各成员方的立法形式。因此,只要一成员方事实上为具有商业规模的蓄意假冒商标或盗版提供刑事程序和处罚,那么该成员方就履行了 TRIPS 协定第 61 条第 1 句设定的义务。③ 专家组接下来分析了中国是否为上述侵权行为提供了刑事程序和处罚。对于美国认为中国刑事门槛过高的观点,专家组认为美国必须证明在特定的情况下,中国刑事门槛确实高于 TRIPS 协定的规定。④ 对于美国提出的许多数据,专家组认为与确定中国市场商业规模无关,⑤ 即美国未能提出证明中国市场商业规模的有关数据、商品、市场或其他因素。因此,专家组认为,美国未能证明中国刑事门槛不符合 TRIPS 协定第 61 条第 1 句规定的义务。⑥

---

① See Panel Report, China—Measures Affecting the Protection and Enforcement of Intellectual Property Rights, WT/DS362/R, para. 7.577.
② Id., para. 7.578.
③ Id., para. 7.602.
④ Id., para. 7.603.
⑤ Id., para. 7.611.
⑥ Id., paras. 7.614,7.632.

2. 刑事门槛是否应当考虑美国提出的因素

美国提出的第二个主要观点分为两个部分：

第一部分，首先，美国认为中国刑事门槛有关数量和价值的规定只限于成品，而没有针对半成品或假冒包装等具有商业规模的侵权行为进行规制。① 专家组经过审查认为，关于美国提出的"只限于成品"的观点，中国刑事门槛规定的"非法经营数额""张""份"等规定均未能推出"只限于成品"的结论。② 其次，中国提交的法院裁决也证明，法院在评估《刑法》第 213 条规定的犯罪严重性时，将成品和半成品都包括在内。③ 最后，专家组认为美国提出的与"实物证据"有关的观点与"是否有足够证据提起刑事诉讼有关，而不是犯罪的定义，也不是 TRIPS 协定第 61 条针对的问题"。因此，专家组认为美国未能就该主张提出足够证据。④

第二部分，美国认为中国刑事门槛的规定没有考虑侵权产品对市场及权利持有人的影响。关于这一点，专家组从两方面分析，一是考虑对市场及权利持有人的影响是否应当被纳入刑事门槛，二是 TRIPS 协定第 61 条"具商业规模的蓄意假冒商标或盗版"的规定是否要求中国考虑上述影响。⑤ 专家组认为，根据其对"商业规模"的解释，该术语仅指向"蓄意假冒商标或盗版"，即侵权行为；"典型或通常的商业活动"是评估"蓄意假冒商标或盗版"是否应被纳入 TRIPS 协定第 61 条管辖的基准，而上述所谓的"影响"既非侵权行为的一部

---

① See Panel Report, China—Measures Affecting the Protection and Enforcement of Intellectual Property Rights, WT/DS362/R, para. 7.633.
② Id., para. 7.634.
③ Id., paras. 7.641, 7.643.
④ Id., para. 7.650.
⑤ Id., para. 7.653.

第五章 知识产权保护政策与WTO规则的协调问题

分,又非"商业规模"的基准,因此不是应当考虑的因素。① 同时,针对美国提出的对先进技术产品的保护,专家组强调TRIPS协定第61条中"商业"一词的规定是技术中立的,"商业规模"可以适用于各种商业行为和侵权行为。因此,技术发展不影响专家组对TRIPS协定第61条第一句的解释。最后,专家组认为美国没有提供证据证明上述影响应当被纳入刑事门槛考虑的范围。②

综上,专家组认为美国举证不足,达不到"表面上证据确凿"的案件标准,因此不支持美国的主张。③

鉴于美国未能证明其对TRIPS协定第61条第一句的主张,专家组根据司法经济原则,不再对美国提出的对TRIPS协定第61条第二句以及第41.1条进行分析。④

二、中美知识产权刑事保护争端评述

(一)中美知识产权刑事保护争端缘起

中美知识产权保护争端具有较深的历史渊源。从20世纪90年代开始,美国就利用其国内法中的"特殊301条款"发起了三次中美知识产权争端,基本上每次都是以双边磋商谈判、签订一系列保护知识产权的双边协定而结束。⑤ 2001年中国加入WTO后,中美双边贸易加快增长。但是,中国市场上盗版等知识产权犯罪行为的广泛存在,引起了美国等发达国家对中国知识产权法律保护制度和实际状况的指责。

---

① See Panel Report, China—Measures Affecting the Protection and Enforcement of Intellectual Property Rights, WT/DS362/R, para. 7.656.
② Id., paras. 7.657, 7.661.
③ Id., para. 7.668.
④ Id., paras. 7.675, 7.680.
⑤ 参见赵建国:《回首中美知识产权谈判》,载《知识产权报》2008年12月1日。

中美知识产权保护问题逐渐突出,成为中美两国政府和商界在两国经贸关系上争议最大的问题。① 分析中美知识产权刑事保护争端的起因,我们认为主要有经济贸易、法律制度差异等方面的原因。

在经济贸易关系方面,不少学者认为,中美经济贸易逆差问题是美国对中国开展反倾销、反补贴调查,以及两国知识产权争端的一个重要原因。② 美国要求中国加大对知识产权的保护力度,从而可以使更多的美国知识产权产品进入中国市场,有助于贸易逆差的消减。美国于2006年2月14日公布的《美中贸易关系:进入更大责任和执法新阶段》也表明,知识产权争端的缘起在一定程度上受到两国经贸关系的影响。该报告具体指出,美国将采取九方面的行动处理对华贸易关系,其中包括扩大与中方就最重要的问题,特别是知识产权保护问题进行谈判,并取得效果的能力。③ 该报告传递的信息是:美国认为,中美贸易在2006年进入新阶段,这应当是一个要求中国更加负责任的阶段;而在知识产权保护方面,中国也应当进一步加强保护力度。

美国之所以在经济贸易中将知识产权保护置于比较重要的位置,是由美国的实际情况决定的。知识产权产业是美国经济的重要组成部分。"知识产权产业,包括生物工程和信息技术产业,占美国出口总量的一半以上,在经济增长中占40%,共有1800万人就业。知识产权价值5万亿美元,达

---

① 参见何兴强:《中国加入世贸组织以来的中美知识产权争端》,载《美国研究》2008年第2期,第48页。
② 参见张乃根:《WTO争端解决机制论——以TRIPS协定为例》,上海人民出版社2008年版,第209页。
③ See U.S.-China Trade Relations: Entering a New Phase of Greater Accountability and Enforcement, Top-to-Bottom Review, available at http://www.ustr.gov/node/4375/207,9/0, visited on 15 July, 2011, para. 24.

第五章　知识产权保护政策与 WTO 规则的协调问题

美国 GDP 的一半。而全世界的侵犯知识产权行为,每年给美国企业造成了 2000 亿—2500 亿美元的损失。"① 美国《2010年特殊 301 报告》将中国列为重点观察名单国家,并指出美国版权业因为中国大量存在的盗版行为而遭受严重的损失。盗版的光碟不仅在中国销售,而且出口到中国周边的国家。② 由此看来,美国自 2006 年不断对中国施压以加强知识产权刑事保护水平,是与两国的经贸关系现状分不开的。

在法律制度方面,中美两国的法系不同,知识产权保护的价值理念亦有所不同。美国知识产权保护的价值取向经历了从自由主义向保护主义的转变,即强调知识产权的私权性质,保证知识资产生产者的私人收益在正常情况下不少于其私人投资,从而提供生产之激励。③ 在刑事保护上,美国也偏重于权利本位,认为严重侵犯知识产权的行为将会给权利所有人造成严重的经济损失。④ 因此,美国立法中,侵犯知识产权罪分为轻罪和重罪(felony),要处以巨额罚款和监禁;同时,刑事处罚的门槛很低,除了版权方面有一定的数量和金额标准外,一般只要存在主观故意和侵权事实,就可以判处刑罚。⑤

中国对知识产权的刑事保护则侧重于对公共利益的保护,例如对市场经济秩序的维护。因此,中国一般将情节严

---

① 杨国华:《中美知识产权问题概观》,知识产权出版社 2008 年版,第 40 页。
② See 2010 Special 301 Report, available at http://www.ustr.gov/node/4375/207,9/0, visited on 15 July, 2011, para. 23.
③ 参见赵秉志、田宏杰:《侵犯知识产权犯罪比较研究》,法律出版社 2004 年版,第 68 页。
④ 参见郑成思译:《关贸总协定与世界贸易组织中的知识产权协议》,学习出版社 1994 年版,第 43 页。
⑤ 参见杨国华:《中美知识产权问题概观》,知识产权出版社 2008 年版,第 24 页。

重的侵犯知识产权的行为纳入《刑法》的规制范围。从上文对中国知识产权刑事保护制度的介绍可知,中国知识产权刑事门槛一般都考虑非法经营数额、违法所得以及侵犯知识产权产品的数量。比较两国对侵犯知识产权行为的制裁措施,中国主要通过民事制裁、行政处罚和刑事处罚加以制裁(后者只适用于严重的违法行为),而美国对轻罪的处罚则相当于中国的行政处罚。

从上面的对比分析中不难看出,中美两国不同的知识产权保护理念、刑事门槛规定是本次争端的直接原因。但是,这两种差异是不可避免的,也是相关国际公约允许存在的。例如,TRIPS 协定第 1.1 条规定:"各成员方有权在其各自的法律制度和实践中确定实施本协定规定的适当方法。"从这一点看,中美知识产权刑事措施争端不是简单的相互理解就可以解决的,两国在经济发展和科技文化水平上的差异是导致两国保护理念和立法观念不同的重要原因。

(二)中美知识产权刑事保护争端启示

首先,专家组对"商业规模"的解释的合理性。本案中,专家组坚持已有的 TRIPS 协定解释原则,合理地对"商业规模"进行了解释。专家组认为,"商业规模"是一个可变的概念,各国在符合最低国际保护标准的前提下,有权通过制定其认为合适的方法履行条约规定的义务,而对"商业规模"的认定需要考虑各国具体的市场情况。这对中国来说具有积极的意义,也是专家组认为中国刑事门槛的规定符合 TRIPS 协定规定的义务的主要原因。

其次,美国在刑事保护争端中并非毫无收获。第一,纵观专家组的裁决,我们不难发现,专家组裁定不支持美国是由于其认为美国没有提出充分的证据证明其诉请。有学者曾谨慎地提出:"如果美国以后收集到足够的证据,它仍有可能将同一问题再次提出,而结论可能会有不同。"①第二,美国的诉请在 TRIPS 协定中规定得比较原则与模糊。美国正是想通过这次诉讼把其中一些问题明确化,从而将之纳入 TRIPS 协定中,以统一各成员方对知识产权刑事保护具体义务的界定。② 关于这一点,有学者认为,该案是美国试图利用多边机制解决中美两国知识产权争议的开端,也是美国开始逐步扩大全球各个主要国家知识产权刑事保护范围和加强犯罪打击力度的重要步骤。③ 第三,本案中专家组对"商业规模"的解释无疑是 TRIPS 协定第 61 条第一句的重要部分,专家组分析问题的思路也为后来争端方举证提供了思路和方向。

最后,本次中美知识产权刑事争端中,欧盟、加拿大、日本都参与进来,表明中国知识产权保护问题面临不止一个国家的挑战。中国知识产权刑事保护程度受到很多国家的关注。因此,完善既存的刑事保护措施,是中国应对潜在争端的必要措施。

三、中国知识产权刑事保护措施的发展

(一)中国知识产权刑事保护政策及现状

中国政府非常重视保护知识产权。2008 年 6 月 5 日,国务院颁布了《国家知识产权战略纲要》,把知识产权战略定位为一项关乎国家经济发展、缓解资源环境约束、提升国家核

---

① 朱榄叶编著:《世界贸易组织国际贸易纠纷案例评析(2007—2009)》,法律出版社 2010 年版,第 317 页。

② 参见贺小勇:《中美知识产权"刑事门槛"争端的法律问题》,载《现代法学》2008 年第 3 期,第 126 页。

③ 同上。

心竞争力的重要战略。《国家知识产权战略纲要》明确提出,"完善知识产权制度"和"加强知识产权保护"是战略重点,国家将进一步完善知识产权法律法规,及时修订《专利法》《商标法》《著作权法》等知识产权专门法律及有关法规,修订惩处侵犯知识产权行为的法律法规,加大司法惩处力度。[①]

经过几年的努力,中国知识产权刑事保护状况得到了进一步的改善。国家知识产权局委托互联网实验室等共同承担的"2010年度中国软件盗版率调查"课题研究结果显示,按全部安装计算机软件计算,2010年度软件数量盗版率由2009年的14%下降至12%,比2005年下降了14个百分点。[②] 根据国家知识产权局《2010年中国知识产权保护状况》和最高人民法院《中国法院知识产权司法保护状况(2010年)》可知,在知识产权刑事保护方面,2010年,一审知识产权刑事案件增幅较大,全国法院新收一审案件3992件,同比上升9.58%。其中,侵犯知识产权罪1294件(假冒注册商标等侵犯注册商标案件1153件),同比上升26.99%;生产、销售伪劣商品罪案件中涉及侵犯知识产权的596件,同比下降6.73%;非法经营罪案件中涉及侵犯知识产权的2078件,同比上升6.62%。全国法院共审结涉及知识产权侵权的一审刑事案件3942件,同比上升7.7%。在审结案件中,以侵犯知识产权犯罪判决的案件1254件,生效判决人数1966人,同比分别上升24.53%和22.49%。[③]

---

① 参见《国家知识产权战略纲要》,http://www.nipso.cn/onews.asp?id=9592,访问日期:2011年7月16日。

② 资料来源:http://www.sipo.gov.cn/yw/2011/201105/t20110513_604183.html,访问日期:2011年7月16日。

③ 资料来源:http://www.nipso.cn/onews.asp?id=11394,访问日期:2011年7月16日。

第五章 知识产权保护政策与 WTO 规则的协调问题

2011 年是中国国民经济和社会发展"十二五"规划的起始年,也是推进知识产权保护的重要一年。已经公布的《2011 年中国保护知识产权行动计划》和《2011 年国家知识产权战略实施推进计划》规定,2011 年中国将在制定、修订知识产权法律法规和规范性文件,以及加大知识产权保护执法方面,加强对知识产权的保护。

首先,制定、修订知识产权法律法规和规范性文件涉及专利权、商标权、著作权、知识产权海关保护、植物新品种、生物遗传资源管理等各方面。在涉及知识产权刑事保护方面,2011 年,中国计划发布《最高人民法院关于在部分地方人民法院试行由知识产权庭集中审理知识产权民事、行政和刑事案件的若干意见》,制定《关于办理侵犯知识产权刑事案件适用法律若干问题的意见》,完成网络环境下的著作权司法保护调研,起草关于审理网络著作权案件的司法解释。

其次,在加大知识产权保护执法方面,2011 年,中国计划开展各项专项行动,打击侵犯知识产权的犯罪活动:全面贯彻落实《打击侵犯知识产权和制售假冒伪劣商品专项行动方案》,组织协调专项行动开展;大力推进政府部门和企业使用正版软件工作;开展打击网络侵权盗版行为的专项行动;继续推进打击侵犯知识产权和制售伪劣商品犯罪的"亮剑"专项行动;根据打击侵犯知识产权和制售假冒伪劣商品专项行动要求,在全国海关范围内积极推进和部署,继续保持打击进出口侵权违法行为的高压态势,通过多种途径和方式加强对侵权信息的分析和处理,不断完善与知识产权权利人的配合机制,对进出口侵权商品的违法行为实施精准打击。[①]

[①] 资料来源:http://www.nipso.cn/onews.asp? id = 11359,http://www.nipso.cn/onews.asp? id = 11358,访问日期:2011 年 7 月 16 日。

从中国现有的政策及政策实施情况来看,中国志在进一步加强知识产权刑事保护,以保护知识产权人利益,促进自主创新和社会发展。我们认为,中国在改善知识产权的刑事保护时,应该在评估现有经济发展水平和社会氛围的前提下,选择适当的知识产权刑事保护力度,以服务于知识产权战略。中国绝不能简单地受他国压力的影响和误导,确立不适应本国经济社会发展和知识产权长远利益的过高保护水平。

(二)《关于办理侵犯知识产权刑事案件适用法律若干问题的意见》

2011年1月10日,最高人民法院、最高人民检察院、公安部印发《关于办理侵犯知识产权刑事案件适用法律若干问题的意见》,对《刑法》中有关知识侵权犯罪的规定作了进一步解释。该司法解释是对《2011年中国保护知识产权行动计划》和《2011年国家知识产权战略实施推进计划》的实施。与《2004年司法解释》和《2007年司法解释》相比,《关于办理侵犯知识产权刑事案件适用法律若干问题的意见》在犯罪形态、犯罪认定、刑罚规定方面作了进一步的规定,并对信息网络侵犯著作权的情形也作了规定,在完善中国知识产权刑事保护措施方面迈出了重要一步。

第一,该司法解释在侵权产品、犯罪意图以及其他的认定问题方面作出了规定。根据该司法解释第5条,名称相同的商品以及名称不同但指同一事物的商品,可以认定为《刑法》第213条规定的"同一种商品"。"名称"是指国家工商行政管理总局商标局在商标注册工作中对商品使用的名称,通常即《商标注册用商品和服务国际分类》中规定的商品名称。

"名称不同但指同一事物的商品"是指在功能、用途、主要原料、消费对象、销售渠道等方面相同或者基本相同,相关公众一般认为是同一种事物的商品。该条规定,认定"同一种商品",应当在权利人注册商标核定使用的商品和行为人实际生产销售的商品之间进行比较。

根据该司法解释第 6 条,可以认定为《刑法》第 213 条规定的"与其注册商标相同的商标"的情形主要有以下几种:改变注册商标的字体、字母大小写或者文字横竖排列,与注册商标之间仅有细微差别的;改变注册商标的文字、字母、数字等之间的间距,不影响体现注册商标显著特征的;改变注册商标颜色的;其他与注册商标在视觉上基本无差别、足以对公众产生误导的商标。

此外,该司法解释第 10、11 条对侵犯著作权犯罪案件"以营利为目的""未经著作权人许可"的认定问题分别作了规定,第 12 条对《刑法》第 217 条规定的"发行"及相关问题进行了规定。

第二,该司法解释第 7 条对"非完成品"的侵权产品是否计入非法经营数额的问题进行了规定。该条规定,在计算制造、储存、运输和未销售的假冒注册商标侵权产品价值时,对于已经制作完成但尚未附着(含加贴)或者尚未全部附着(含加贴)假冒注册商标标识的产品,如果有确实、充分证据证明该产品将假冒他人注册商标,其价值计入非法经营数额。

第三,该司法解释第 8、9、15 条对侵犯知识产权犯罪的未遂状态、共犯情形进行了规定。第 8 条规定,销售明知是假冒注册商标的商品,具有规定的情形之一的,依照《刑法》第 214

条的规定,以销售假冒注册商标的商品罪(未遂)定罪处罚。①第 9 条规定,销售他人伪造、擅自制造的注册商标标识,具有规定情形之一的,依照《刑法》第 215 条的规定,以销售非法制造的注册商标标识罪(未遂)定罪处罚。② 第 15 条规定,明知他人实施侵犯知识产权犯罪,而为其提供主要原材料、机械设备等行为的,以侵犯知识产权犯罪的共犯论处。

第四,该司法解释第 13 条对通过信息网络传播侵权作品行为的定罪处罚标准进行了规定,对《刑法》第 217 条规定的"其他严重情节"和"其他特别严重情节"作了规定。③

---

① 《关于办理侵犯知识产权刑事案件适用法律若干问题的意见》第 8 条规定:"……(一)假冒注册商标的商品尚未销售,货值金额在十五万元以上的;(二)假冒注册商标的商品部分销售,已销售金额不满五万元,但与尚未销售的假冒注册商标的商品的货值金额合计在十五万元以上的。假冒注册商标的商品尚未销售,货值金额分别达到十五万元以上不满二十五万元、二十五万元以上的,分别依照刑法第二百一十四条规定的各法定刑幅度定罪处罚。……销售金额和未销售货值金额分别达到不同的法定刑幅度或者均达到同一法定刑幅度的,在处罚较重的法定刑或者同一法定刑幅度内酌情从重处罚。"

② 《关于办理侵犯知识产权刑事案件适用法律若干问题的意见》第 9 条规定:"……(一)尚未销售他人伪造、擅自制造的注册商标标识数量在六万件以上的;(二)尚未销售他人伪造、擅自制造的两种以上注册商标标识数量在三万件以上的;(三)部分销售他人伪造、擅自制造的注册商标标识,已销售标识数量不满二万件,但与尚未销售标识数量合计在六万件以上的;(四)部分销售他人伪造、擅自制造的两种以上注册商标标识,已销售标识数量不满一万件,但与尚未销售标识数量合计在三万件以上的。"

③ 《关于办理侵犯知识产权刑事案件适用法律若干问题的意见》第 13 条规定:"以营利为目的,未经著作权人许可,通过信息网络向公众传播他人文字作品、音乐、电影、电视、美术、摄影、录像作品、录音录像制品、计算机软件及其他作品,具有下列情形之一的,属于刑法第二百一十七条规定的'其他严重情节':(一)非法经营数额在五万元以上的;(二)传播他人作品的数量合计在五百件(部)以上的;(三)传播他人作品的实际被点击数达到五万次以上的;(四)以会员制方式传播他人作品,注册会员达到一千人以上的;(五)数额或者数量虽未达到第(一)项至第(四)项规定标准,但分别达到其中两项以上标准一半以上的;(六)其他严重情节的情形。实施前款规定的行为,数额或者数量达到前款第(一)项至第(五)项规定标准五倍以上的,属于刑法第二百一十七条规定的'其他特别严重情节'。"

第二节 中美有关知识产权海关保护措施争端问题

中国知识产权保护和实施措施案(DS362)的另一个争端是中国知识产权海关保护是否符合 TRIPS 协定规定的义务。本案专家组就该争端裁决中国知识产权海关保护措施违反了 TRIPS 协定的规定。本节先介绍中国知识产权海关保护措施,再就专家组报告进行评析,最后介绍中国海关保护措施的完善。

一、中国知识产权海关保护概述

(一)中国知识产权海关保护的法律体系

中国知识产权海关保护工作始于1994年,如今已经逐步建立起较为完善的法律制度和执法体系。当然,这种完善是一个过程,不是一蹴而就的。[①] 1995年10月1日,国务院颁布的《知识产权海关保护条例》(以下简称《1995年条例》)正式生效实施。《1995年条例》借鉴发达国家海关的先进经验,根据 TRIPS 协定的规定,结合中国国情,以行政法规的形式规定了海关知识产权边境保护的基本原则、程序、法律责任等,中国海关知识产权保护工作从此被正式纳入法制化轨道。同年,为了对有关知识产权边境保护的程序予以细化和明确,更好地实施《1995年条例》,海关总署在该条例的基础上颁布了《知识产权海关保护条例的实施办法》(以下简称《1995年实施办法》)。这标志着中国知识产权保护在进出口环节进入有法可依的阶段,填补了中国知识产权保护法律

---

① 参见江伟、王景琦:《WTO 协议与中国民事司法制度的完善》,载《中国法学》2001年第1期,第25页。

法规在边境措施方面的空白。2000年全国人大常委会通过的《海关法》修订案,充分考虑了中国即将加入WTO的新形势,增加了有关知识产权海关保护的相关条款,填补了海关法律上的空白,以法律形式正式授权海关依照法律、行政法规的规定,对与进出境货物有关的知识产权实施保护,并对进出口侵权货物的法律责任等内容进行了规定。2003年底,几经修订,国务院颁布了修订后的《知识产权海关保护条例》(以下简称《2003年条例》),自2004年3月1日起正式实施。这一行政法规总结了海关多年来在知识产权保护方面的经验,适应中国加入WTO的需要,为海关有效实施保护知识产权的行为提供了法律依据。海关总署2004年颁布实施了《关于〈中华人民共和国知识产权海关保护条例〉的实施办法》(以下简称《2004年实施办法》),并于2009年3月重新修订(以下简称《2009年实施办法》)。自2009年专家组就中美知识产权保护措施争端裁决中国知识产权海关措施违反TRIPS协定的规定之后,根据2010年3月24日《国务院关于修改〈中华人民共和国知识产权海关保护条例〉的决定》,国务院对《2003年条例》进行了修订(以下简称《2010年条例》),对其中违反TRIPS协定的内容进行了修订,以符合中国在TRIPS协定下承担的义务。上述专门法律、行政法规、部门规章等形成了中国海关知识产权保护相对完整的法律制度体系。这些年来,中国知识产权海关保护工作从无到有,从主要为应对外在压力到为适应内在经济发展的需求,不断健全相关工作机构,配备工作人员,为进一步加大知识产权海关保护力度提供了保障。

(二)中国海关对侵权货物的处置与实践

中美知识产权海关保护争端中,美国认为中国海关对侵

第五章 知识产权保护政策与 WTO 规则的协调问题

权物品的处置与中国在 TRIPS 协定下承担的义务不符。美国特别指出的法律法规有：《2003 年条例》，尤其是第四章的规定；《2004 年实施办法》，尤其是第五章的规定；海关总署《关于没收侵犯知识产权货物依法拍卖有关事宜》（以下简称《2007 年第 16 号公告》）。由于该案是 2007 年提起的，下文就介绍案件发生时，中国海关处置侵权货物时的法律规定以及实践操作。

《2003 年条例》第 4 章是对违反该条例行为的法律责任的规定。该章第 27 条是对海关处置知识产权侵权物品的方法的规定："被扣留的侵权嫌疑货物，经海关调查后认定侵犯知识产权的，由海关予以没收。海关没收侵犯知识产权货物后，应当将侵犯知识产权货物的有关情况书面通知知识产权权利人。被没收的侵犯知识产权货物可以用于社会公益事业的，海关应当转交给有关公益机构用于社会公益事业；知识产权权利人有收购意愿的，海关可以有偿转让给知识产权权利人。被没收的侵犯知识产权货物无法用于社会公益事业且知识产权权利人无收购意愿的，海关可以在消除侵权特征后依法拍卖；侵权特征无法消除的，海关应当予以销毁。"该条规定了海关处理侵犯知识产权货物的步骤：首先是用于社会公益事业或由知识产权人收购；然后，对于无法用于社会公益事业且知识产权人无意收购的，再采取两种办法：侵权特征无法消除的应予销毁，侵权特征可以消除的在消除侵权特征后拍卖。

对于侵权产品的处置，《2004 年实施办法》第 30 条进一步规定："对海关没收的侵权货物，海关应当依照下列规定处置：（一）有关货物可以直接用于社会公益事业或者知识产权权利人有收购意愿的，将货物转交给有关公益机构用于社会公益事业或者有偿转让给知识产权权利人;(二)有关货物不能按照第(一)项的规定处置且侵权特征能够消除的,在消除侵权特征后依法拍卖。拍卖货物所得款项上交国库;(三)有关货物不能按照第(一)、(二)项规定处置的,应当予以销毁。海关销毁侵权货物,知识产权权利人应当提供必要的协助。有关公益机构将海关没收的侵权货物用于社会公益事业以及知识产权权利人协助海关销毁侵权货物的,海关应当进行必要的监督。"

对于可以消除侵权特征的侵权产品在消除侵权特征后的拍卖,海关总署在其《2007年第16号公告》中进一步规定:为了规范海关拍卖侵权货物工作,增加海关执法的透明度,保障知识产权权利人的知情权,现就有关事项公告如下:(1)海关拍卖没收的侵权货物,应当严格按照《2003年条例》第27条的规定,完全清除有关货物以及包装的侵权特征,包括清除侵权商标、侵犯著作权、侵犯专利权以及侵犯其他知识产权的特征。对不能完全清除侵权特征的货物,应当予以销毁,一律不得拍卖。(2)海关拍卖侵权货物前应当征求有关知识产权权利人的意见。

根据以上法律法规,我们可以总结出海关对没收的知识产权侵权物品处置的具体程序:首先,转交给有关公益机构用于社会公益事业,或在知识产权人有收购意愿的情况下有偿转让给知识产权人;其次,如果无法用于社会公益事业且知识产权人无收购意愿,海关可以在消除侵权特征后依法拍卖,但拍卖前应征求知识产权人的意见;最后,如果无法用于社会公益事业且知识产权人无收购意愿,侵权特征又无法消除,海关应当予以销毁,知识产权人应当给予必要的协助。

二、专家组裁决的评析

（一）专家组对该争端的分析

美国认为中国知识产权海关保护措施违反了 TRIPS 协定第 59 条的规定,主要观点如下:(1) 涉案的措施形成一种强制性机制,使中国海关无权行使自由裁量权下令销毁货物,而必须让位于使货物进入商业渠道的其他处理方式,即中国海关没有权力按照 TRIPS 协定第 59 条的要求下令销毁或处理侵权货物,因而违反了 TRIPS 协定项下的义务;(2)"转交给公益机构"的做法有可能损害权利持有人的利益,而且中国没有提供任何措施防止此类机构销售侵权产品;(3) 权利持有人回购侵权产品的处理方式会损害权利人的利益;(4) 拍卖并不构成商业渠道外的销售,且在未得到权利持有人同意的情况下,有可能损害权利持有人的利益。①

1．"应有权"(shall have authority)的问题

专家组认为,TRIPS 协定第 59 条第一句中,"authority"可以被定义为"有权力使顺从;道德或法律上的至高性;有权力命令或作出最终决定"。"应有权"是指有权力,而不是行使权力。② 从 TRIPS 协定的上下文及 TRIPS 协定草案来看,除非特别指出,否则主管机关有权作出一些指令,不是指主管机关应当按特定的方式行使该权力。同时,主管机关有权作出某些补救措施,并非表明主权机关仅可作出哪几种措施。因此,TRIPS 协定第 59 条所指的补救措施并非穷尽的。③ 基于以上分析,专家组认为,若一成员方设定条件排除主管机

---

① See Panel Report, China—Measures Affecting the Protection and Enforcement of Intellectual Property Rights, WT/DS362/R, para. 7.197.
② Id., para. 7.236
③ Id., paras. 7.238, 7.239, 7.240.

关作出某一补救措施的命令,比如销毁,该成员方仍有可能履行了 TRIPS 协定第 59 条规定的义务,只要主管机关仍有权作出该条规定的其他补救措施,比如处理。① 因此,专家组认为 TRIPS 协定允许中国限制主管机关作出"销毁"的命令,只要它允许主管机关按照 TRIPS 协定第 46 条的原则作出处置侵权货物的命令。② 结合上文中国知识产权海关保护的规定可知,中国并没有违反 TRIPS 协定规定的义务。

2. TRIPS 协定第 59 条与第 46 条的关系

美国认为,中国知识产权海关保护的其他三种处理措施都与 TRIPS 协定第 46 条规定的原则不符,并且都排除了"销毁"措施的适用。因此,专家组先就 TRIPS 协定第 46 条规定的原则进行分析。这些原则是专家组分析美国提出的几个观点的基础。

专家组认为,TRIPS 协定第 59 条第一句规定的"依照第 46 条所列的原则"具有以下限制:只适用于侵权货物,而不涉及侵权材料和工具,仅是对货物进行销毁或处理。通过分析,专家组认为,第 46 条③第一、三、四句与第 59 条相关,并

---

① See Panel Report, China—Measures Affecting the Protection and Enforcement of Intellectual Property Rights, WT/DS362/R, para. 7.246.

② Id., para. 7.251.

③ TRIPS 协定第 46 条规定:"为有效制止侵权,司法机关有权在不给予任何补偿的情况下,责令将已被发现侵权的货物清除出商业渠道,以避免对权利持有人造成任何损害,或下令将其销毁,除非此点会违背现有的宪法规定的必要条件。司法机关还有权在不给予任何补偿的情况下,责令将主要用于指导侵权货物的材料和工具清除出商业渠道,以便将产生进一步侵权的风险减少到最低限度。在考虑此类请求时,应考虑侵权的严重程度与给予的救济以及第三方利益之间的均衡性。对于冒牌货,除例外情况外,仅除去非法加贴的商标并不足以允许该货物放行进入商业渠道。"

第五章 知识产权保护政策与 WTO 规则的协调问题

将该句涉及的原则整理如下:①

第 46 条第一句规定的原则是:(1)主管机关应当有权按照"不给予任何补偿的情况",下令处理或销毁侵权货物;(2)主管机关应当有权在"商业渠道"外处理货物,以避免对权利持有人造成任何伤害;(3)主管机关有权下令销毁侵权货物,除非会违背现有的宪法规定的必要条件。该条第三句规定的原则是:主管机关按第一句处理或销毁货物,应当考虑"侵权的严重程度与给予的救济以及第三方利益之间的均衡性"。该条第 4 句规定的原则是:主管机关按第一句处理或销毁货物,"对于冒牌货,除例外情况外,仅除去非法加贴的商标并不足以允许将货物放行进入商业渠道"。

3. 转交公益机构

美国认为,中国该措施有三点违反了 TRIPS 第 46 条规定的原则:第一,将有瑕疵的货物捐赠给公益机构,会影响权利持有人的声誉,权利持有人也有可能因此涉及赔偿诉讼;第二,侵权货物可能质量较差,因此也会影响权利持有人的声誉;第三,中国没有采取措施防止捐赠的货物进入商业渠道。② 关于第一点,专家组认为,中国《2003 年条例》第 27 条、第 30 条以及《中国公益事业捐赠法》第 6 条的规定表明,中国法律不允许将有瑕疵的货物捐赠给公益机构。③ 关于第二点,专家组认为,在普通的情况下,货物接受者可能会误解货物的来源。但是,将有瑕疵的货物捐赠给公益机构不是通过普通的情况分发货物,货物接受者也不像普通消费者那样

---

① See Panel Report, China—Measures Affecting the Protection and Enforcement of Intellectual Property Rights, WT/DS362/R, paras. 7.258—7.263, 7.266—7.268.

② Id., paras. 7.288, 7.294, 7.298.

③ Id., paras. 7.291—7.293.

可以挑选货物,因此不能断定货物接受者就是正品的潜在消费者。专家组认为,没有证据证明这种措施已经或者将损害权利持有人的声誉。①

关于第三点,专家组先分析了中国的做法。《2004年实施办法》第30条规定了海关的监督权。《海关总署中国红十字会总会关于将没收的侵权货物用于社会公益事业的合作备忘录》第4条规定,(海关)对转交货物的去向和用途进行监督。发现乙方(红十字会总会)有违反本备忘录规定的行为的,要求乙方(红十字会总会)予以纠正。第5条规定,(红十字会总分)根据甲方(海关总署)的要求及时通报货物的发放和使用情况。第7条规定,甲方(海关总署)向乙方(红十字会总会)转交的货物应当只限用于被救助人生活用途。乙方(红十字会总会)应当采取有效措施,防止货物被用于其他用途或者以任何形式进入流通渠道。依据这些条款,专家组认为,中国对移交公益机构(红十字会)侵权货物的用途有明确的限制,同时海关也有义务去监督公益机构(红十字会)处理这些货物。② 专家组认为,美国没有证明中国海关就该知识产权采取的海关保护措施违反 TRIPS 协定第46条第一句的原则。③

4. 权利人回购的问题

对于这个问题,依据 TRIPS 协定第59条,"主管当局应有权根据第46条规定的原则命令销毁或处理侵权货物"。专家组认为,该规定并没有排除海关可以采取其他措施处理侵权货物的权力,而且将侵权货物有偿转让给知识产权人的前提是知

---

① See Panel Report, China—Measures Affecting the Protection and Enforcement of Intellectual Property Rights, WT/DS362/R, paras. 7.296—7.297.
② Id., paras. 7.301—7.304.
③ Id., para. 7.234.

识产权人已经同意,这种做法只是多个处理方式中的一种,没有排他性,因此显然没有违反 TRIPS 协定的规定。①

5. 将侵权货物拍卖的问题

(1) 拍卖是否是强制性的

美国认为,中国拍卖这一措施是强制性的,因此剥夺了海关按照 TRIPS 协定第 59 条下令销毁货物的权力。专家组认为,中国《2003 年条例》第 27 条规定,"被没收的侵犯知识产权货物无法用于社会公益事业且知识产权权利人无收购意愿的,海关可以在消除侵权特征后依法拍卖";《2004 年实施办法》第 30 条第 1 款第 2 规定,"有关货物不能按照第(一)项的规定处置且侵权特征能够消除的,在消除侵权特征后依法拍卖。拍卖货物所得款项上交国库";《2007 年第 16 号公告》第 1 条规定,海关拍卖没收的侵权货物,应当严格按照《2003 年条例》第 27 条的规定,完全清除有关货物以及包装的侵权特征,包括清除侵权商标、侵犯著作权、侵犯专利权以及侵犯其他知识产权的特征。对不能完全清除侵权特征的货物,应当予以销毁,一律不得拍卖。从以上规定可以看出,拍卖措施并没有构成绝对的"强制性措施"(mandatory),即拍卖侵权货物的做法不会让海关丧失"销毁侵权货物"的权力。但是,"消除侵权特征"却是拍卖措施的必要性前提。②因此,专家组认为,美国没有证据证明该措施强制要求海关拍卖侵权货物。③

(2) 拍卖是否违反 TRIPS 协定第 46 条的规定

专家组认为,如果"消除侵权特征"构成了 TRIPS 协定第

---

① See Panel Report, China—Measures Affecting the Protection and Enforcement of Intellectual Property Rights, WT/DS362/R, para. 7.326.

② Id., para. 7.334.

③ Id., para. 7.343.

46 条第四句规定的"仅仅除去非法加贴的商标",那么就会违反 TRIPS 协定的要求。①

专家组提及的上述法律规定说明,中国所规定的"消除侵权特征"中的"侵权特征"不仅仅指商标,同时也包括了版权和专利。对于仿冒商标的货物来说,中国明确承认"消除侵权特征就是指除去货物上的侵权商标"。② 因此,专家组得出结论:依据中国的法律法规,对于冒牌货而言,所谓"消除侵权特征"就是"除去侵权商标"。TRIPS 协定第 46 条要求,除了例外情况,仅仅除去非法贴上的商标并不足以允许该货物进入商业渠道。专家组在报告中着重对"仅仅"一词进行了分析,认为如果只是把商标移除而没有更进一步的行动,那么就会构成"仅仅除去非法加贴的商标"。③

专家组认为第 46 条这样规定的主要目的在于,TRIPS 协定的制定者在制定的过程中就已经考虑到,虽然允许侵权货物经过相关程序处理以后进入商业渠道,但是这样的做法必须建立在"有效防止侵权"的基础之上,如果侵权货物除去假冒商标后又能够非常容易地被用来二次侵权,那么除去假冒商标的做法就显然不足以"有效防止侵权"。④ 举一个简单的例子,当一些被撕去假冒贴牌的牛仔裤通过拍卖程序被买家买走后,这些买家同时自己又生产了大量的侵权商标,他们将这些商标再次贴在这些牛仔裤上后高价销售。如此,第一次海关除去假冒商标的行为就形同虚设了。消费者很难区

---

① See Panel Report, China—Measures Affecting the Protection and Enforcement of Intellectual Property Rights, WT/DS362/R, para. 7.359.
② Id., para. 7.366; China's Response to Question No. 34.
③ Id., para. 7.369.
④ Id., para. 7.373.

第五章 知识产权保护政策与 WTO 规则的协调问题

别出假冒贴牌的商品和正牌商品之间的区别,那些拥有商标知识产权的权利人将又一次受到商标侵权的危害。因此,专家组认为,侵权货物未得到其他改变,仅仅除去侵权商标并不是有效防止侵权的方法。如果除去商标可以防止再次侵权,那么该除去商标的行为就不是"仅仅除去商标"。①

中国认为,除了去除非法加贴的商标以外,中国法律还规定,在进行拍卖之前,需要征求知识产权权利人的意见。同时,海关的拍卖价格有相关的规定,侵权人没有机会以低廉的价格购买这些产品,用来二次侵权。所以,中国的拍卖措施符合 TRIPS 协定中"不仅仅是除去非法加贴的商标"的要求。专家组认为,首先,中国所规定的征求权利人的意见并不能改变侵权货物的本身状态,与是否是"仅仅"除去非法加贴的商标并没有相关性。其次,依据中国的法律,海关并没有被要求强制性地采纳权利人的意见;即使权利人提出了保留意见,海关仍然可以自行作出裁断。② 最后,中国提出的通过价格控制防止二次侵权的做法也是不成立的。当具有经济价值的商标被除去后,货物本身的价值就会被削弱,其拍卖价格不可能等同于贴上商标出售的货物,这就给了第三方购买这些货物二次侵权的机会。同时,中国方面也没有提供足够证据表明,利用价格控制能够很好地防止二次侵权。③

但是,TRIPS 协定第 46 条第四句的规定是,"除例外情况外",仅除去非法加贴的商标并不足以允许货物进入商业渠道。这就意味着,在"例外情况下",仅除去非法加贴的商标"可能"足以允许该货物进入商业渠道。那么,什么是"例外

---

① See Panel Report, China—Measures Affecting the Protection and Enforcement of Intellectual Property Rights, WT/DS362/R, para. 7.375.
② Id., para. 7.388.
③ Id., para. 7.382.

情况"?专家组认为,"例外情况"应与 TRIPS 协定第 46 条所设定目标一致,即保证"有效阻止侵权"。① 对于"例外情况",必须按照个案作出狭义解释,严格适用,否则例外就可能成为常规。专家组认为,中国海关措施仅除去非法加贴的商标足以允许侵权货物进入商业渠道的规定不属于"例外情况",中国的拍卖措施与 TRIPS 协定第 46 条及第 59 条的规定不符,不符合中国在 TRIPS 协定下的义务。②

(二) 对专家组裁决的评析

从整个专家组报告关于海关措施的裁决来看,中国绝大部分的海关措施都符合 TRIPS 协定的规定,只是拍卖的规定上认定为与 TRIPS 协定不符。对于这一观点,许多学者有着不同的看法。有学者认为,无论是 TRIPS 协定第 46 条还是第 59 条,都没有完全禁止海关罚没的商品进入商业渠道,只是不允许仅除去非法加贴的商标后就让侵权货物进入商业渠道,或者将侵权货物在未作改变的状态下再出口。中国相关法规要求允许罚没物品进入市场已经是第三种处理方式。即使如此,进入市场也是有条件的,即要消除侵权特征。简单地剪掉侵权商标不等于消除侵权特征。即使从字面意思上理解,消除侵权特征就是完全消除了消费者可以把货物与某个特定的品牌联系起来的任何特征。从这一点来看,消除侵权特征之后的商品已不会给商标所有人造成任何损害。中国法规这样的规定完全符合 TRIPS 协定的要求。③ 也有学者指出,中国 2004 年修改后的《知识产权海关保护条例》及

---

① See Panel Report, China—Measures Affecting the Protection and Enforcement of Intellectual Property Rights, WT/DS362/R, para. 7.391.

② Id., para. 7.393.

③ 参见朱榄叶:《从中国在 TRIPS 协定下的义务看美国对中国的申诉》,载《法学》2007 年第 8 期,第 125 页。

第五章 知识产权保护政策与 WTO 规则的协调问题

实施措施明文规定,侵权特征无法消除的,海关应当予以销毁。这与上述 TRIPS 协定条款并无任何抵触。美国指责中国海关在处置侵权货时优先选择允许其进入商业渠道,这是毫无根据的。因为根据中国《2003 年条例》,海关首先考虑被没收的侵犯知识产权货物是否可用于社会公益事业,或者知识产权权利人是否愿意收购,以物尽其用。这与所谓"优先允许侵权货进入商业渠道"完全是两码事。[①]

根据对专家组报告的分析并结合一些学者的观点,我们认为,此次专家组报告中指出的不符合 TRIPS 协定的海关措施主要就是拍卖这一措施。中国海关措施在实践中存在的几个问题最终被认定为违反 TRIPS 协定第 46 条、第 59 条项下规定的义务。第一个问题是,中国承认消除侵权特征就是除去非法加贴的商标,将这两个概念画上等号后,专家组就不必再考察中国关于消除侵权特征是怎么规定的,而是直接对消除侵权特征的前提进行考察,认定其是否构成"仅仅是除去非法加贴的商标"。如果中国在给专家组的答辩意见中将"消除侵权特征"作一个扩大解释(不过,这很难,因为海关实践中就是除去非法加贴的商标),那么专家组就难以轻易认为中国的做法违反了 TRIPS 协定。第二个问题是,双方对 TRIPS 协定第 46 条中"不仅仅"含义的理解存在差距,中国认为只要除去非法加贴的商标后还附有其他程序要求,就能符合 TRIPS 协定的规定;而专家组通过立法目的解释,对"不仅仅"作出了非常严格的解释。对此,我们也认为,对于拍卖措施的执行,中国确实规定得还不够细致。同时,在争端解决中,中国也没有提供充分证据说明

[①] 参见张乃根:《试析美国针对我国的 TRIPS 协议争端解决案》,载《世界贸易组织动态与研究》2007 年第 7 期,第 19—20 页。

中国在消除侵权特征方面采取了哪些具体的措施。因此，中国海关可以适当参照专家组的建议，修改相应的海关对侵权货物的拍卖程序，使之具体化，更具有操作性。比如，除了要求删除商标以外，还要求对侵权货物的主要特征，尤其是外观特征进行改变后才能拍卖；如若无法改变，就予以销毁，以此履行中国加入WTO时的承诺。当然，这种修改并不是盲目的，也没有必要对现有的程序进行全面的修改。中国可以充分利用TRIPS协定所提供的各种知识产权执法的灵活性，[1]出台新的实施办法，或是重新解释原有的程序规范，以符合WTO专家组的要求。

  本案专家组将TRIPS协定第46条的相关原则并入第59条进行解释，继而将TRIPS协定第46条第四句的原则用于分析中国海关的拍卖措施是否违反该原则的规定，也是本案的关键。中国认为，TRIPS协定第59条第二句构成特别法（lex specialis），因此排除TRIPS协定第46条第四句的并入。[2] 专家组通过分析认为，TRIPS第59条第二句和第46条第四句在文本上相似，即均以"对于假冒货"开始，都包含"除例外情况外"的字眼，并且这两句都是在"实施措施"这一部分。不同的是，第59条适用于海关进口货物，而第46条适用于成员方境内的民事司法程序。第59条第二句是TRIPS协定第四部分关于再出口或放行至海关其他程序问题的规定，而第46条是对货物进入商业渠道的规定，适用于TRIPS协定第二部分和第四部分关于进口或者国内销售的规定。因此，TRIPS

---

[1] 参见于敏友、廖丽、褚童：《评美国向WTO诉中国"影响知识产权保护和实施的措施案"》，载《国际贸易》2009年第9期，第66页。

[2] See Panel Report, China—Measures Affecting the Protection and Enforcement of Intellectual Property Rights, WT/DS362/R, para. 7.271.

第59条和第46条适用于不同的情形,不是特殊与一般的关系。① 专家组认为中国的观点不成立,TRIPS协定第46条第四句的原则应当并入第59条。专家组对TRIPS协定第46条和第59条关系的解释对各成员方履行TRIPS协定具有重要的意义,澄清了履行TRIPS协定第59条应遵循的原则,指导各成员方在采取海关措施时应符合哪些原则的规定。

三、中国知识产权海关保护的完善

根据专家组报告,中国有关拍卖的海关措施违反了TRIPS协定第46条、第59条的规定。2010年3月24日,国务院公布了《关于修改〈中华人民共和国知识产权海关保护条例〉的决定》,对《2003年条例》进行修改。②《知识产权海关保护条例》(2010年修订,以下简称《2010年条例》)将原条例第27条第3款修改为"被没收的侵犯知识产权货物可以用于社会公益事业的,海关应当转交给有关公益机构用于社会公益事业;知识产权权利人有收购意愿的,海关可以有偿转让给知识产权权利人。被没收的侵犯知识产权货物无法用于社会公益事业且知识产权权利人无收购意愿的,海关可以在消除侵权特征后依法拍卖,但对进口假冒商标货物,除特殊情况外,不能仅清除货物上的商标标识即允许其进入商业渠道;侵权特征无法消除的,海关应当予销毁",即增加了"但对进口假冒商标货物,除特殊情况外,不能仅清除货物上的商标标识即允许其进入商业渠道",以符合DSB裁决和TRIPS协定第46条规定的"对于冒牌货,除例外情况外,仅仅除去非法

---

① See Panel Report, China—Measures Affecting the Protection and Enforcement of Intellectual Property Rights, WT/DS362/R, paras. 7.273,7.274.
② 资料来源:http://www.gov.cn/zwgk/2010-03/27/content_1566452.htm,访问日期:2011年4月30日。

加贴的商标并不足以允许该货物放行进入商业渠道"。

第三节 中美有关文化贸易措施争端问题

一、中美有关文化贸易措施争端简介

2007年4月10日,美国同时分别就中国知识产权保护和执行措施以及影响出版物和视听娱乐产品贸易权和分销服务措施问题正式诉诸WTO争端解决机制。前者即DS362案,除本章前两节所述问题外,还有一项是外国作品市场准入的审查问题。该问题与文化贸易直接相关。后者即DS363案,是典型的国际文化贸易争端。DSB于2007年11月27日就该案成立专家组。2009年8月12日,专家组向成员方分发了专家组报告。中美两国都就该案提起了上诉。2010年1月19日,DSB通过了上诉机构报告。

总结上述两个案件的争议焦点,我们可以将中美文化贸易措施争端分为以下三点:第一,美国认为中国要求进口文化作品根据中国《著作权法》等相关法律法规进行审查,凡是未通过审查的作品不仅不予进口,而且不受《著作权法》保护。因此,此类产品在中国市场准入、国内流通方面存在法律障碍,不符合TRIPS协定的规定。[①] 第二,有关文化贸易的贸易权问题,美国认为,根据《中国入世议定书》与《工作组报告》中的承诺,中国入世后三年内将完全放开货物贸易权,但中国对出版物(reading materials,包括电子出版物)、家庭娱乐影像制品(AVHE)、录音制品(sound recordings)、电影的进出

---

① See Panel Report, China—Measures Affecting the Protection and Enforcement of Intellectual Property Rights, WT/DS362/R, para. 2.4.

第五章　知识产权保护政策与 WTO 规则的协调问题

口贸易实施限制,不符合其在 WTO 下承诺的义务。① 第三,对于文化作品的分销权问题,美国认为,《中国入世议定书》中承诺分销服务及视听服务领域市场准入的国民待遇,但是中国对出版物、家庭娱乐影像制品、录音制品、电子读物(电子出版物和电子录音制品)的总发行、批发、销售等分销权进行限制,对进口电影和国产电影的放映实行双重发行体制,违反了其在 WTO 下承诺的义务。②

二、中美有关文化贸易措施争端分析

(一) 关于市场准入审查程序问题

1. 中国关于文化作品市场准入审查的规定

中国涉及国外文化作品进口审查的法规有:(1)《出版管理条例》(2001 年)第 44 条和第 45 条。第 44 条规定:"……出版物进口经营单位负责对其进口的出版物进行内容审查。……国务院出版行政部门可以禁止特定出版物的进口。"第 45 条规定:"出版物进口经营单位应当在进口出版物前将拟进口的出版物目录报省级以上人民政府出版行政部

---

① See Request for Consultation by the United States, China-Measures Affecting Trading Rights and Distribution Services for Certain Publications and Audiovisual Entertainment Products, WT/DS363/1, April 16, 2007. 美国具体指出的法律和相关规定有:《著作权法》(2001 年修正)、《指导外商投资方向规定》《外商投资产业目录》(2007 年)、《文化部、国家广播电影电视总局、新闻出版总署、国家发展和改革委员会、商务部关于文化领域引进外资的若干意见》《出版管理条例》《出版物市场管理规定》《外商投资图书、报纸、期刊分销企业管理办法》《订户订购进口出版物管理办法》《电子出版物管理规定》《音像制品管理条例》《中外合作音像制品分销企业管理办法》《音像制品进口管理办法》《电影企业经营资格准入暂行规定》《国家广播电影电视总局、文化部关于改革电影发行放映机制的实施细则(试行)》《互联网文化管理暂行规定》《文化部关于网络音乐发展和管理的若干意见》等。

② See Request for Consultation by the United States, China—Measures Affecting Trading Rights and Distribution Services for Certain Publications and Audiovisual Entertainment Products, WT/DS363/1, April 16, 2007.

门备案;省级以上人民政府出版行政部门发现有禁止进口的或者暂缓进口的出版物的,应当及时通知出版物进口经营单位并通报海关……出版物进口经营单位不得进口,海关不得放行。"(2)《音像制品进口管理办法》(2001年)第11条规定:"音像制品进口单位进口音像制品应当报文化部进行内容审查。"第19条规定:"任何单位和个人不得出版、复制、批发、零售、出租、营业性放映和利用信息网络传播未经文化部批准进口的音像制品。"(3)《电影管理条例》第31条第1款规定:"进口供公映的电影片,进口前应当报送电影审查机构审查。"根据这些法规,没有通过审查的作品不能进入中国市场,其作者也不能行使中国《著作权法》(2001年)所赋予的权利。

2. 专家组对该问题的分析

美国认为,外国文化作品在进入中国市场之前,要经过审查机构的审查(censorship),这使得处于审查阶段但还未授权进入市场的外国作品在中国得不到版权保护,与TRIPS协定第9.1条所纳入的《伯尔尼公约》第5.1条、第5.2条项下的保护版权作品的义务不符。①

全面分析《伯尔尼公约》的有关规定可知,该公约所规定的著作权人(包括邻接权人)所享有的复制、发行、传播、改编、整理等权利,实际上构成了WTO成员方必须赋予其他成员方著作权人的"最低权利标准",不管这些权利是否属于该成员方本国国民,并且这些权利的享有不需要履行任何程序。《伯尔尼公约》第17条进一步规定了"公共利益"条款:"若本联盟任何成员国的主管当局认为有必要对任何作品或

---

① 《伯尔尼公约》第5.1条规定:"凡受本公约保护之作品,其作者除了在来源国之外,可在其他成员国享受各该国法律目前或今后可能授予其国民的权利,以及本公约特别授予的权利。"第5.2条进一步规定,享有和行使这些权利不需要履行任何手续。

第五章　知识产权保护政策与 WTO 规则的协调问题

制品的发行、表演或展览予以批准、控制或禁止,本公约的条款不能以任何方式妨碍本联盟成员国政府的这种权利。"该条实际上是授权各成员国政府根据公共利益控制相关作品的出版或传播。问题在于,中国《著作权法》(2001年)第4条规定拒绝给予著作权保护的范围与《伯尔尼公约》第17条赋予政府对某些著作权的控制范围是否相符？根据《著作权法》(2001年)第10条,著作权范围中涉及经济的权利包括复制权、发行权、出租权、展览权、表演权、放映权、广播权、信息网络传播权、摄制权、改编权、翻译权、汇编权等。根据《著作权法》(2001年)第4条,如果审查的系违法作品,则该作品的著作权人将不能享有第10条规定的12种权利;而《伯尔尼公约》第17条赋予政府控制的著作权利比较有限(发行、表演或展览)。专家组认为,尽管《伯尔尼公约》第17条所列举的三种权利并非穷尽清单,但该条款并没有授权政府控制《伯尔尼公约》所赋予的所有著作权利。鉴于此,专家组裁决认为,尽管《著作权法》可根据《伯尔尼公约》授权政府对某些著作权利进行控制,但中国没有理由以审查违法为由对某件作品的所有著作权利全部否定。[①]

3. 国民待遇问题

美国还进一步认为,中国对国内文化作品(包括出版物、音像制品、电影等)的审查程序不同于对美国文化作品的审查程序,给予国内作品更优惠待遇,从而有违反 TRIPS 协定第 3.1 条规定的国民待遇之嫌。[②] 虽然美国并没有将这一观点当做此案的一个请求,但分析中国法律规定是否有违反 TRIPS 协

[①] See Panel Report, China—Measures Affecting the Protection and Enforcement of Intellectual Property Rights, WT/DS362/R, paras. 7.122—7.133.

[②] Id., paras. 7.186—7.187.

定的规定,对中国更好地履行WTO义务具有积极的意义。

首先,根据中国《电影管理条例》第24条,国家实行电影审查制度,未经国务院广播电影电视行政部门的电影审查机构(以下简称"电影审查机构")审查通过的电影片,不得发行、放映、进口、出口。第26条和第27条分别规定了国产电影与进口电影的审查程序:国产电影制片单位应当负责电影剧本投拍和电影出厂前的审查,审查后应当报电影审查机构备案。电影审查机构可以对报备案的电影剧本进行审查,发现有本条例禁止内容的,应当及时通知电影制片单位不得投拍。电影制片单位应当在电影片摄制完成后,报请电影审查机构审查。电影进口经营单位应当在办理电影片临时进口手续后,报请电影审查机构审查。由条例规定可知,就已经摄制结束的电影而言,不管是进口还是国产,都必须经过审查机构的审查,审查的标准、程序、时间完全相同。

其次,根据《出版管理条例》(2001年)第20条,国内出版物的审查程序为:图书出版社、音像出版社和电子出版物出版社的年度出版计划及涉及国家安全、社会安定等方面的重大选题,应当经所在地省、自治区、直辖市人民政府出版行政部门审核后报国务院出版行政部门备案;涉及重大选题,未在出版前报备案的出版物,不得出版。第45条对进口出版物的审查程序进行了规定:出版物进口经营单位应当在进口出版物前将拟进口的出版物目录报省级以上人民政府出版行政部门备案;省级以上人民政府出版行政部门发现有禁止进口的或者暂缓进口的出版物的,应当及时通知出版物进口经营单位并通报海关。对通报禁止进口或者暂缓进口的出版物,出版物进口经营单位不得进口,海关不得放行。仅仅从条例本身,看不出两个程序对国内出版物著作权人各项著作权的优惠待遇。

最后,根据《音像制品进口管理办法》的规定,音像制品

第五章 知识产权保护政策与 WTO 规则的协调问题

进口单位进口音像制品应当报文化部进行内容审查,具体程序为:若进口音像制品成品,应当向文化部提出申请并报送以下文件和材料:(1)进口录音(像)制品报审表;(2)进口协议草案;(3)节目样片、中外文歌词;(4)内容审查所需的其他材料。若进口用于出版的音像制品,应当向文化部提出申请并报送以下文件和材料:(1)进口录音(像)制品报审表;(2)版权贸易协议(中外文文本)草案、原始版权证明书、版权授权书和国家著作权认证机构的登记认证文件;(3)节目样片;(4)内容审查所需的其他材料。文化部自收到进口音像制品申请之日起 30 日内作出批准或者不批准的决定。根据《音像制品出版管理规定》,对于国内音像出版物的出版,音像出版单位实行年度出版计划备案制度,出版计划的内容应包括选题名称、制作单位、主创人员、类别、载体、内容提要、节目长度、计划出版时间;省、自治区、直辖市人民政府出版行政部门应当自受理出版计划报送申请之日起 20 日内,向音像出版单位回复审核意见,并报新闻出版总署备案。从两个办法来看,其差异在于:其一,进口音像制品内容审查的主管机构是文化部,国内音像制品审核的主管机构是省级政府出版行政主管部门;其二,从时间上看,进口音像制品的审查批准需要 30 天,而国内音像制品的审核时间为 20 天。这两点差异的确会给相关权利人造成不同待遇,建议作出相应的修改。

(二)关于文化作品贸易权的问题

美国提出,根据《中国入世议定书》第 5 条有关贸易权的规定,特殊情况除外,① 中国在加入 WTO 后 3 年,不仅应当允许所有中国企业享有货物进出口贸易的权利,而且对于所有

---

① 特殊情况是指国营贸易产品和指定经营的产品,包括:粮食、植物油、食糖、烟草、原油、成品油、化肥、棉花、天然橡胶、木材、胶合板、羊毛、腈纶、钢材等。

外国个人和企业在贸易权方面应当给予其不低于给予中国企业的待遇。① 但是,中国通过一系列行政法规、行政规章② 为一些政府指定的企业或者国有企业保留了进口有关出版物、音像制品、电影等文化作品方面的权利,而限制中国其他企业以及外国企业和个人将文化作品进口至中国境内。由此,在文化作品贸易权方面,外国企业和个人,包括那些未在中国投资和注册的企业,所享有的待遇比中国企业差。因此,中国相关规定显然与《中国入世议定书》第5.1条和第5.2条以及《中国入世工作组报告》(以下简称《工作组报告》)第83段和第84段项下的义务相冲突。③

---

① 《中国入世议定书》第5条"贸易权"规定:"1. 不损害中国以与符合《WTO协定》的方式管理贸易的权利的情况下,中国应逐步放宽贸易权的获得及其范围,以便在加入后3年内,使所有在中国的企业均有权在中国的全部关税领土内从事所有货物的贸易,但附件2A所列依照本议定书继续实行国营贸易的货物除外。此种贸易权应为进口或出口货物的权利。对于所有此类货物,均应根据GATT1994第3条,特别是其中第4款的规定,在国内销售、许诺销售、购买、运输、分销或使用方面,包括直接接触最终用户方面,给予国民待遇。对于附件2B所列货物,中国应根据该附件中所列时间表逐步取消在给予贸易权方面的限制。中国应在过渡期内完成执行这些规定所必需的立法程序。2. 除本议定书另有规定外,对于所有外国个人和企业,包括未在中国投资或注册的外国个人和企业,在贸易权方面应给予其不低于给予在中国的企业的待遇。"

② 这些行政法规、行政规章主要包括:《出版管理条例》(2001年)、《出版物市场管理规定》《电子出版物管理规定》《音像制品管理条例》(2001年)、《音像制品进口管理办法》《电影管理条例》《外商投资产业指导目录》(2007年)、《指导外商投资方向规定》《关于文化领域引进外资的若干意见》等。

③ 该两段的主要内容如下:第83段:中国代表确认,在3年过渡期内,中国将逐步放开贸易权的范围和可获性。(a) 中国代表确认,自加入时起,中国将取消中国企业和外商投资企业作为获得或维持进出口权的标准的任何出口实绩、贸易平衡、外汇平衡以及以往经验要求,如在进出口方面的经验。(b) 中国将在过渡期结束后即2004年12月13日后取消贸易权的审批制。(c) 在过渡期内,中国将逐步放开外商投资企业贸易权的范围和可获性。(d) 在加入后3年内,所有在中国的企业将被给予贸易权。外商投资企业从事进出口不需建立特定形式或单独的实体。第84段:(a) 入世3年后,中国将允许所有在中国的企业及外国企业和个人,在中国全部关税领土内进口所有货物。但是,此种权利不允许进口商在中国国内分销货物。(b) 中国代表确认,对外国企业和个人给予贸易权的问题,将以非歧视和非任意性的方式给予。

第五章　知识产权保护政策与 WTO 规则的协调问题

1.《外商投资产业指导目录》和《关于文化领域引进外资的若干意见》

中国关于文化作品贸易权的总体性规定主要是《外商投资产业指导目录》(2007 年)和《关于文化领域引进外资的若干意见》(以下简称《若干意见》)。根据《指导外商投资方向规定》第3、4条,《外商投资产业指导目录》(2007年)第10.2条和第10.3条分别规定"图书、报纸、期刊的出版、总发行和进口业务"与"音像制品和电子出版物的出版、制作和进口业务"属于"禁止外商投资产业目录"。《若干意见》第4条第一句规定,"禁止外商投资设立和经营……电影进口……公司";第二句规定,"禁止外商投资从事书报刊的……进口业务,音像制品和电子出版物的……进口业务"。

专家组审理后认为,《工作组报告》第 83 段(d)中,中国确认,"所有在中国的企业"将被给予贸易权。第 84 段(a)中,中国确认,允许"所有的企业"进口所有货物。由于"所有在中国的企业"包括外商投资企业,因此《外商投资产业目录》禁止类目录第 10.2、10.3 条以及《指导外商投资方向规定》第 3、4 条不符合《中国入世议定书》第 5.1 条以及《工作组报告》第 83 段(d)和第 84 段(a)。① 至于对外商投资企业的贸易权,以上条款是否违反《中国入世议定书》第 5.2 条以及《工作组报告》第 84 段(b),专家组根据司法经济原则不作审理。② 专家组认为,对于没有在中国注册的外国个人和外国企业,美国没能证明《外商投资产业指导目

---

① See Panel Report, China—Measures Affecting Trading Rights and Distribution Services for Certain Publications and Audiovisual Entertainment Products, WT/DS363/R, paras. 7.351—7.352.

② Id., para. 7.357.

录》禁止类目录第10.2、10.3条以及《指导外商投资方向规定》第3、4条不符合《中国入世议定书》第5.2条以及《工作组报告》第83段(d)和第84段(b)。①

专家组同样认为,《若干意见》第4条与《中国入世议定书》第5.1条以及《工作组报告》第83段(d)和第84段(a)不符。② 关于对外商投资企业的贸易权,以上条款是否违反《中国入世议定书》第5.2条以及《工作组报告》第84段(b),则根据司法经济原则不作审理。专家组认为,对于没有在中国注册的外国个人和外国企业,美国没能证明《若干意见》第4条与《中国入世议定书》第5.2条以及《工作组报告》第84段(b)下义务不符。③

2. 关于出版物的贸易权问题

美国认为,中国《出版管理条例》(2001年)相关规定④违反了中国在WTO项下所作的贸易权承诺。首先,第42条规

---

① See Panel Report, China—Measures Affecting Trading Rights and Distribution Services for Certain Publications and Audiovisual Entertainment Products, WT/DS363/R,para.7.354.

② Id., para.7.374.

③ Id., para.7.378.

④ 《出版管理条例》(2001年)第41条规定:"出版物进口业务,由依照本条例设立的出版物进口经营单位经营;其中经营报纸、期刊进口业务的,须由国务院出版行政部门指定。未经批准,任何单位和个人不得从事出版物进口业务;未经指定,任何单位和个人不得从事报纸、期刊进口业务。"第42条进一步对"出版物进口经营单位"的设立条件进行了规定:"设立出版物进口经营单位,应当具备下列条件:(1)有出版物进口经营单位的名称、章程;(2)是国有独资企业并有符合国务院出版行政部门认定的主办单位及其主管机关;(3)有确定的业务范围;(4)有与出版物进口业务相适应的组织机构和符合国家规定的资格条件的专业人员;(5)有与出版物进口业务相适应的资金;(6)有固定的经营场所;(7)法律、行政法规和国家规定的其他条件。审批设立出版物进口经营单位,除依照前款所列条件外,还应当符合国家关于出版物进口经营单位总量、结构和布局的规划。"第43条规定了设立"出版物进口经营单位"的审批程序,即应当向国务院出版行政部门提出申请,经审查批准,取得国务院出版行政部门核发的出版物进口经营许可证后,方可进行出版物的进口业务。

第五章　知识产权保护政策与 WTO 规则的协调问题

定只有国有企业在满足一定条件下才能进口规定的文化产品,从而剥夺了外国企业和个人进口这些文化产品的权利。同时,第 42 条的规定也具有歧视性,使国有企业不用与外国企业竞争。再者,第 42 条赋予行政机关指定进口经营者的自由裁量权。其次,第 41 条对国有企业进行"指定"的规定也违反了中国所作的"不以任意性方式给予"的承诺。①

专家组审理后认为,"出版物进口经营单位"不包括外国企业,只包括在中国注册的企业。只有国有独资企业可以获得批准成为出版物进口经营单位,也才可以从事出版物进口业务。由此可见,除了国有独资企业之外的"在中国的企业"均无权进口相关产品。② 因此,专家组裁决:(1) 就《出版管理条例》(2001 年) 第 43 条规定而言,美国没能证明该审批程序违反了《中国入世议定书》中有关贸易权的承诺。(2)《出版管理条例》(2001 年) 第 42 条规定的八项要求中,有三项要求(第 2、4 和 8 项) 与第 41 条联系在一起,违反了《中国入世议定书》第 5.1 条以及《工作组报告》第 83 段(d) 和第 84 段(a)。③ (3)《出版管理条例》(2001 年) 另外五项要求,美国没有证明其违反了《中国入世议定书》第 5.1 条以及《工作组报告》第 83 段(d) 和第 84 段(a)。④ (4) 就没有在中国注册的外国个人和外国企业而言,美国没能证明《出版管理条例》(2001 年) 第 42 条导致中国违反了《中国入世议定书》第 5.2

---

① See Panel Report, China—Measures Affecting Trading Rights and Distribution Services for Certain Publications and Audiovisual Entertainment Products, WT/DS363/R, paras. 7.385—7.386.

② 参见朱榄叶编著:《世界贸易组织国际贸易纠纷案例评析(2007—2009)》,法律出版社 2010 年版,第 331 页。

③ See Panel Report, China—Measures Affecting Trading Rights and Distribution Services for Certain Publications and Audiovisual Entertainment Products, WT/DS363/R, para. 7.411.

④ Id., para. 7.409.

条以及《工作组报告》第84段(b)。① (5)《出版管理条例》(2001年)第41条的规定违反了《工作组报告》第84段(b)有关外贸经营权的"不以任意性方式给予"的承诺。②

3. 关于视听作品与影片的贸易权问题

有关视听作品进口方面的规定散见于《音像制品管理条例》(2001年)、《音像制品进口管理办法》和《中外合作音像制品分销企业管理办法》等中。③

美国认为,中国政府通过《音像制品管理条例》(2001年)第5、27、28条的要求和程序性规定控制了具有进口权的企业数量。该条例所规定的程序中有许多条件要求及给予政府的任意权,不符合中国在贸易权利承诺中的"非任意性"承诺。上述条款违反了《中国入世议定书》第5.1、5.2条和《工作组报告》第83段(d)和第84段(a)(b),限制了政府指定企业外的其他企业,包括中国私营企业、外商投资企业或者外国的企业或个人的贸易权。④ 专家组认为,中国《音像制

---

① See Panel Report, China—Measures Affecting Trading Rights and Distribution Services for Certain Publications and Audiovisual Entertainment Products, WT/DS363/R, para. 7.419.

② Id., para. 7.437.

③ 《音像制品管理条例》(2001年)第5条规定:"国家对出版、制作、复制、进口、批发、零售、出租音像制品,实行许可制度;未经许可,任何单位和个人不得从事音像制品的出版、制作、复制、进口、批发、零售、出租等活动。依照本条例发放的许可证和批准文件,不得出租、出借、出售或者以其他任何形式转让。"第27条规定:"音像制品成品进口业务由国务院文化行政部门指定音像制品成品进口经营单位经营;未经指定,任何单位或者个人不得经营音像制品成品进口业务。"《音像制品进口管理办法》第7条规定:"国家对音像制品进口实行许可制度。"第8条规定:"音像制品成品进口业务由文化部指定的音像制品经营单位经营;未经文化部指定,任何单位或者个人不得从事音像制品成品进口业务。"《中外合作音像制品分销企业管理办法》第21条规定:"中外合作音像制品分销企业不得从事音像制品进口业务。"

④ See Panel Report, China—Measures Affecting Trading Rights and Distribution Services for Certain Publications and Audiovisual Entertainment Products, WT/DS363/R, paras. 7.611—7.613.

品管理条例》(2011年)第5、27条以及《音像制品进口管理办法》第7、8条的规定违反了《工作组报告》第84段(b)有关外贸经营权"不以任意性方式给予"的承诺。《中外合作音像制品分销企业管理办法》第21条违反了《中国入世议定书》第5.1条以及《工作组报告》第83段(d)和第84段(a)。①《音像制品管理条例》(2001年)第28条要求所有音像制品必须在发行前提交中国文化行政部门进行内容审查,前提是得到了文化行政部门的许可。专家组认为第28条应当被理解为适用于已进口的音像制品,因此美国未能证明《音像制品管理条例》第28条与中国的贸易权利承诺不符。②

在供影院放映的电影进口方面的主要规定有《电影管理条例》《电影企业经营资格准入暂行规定》《进口影片管理办法》。③ 与出版物、视听产品类似,美方指出,"由国务院广播电影电视行政部门指定"意味着其行使自由裁量权以决定谁能进口电影,并且没有任何申请和批准程序。美方进一步指出,只有国有独资企业(附属于中国电影集团旗下的中国电影进出口公司)被授权进口供影院放映的电影,这种垄断进口电影的权利与中国的贸易权承诺不符。④ 中国认为《中国

---

① See Panel Report, China—Measures Affecting Trading Rights and Distribution Services for Certain Publications and Audiovisual Entertainment Products, WT/DS363/R, para. 8.1.

② Id., para. 7.662.

③ 《电影管理条例》第30条规定:"电影进口业务由国务院广播电影电视行政部门指定电影进口经营单位经营;未经指定,任何单位或者个人不得经营电影进口业务。"《电影企业经营资格准入暂行规定》第16条进一步规定:"电影进口经营业务由广电总局批准的电影进口经营企业专营。进口影片全国发行业务由广电总局批准的具有进口影片全国发行权的发行公司发行。"

④ See Panel Report, China—Measures Affecting Trading Rights and Distribution Services for Certain Publications and Audiovisual Entertainment Products, WT/DS363/R, paras. 7.489—7.491.

入世议定书》第5.1、5.2条只适用于货物,而美国指出的"影院影片"并不是货物。专家组认为,美国所指的"影院影片"实际上是对商品——微晶胶片的一种描述,无论是配音的还是未配音的,都可以用于放映。中国海关统一编码制度也将供影院放映的电影微晶胶片作为商品。因此,美国的诉请涉及的"影院影片"是中国贸易权承诺所涵盖的货物。专家组最终裁定,《电影管理条例》第30条、《电影企业经营资格准入暂行规定》第16条与《中国入世议定书》第5.1条不符,同时违反了《工作组报告》第83段(d)、第84段(a)(b)。①

中国对此提出上诉,认为电影进口属于服务贸易而不是货物贸易问题,专家组裁决的错误在于没有准确区分"影院影片"(cinematographic film)与载有内容的"电影"。《电影管理条例》第30条所指的是载有内容的"电影",而不是"影院影片"。上诉机构认为,内容与载体之间难以明确区分,电影既包括"内容",亦包括"内容载体"。此外,在中国有关货物贸易减让表中,电影胶片分类号为HS3706,其描述是:"已曝光、已冲洗的电影胶片,无论是否配备有声道或仅有声道"。这表明,含有内容的"影院影片"(中国所认为的"电影")在中国海关当局被认为是货物。因此,中国所谓的"电影"仅仅是内容(不是产品),而其载体是产品的区分是一种人为的二分法(an artificial dichotomy)。②

---

① See Panel Report, China—Measures Affecting Trading Rights and Distribution Services for Certain Publications and Audiovisual Entertainment Products, WT/DS363/R, paras. 7.524—7.526,8.1.

② See Appellate Body Report, China—Measures Affecting Trading Rights and Distribution Services for Certain Publications and Audiovisual Entertainment Products, WT/DS363/AB/R, paras. 188—195.

(三) 文化作品分销权问题

1. 出版物(包括电子出版物)的分销服务问题

美国认为,中国关于出版物分销的相关措施[①]违反了中国在《服务贸易总协定》(以下简称"GATS")第17条下国民待遇承诺。这些措施中,对外商投资企业的限制措施主要有:(1)禁止进口出版物的分销;(2)禁止出版物(电子出版物除外)的总发行;(3)禁止电子出版物的批发及总批发;(4)对其从事国内出版的出版物(不包括电子出版物)的分销服务存在歧视性限制。[②]

专家组认为,根据 GATS 第17条的规定,这一问题的解决需要对以下问题作出认定:争议措施所涉及的服务是否在中国的服务贸易减让表(以下或简称"减让表")中,中国在国民待遇上的承诺是否包括各种条件和限制,争议措施是否影响了争议涉及的服务的提供,争议措施是否给予其他成员方的服务提供者歧视性待遇。专家组认为,中国在减让表中承诺了"批发服务",并且该批发服务涉及除盐和烟草外的所有货物,因此争议涉及的出版物的批发服务包含在减让表中。同时,专家组发现,在减让表的水平承诺中,中国在市场准入和国民待遇上设置了一些条件和限制,但是这些条件和限制仅涉及外国批发商在中国从事商业活动的法律形式与方式,

---

[①] 关于出版物和视听作品的分销权问题,美国具体指控的法规、规定主要有:《出版管理条例》(2001年)、《音像制品管理条例》(2001年)、《指导外商投资方向规定》《外商投资产业指导目录》(2007年)、《关于文化领域引进外资的若干意见》《外商投资图书、报纸、期刊分销企业管理办法》《出版物市场管理规定(修正)》《电子出版物管理规定》《订户订购进口出版物管理办法》《设立中外合资、合作和外商独资出版物分销企业审批规定》《中外合作音像制品分销企业管理办法》等。

[②] See Panel Report, China—Measures Affecting Trading Rights and Distribution Services for Certain Publications and Audiovisual Entertainment Products, WT/DS363/R, para. 7.925.

并不限制批发商有权发行的出版物的种类。① 根据 GATS 第 17 条第 3 款的规定,"如形式上相同或不相同的待遇改变竞争条件,与任何其他成员方的同类服务或者服务提供者相比,有利于该成员方的服务或者服务提供者,则此类待遇应被视为较为不利的待遇。"专家组审查了中国现有法律的规定,认为中国《订户订购进口出版物管理办法》第 4 条、《出版管理条例》(2001 年)第 42 条、《外商投资图书、报纸、期刊分销企业管理办法》第 2 条和《出版物市场管理规定》第 16 条违反了中国在 GATS 协定第 17 条下国民待遇的承诺。②

关于禁止出版物(电子出版物除外)总发行的问题,中国认为出版物的总发行不在中国作出的批发服务贸易承诺中。专家组则认为,"总发行"的概念并没有出现在中国的减让表中,因此对于中国在此方面的承诺应当参考减让表中的其他语句。专家组认为减让表中所谓的"服务领域或者子领域",包括了符合该领域定义的所有活动,而不限于其明确列举的活动。专家组根据减让表附件 2 及中国新闻出版总署制定的一些文件,认定出版物总发行属于中国减让表附件 2 定义的批发范畴。③ 基于此认识以及上述专家组的推理,专家组认为《外商投资产业指导目录》(2007 年)第 10.2 条、《指导外商投资方向规定》第 3 条和第 4 条以及《关于文化领域引进外资的若干意见》第 4 条违反了中国在 GATS 第 17 条下国民

---

① See Panel Report, China—Measures Affecting Trading Rights and Distribution Services for Certain Publications and Audiovisual Entertainment Products, WT/DS363/R, paras. 7.943,7.944,7.948,7.951,7.953,7.954.

② Id., paras. 7.978,7.979,7.998,7.999.

③ See Panel Report, China—Measures Affecting Trading Rights and Distribution Services for Certain Publications and Audiovisual Entertainment Products, WT/DS363/R, paras. 7.1011—7.1027.

待遇的承诺。①

关于禁止从事电子出版物的批发与总批发方面,美国根据中国1997年《电子出版物管理规定》第62条的规定,认为中国禁止外商投资企业从事电子出版物的批发与总批发,违反了GATS的规定。专家组同样基于上述推理,认为该管理规定第62条违反了GATS第17条关于国民待遇的规定。②

专家组分析了美国提出的中国有关法律、法规,认定中国对外商投资企业存在歧视性待遇。相关的规定有:《外商投资图书、报纸、期刊分销企业管理办法》第7.4条规定,设立外商投资企业从事图书、报刊的批发,其注册资本不得低于人民币3000万元。根据《出版物市场管理规定》第8.4条,从事图书、报刊批发业务的中国国内企业的最低注册资本为人民币500万元。《外商投资图书、报纸、期刊分销企业管理办法》第7.5条规定,从事批发业务的外商投资企业的经营期限不超过30年。中国国内的批发商则不受此限制。

2. 录音制品电子发行方式的问题

美国认为,中国《互联网文化管理暂行规定》等法规禁止外商电子发行录音制品,而中国在服务贸易承诺表第2D段,承诺以商业存在和跨境交付的方式允许外国服务提供者从事音像制品的分销服务,因此中国违反了其在WTO下所作的承诺,也违反了GATS第17条关于国民待遇的规定。③ 由于中国《文化部关于实施〈互联网文化管理暂行规定〉有关问

---

① See Panel Report, China—Measures Affecting Trading Rights and Distribution Services for Certain Publications and Audiovisual Entertainment Products, WT/DS363/R, para. 7.1048.

② Id., para. 7.1096.

③ See Panel Report, China—Measures Affecting Trading Rights and Distribution Services for Certain Publications and Audiovisual Entertainment Products, WT/DS363/R, para. 7.1143.

题的通知》第2条、《关于文化领域引进外资的若干意见》第4条、《外商投资产业指导目录》禁止性目录第10.7条①分别对外商通过互联网传播录音制品进行了限制,专家组审理后认为,上述规定与GATS第17条项下的国民待遇义务不符。②

对此,中国提出上诉。中国认为,服务贸易承诺表第2D段"视听服务"中的"录音制品分销"指的是具有物理形态的录音制品的分销,例如光盘(CD)的分销,而不包括电子形态,如通过互联网或其电子方式进行的分销。专家组的错误在于对中国服务贸易承诺表中的"录音制品分销"这一术语的错误解释。专家组在解释这一术语时,没有考虑到GATS中一些重要的解释原则,如遵循主动列举原则(positive list principle)、达成平衡减让(reaching of a balance of concessions)和逐步自由化原则等。根据这些原则,中国坚持:(1)WTO成员方有决定其服务市场开发的空间和范围的主权;(2)在服务贸易承诺表

---

① 中国《关于文化领域引进外资的若干意见》第4条:"禁止外商投资设立和经营新闻机构、广播电台(站)、电视台(站)、广播电视传输覆盖网、广播电视节目制作及播放公司、电影制作公司、互联网文化经营机构和互联网上网服务营业场所(港澳除外)、文艺表演团体、电影进口和发行及录像放映公司。禁止外商投资从事书报刊的出版、总发行和进口业务,音像制品和电子出版物的出版、制作、总发行和进口业务,以及利用信息网络开展视听节目服务、新闻网站和互联网出版等业务。外商不得通过出版物分销、印刷、广告、文化设施改造等经营活动,变相进入频道、频率、版面、编辑和出版等宣传业务领域。"《外商投资产业指导目录》(2007年)禁止性目录第10.7条规定,新闻网站、网络视听节目服务、互联网上网服务营业场所、互联网文化经营等禁止外商进入。《文化部关于实施〈互联网文化管理暂行规定〉有关问题的通知》第2条规定:"申请设立互联网文化单位,应当符合《互联网文化管理暂行规定》有关申办条件和互联网文化单位总量、结构和布局的规划,具有合法的互联网文化产品来源渠道或互联网文化产品生产能力;申请设立经营性互联网文化单位,应当有100万元以上注册资本和8名以上网络管理员、编辑人员等专业技术人员,并以企业的形式申办有关手续。申请设立非经营性互联网文化单位不得以企业的形式申办有关手续。各地暂不受理外商投资互联网信息服务提供者申请从事互联网文化活动。"

② See Panel Report, China—Measures Affecting Trading Rights and Distribution Services for Certain Publications and Audiovisual Entertainment Products, WT/DS363/R, para. 8.2.3(b)(i).

第五章 知识产权保护政策与 WTO 规则的协调问题

缺乏明确的特定承诺的情况下，一项特定服务不应被认为属于承诺的内容。对服务贸易承诺表的解释，应基于中国缔结条约当时对"录音制品分销"的定义(contemporaneous to the conclusion of the treaty)，而不应该采用一种与时俱进的解释方法(evolutionary approach)，即将中国在 GATS 项下的承诺以其当代意义(contemporary meaning)进行解释。①

上诉机构认为，DSB 适用《维也纳条约法公约》第 31 条和第 32 条进行解释的服务贸易承诺表的目的在于探寻各成员方的"共同意志(common intention)，而非中国单方面的意志。② 中国承诺表所用术语"录音制品"与"分销"具有足够的通用性，此类术语的适用对象可随时间而变迁。假若术语的通常含义只能是承诺表制定时的术语含义，则意味着相似或相同措辞的服务贸易承诺将因作出的日期不同而有所差异，其适用的范围与内容均不同。这样的解释将削弱承诺表的可预见性、安全性与清晰性。上诉机构进一步引证美国海虾海龟案对 GATT1994 第 20 条(g)项"可耗尽自然资源"所采取的解释方法，以证明其适用与时俱进的解释方法是正确的。最后，上诉机构维持了专家组的意见，即录音制品的电子分销在中国服务贸易承诺表之列。③

对于上诉机构的这种解释，我们认为有牵强之处。上诉机构运用了主观学派解释条约的方法，即将条约解释的出发点和目标建立在探讨和确定缔约者的共同意图的基础上。

---

① See Appellate Body Report, China—Measures Affecting Trading Rights and Distribution Services for Certain Publications and Audiovisual Entertainment Products, WT/DS363/AB/R, para. 47.

② Id., para. 405.

③ See Appellate Body Report, China—Measures Affecting Trading Rights and Distribution Services for Certain Publications and Audiovisual Entertainment Products, WT/DS363/AB/R, para. 309.

在多边条约中，寻求共同意图就如同在彩虹中寻求金子一样渺茫。许多国家加入某一条约，不是基于谈判者的意图是什么，而是基于条约本身是怎么规定的。条约约文是缔约方意图的表达形式，这样确定条文本身所表达的意义是第一位的。① 特别是对于服务贸易承诺表的解释，寻找共同意图是不现实的。因为服务贸易承诺表是采取"一方一表"的方式，每个成员方的承诺表的标题都很简短，描述性不强，具体的描述范围往往参照 W/120 号文件。② 2001 年 3 月 23 日，服务贸易理事会通过了"2001 承诺表指南"。该指南继续鼓励成员方采用 W/120 号文件和 CPC 对服务贸易部门进行分类和定义，以期为多哈回合服务贸易谈判提供更加明确和可预期的服务贸易分类。该指南继续承认，成员方在服务贸易部门分类权限方面依然拥有自主权，但是成员方对服务贸易部门的分类或定义应当保持与 CPC 相协调，并尽可能将所分类部门界定详细，以免对其承诺部门产生任何歧义。由此可见，如果成员方承诺表中没有明确规定电子服务方式，W/120 号文件中亦未作此描述，强调共同意图缺乏实际基础。

（四）关于 GATT 第 20 条例外的适用问题

中国就本案提出，即使中国有关文化产品的管理措施不符合《中国入世议定书》和《工作组报告》的有关规定，也可以

---

① See Michael Lennard, Navigating by the Stars: Interpreting the WTO Agreements, Journal of International Economic Law, Vol. 5, 2002, para. 29.

② 在乌拉圭回合谈判中，为给各谈判方服务贸易承诺表中的服务部门划分提供必要指引，1991 年 7 月，GATT 秘书处发布了《服务部门分类表》(Services Sectoral Classification, W/120)，主要由两栏构成：左边一栏名为"部门和分部门"(Sectors and Sub-sectors)，共计 12 个服务部门，每一个部门又分为若干个分部门，共计 150 多个；右边一栏名为"对应的核心产品分类"，对于左边栏目罗列的几乎每一个分部门，都有相对应的核心产品分类编码。

第五章　知识产权保护政策与 WTO 规则的协调问题

援引 GATT 第 20 条(a)项"公共道德"例外作为辩护。① 为防止成员方滥用例外,该条在其前言部分规定了援引例外的前提,即不能在成员方之间造成任意性的、不合理的歧视,不得作为限制国际贸易的伪装。具体到中国进出口贸易权争端,援引 GATT 第 20 条(a)项涉及两个法律问题:一是 GATT 第 20 条是否适用于《中国入世议定书》? 二是如果适用,中国的管理措施是否符合 GATT 第 20 条(a)项所规定的条件?

关于第一个问题,中国认为,根据《中国入世议定书》第 5 条,中国放开对贸易权的前提是"在不损害中国以与符合《WTO 协定》的方式管理贸易的权利的情况下"。GATT 作为《WTO 协定》的一个附件,自然包括在中国所列前提之列,GATT 第 20 条(a)项适用《中国入世议定书》第 5 条属理所当然。然而,本案的专家组对这一问题采取了回避态度。专家组认为,对于这一问题,首先应考虑中国的管理措施是否达到了 GATT 第 20 条(a)项规定的标准;如果达到了,再考虑中国是否可以援引该条款作为其偏离《中国入世议定书》的理由。②

专家组实际上没有解决 GATT 第 20 条是否适用《中国入世议定书》的制度性问题,中国对此提出上诉。上诉机构认为有必要澄清这一问题。上诉机构认为,《中国入世议定书》第 5 条规定的"在不损害中国以与《WTO 协定》的方式管理贸易的权利的情况下"中的"符合《WTO 协定》",指的是既包

---

① GATT 第 20 条以"一般例外"的方式,列举了成员方可以偏离 GATT 纪律的理由,因为 GATT 认可对政府而言还有比追求贸易自由化更为重要的政策目标。这些例外包括公共道德例外、维护人类动植物健康安全例外、保护可耗尽的自然资源例外、劳工产品例外等 10 项。

② See Panel Report, China—Measures Affecting Trading Rights and Distribution Services for Certain Publications and Audiovisual Entertainment Products, WT/DS363/R, para. 466.

括涵盖协定规则本身及其附件,也包括涵盖协定规则的例外。由于《中国入世议定书》第 5 条是关于货物贸易的,因此中国可以援引 GATT 第 20 条的例外条款。上诉机构明确指出:"就《中国入世议定书》第 5 条的引言条款而言,中国可在本案中援引 GATT 第 20 条(a)项,作为其偏离《中国入世议定书》和《工作组报告》有关贸易权义务不一致的辩护。"①

  第二个问题涉及 GATT 第 20 条(a)项的适用条件。成员方欲以 GATT 第 20 条(a)项作为实施某些管理措施的抗辩理由,必须负责举证:(1)该措施以维护公共道德为目标;(2)该措施是维护公共道德所必需的;(3)该措施符合第 20 条前言之规定。援引 GATT 第 20 条(a)项的关键前提是证明系争措施属"必需"(necessary)。根据 WTO 以往的判例,②在判断一项措施是否属"必需"时,需要考虑两方面的因素:一是该措施对达成政府所追求目标的贡献,二是该措施对国际贸易的限制性影响。关于对国际贸易的限制性影响,则需要考察"更好的替代方法",即不存在与《WTO 协定》相符的措施或与《WTO 协定》不相符程度更小的替代措施。③

---

  ① See Appellate Body Report, China—Measures Affecting Trading Rights and Distribution Services for Certain Publications and Audiovisual Entertainment Products, WT/DS363/AB/R, para. 233.

  ② Korea—Various Measures on Beef, US—Gambling and Brazil—Retreaded Tyres. In US—Gambling, the Appellate Body stated that, due to the similar language used in both provisions—in particular the term "necessary" and the requirements set out in their respective chapeaux—previous decisions under Article XX of the GATT1994 were relevant to its analysis under Article XIV of the GATS. (Appellate Body Report, US—Gambling, para. 291) For the same reasons, the decision of the Appellate Body in US—Gambling dealing with the interpretation of Article XIV of the GATS is relevant to the analysis of Article XX called for in this dispute.

  ③ See Appellate Body Report, China—Measures Affecting Trading Rights and Distribution Services for Certain Publications and Audiovisual Entertainment Products, WT/DS363/AB/R, para. 240.

第五章 知识产权保护政策与 WTO 规则的协调问题

对于可替代措施,上诉机构认为,如果该措施仅仅具有理论上的可行性,例如被诉成员方没有能力采取该措施;或者如果该措施对该成员方施加了一项不恰当的负担,如技术上或成本上困难;或者该措施不能为成员方实现其合法目标所到达的保护程度,则该措施不具有可替代性。

在这起争端中,虽然专家组和上诉机构没有支持中国提出的"必需"的举证,[①]但是上诉机构裁决中国可以援引 GATT 第 20 条(a)项例外,是中国及其他国家在遇到类似争端时可以引用的抗辩,对中国来讲具有积极的意义。

三、中国文化贸易有关法律的完善

2010 年 2 月 26 日,中国公布了修订的《著作权法》(以下简称《著作权法》(2010 年))。《著作权法》(2010 年)将原第 4 条"依法禁止出版、传播的作品,不受本法保护。著作权人行使著作权,不得违反宪法和法律,不得损害公共利益……"修改为"著作权人行使著作权,不得违反宪法和法律,不得损害公共利益。国家对作品的出版、传播依法进行监督管理",即删除了"依法禁止出版、传播的作品,不受本法保护"的内容,以执行 DSB 的裁决,使中国法律符合 TRIPS 协定的规定。

2011 年 3 月 19 日,中国发布了《音像制品管理条例》(以下简称《音像制品管理条例》(2011 年))和《出版管理条例》(以下简称《出版管理条例》(2011 年)),对涉案不符合 WTO 规则的条文进行修订。

首先,针对音像制品进口的问题,DSB 裁决认为,中国

---

① See Appellate Body Report, China—Measures Affecting Trading Rights and Distribution Services for Certain Publications and Audiovisual Entertainment Products, WT/DS363/AB/R, para. 263.

《音像制品管理条例》(2001年)第27条等规定违反了其在《工作组报告》中所作的有关外贸经营权"不以任意方式给予"的承诺;《音像制品管理条例》(2011年)将原音像制品进口经营主体由以前的"指定"变为"批准",即符合条件的企业经批准都可以拥有进口音像制品的权利。具体来看,《音像制品管理条例》(2001年)第27条为:"音像制品成品进口业务由国务院文化行政部门指定音像制品成品进口经营单位经营;未经指定,任何单位或者个人不得经营音像制品成品进口业务。"《音像制品管理条例》(2011年)将原第27条修改为:"音像制品成品进口业务由国务院出版行政主管部门批准的音像制品成品进口经营单位经营;未经批准,任何单位或者个人不得经营音像制品成品进口业务。"

其次,针对出版物进口的问题,DSB裁决认为,《出版管理条例》(2001年)第41条、第42条相关内容违反了《中国入世协定书》第5.1条以及《工作组报告》中所作的承诺,即有关外贸经营权"不以任意方式给予"。因此,《出版管理条例》(2011年)对《出版管理条例》(2001年)第41条、第42条进行了修改。第一,原第41条为:"出版物进口业务,由依照本条例设立的出版物进口经营单位经营;其中经营报纸、期刊进口业务的,须由国务院出版行政部门指定。未经批准,任何单位和个人不得从事出版物进口业务;未经指定,任何单位和个人不得从事报纸、期刊进口业务。"新修订的第41条为:"出版物进口业务,由依照本条例设立的出版物进口经营单位经营;其他单位和个人不得从事出版物进口业务。"即删除了"指定"的规定。第二,原第42条对设立出版物进口经营单位设定了8项条件,修改后的第42条将其变为7项,其中将原第2项"是国有独资企业并有符合国务院出版行政部门认定的主办单位及其主管机关"中"国有独资企业"的要求删除,取消了对外商投资企业进口经营权的限制;将原第 4 项"有与出版物进口业务相适应的组织机构和符合国家规定的资格条件的专业人员"修改为"具有进口出版物内容审查能力";删除原第 8 项。

最后,关于录音制品电子发行方式的问题,DSB 裁决认为,录音制品的电子分销在中国服务贸易承诺表之列,因此《文化部关于实施〈互联网文化管理暂行规定〉有关问题的通知》第 2 条、《若干意见》第 4 条以及《外商投资产业目录》的相关规定与 GATS 项下国民待遇义务不符。《音像制品管理条例》(2011 年)和《出版管理条例》(2011 年)在录音制品电子发行方面也作了一定的修改,以执行 DSB 的裁决。《音像制品管理条例》(2011 年)将原第 49 条修改为:"除本条例第三十五条外,电子出版物的出版、制作、复制、进口、批发、零售等活动适用本条例。"即将"电子出版物的出版、制作、复制、进口、批发、零售"纳入《音像制品管理条例》(2011 年)的管理范围。《出版管理条例》(2011 年)将原第 39 条修改为:"国家允许设立从事图书、报纸、期刊、电子出版物发行业务的中外合资经营企业、中外合作经营企业、外资企业。"《出版管理条例》(2011 年)还将第 67 条改为第 73 条,修改为:"行政法规对音像制品和电子出版物的出版、复制、进口、发行另有规定的,适用其规定。接受境外机构或者个人赠送出版物的管理办法、订户订购境外出版物的管理办法、网络出版审批和管理办法,由国务院出版行政主管部门根据本条例的原则另行制定",拟通过将来制定相关办法的方式予以细化。

第六章 环境资源保障政策与 WTO 规则的协调问题

第一节 环境政策与贸易关系的演变问题

关贸总协定乌拉圭回合多边贸易谈判除增列了服务贸易、知识产权以及与贸易有关的投资措施外,还涉及和探讨了有关环境与贸易的问题,虽然没有达成任何协定,但最终还是形成了《关于环境与贸易的决议》。2001 年 11 月 9 日至 14 日在多哈召开的 WTO 第四次部长级会议中,虽然各方对贸易与环境问题认识不一,但最终还是同意将环境与贸易问题纳入谈判议程。

一、乌拉圭回合关于环境与贸易的谈判

(一) 自由贸易与环境保护

环境与贸易一直有着密切的联系,但环境保护政策和措施对贸易的影响在过去并未构成多大问题。近三十多年来,世界经济在高速发展的同时,也导致了一系列严重的资源和环境问题,如酸雨现象、温室效应、森林破坏、物种灭绝、土地资源退化、臭氧层耗损、越境大气污染、有害危险废弃物跨国大转移以及全球发生的多起重大环境灾难。这些问题不断激发人们对资源、环境和自身健康状况的关注,促使人们环

第六章 环境资源保障政策与 WTO 规则的协调问题

保意识的迅速觉醒和提高。人们要求改善生存环境质量的呼声越来越高,价值观念在世界各国尤其是在发达国家发生了很大变化,由重视物质价值观转向以强调非物质价值为特点的绿色价值观。因此,人们将 20 世纪 90 年代看成"环保年代",各种环保法规层出不穷。人们认识到,环境问题单靠一个或几个国家单独行动无济于事,环境问题与贸易问题紧密相连,环保运动的深入发展不可避免地会涉及国际贸易政策。

各国为保护环境而采取的贸易政策包括:(1)征收环保进口附加税,即对入境后可能造成环境污染的产品、设备加征额外的环保关税,以达到限制进口之目的;(2)颁布保护特定物种的法律规章,限制或禁止与之有关的进出口贸易(如美国根据其《海洋哺乳动物保护法》,禁止从墨西哥进口金枪鱼,理由是墨西哥船队使用超过美国标准的大型渔网,在捕获金枪鱼的同时,捕杀了应保护的海豚);(3)为进口产品确定硬性环保指标,对达不到该标准者限制进口或禁止进口;(4)实行环境标志认证制度,使本国具有环保意识的消费者自动抵制那些从生产到消费环节存在污染的产品;(5)实行环保补贴措施。

由于环境与贸易之间有着内在的联系,发达国家政府越来越意识到采取贸易措施可作为解决环境问题的首选方法。正如一位资深的贸易学家所指出的:"贸易措施虽不是保护环境最理想工具,但是在许多情况下却是唯一可供选择的手段。"[1]

---

[1] Ralf Buckley, International Trade, Investment and Environmental Regulation, Journal of World Trade, Vol. 27, Aug. 1993, para. 103.

(二) 乌拉圭回合关于环境与贸易问题的谈判

早在 1971 年,关贸总协定就设立了"环境措施与国际贸易小组"(Group on Environmental Measures and International Trade,以下简称"环境小组"),但尚未开始活动就进入休眠状态。1979 年东京回合所达成的《贸易技术壁垒协定》虽然首次在 GATT 法律体系中明确提出环境保护问题,但并未深入探讨。即使 1986 年《埃斯特角城部长宣言》在陈述多边贸易谈判的内容和目标时,环境与贸易问题也未作为一个单独议题被列入谈判议程。乌拉圭回合多边贸易谈判最后之所以作出《关于环境与贸易的决议》,主要原因有二:一是关贸总协定缔约方内部一再发生与环境有关的贸易争端,迫使关贸总协定理事会不得不把环境问题提到议事日程上来。最著名的案例是:美国根据《海洋哺乳动物保护法》,限制金枪鱼及其加工品的输入,引起墨西哥等国的不满。在 1991 年 2 月的关贸总协定理事会上,墨西哥等国指责美国违反关贸总协定。奥地利代表欧洲自由贸易联盟七国(EFTA)提议恢复"环境小组",获得其他一些国家赞同。二是近年来环境保护已日益成为国际社会关注的热点,联合国和其他组织通过了一系列环保公约和协定。特别是 1992 年 6 月 3 日至 14 日在巴西里约热内卢召开的联合国环境与发展大会(UNCED),有 183 个国家和地区的代表参加,其中包括 102 个国家的元首或政府首脑。UNCED 强调国际贸易在消除贫困和保护环境方面的作用,大会通过的《21 世纪议程》更是强调了国际贸易在促进可持续发展方面的重要性。[①] 在 UNCED 的推动下,

---

① See WTO Secretariat, Trade and Environment at the WTO, available at http://www.wto.org/english/tratop_e/envir_e/envir_wto2004_e.pdf., visited on 2011-4-5.

GATT 秘书处在 1992 年的一份关于环境与贸易的报告中也指出："GATT 体系对一国为保护环境免受国内生产、消费或进口产品的影响而采取的措施不加限制……"

1992 年 11 月,关贸总协定理事会任命日本大使小川秀为重新恢复的"环境小组"主席,该小组随后曾多次研讨环保问题。同时,关贸总协定理事会本身也多次进行讨论,并在自 1991 年至 1994 年初召开的第 47、48、49 届三次缔约方大会上,对"环境小组"有关环保问题的工作报告予以肯定。在这一基础上,终于在结束乌拉圭回合的"最后文本"中作出《关于环境与贸易的决议》。

乌拉圭回合谈判的新议题中,其他三个新议题即服务贸易、知识产权、与贸易有关的投资措施都形成了协定,唯独没有形成针对环境与贸易问题的专门协定。这主要是因为环境与贸易问题相当复杂,各利益方之间的分歧很难在短时间内达成一致。

自由贸易主义者和环境主义者之间存在两种对立的观点:环境主义者(environmentalists)指责作为多边贸易体制基础的 GATT 正日益成为环境保护的障碍,因为自由贸易的结果是增加需求,扩大生产,从而增加了对可开发性自然资源及整个环境的压力。从这个角度看,自由贸易本质上与资源和环境的保护相抵触。因此,环境主义者要求改革 GATT,使其机制能服务于环境保护目的。然而,主张自由贸易的经济学家认为,自由贸易并非造成全球环境恶化的原因,以贸易壁垒为基础的解决环境问题的方法只会造成资源分配上的浪费,而国际专业分工却能使全球的环境保护更有效率。例如,为防止热带森林的减少而对林木及其产品实施进口限制,这种环境贸易措施有可能迫使该地居民改变土地用途,比如发展农业或畜牧业,最终导致热带雨林面积以更快的速度减少。① 可持续发展要求有效地利用资源,而这正是自由贸易所促进的。因此,寻求开放的多边贸易体制可以作为保护全球环境的一个重要的经济手段。②

发展中国家与发达国家之间存在难以调和的分歧。发达国家认为,发展中国家维持很低的环境标准,对某些产业省去了应有的污染处理装置,从而取得了不公平的竞争优势,扭曲了贸易条件,对发达国家构成"生态倾销"。因此,发达国家要求讨论有关贸易与环境问题的专项协定,规定成员方必须达到的最低环境标准,并将有关对贸易产品的环境标准从产品本身扩大到生产过程,对未达到标准的产品或未达到标准地区的产品可采取加税直至禁止等补救和惩罚措施。发展中国家则认为,世界各国对全球环境保护是"共同但有区别的责任",而发达国家采取"一刀切"的做法,不仅显然忽视了发展中国家在贫困和人口的巨大压力下,只能在发展中解决环境问题的现状,而且没有将一国由于污染程度较低或迫于经济原因而实施较低环境标准的行为与人为降低环境标准、以牺牲环境为代价换取竞争优势的行为区别开来。此外,实证研究表明,对于环境保护方面的先驱企业而言,相对于其获得的市场利益,其高标准的环境保护措施并没有降低其盈利能力。③ 因此,一些发展中国家认为,发达国家对发展中国家实施压力,迫使它们接受不必要或难以实施的高标

---

① See John H. Jackson, Legal Problems of International Economic Relations: Cases, Materials and Text, Forth Edition, U.S.A.: West Group, 2002, para.1000.

② 参见张若思:《世界贸易组织内涉及环境问题的争端》,载《国际贸易问题》1997 年第 6 期,第 31 页。

③ See John H. Jackson, Legal Problems of International Economic Relations: Cases, Materials and Text, Forth Edition, U.S.A: West Group, 2002, para.1002.

准,实质上是发达国家对发展中国家的国际贸易设置新的贸易壁垒。

二、WTO 体系中有关环境与贸易问题的规则

(一) WTO 涵盖协定中有关环境与贸易问题的规则

虽然乌拉圭回合没有达成专门的贸易与环境问题协定,但是在一系列协定中体现了环境与贸易之间的关系,具体表现在:

1. 关于 WTO 宗旨

《WTO 协定》开门见山地指出:各成员方在处理其贸易与经济事务的关系方面,应基于提高生活水平、保证充分就业、保证实际收入和有效需求的大幅持续增长,扩大货物与服务的生产与贸易,同时按照可持续发展目标,合理利用世界资源,寻求对环境的维护,确保发展中国家成员方尤其是最不发达成员方获得与它们经济发展所需要的国际贸易份额相应的增长。从 WTO 的宗旨中可以看出,它对 GATT1947 宗旨的最大修改之一就在于,体现了"可持续发展"的精神,规定了贸易自由化与环境保护的双重目标。具体而言,世界贸易组织涉及环境保护的宗旨有如下三层含义:

第一,各成员方在实现扩大贸易、发展生产、提高福利水平的同时,应该以"可持续发展"为目的,进行资源的开发利用,并要求保护与维护环境。这说明,世贸组织在促进世界经济全球化和自由化、建立世界贸易规则的过程中,不会为了盲目扩大目前的经济利益而破坏世界经济进一步发展的能力。《WTO 协定》将原 GATT1947 宗旨表述的对世界资源的"充分利用"(full use)修改为"合理利用"(optimal use),反映出世贸组织寻求的人类对资源利用能力的扩大主要表现在对资源利用质的提高上,而非对资源利用量的扩大。

第二,以"可持续发展"为目的,不是以停止生活水平的提高为保护环境的代价。WTO 不认为经济增长同环境与资源的保护之间存在必然的矛盾,也不认为为了环境保护必须实行"零增长"。

第三,WTO 认为,在实现环境保护和合理利用资源的时候,应该顾及"不同经济发展水平"的国家和地区,不应该采取完全一致的措施与标准。保护环境与资源也不应以牺牲发展中国家成员方的发展为代价,满足发展中国家成员方的发展需要是"可持续发展"的重要内容之一。①

2. 关于货物贸易中的环境例外条款

GATT1994 第 20 条"一般例外"中的(b)项和(g)项在实践中被用做采取环境贸易措施的基本条款。根据该条的规定,只要"不对条件相同的成员方构成武断或不正当歧视",或"不对国际贸易构成变相的限制",任何成员方都有权采取"保护人类、动植物的生命或健康所必需的措施"((b)项),或"与保护可用竭的自然资源有关的措施,如此类措施与限制国内生产或消费同时实施"((g)项)。

3. 关于与环境有关的技术壁垒条款

乌拉圭回合达成的《贸易技术壁垒协定》规定了各成员方有权在其认为适当的程度内采取必要措施,以"保护人类、动植物的生命或健康以及保护环境",只要其对贸易的限制不超过为实现这一合法目标所必需的程度。当环境问题出现紧急情况时,成员方可采取较为简便的程序以公布或通知其技术规章和标准。此外,《卫生与动植物检疫措施协定》一

---

① 参见崔凡、李舒:《世贸组织与可持续发展问题》,载《国际贸易问题》1997 年第 2 期,第 63 页。

开头就申明:不得阻止任何成员方采取或加强为保护人类、动植物的生命或健康所必需的措施。但是,这些措施的实施不应违反非歧视原则,也不应构成变相的贸易限制。各成员方采取的措施应"以科学原理为依据,如无充分的科学依据则不得实施"。但是,成员方在一时找不到足够的"科学依据"时,可"在可得到的有关资料的基础上临时性地采取卫生或动植物检疫措施"。

4. 关于环境保护方面的补贴条款

WTO 允许各成员方为保护环境而提供相应的补贴。《补贴与反补贴措施协定》第 8.2 条(c)项将与环保有关的补贴列为"不可申诉"的补贴,即任何成员方都可以采用而其他成员方无权采取反补贴措施的所谓"绿色补贴"。它规定,各成员方为促使现存的企业设施适应新的环保要求(这类要求会对企业的发展造成较大的制约或较重的经济负担)而给予的补贴即为不可申诉补贴。此外,《农产品协定》附件二对那些可以免除削减义务的国内农业支持措施进行了规定,即通常所说的"绿箱补贴",其中之一便是与环境规划项目有关的国内支持措施,包括政府对与环境规划项目有关的研究和基础工程建设所给予的服务和支持,以及按照环境规划给予农业生产者的直接支付。

5. 关于在服务贸易领域中的环境保护条款

《服务贸易总协定》第 14 条明确规定,各成员方对服务贸易的开放不得采用或实施限制性的措施,但是为了保护人类、动植物的生命和健康或保护公共道德或维持公共秩序的需要,则可以例外,即可以为保护环境目的而采取必要的限制措施。此外,值得注意的是,GATS 同意成立"服务贸易与环境工作组"(Working Party on Trade in Service and Environment),其职责是研究服务贸易、环境与持续发展三者的关系,并提出报告和建议。

6. 关于在知识产权领域中的环境保护条款

《与贸易有关的知识产权协定》规定,各成员方的发明创造如涉及环境方面,在下列情况下,可以不授予专利权:(1)对人类或动物的医学诊断、治疗和外科方法;(2)生产植物和动物(不包括微生物)的生物学方法。同时,该协定还明确指出,成员方为了保护国家的公共秩序或维护公共道德,包括保护人类、动植物的生命或健康,或防止对环境造成严重污染,可以拒绝授予发明专利权,以阻止其商业应用。

7. WTO 争端解决机制中有关环境问题的规定

《争端解决规则和程序的谅解协定》赋予专家组获得信息资料和技术建议的权利,这将有助于涉及环境问题的贸易争端的解决。该谅解协定规定,"专家组有权向它认为合适的任何人、任何机构要求信息和技术建议","有权要求它认为合适的任何来源的信息,有权就问题的某些方面咨询专家们的意见"。争端解决专家组通常是由国际贸易方面的专家组成的,而与环境问题有关的争端常常涉及复杂的科学技术知识,正确判断一项贸易措施是否为"保护人类、动植物的生命和健康所必需的措施",必须有科学依据。有了这些规定,争端解决机构可以在审理为保护环境而采取的贸易措施争端解决方面向有关环境方面的专家和组织寻求帮助,从而增加 WTO 裁决复杂案件的能力。

从上述各项协定中涉及环境问题的内容来看,WTO 总的原则是:一方面承认各成员方为了保护各自的居民、动植物生命健康和防止环境污染,有权制定本国的环保政策并组织实施;另一方面则要求这些政策和措施不能妨碍世界自由贸易体制的正常运行,使环保措施成为变相的贸易保护主义手段。

(二)《关于环境与贸易的决议》的基本内容

乌拉圭回合多边贸易谈判在马拉喀什签署最后文本前夕,关贸总协定基于内外形势的双重要求,终于作出了《关于环境与贸易的决议》(Decision on Trade and Environment)。这一决议与上述各协定中有关环境的规定相比,总的精神是一致的,但更系统和完整。它的主要内容是:

1. 强调贸易与环境保护政策之间的相互协调

各成员方认为,建立和维护一个公开、无歧视和公正的多边贸易体制与维护环境和促进可持续发展政策之间不应也不需有任何抵触,并希望在多边贸易体制的权限下协调与贸易有关的环境措施,使贸易与环境两个领域的各项政策能够相互协调。

2. 成立专门机构研究环境与贸易问题

在世界贸易组织内成立一个对所有成员方开放的"贸易与环境委员会"(Committee on Trade and Environment,CTE),在《WTO 协定》生效后即开展工作。

3. 规定了 CTE 应研究的七个主要问题

(1)多边贸易体系条款与多边环境协定中的贸易措施条款之间的法律关系;

(2)与贸易有关的环境政策和产生重大贸易影响的环境措施与多边贸易体系条款的关系;

(3)多边贸易体系条款与下列问题的关系:为达到环境目的的收费和税收;与产品有关的要求,包括标准与技术规定、包装、标签和循环使用要求等;

(4)多边贸易体系条款在透明度问题上与那些用于环保

目的和对贸易产生重大影响的环境措施之间的关系;

（5）WTO多边贸易争端解决机制与多边环境协定中的争端解决机制的关系;

（6）环境措施对市场准入的影响,特别是对发展中国家成员方,尤其是最不发达国家成员方的影响,以及消除贸易限制和扭曲措施所带来的环境利益;

（7）国内禁止产品的出口问题。

乌拉圭回合的最后文本在最后时刻补上了《关于环境与贸易的决议》,仅这一事件本身就足以说明当前环境问题对世界贸易的重要意义,也充分说明了取代关贸总协定的世界贸易组织对环境问题的重视程度。虽然决议的内容十分笼统,但是它已经明确地指出了环境与贸易之间的关系,并突出了实现环保、贸易与持续增长三者之间相互促进的宗旨。[①]

（三）WTO争端解决机制关于环境与贸易问题的发展

在GATT/WTO体制下,涉及环境与贸易的主要案例有:泰国香烟进口限制案、美国与墨西哥关于金枪鱼进口限制案、美国汽油案、欧共体荷尔蒙牛肉进口限制案、美国海虾案、欧共体石棉进口限制案、巴西废旧轮胎进口限制案等。从这些案例中,我们可以分析出,WTO对贸易与环境方面的争端,逐步由GATT1947体制下强调自由贸易转向试图协调两者的平衡,比较强调各成员方保护环境,特别是保护人类、动植物健康安全的权利。这些案例体现了WTO对于环境贸易争端的如下发展趋势:

第一,争端解决中强调运用WTO保护环境、坚持可持续发展的宗旨。例如,在美国海虾案中,上诉机构在分析海龟

[①] 参见汪尧田、周汉民主编:《世界贸易组织总论》,上海远东出版社1995年版,第378页。

是否为可用竭的自然资源时,明确指出:"鉴于 WTO 成员方在《WTO 协定》中对可持续发展目标的明确重视,如果至今仍然认为 GATT1994 第 20 条(g)项仅仅指非生命资源,那就太过时了。无论是有生命的还是无生命的资源,都可能属于第 20 条(g)项所指的可用竭的自然资源。"①

第二,争端解决机制拓宽了第 20 条(b)项中"必需"的内涵。从泰国香烟进口限制案到美国汽油案,对于"必需"措施均解释为包括两层含义:(1)没有其他符合 GATT 条款的可替代措施;(2)没有其他对贸易限制更少的替代措施。这种解释是从贸易的角度而言的。在欧共体石棉进口限制案中,针对"控制使用石棉"是否是法国禁止使用石棉的可替代措施时,上诉机构认为,法国对居民生命健康保护水平高,石棉的禁令符合法国的高水平保护,而控制使用石棉并不能达到法国所确立的健康保护水平。② 由此可见,WTO 上诉机构考察"必需"措施的参照标准是能否达到采取措施成员方的保护目标,而不仅仅是考虑到对贸易的影响程度。

第三,争端解决机构放宽了采取卫生与动植物检疫措施的条件。在欧共体荷尔蒙牛肉进口限制案中,上诉机构放宽了成员方基于维护居民或动植物生命健康安全而采取的动植物卫生与检疫措施的条件:修改了该案专家组提出的"基于国际标准"必须是与国际标准相符或一致的观点,认为只要吸收了某些国际标准的卫生动植物检疫措施就满足了"基于国际标准";修改了专家组提出的采取卫生与动植物检疫措施之前必须进行风险评估的程序性观点,认为只要在争端

---

① See Appellate Body Report, United States—Import Prohibition of Certain Shrimp Products, WT/DS58/AB/R, paras. 129—130.

② See Appellate Body Report, European Communities—Measures Affecting Asbestos and Asbestos-Containing Products, WT/DS135/AB/R, paras. 173—174.

解决诉讼时实施方能证明其卫生检疫措施程度与风险评估结果具有合理的、客观的联系即可;修改了专家组提出的"充足科学依据"需有一定数量的科学报告的结论,认为负责任的成员方政府也可能根据少数科学家报告作出卫生检疫措施,数量不是衡量科学依据的标准。①

三、多哈回合谈判中的环境与贸易问题

（一）WTO 新一轮谈判中环境与贸易问题的背景

WTO 成立后,各成员方在环境与贸易问题上依然存在激烈的争论,具体涉及是否应该在 WTO 新一轮谈判中讨论环境与贸易问题。1996 年 12 月,WTO 第一届部长级会议在新加坡召开,发达国家成员方提出了贸易与环境、多边投资协定、劳工标准以及信息技术市场开放的问题。1999 年 3 月在日内瓦举行的 WTO 环境与贸易发展研讨会以及同年 11 月在美国西雅图召开的 WTO 第三次部长级会议上,各成员方对此议题分歧严重。以美国和欧盟为主的发达国家成员方是环境与贸易议题的积极倡导者,而发展中国家成员方则普遍反对在新一轮谈判中讨论环境与贸易问题。2001 年 11 月 14 日 WTO 第四次部长级会议发表的《多哈宣言》规定,在 WTO 新一轮贸易谈判中,各成员方同意就环境与贸易问题进行谈判。发展中国家成员方之所以最终同意就环境与贸易问题进行谈判,主要是基于如下考虑:

第一,环境壁垒已经成为国际贸易中非常突出的问题。环境污染和破坏已经威胁到人类的生存和发展,不论是发展中国家还是发达国家,都意识到环境保护的重要性,都积极

---

① See Appellate Body Report, EC—Measures Concerning Meat and Meat Products (Hormones), WT/DS26/AB/R, para. 194.

第六章 环境资源保障政策与 WTO 规则的协调问题

采取各种措施进行环境治理,采取可持续发展战略。随着世界各国对环境保护的重视程度越来越高,近年来,环境与贸易方面的争端越来越多,已经影响到国际贸易的正常发展。随着关税水平的大幅度降低,对于发达国家而言,关税基本上已失去了贸易保护作用;同时,传统非关税壁垒的活动余地也明显减少,"自愿出口限制"等"灰色区域措施"将被限制使用。因此,国际贸易保护主义者更多地以环境保护的名义,采取更加隐蔽的环境管制措施,设置种种障碍,抵制外国商品的进口。值得注意的是,贸易保护主义者利用环境保护作为抵制外国产品的手段,打着全人类关心的环保大旗,具有极大的隐蔽性,能赢得公众的同情。在很长一段时间内,绿色贸易壁垒都不大可能像其他贸易措施那样被轻易地从国际贸易领域中撤除。绿色贸易壁垒的复杂性还在于,保护环境是目前发展的大趋势,将环保措施纳入国际贸易的规则和目标日趋得到广大消费者的支持和认同,环保市场的兴起和发展已成为不可阻挡的历史潮流。相反,任何污染环境、破坏生态环境平衡、浪费自然资源的行为,都将遭到国际社会的谴责。有专家指出,在这种情况下,发达国家的绿色贸易壁垒被披上保护环境的外衣,其附带或主要体现的贸易保护主义目的反而被掩盖起来。发展中国家的自由贸易却被指责为继续污染和破坏环境的代表,其值得同情的不利贸易地位往往被人遗忘。这决定了发达国家在环境与贸易问题上处于主动地位,而发展中国家只能被动应付。由此可见,发达国家与发展中国家在绿色贸易壁垒问题上的争论是一个矛盾的复合体,应该受到谴责的反而被同情,应该被同情的却受到谴责。① 鉴于环境与贸易相联系已成为一个客观现实,WTO作为一个推进贸易自由化的国际经济组织,不能不在协调环境与贸易方面做出贡献,以期实现可持续发展目标。

第二,WTO现有的与环境有关的内容存在一定的法律缺陷。乌拉圭回合没有就环境与贸易问题达成专门的协定,一方面说明发展中国家通过积极努力,有力地抵制了发达国家提出某些不切实际的环保要求和利用环境措施限制发展中国家商品出口的企图,维护了自身利益;另一方面也为发达国家不受WTO的有效约束,借保护环境之名,行贸易保护主义之实留下了空隙。WTO涵盖、涉及环境问题的条款突出强调了各成员方的"环保例外权",却对行使这种权利缺乏有效和明确的约束性规范,其结果很可能被滥用,尤其是对发展中国家的贸易潜藏着巨大的威胁。无论是GATT1994第20条(b)项与(g)项、《服务贸易总协定》第14条,还是《贸易技术壁垒协定》及《卫生与动植物检疫措施协定》中的有关表述;无论是环境补贴被列为"绿色补贴",还是环境支持措施被归于"绿箱政策"而获得豁免,这些规定均表明环保权是成员方的一项当然权利。这就为各成员方以环境保护为由采取贸易措施提供了多边的合法性。另一方面,成员方行使这种"环保权"缺乏明确和有效的约束性规范。现有的一些附加条件,如"不对条件相同的成员方造成武断的或不正当的歧视"或"不对国际贸易构成变相限制"等,过于笼统和含糊,对什么是"条件相同"以及"武断的或不正当的歧视"或"变相限制"等均没有具体的衡量标准,主要依靠WTO争端解决机

---

① 参见张宝珍:《"绿色壁垒":国际贸易保护主义的新动向》,载《世界经济》1996年第12期,第24页。

第六章　环境资源保障政策与 WTO 规则的协调问题

制个案裁决。在这种情况下,当然难以遏制"环保权"在贸易领域的滥用。越来越多的发展中国家意识到,为了防止有些成员方滥用单边环境贸易措施进行贸易保护,必须在 WTO 体制下规范环境贸易措施。

第三,美国、欧盟等可能绕过 WTO,通过其他途径实施环境贸易措施。目前,环境与贸易问题已成为国际政治、经济社会的焦点问题之一。在发达国家,环境保护与政治之间的联系越来越紧密,"绿党"异军突起,环保组织的影响力越来越大。在西方国家选举中,对环境问题的关注程度及解决办法已成为一个重要的影响因素。在这种情况下,如果不在 WTO 新一轮贸易谈判中开始环境与贸易议题,环保组织的压力会迫使发达国家成员方通过其他途经解决。在经济实力对比严重不平衡的情况下,发达国家成员方会将制定的规则和标准强加于发展中国家成员方,反而对发展中国家成员方不利。如果在 WTO 新一轮谈判中讨论环境与贸易议题,发展中国家成员方可以积极参与谈判,利用 WTO 较为公平的决策机制,使谈判结果尽可能反映发展中国家成员方的利益和要求。[①]

(二) 多哈回合关于环境与贸易的谈判议题

在 2001 年 WTO 第四次部长级会议(多哈会议)上,各成员方部长就 WTO 新一轮谈判的议题进行了艰苦的磋商,最终同意把环境与贸易问题作为新一轮多边贸易谈判的正式议题列入议程,并发表了《多哈宣言》。宣言明确指出:"WTO 各成员方再次坚定重申促进可持续发展目标的义务;坚持和维护一个开放的和非歧视的多边贸易体制与保护环境和促

---

① 参见张幼文等:《多哈发展议程:议题与对策》,上海人民出版社 2004 年版,第 107 页。

进可持续发展的目标能够而且应当相互支持。WTO 规则并不阻止任何成员方为保护人类、动植物的生命或健康而采取措施,或采取它认为适当的措施来保护环境,但对条件相同的各国,实施的措施不得构成武断的或不正当的歧视,或构成对国际贸易的变相限制,并且在其他方面要符合 WTO 有关协定的规定。WTO 应继续与联合国环境规划署和其他政府间环境组织进行合作。"具体而言,对于新一轮贸易谈判中涉及的环境与贸易议题,《多哈宣言》要求就下列议题进行谈判:①

1. WTO 现行规则与多边环境协定(MEA)中所规定的有关贸易条款之间的关系

由于 WTO 不是一个环境组织,因此加强与 MEA 的协调与合作将有助于贸易与环境问题的解决。根据联合国环境规划署的统计,目前全球约有大大小小两百多个有关环境问题的协定,这些协定中的某些原则和条款涉及贸易领域。比如,《控制危险物品跨国界转移的巴塞尔公约》规定的进口国同意进口的措施;一些多边环境协定中提出的"污染者付费"原则与贸易领域中的"成本内在化"问题有联系。

2. 减少或在适当时取消对环境保护有利的货物和服务的关税和非关税壁垒

对于用于环境保护目的的产品,应当允许其自由贸易,如风力发电设备等环保产品。目前,W/120 号文件将环境服务列入第六大类,主要包括排污服务、固体废物处理服务、废气清理服务、降低噪音服务等,这些服务关注的是"末端治理"。随着人们对环境污染从"末端治理"转向了污染"源头

---

① See Ministerial Declaration, WT/MIN(01)/DEC/W/1 (Nov. 14, 2001), Article 31.

防范治理"模式,环境服务不应仅仅包括污染的治理服务,还应包括防治环境污染的新型服务贸易。① 这样,对于同样的环境服务,有的成员方可能仅仅包括"末端治理"的服务内容,而有的成员方则包括"末端治理"与前期污染防治服务等内容。

3. MEA 秘书处和 WTO 相关委员会之间定期交流信息的程序以及授予观察员地位的标准

大部分成员方认为,加强 WTO 与 MEA 之间的合作和信息交流有利于减少 WTO 与 MEA 之间的潜在冲突,MEA 秘书处在 WTO 中获得观察员身份有利于双方信息的交换。目前,在贸易与环境委员会(CTE)中已获得观察员资格的 MEA 有:《生物多样性公约》《濒危野生动植物种国际贸易公约》《联合国气候变化框架公约》等。

此外,CTE 要求对下列问题予以特别关注:环境措施对市场准入的影响,尤其是对发展中国家和最不发达国家产品市场准入的影响;减少及消除贸易限制和扭曲措施对环境和发展的影响;《与贸易有关的知识产权协定》的相关条款;为环保目的提出的标准或标志要求等。② 最后,谈判应考虑对发展中国家尤其是最不发达国家技术援助和能力建设的重要性。

(三)发展中国家成员方关于环境与贸易问题的立场

多哈部长级会议后,发展中国家成员方面临的主要矛盾发生了变化,摆在它们面前的不再是贸易政策与环境政策是否挂钩的问题,而是二者应该怎样挂钩和在何种程度上挂钩

---

① See Communication from Switzerland, GATS 2000: Environmental Services, S/CSS/W/76 (May 4, 2001), para. 5.

② See Ministerial Declaration, WT/MIN(01)/DEC/W/1 (Nov. 14, 2001), Article 32.

的问题。目前,发展中国家成员方比较现实的选择是:合理确定与环境有关的贸易措施范围,坚决反对将严重削弱发展中国家比较优势的环境措施纳入多边贸易体系。具体而言,包括如下几点:

首先,保护本国环境、基于产品本身特性标准的贸易措施可以被纳入多边贸易体系。产品的进口可能对进口方境内的环境造成直接损害时,进口方可以对这类进口产品采取贸易限制措施,以达到保护本国环境的目的。这类措施在现有的 WTO 规则中已有所规范,谈判应在原有基础上进一步予以完善。

其次,对于保护境外环境、基于生产工艺标准的贸易措施,应该严格限定其适用的条件。因为这种贸易措施有着相当大的不合理性:第一,有相当强的单边性;第二,可能没有或较少考虑产品生产国环境的实际情况,而仅把进口国本国的环境标准强加于产品生产国。因此,对于实施这种贸易措施,谈判中应明确其实施条件:(1) 这种措施必须建立在充足的科学依据的基础之上,而不能仅以进口方的技术标准以及文化、价值观等偏好实施进口限制措施;(2) 进口成员方在实施这类环境贸易措施之前,必须经过贸易与环境委员会的批准,且可以向 WTO 争端解决机制提起诉讼;(3) 这种措施应当充分考虑出口国的不同情况,特别是要适用环境保护方面的"共同但有区别原则",给予发展中国家成员方特殊与差别待遇。此外,反对发达国家目前酝酿征收碳关税的措施。

再次,反对把以解决竞争力为主要目标、基于生产工艺标准的贸易限制措施(边境税调整例外)纳入多边贸易体系。这种贸易措施的目的已经不是保护环境,而是提高本国产品的竞争力。①

最后,《多哈宣言》要求对环境产品减免关税,但对于环境产品的范围存在分歧。在确定环境产品的范围问题上,发展中国家成员方可基于如下立场:第一,环境产品的主要目的必须用于解决环境问题。第二,为真正的环境产品制定肯定式清单。根据现有研究,只有很少的产品能真正算得上环境产品,大部分产品都具有多种功能,可以起到保护环境的目的,但是其上游或下游产品也可能污染环境,这种类型的产品就不符合环境产品的标准。第三,环境产品的谈判结果应该有利于发展中国家成员方自己生产环境产品的能力。②

第二节 GATT1994 第 20 条的适用

一、GATT1994 第 20 条"一般例外"措施的种类与性质

(一) GATT1994 第 20 条"一般例外"的种类

GATT1994 第 20 条"一般例外"允许各成员方出于特定目的或原因,采取偏离 GATT1994 的措施。GATT 第 20 条导言规定:"在遵守关于此类措施的实施不在条件相同的成员方之间构成武断、不正当歧视或构成对国际贸易的变相限制的前提下,本协定的任何规定不得解释为阻止任何成员方采取或实施以下措施……"这些措施包括如下几种类型:

---

① 参见张幼文等:《多哈发展议程:议题与对策》,上海人民出版社 2004 年版,第 121 页。
② 参见张向晨:《碳关税是否符合 WTO 规则》,载《WTO 经济导刊》2009 年第 12 期,第 88 页。

1. 有关保护人类、动植物健康与环境资源的贸易措施

这种类型的措施主要体现在第 20 条(b)项和(g)项中。其中,(b)项允许成员方采取"为保护人类、动植物的生命或健康所必需的措施";(g)项允许成员方采取"与保护可用竭的自然资源有关的措施,如此类措施与限制国内生产或消费同时实施"。

2. 有关社会道德/文化方面的措施

这种类型的措施主要体现在第 20 条(a)项、(e)项和(f)项中,包括:为保护公共道德所必需的措施;与监狱囚犯产品有关的措施;为保护具有艺术、历史或考古价值的国宝所采取的措施。

3. 有关义务解除的措施

这类措施主要包括第 20 条(d)项和(h)项。其中,(d)项允许成员方采取"为保证与 GATT1994 不相抵触的国内法律、法规得到遵守所必需的措施,包括海关执法,实行有关反垄断,保护专利权、商标、版权,以及防止欺诈行为等措施"。(h)项允许成员方采取"为履行任何政府间商品协定项下义务而实施的措施,且其他成员方对该商品协定不持异议"。

4. 有关满足国内需要的措施

第 20 条(i)项和(j)项允许成员方采取措施,为满足国内需要而实施出口限制。其中,(i)项允许成员方"在政府实施稳定计划,将国内原料价格控制在国际价格水平以下时,为保证国内加工业获得基本的原料供应而采取的原料出口限制措施。但此类措施不得用于增加国内加工业的出口或保护,也不得违背非歧视待遇原则"。(j)项允许成员方"在供应短缺的情况下,为获取或分配产品所必须采取的措施。但其他成员方有权在此类产品的供应中获得公平的份额,且实

施条件不复存在时应停止此类措施"。

5. 有关金银限制的措施

第 20 条(c)项允许成员方采取"与黄金或白银进出口有关的措施"。

近年来,因 GATT1994 第 20 条"一般例外"所引起的争端大多集中于(b)项和(g)项中有关环境保护和卫生检疫方面的贸易措施,故本节集中讨论第 20 条(b)项和(g)项的适用。

(二) GATT1994 第 20 条所规定措施的性质

一般而言,GATT1994 第 20 条的适用情况是:实施相关措施的成员方被指控实施的措施违反了 GATT1994 的相关条款,该成员方引用 GATT1994 第 20 条作为抗辩,辩称其采取的措施符合第 20 条所规定的条件与限制,从而豁免遵守 GATT1994 其他条款的义务。换言之,其他成员方不能在 DSB 中直接起诉对方违反 GATT1994 第 20 条,只有在确认被诉方相关措施不符合 GATT1994 其他条款,被诉方以该条证明其措施的正当性时,才可予以审查。

GATT1994 第 20 条被冠以"一般例外"之名。在 GATT1947 时期,对其解释秉承例外解释从严的一般解释原则,使得几乎没有成功援引第 20 条的实例。WTO 成立后,在美国海虾案和美国汽油案中,上诉机构明确指出,GATT1994 第 20 条例外措施的政策目标均不直接与贸易或经济相关。然而,这些例外措施所追求的社会价值目标却一点也不逊色于贸易自由化。在解释第 20 条时,应当注意贸易自由化与其他社会政策目标之间的平衡关系,而不能有所偏废。[①]

---

① See Appellate Body Report, US—Standards for Reformulated and Conventional Gasoline, WT/DS2/AB/R, para. 21.

二、关于第 20 条(b)项适用的法律问题

(一)关于第 20 条(b)项适用的地域范围

1991 年,墨西哥向 GATT 申诉,认为美国禁止进口墨西哥生产的金枪鱼违反了 GATT。美国于 1990 年 10 月发布命令,禁止从墨西哥进口金枪鱼,原因在于墨西哥没有实行保护海豚的作业规范。在海洋生物中,海豚喜欢在金枪鱼群所在水域的上层游动。捕捞金枪鱼的渔民只要看到海豚活动,就知道附近有金枪鱼群。在捕捞金枪鱼的过程中,许多海豚也随之丧命。美国 1972 年通过《海洋哺乳动物保护法》,1988 年进行修订。根据美国修订后的《海洋哺乳动物保护法》,墨西哥捕捞的金枪鱼因为造成海豚死亡率过高而不得进入美国市场。

美国提出其实施的进口禁令可以依据第 20 条(b)项的规定免责。对于美国和墨西哥关于第 20 条(b)项中所规定的"保护人类、动植物生命或健康所必需的措施"的适用地域范围的争论,专家组认为,第 20 条(b)项中所规定的"人类、动植物"应是指采取措施国领域内的"人类、动植物"。换言之,美国保护海豚的法令只能适用于美国领域内,而不具有域外效力。专家组认为,从 GATT1947 起草历史来看,GATT 第 20 条(b)项的起草者主要是为了处理进口国因保护其境内人类、动植物生命或健康而采取的贸易措施对国际贸易的影响问题。从乌拉圭回合谈判达成《卫生与动植物检疫措施协定》的过程及其条文来看,也可以推导出 GATT 第 20 条(b)项的适用应是为保护进口国国内的人类、动植物生命或健康。这是因为,根据《卫生与动植物检疫措施协定》的导言,"期望对适用 GATT1994 关于使用卫生与动植物检疫措施

的规定,特别是对 GATT1994 第 20 条(b)项的规定制定详细的规则"。由此可见,GATT 第 20 条(b)项本来是为实施卫生与动植物检疫措施而制定的,而卫生与动植物检疫措施恰恰是保护进口成员方境内居民、动植物的生命或健康的措施。

(二)关于"必需"的含义

根据第 20 条(b)项,可以偏离 GATT1994 其他条款义务的措施应是为保护人类、动植物的生命或健康所"必需"的措施。对于如何评估一项措施是否为"必需"措施,专家组在泰国香烟进口限制案中指出,一项措施只有符合下列情况才能被认为是符合第 20 条(b)项规定的"必需"措施:(1)没有其他符合 GATT 的可替代措施;(2)没有其他对 GATT 违反程度更小的替代措施,且这两种措施都能合理地达到泰国维护公众健康的目标。[1] 在该案中,泰国提出,为防止香烟中的有害物质的进口和减少香烟的消费以维护公共健康,禁止香烟的进口是必需的措施。专家组指出,其他国家采取严格的、非歧视的香烟成分标签、告示措施,辅之以禁止使用危害健康的物质,同样可以达到泰国防止香烟中的有害成分的目标;禁止国产与进口香烟广告,同样可以达到减少香烟消费的目标。因此,专家组认为,泰国禁止进口香烟虽然是为维护公众健康,但未能通过"必需"标准的测试。

WTO 成立后,在"必需"标准问题上,韩国牛肉进口限制案、欧共体石棉进口限制案和巴西废旧轮胎进口限制案的上诉机构在泰国香烟进口限制案的基础上又有了进一步的发展。

第一,成员方有权确立适合其自身的维护人类与动植物

---

[1] See GATT Panel Report, Thailand—Restrictions on Importation of and Internal Taxes on Cigarettes, BISD/37S/200, para.75.

生命或健康的水平。其他成员方不得对措施实施方维护生命或健康的保护水平提出质疑。①

第二,成员方采取措施所维护的共同利益或价值越重要,有关措施就越容易被接受为必需的;有关措施有助于实现目标的程度越高,越容易被认为是必需的措施。② 在巴西废旧轮胎进口限制案中,欧共体质疑巴西的进口禁令措施对实现其政策目标程度的证明力问题。欧共体提出,巴西不仅应证明其废旧轮胎进口禁令对实现其政策目标(防止国内废旧轮胎数量的增加)有潜在的贡献,而且还需用确凿证据证明其有实际的贡献。上诉机构则认为,巴西只要运用定量分析或定性分析(哪怕是建立在推论基础上),表明进口禁令容易对实现其政策目标产生重要贡献,就满足了相关措施有助于实现政策目标的证明,而无须具体的、定量的证据,以证明进口禁令导致废旧轮胎的减少。③

第三,成员方措施的目标范围越窄,可替代措施存在的可能性就越小。在巴西废旧轮胎进口限制案中,欧共体提出,通过对废旧轮胎处置的管理措施,同样可以达到巴西保护人民生命或健康的政策目标,而无须采取进口禁令。专家组审理后认为,巴西的政策目标特定为尽可能阻止废旧轮胎的增加问题,④而不是简单抽象地"保护人民生命或健康"。如果将巴西的特定政策目标抽象为"保护人民健康",则其他措施如加强对废旧轮胎的处置同样可以达到这个目标,欧共

---

① See Appellate Body Report, European Communities—Measures Affecting Asbestos and Asbestos-Containing Products, WT/DS135/AB/R, para. 168.
② Id., para. 172.
③ See Appellate Body Report, Brazil—Measures Affecting Imports of Retreaded Tyres, WT/DS332/AB/R, para. 151.
④ See Panel Report, Brazil—Measures Affecting Imports of Retreaded Tyres, WT/DS332/R, paras. 7.166, 7.172—7.175.

体提出的措施可能是可替代措施;而如果将巴西的政策目标特定为"防止废旧轮胎的增加",则欧共体提出的措施不具有可替代性。因此,政策目标的宽窄是确定是否存在可替代措施的重要因素。①

第四,有关替代措施对实现目标的可行性和有效性,即有关替代措施能否合理获得。在衡量是否可以合理采用对贸易影响较小的替代措施时,需要考虑的一个重要方面是替代措施在多大程度上可以实现进口方所希望达到的目标。在欧共体石棉进口限制案中,法国对威胁人体健康的石棉制品实施进口禁令;加拿大提出,"控制性使用"是禁止进口的一种合理的替代措施,且同样能达到维护健康的目标。专家组认为:首先,"控制性使用"的效果尚未得到科学的证实;其次,即使"控制性使用"在实践中具有更大的确定性,科学证据也表明在某些场合下,与石棉有关的疾病的存在性风险依旧很高。上诉机构在专家组认定的事实基础上认为,"控制性使用"不能使法国达到其希望消除与石棉有关疾病传播的风险的健康保护水平。因此,"控制性使用"不能成为法国应采用的合理替代措施。② 在巴西废旧轮胎进口限制案中,上诉机构进一步指出,对进口成员方而言,如果对贸易影响较小的替代措施导致较高的实施成本或需要较高的技术能力,则这种替代措施可能难以合理获得。③

第五,上诉机构在巴西废旧轮胎进口限制案中指出,由

---

① See Benn McGrady, Necessity Exceptions in WTO Law: Retreated Tyres, Regulatory Purpose and Cumulative Regulatory Measures, Journal of International Economic Law, Vol. 12, 2009, para. 158.

② See Appellate Body Report, European Communities—Measures Affecting Asbestos and Asbestos-Containing Products, WT/DS135/AB/R, para. 174.

③ See Appellate Body Report, Brazil—Measures Affecting Imports of Retreaded Tyres, WT/DS332/AB/R, para. 171.

于保护环境与公共健康问题的复杂性,成员方需要采取包括禁止进口在内的多种措施予以应对,这些措施之间存在一定的互补性,而不是替代性。因此,欧共体提出的废旧轮胎处置的管理措施与进口禁令之间属于互补性措施,而非替代性措施。① 由此可见,今后申诉方所提出的替代措施很可能被认为是互补性措施。

三、关于第 20 条(g)项适用的法律问题

(一) 关于第 20 条(g)项适用的地域范围

在美国与墨西哥关于金枪鱼进口限制案中,专家组认为,第 20 条(g)项规定的措施只能是为了保护国内可用竭的自然资源,即任何进口方不得以保护域外的可用竭的自然资源而采取限制措施。在美国与欧共体金枪鱼案中,专家组修正了前案的认定,认定一国保护鱼类的政策符合(g)项的规定,而不问捕获这类鱼的活动是在实施保护措施的域内还是域外。在美国海虾案中,关于美国是否有权对其域外的海龟实施保护,上诉机构指出,海龟是一种迁徙性动物。根据该案的案情,经常迁徙和濒危的海龟与美国保护措施有足够的联系,尽管上诉机构指出其不会对第 20 条(g)项是否有域外管辖权或其限制范围作出裁决。② 从 GATT 到 WTO 的案件裁决表明,对于迁徙性的自然资源,WTO 含蓄地承认成员方的保护措施具有域外的效力。

(二) 关于可用竭自然资源的含义

何谓"可用竭的自然资源"(exhaustible natural re-

---

① See Appellate Body Report, Brazil—Measures Affecting Imports of Retreaded Tyres, WT/DS332/AB/R, para. 172.

② See Appellate Body Report, United States—Import Prohibition of Certain Shrimp and Shrimp Products, WT/DS58/AB/R, para. 133.

sources)？在美国海虾案中,对于海龟是否属于可用竭的自然资源这一问题,印度、巴基斯坦和泰国指出,从合理解释词义的角度出发,可用竭的自然资源是指类似矿产的有限资源,而不是生物或可再生资源。因为矿产资源供应有限,会随着资源的消费而可用竭。若所有的资源均可用竭,那么第20条(g)项规定的"可用竭"一词即为多余。海龟由于是可再生的生物资源,因而不属于第20条(g)项所指的"可用竭的自然资源"。

上诉机构并未接受申诉方的观点。上诉机构指出,第20条(g)项条文本身并没有区分非生命的自然资源和有生命的自然资源。有生命的自然资源尽管可以再生,但"再生"的自然资源与"可用竭"的自然资源并不是相互排斥的。生物科学告诉人们,一种生物尽管是可再生的,但确实因为人类的活动而面临灭绝或耗尽的危险。从这个意义上讲,有生命的自然资源和无生命的自然资源一样,都是有限的。"可用竭的自然资源"一词是很多年前提出的,词义的解释应根据当前国际社会对环境资源保护的关注度进行。尽管乌拉圭回合对 GATT1947 第 20 条(g)项没有作任何修改,但是《WTO 协定》宗旨部分明确提出要维护环境、保持可持续发展的目标,要求对自然资源实行"合理利用"(optimal use),这是对 GATT1947 宗旨强调对自然资源的充分利用的重大修订。基于 WTO 宗旨的改变,以及所有申诉方都同意海龟是《濒危野生动植物国际贸易公约》(Convention on International Trade in Endangered Species of Wild Fauna and Flora, CITES)附件一中列出的在国际贸易中面临灭绝的物种,上诉机构裁定海龟等生命物种与非生命物种共同构成第 20 条(g)项所指的"可用竭的自然资源"。① 由此可见,可用竭的自然资源不仅包括通常意义上的非生命矿产资源,而且还包括面临灭绝的可再生的生物资源。

(三) 关于"与保护可用竭的自然资源有关"的措施

根据第 20 条(g)项的规定,要求进口成员方采取的措施必须是与保护可用竭的自然资源有关的措施。对于如何判断采取的措施"与保护可用竭的自然资源有关",GATT/WTO 经历了一个发展过程。

在 GATT1947 时期,专家组曾在 1988 年加拿大禁止未加工的鳕鱼和鲱鱼出口案中提出,如果将与保护可用竭的自然资源有关联因素的措施都视为第 20 条(g)项"与保护可用竭的自然资源有关"的措施,则此类措施的范围将极端扩大,最终会被贸易保护主义者利用。为避免此类情况,专家组认为,"与……有关"应解释为"主要目的是"(primarily aimed at)。换言之,一种贸易措施仅仅与保护可用竭的自然资源有关联还不够,还必须证明该措施的首要目的是保护可用竭的自然资源。② 在 1995 年委内瑞拉、巴西诉美国汽油案中,专家组沿袭这种"主要目的是"的认定标准,认为美国的汽油规则不符合这一测定标准。上诉机构虽未明确推翻专家组的这种解释,但认为"主要目的是"本身并非条约用语,不能作为确认或排除一项措施是否与可用竭的自然资源有关的试金石。③ 在美国海虾案中,上诉机构进一步指出,应探求争议

---

① See Appellate Body Report, United States—Import Prohibition of Certain Shrimp and Shrimp Products, WT/DS58/AB/R, paras. 128—131.

② See GATT Panel Report, Canada—Measures Affecting Exports of Unprocessed Herring and Salmon, BISD/35S/98, para. 4.6.

③ Appellate Body Report, US—Standards for Reformulated and Conventional Gasoline, WT/DS2/AB/R, paras. 18—19.

措施与保护可用竭的自然资源之间的合法关系,如果目的与措施之间存在密切的真实关系,则这种措施与保护可用竭的自然资源有关。具体到该案中,上诉机构认为,应探求美国海龟保护措施的一般结构和设计与保护海龟的政策目标的关系。首先,保护濒危的海龟政策已成为所有涉案当事方的共识,因而美国保护海龟的政策目标具有合理性。其次,根据美国保护海龟的措施的设计方案,并不是简单地一揽子禁止虾制品进口,而不管使用捕捞海虾方法对海龟死亡率大小的影响。因此,从其政策的设计和结构方面看,美国海龟保护法案中规定的措施与保护海龟存在合理的联系。[①]

(四) 关于"采取的措施应与对国内生产或消费的限制同时实施"

为防止资源保护措施变成变相的贸易保护措施,WTO 要求成员方在对资源产品的进出口实施限制的同时,对国内生产或消费相关资源的活动也实施限制。对于如何理解出口限制措施"与国内生产或消费的限制同时实施",WTO 相关案例作出了解释。在加拿大禁止未加工的鳕鱼和鲱鱼出口案中,专家组指出,加拿大的出口限制仅仅适用于未加工的鳕鱼和鲱鱼,而在国内并不对所有的鳕鱼和鲱鱼的捕捞实施限制。此外,加拿大限制国外加工者和消费者对未加工的鳕鱼和鲱鱼的购买,而不限制国内加工者和消费者对未加工的鳕鱼和鲱鱼的购买。由此可见,加拿大对未加工的鳕鱼和鲱鱼在国内的生产或消费没有实施任何限制。[②] 在美国汽油案中,上诉机构认为,在为保护可用竭的自然资源而实施出口

---

① See Appellate Body Report, United States—Import Prohibition of Certain Shrimp and Shrimp Products, WT/DS58/AB/R, paras. 137, 141.

② See GATT Panel Report, Canada—Measures Affecting Exports of Unprocessed Herring and Salmon, BISD/35S/98, para. 4.7.

限制时,对该资源的国内生产或消费的限制也应当不偏不倚(even handedness)。此外,"或"是一个反义连接词,在"国内生产限制"和"国内消费限制"措施中,只要有某一项实施即可。上诉机构进一步指出,"同时实施"并不要求待遇完全相同(no textual basis for requiring identical treatment of domestic and imported products)。但是,如果对国内消费或生产根本不实施任何限制措施,而仅仅对进口产品实施限制措施,那就有问题了。①

在美国海虾案中,上诉机构在审查美国对未装海龟驱逐装置 TED(turtle exclude device)捕捞的海虾的禁止销售措施是否实施于国内时认为,美国在 1987 年就根据《濒危物种法》发布规章,要求所有的美国捕虾拖网在影响海龟的区域均须使用 TED 装置,这些要求已于 1990 年全部生效,违反要求将面临民事和刑事制裁。鉴于此,可以认为美国采取的进口限制措施与国内的限制措施同时实施。②

四、关于第 20 条导言适用的法律问题

关于第 20 条的适用,一般应分两步走:第一步,确定具体措施是否符合(b)项或(g)项的规定;如果符合该两项的规定,再进行第二步分析,即确定该措施的实施方式(manner)是否符合第 20 条导言规定的条件。第 20 条的导言部分对措施的实施方式规定了三个条件:第一,不得对条件相同的成员方间构成武断歧视;第二,不得对条件相同的成员方间构成不正当歧视;第三,不得对国际贸易构成变相限制。换言

---

① See Appellate Body Report, US—Standards for Reformulated and Conventional Gasoline, WT/DS2/AB/R, para. 21.

② See Appellate Body Report, United States—Import Prohibition of Certain Shrimp and Shrimp Products, WT/DS58/AB/R, para. 144.

第六章　环境资源保障政策与 WTO 规则的协调问题

之,第 20 条并不反对一定程度的歧视措施的存在,但这种歧视必须不是"武断的、不正当的歧视"或"对贸易造成变相的限制"。美国海虾案对此进行了较好的解释。

鉴于海龟是一种十分古老而又珍稀的迁徙性海洋生物,为了防止其被误杀,1973 年,美国国会通过《濒危物种法》,将在美国海域内出没的海龟列为法案保护对象之一,并将一切捕虾网误捕或误杀海龟的行为均视为非法。同时,美国科学家研制开发了海龟驱逐装置 TED,将这种装置缝合于拖网的颈部能有效防止因捕捞对虾而误伤海龟。1989 年,继在国内初步推广 TED 成功以后,美国国会修正《濒危物种法》,增加第 609 节,以推动其他国家采用 TED 提升海龟保护力度。该条款授权美国国务院负责制定具体实施措施,禁止所有未符合 TED 装备使用要求、未达到相应的美国海龟保护标准的国家或地区捕捞的虾和虾类制品进入美国市场。鉴于在美国海域内出没的海龟最远栖息地不超过大加勒比及西大西洋地区,因此美国国务院 1991 年颁布的实施细则中仅将第 609 节规定适用于上述两地区内的 14 个虾及虾制品的出口国,并且授予这些国家 3 年的过渡期。美国民间组织随后由于认为国务院的实施细则保护领域过窄而提起诉讼。美国国务院于 1996 年 4 月 19 日颁布了新版第 609 节的实施指导细则。新版实施指导细则将第 609 节的禁令适用于所有未符合 TED 装备使用要求、未达到相应的美国海龟保护标准的国家或地区捕捞的虾和虾类制品。此法案引起了印度、马来西亚、巴基斯坦和泰国四国的异议而导致纠纷。

四国认为,不能因为产品的生产或加工方法不同而对来源于不同成员方境内实质相同或类似的进口产品实施差别待遇,也不能因为生产或加工方法不同而对相同的进口产品与国内产品实施差别待遇。TED 的使用与否并不影响相关虾及虾制品的实质构成,而美国仅仅依据捕捞方式的不同而对未使用 TED 的出口国实行禁止进口措施,显然违反了 GATT 国民待遇原则和最惠国待遇原则的要求。

针对四国的指控,美国援引 GATT 第 20 条(g)项作为其实施第 609 节的主要依据。WTO 争端解决机构首先分析了美国的措施是否符合(g)项的规定,在得出肯定结论后,再分析美国的实施方式是否符合第 20 条的导言部分。上诉机构分析后认为,美国至少在以下几个方面与第 20 条导言的规定不符:

第一,在美国实施第 609 节时,不分具体情况地要求各出口国均通过论证证明其采取了与美国相同的保护海龟的法规体系,论证的条件单一、严格而没有针对各地特殊情况的灵活性。这说明美国实质上关心的是逼迫其他出口国采用其所规定的管理体系,而不是确保进入美国市场的虾及虾制品实质上不对海龟造成威胁。

第二,美国政府在论证过程中,无论接受还是拒绝,均无书面的正式文件,也不向被拒绝的国家提供辩解、寻求司法救济的正式渠道,整套认证程序是非透明的和单方面的。

第三,上诉机构认为美国成功推动了《美洲间海龟保护公约》的签订,这证明多边合作是可以实现和可行的,但美国同争端四国之间从未有试图通过签署多边协定寻求争议解决的类似努力。美国只需证明其本着善意之精神努力进行谈判即可,并无义务一定要与争端方达成协定。[①]

第四,在实施第 609 节的过程中,美国给予大加勒比及西

[①] See Appellate Body Report, United States—Import Prohibition of Certain Shrimp and Shrimp Products, WT/DS58/AB/R, paras. 169—172.

第六章 环境资源保障政策与 WTO 规则的协调问题

大西洋地区的 14 个出口国 3 年的过渡期,但对上述出口成员方仅仅给予 4 个月左右的过渡期,这实际上构成了对相同情况成员方之间的歧视。

上诉机构认为,上述第一点和第二点构成了美国在第 609 节实施过程中存在"武断歧视"(arbitrary discrimination)[1],第三点和第四点构成了美国在实施过程中存在"不正当歧视"(unjustifiable discrimination),第 609 节虽然属于第 20 条(g)项的例外,但由于它在具体实施过程中无法满足第 20 条导言中的要求,因此裁决美国败诉。

如何判断相关措施"不得对国际贸易构成变相限制"?综合美国汽油案、日本酒类税案、欧共体石棉进口限制案与美国海虾案(第 21.5 条执行审查程序),可以得出如下结论:

第一,若一项措施构成"武断歧视或不正当歧视",则可考虑该措施构成对国际贸易的变相限制。[2]

第二,该问题的考察关键在于是否具有掩盖"限制贸易"的非法目的。尽管日本酒类税案的上诉机构承认"一项措施的目的不容易被评估",但是对一项措施的设计、结构或构建等方面还是可以评估的。[3]

第三,有关措施对国内产业影响的事实。在美国海虾案(第 21.5 条执行审查程序)中,专家组认为,尽管美国为执行 DSB 裁决的新措施,可能对美国国内渔民有利,但美国渔民获利很少。同时,美国允许出口国实施 TED 之外的保护计

---

[1] See Appellate Body Report, United States—Import Prohibition of Certain Shrimp and Shrimp Products, WT/DS58/AB/R, paras. 177, 180.

[2] See Appellate Body Report, US—Standards for Reformulated and Conventional Gasoline, WT/DS2/AB/R, para. 25.

[3] See Appellate Body Report, Japan—Taxes on Alcoholic Beverages, WT/DS10/AB/R, para. 29.

划,并向第三国使用 TED 提供技术援助。因此,美国的执行措施不构成"对国际贸易的变相限制"。①

五、关于非政府机构参与环境贸易争端的问题

在美国海虾案中,不少国际性动物及环境保护组织向世贸组织提交书面报告,表明其保护海龟、支持美国的态度和立场。它们认为:(1)GATT1994 第 20 条"一般例外"实际上已经授权成员方为保护动植物和可用竭的自然资源,可采取一定形式的单方面措施;(2)美国第 609 节已经受到各方的普遍重视,许多国家和地区的渔业工会为此通过行业规则,敦促使用海龟驱逐装置,粮农组织也将此纳入《渔业行为守则》,在捕虾行业中使用这一装置逐渐形成一种惯例;(3)配置海龟驱逐装置平均花费不到 75 美元/艘,而申诉方每年向美国市场的海虾销售额达 1000 万美元,因此申诉方实际有能力安装海龟驱逐装置,美国的要求并不构成"绿色壁垒"。对于环境与动物保护组织提交的报告,专家组以这些组织非本案的当事方为由,拒绝接受其提交的书面材料。上诉机构推翻了专家组的裁定,认为争端解决机构可以接受非政府组织提交的书面建议。随着环境保护意识的提高,国际上有愈来愈多的政府组织或非政府组织关注环境问题,允许非当事方的政府组织或非政府组织向 WTO 争端解决机构提交材料,实际上为环保组织向 WTO 施加影响提供了方便。

---

① See Panel Report, US—Import Prohibition of Certain Shrimp and Shrimp Products, Recourse to Article 21.5 of the DSU by Malaysia, WT/DS58/R, para. 5.143.

第三节 中美欧原材料保障措施争端问题

一、原材料出口限制争端的内容与实质

2009年6月23日,美欧联手向WTO争端解决机构提起申诉,要求与中国就中国对某些原材料出口限制措施进行磋商。7月6日,加拿大、墨西哥和土耳其要求加入磋商。后因磋商无果,美国于2009年11月4日申请成立专家组。12月21日,DSB根据决定设立专家组,阿根廷、巴西、加拿大、智利、哥伦比亚、厄瓜多尔、欧共体、印度、日本、韩国、墨西哥、挪威和土耳其等保留第三方权利。因该争端在全球金融危机背景下发生,又因其为涉及稀缺资源出口的限制,且是奥巴马上任后美国向WTO起诉中国的第一案,因而格外引人注目。[①]

根据美国提出的诉请,美国认为,中国包括《对外贸易

[①] 根据美国等提出的诉请,涉及争端的中国规范性文件主要包括:(1) 法律类:《对外贸易法》(全国人大常委会,2004年)、《海关法》(全国人大常委会,2000年);(2) 行政法规类:《进出口货物管理条例》(国务院,2001年)、《进出口关税条例》(国务院(2003)392号);(3) 规章类:《货物出口许可证管理办法》(商务部(2008)11号)、《出口商品配额管理办法》(外经贸部(2001)12号)、《出口商品配额招标办法》(外经贸部(2001)11号)、《海关对出口商品审价暂行办法》(海关总署(1995)51号)、《海关对出口商品审价实施细则》(海关总署,1995年)、《关于处罚低价出口行为暂行规定》(外经贸部,1996年)、《出口许可证签发工作规范》(商配发(2008)398号)、《工业品出口配额招标实施细则》(外经贸贸发(2001)626号)、《2009年出口许可证管理货物目录》(商务部、海关总署(2008)100号)、《2009年出口许可证管理货物分级发证目录》(商务部(2008)124号)、《2009年关税实施方案》(税委会(2008)40号)、《关于对柠檬酸等36种商品试行出口预核签章管理》(商务部、海关总署(2003)36号);(4) 公告类:《2009年度部分工业品第一次招标资质及初审公告》(商务部(2008)85号)、《2009年度部分工业品出口配额第二次招标资质及初审公告》(商务部(2009)42号)、《2009年度氟石块(粉)出口配额第一次公开招标公告》《2009年度碳化硅出口配额第一次公开招标公告》《2009年度铝土矿出口配额第一次公开招标公告》等。

法》在内的有关对原材料的出口管理体制违反了 GATT 第 8 条(进出口规费和手续)、第 10 条(贸易法规的公布和实施)、第 11 条(普遍取消数量限制)的规定,违反了《中国加入世界贸易组织议定书》(以下简称《中国入世议定书》)第 5.1 和 5.2 条(贸易权)、第 8.2 条(进出口许可证程序)、11.3 条(对进出口产品征收的税费)的规定,亦不符合中国在《中国加入工作组报告书》(以下简称《工作组报告》)第 83、84、162 和 165 段中所作的承诺。这些法律指控概括起来涉及:(1) 法规问题。美国主要指控中国采取出口限制的法律依据——《对外贸易法》有关对原材料出口限制的规定不符合 GATT 条款及中国的承诺。(2) 出口限制措施问题。中国对铝土矿(bauxite)、焦炭(coke)、氟石(fluorspar)、碳化硅(siliconcarbide)和锌(zinc)实施出口数量配额限制。例如,根据《2009 年度碳化硅出口配额第一次公开招标公告》,碳化硅出口招标数量为 10.8 万吨;根据《2009 年度氟石块(粉)出口配额第一次公开招标公告》,氟石块(粉)出口招标数量为 35 万吨。美国认为这些限制措施不符合 GATT 取消数量限制原则、透明度原则、非歧视原则以及中国入世的相关承诺。(3) 出口征税问题。中国对铝土矿、焦炭、氟石、锌、黄磷(yellow phosphorus)、金属硅(silicon metal)、镁(magnesium)和锰(manganese)的出口征收关税,例如黄磷出口税为 50%,焦炭出口税为 40%。美国认为出口征税违反了中国入世的相关承诺。(4) 美国认为中国采用对原材料的最低出口价格体系,并要求对出口合同和出口价格的检查和审批的规定违反了 GATT 及中国入世承诺的相关规定。①

---

① See China—Measures Related to the Exportation of Various Raw Materials, Request for Consultations by the European Communities and United States, WT/DS395/1 and WT/DS394/1.

第六章 环境资源保障政策与 WTO 规则的协调问题

原材料出口限制争端的背后,实质上是金融危机背景下各国争夺稀缺资源的利益冲突。对中国而言,限制这些高耗能、高污染和稀缺原材料产品出口的初衷是保护环境和稀缺资源。据统计,中国是世界最大的黄磷、氟石、镁、镁合金、电解锰、工业硅和锌的出口国。几十年中,发达国家一方面尽力保护自身稀缺资源,另一方面却以极低的价格从中国购买了大量原材料,而中国通过稀缺资源换回了大量的以美元为主的外汇储备。金融危机爆发后,世界各国都在狂印钞票,随着美元不断贬值,资源尤其是稀缺资源的升值趋势不可阻挡。一旦中国有限的资源丧失或被掌控在外国人手中,未来经济的发展空间必然被大大压缩。用稀缺资源去换取随时可以印刷的纸币、用牺牲环境去追求外贸出口的发展战略必须转型,而这种转型恰恰深刻触动了相关国家的利益。美国贸易代表柯克明确表示:"中国是全球稀有金属的供应国,有权使用这些原料对美国工业生产商而言至关重要。坚持我们的利益,这样美国工业生产商才能获取公平竞争的环境,更多的美国工人才能重返岗位。"[①]欧盟贸易委员凯瑟琳·阿什顿亦发表声明说,中国对原材料施加的出口配额和出口税等出口限制扭曲了竞争,抬高了国际市场上的价格,令欧盟企业在当前经济危机条件下处境更加艰难。欧盟委员会称,欧盟 2009 年从中国进口这些原材料总值达到 45 亿欧元,这些原材料被广泛运用于钢铁、制铝和化工行业,因中国限制出口政策可能受到影响的欧盟产业约占工业总产值的 4%,牵涉的就业人口约 50 万。在欧盟看来,就部分涉案的原材料而言,中国是全球主要供应国,这令欧盟无从选择,中国的原

---

① 参见王斯:《欧美就中国限制稀有金属出口向 WTO 提起诉讼》,http://news.xinmin.cn/world/2009/06/24/2140752.html,访问日期:2010 年 3 月 14 日。

材料出口限制好比掐住了欧盟企业的脖子,因为不少欧盟企业都严重依赖这些原材料进口。[1]

尽管美国等与中国原材料出口限制之争实质上反映了各国(地区)产业部门对于稀缺资源的争夺,但一旦提交给WTO争端解决机构,就表现为一个典型的法律问题,即中国的原材料出口限制立法及相应措施是否符合WTO规则及中国入世的相关承诺?

二、关于原材料出口限制的法律依据的相符性问题

关于原材料出口限制的法律依据问题,《工作组报告》中有着比较详细的规定。例如,如第162段规定:"中国代表确认,中国将遵守有关非自动出口许可程序和出口限制的WTO规则,也将使《对外贸易法》符合GATT的要求。此外,在加入之日后,只有在被GATT规定证明为合理的情况下,才实行出口限制和许可程序。工作组注意到这些承诺。"第165段规定:"中国代表确认,自加入时起,将每年就现存对出口产品实行的非自动许可限制向WTO作出通知,并将予以取消,除非这些措施在《WTO协定》或议定书(草案)项下被证明为合理。工作组注意到这一承诺。"[2]这两段作为承诺被并入《中国入世议定书》,从而对中国具有法律约束力。据此承诺,中国承担的法规修改义务就是使《对外贸易法》有关出口限制的规定符合GATT的要求。

GATT第11条第1款规定:"任何成员方不得对任何其他成员方领土产品的进口或向任何其他成员方领土出口的

---

[1] 参见尚军:《欧美诉诸WTO加紧争夺中国稀缺资源》,载《中国证券报》2010年3月14日。
[2] 参见石广生主编:《中国加入世界贸易组织知识读本(三):中国加入世界贸易组织法律文件导读》,人民出版社2002年版,第921—922页。

第六章 环境资源保障政策与WTO规则的协调问题

产品设立或维持除关税、国内税或其他费用外的禁止或限制,无论此类禁止或限制是通过配额、进出口许可证或其他措施实施。"根据该条款的规定,成员方应取消数量限制措施,无论是对产品的进口还是对产品的出口的数量限制。与此同时,第11条第2款(a)项又规定,政府可以"为防止或缓解出口缔约方的粮食或其他必需品的严重短缺而临时实施的出口禁止或限制"。此外,鉴于政府还要追求一些比贸易自由化更为重要的政策目标,GATT第20条规定了政府为实现其他重要政策目标时的"一般例外"措施,即"在遵守关于此类措施的实施不在情形相同的国家之间构成武断或不正当歧视的手段或构成对国际贸易的变相限制的要求前提下,本协定(指GATT)的任何规定不得解释为阻止成员方实施以下措施……"其中,(g)项是有关资源进出口限制的规定,即GATT不得妨碍成员方实施"与保护可用竭的资源有关的措施,且与限制国内生产或消费措施同时实施"。

中国当前实施原材料出口限制的基本国内法依据是2004年4月修订的《对外贸易法》第16条第4项的规定,即"国家基于下列原因,可以限制或者禁止有关货物、技术的进口或者出口:……(四)国内供应短缺或者为有效保护可能用竭的自然资源,需要限制或者禁止出口的"。由此可见,中国《对外贸易法》第16条第4项的内容是将GATT第11条第2款(a)项和第20条(g)项的有关内容合并而成。但是,如何将该条款与GATT第20条(g)项规定的资源进出口限制措施实施的法律条件对比,可以看出,中国有关资源出口限制措施的条件相应较宽,特别是没有设立与限制国内生产或消费措施同时实施的要求,也没有与GATT第20条序言相对应的"禁止武断、不正当的歧视或对国际贸易造成变相的限制"的规定。这种规定不仅可能导致中国在实施资源限制的具体行政措施时与 WTO 规则相冲突,而且还可能成为中国违反入世承诺的依据。WTO 成员方对中国 1994 年颁布的《对外贸易法》中有关资源限制措施的规定早就提出了异议。《工作组报告》第 160 段规定:"GATT 第 20 条允许限制性出口措施,但此类措施只能与对国内生产或消费的限制相联系实施。这些成员(指与中国入世谈判的成员)表示,中国《对外贸易法》(1994 年外贸法)中的一些标准目前不能满足 GATT 第 20 条规定的具体条件。"第 162 段规定:"中国代表确认,中国将遵守有关非自动出口许可证程序和出口限制的 WTO 规则,也将使《对外贸易法》符合 GATT 的要求。……"①但是,实际情况却是,2004 年中国修订的《对外贸易法》中关于资源限制措施的第 16 条第 4 项与 1994 年颁布的《对外贸易法》第 16 条第 2 项规定的"国内供应短缺或者为有效保护可能用竭的国内资源,需要限制出口的"几乎没有差别。从善意履行入世承诺的角度看,有必要将 GATT 第 20 条(g)项规定的条件以及第 20 条序言部分完整、准确地转化为国内法。这样,一方面,能使中国相关法规符合 GATT 的规定;另一方面,相关行政部门在实施资源保障措施时,既能严格遵守国内法的规定,也会间接符合 WTO 规则的规定。值得指出的是,这次美欧对中国提出的申诉中,相当多的措施涉及一些部委颁布的规范性文件或公告。这就表明,在中国对外贸易基本法《对外贸易法》没有准确将 GATT 相应内容转化为其自身内容时,相关行政部门依据《对外贸易法》所制定的行政措施就很有可能偏离中国的入世承诺,一项好的政策将会因为与

---

① 参见石广生主编:《中国加入世界贸易组织知识读本(三):中国加入世界贸易组织法律文件导读》,人民出版社 2002 年版,第 921—922 页。

WTO规则或入世承诺不符而被提出法律质疑。

三、关于"出口限制"与"限制国内生产或消费措施同时实施"的证明问题

GATT第20条(g)项的规定意味着,WTO成员方在符合一定条件时可对国内原材料出口采取数量限制措施。[①] 由于《工作组报告》第162段直接引用了GATT例外的规定,因此中国如果能够证明目前采取的原材料出口限制措施符合GATT第20(g)项的规定,即使《对外贸易法》的相关规定与GATT第20条(g)项不完全吻合,胜诉的把握性也较大。要证明中国实施的原材料出口限制措施符合GATT第20条(g)项的规定,中国必须证明:(1)实施出口限制的这些原材料属于可用竭的自然资源;(2)出口限制与保护这些可用竭的自然资源有关;(3)与国内限制生产或消费同时实施;(4)符合GATT第20条序言的规定,即不构成武断、不正当的歧视或对国际贸易造成变相的限制。一般而言,将铝土矿、焦炭、氟石、锌、黄磷、金属硅、镁和锰等储藏量有限的原材料认定为"可用竭的自然资源",人们基本没有异议。[②] 这里的核心问题是,中国应当证明目前采取的出口限制措施"与限制国内生产或消费措施同时实施"。这点被证明了,第二个与第四个问题也就能被顺带证明。

如前所述,为防止资源保护措施变成变相的贸易保护措施,WTO要求成员方在对资源产品的进出口实施限制的同

[①] See Hans J. Crosby, The WTO Appellate Body—United States v. Venezuela: Interpreting the Preamble of Article XX—Are Possibilities for Environmental Protection under Article XX(g) of GATT Disappearing? Villanova Environmental Law Journal, Vol.9, 1998, para.300.

[②] See Appellate Body Report, United States—Import Prohibition of Certain Shrimp and Shrimp Products, WT/DS138/AB/R, paras.128—129.

时,对国内生产或消费相关资源的活动也实施限制。但是,与此同时,上诉机构又进一步指出:"同时实施"既不要求待遇完全相同,也不要求效果相同。之所以不要求"效果相同",是因为:其一,不管是在国内法还是在国际法中,因果关系的确定都十分困难;其二,在保护可用竭的自然资源领域,可能需要许多年才能觉察到措施的效果。① 但是,如果对国内消费或生产根本不实施任何限制措施,而仅仅对进口产品实施限制措施,那就有问题了。在美国海龟保护案中,上诉机构经审查认为美国采取的进口限制措施与国内的限制措施一同实施了。②

值得指出的是,中国原材料出口限制措施与美国进口汽油标准案和海龟保护法案不完全相同,后者是为了保护一种资源(保护清洁空气或海龟)而限制另一种产品(汽油或虾)的进口措施,而前者是为了保护资源而对该原材料实施的出口限制。从 WTO 的法理上而言,WTO 的重点是防止货物贸易谈判中关税减让或非关税壁垒措施取消带来的有利于进口产品竞争的优势被进口国采取的各种例外措施削弱,因此 WTO 关注更多的是进口限制措施;由于出口限制措施并不必然削弱外国产品进入本国市场的竞争力,因此对于出口限制措施理应比进口限制措施的条件更宽松。③ 此外,根据对上述案例的分析,对因保护资源而实施的进口限制措施,GATT1994 第 20 条(g)项既不要求国内限制措施与进口限制

---

① See Appellate Body Report, United States—Standards for Reformulated and Conventional Gasoline, WT/DS2/AB/R, para. 14.

② See Appellate Body Report, United States—Import Prohibition of Certain Shrimp and Shrimp Products, WT/DS138/AB/R, Para. 144.

③ See Robert J. Girouard, Water Export Restrictions: A Case Study of WTO Dispute Settlement Strategies and Outcome, Geogertown International Environmental Law Review, Vol. 15, 2003, para. 270.

第六章 环境资源保障政策与 WTO 规则的协调问题

措施形式同一,也不要求效果等同,可见比较宽松,更何况中国对原材料实施的是出口限制措施呢？如果要求实施出口限制,国内也应实施同等的限制,岂不意味着一国自然资源要么供全世界使用,要么不供别人使用,自己也不得使用？这样推理显然脱离实际,也不符合国际经济体系中有关国家对自然资源的主权原则。

据此,中国应当提供如下证据：(1) 中国已经对实施出口限制的相关资源产品,如铝土矿、焦炭、氟石、碳化硅和锌等,在国内实施了生产限制或消费限制；(2) 生产限制或消费限制的相关数据；(3) 相关限制数据与出口限制数据之间存在合理的联系。例如,可以从几个方面举证中国限制相关原材料的生产,如是否取缔相关生产企业,是否清理在建项目,是否停止原材料的开采项目审批等；也可以从对原材料下游产业的限制角度证明对这些原材料的消费也实施了限制。在举证过程中,要注意列举数据在相关争端中的重要性。在中国影响出版物和视听娱乐产品的贸易权和分销服务措施案中,中方提出,由政府指定的企业以及国有企业保留进口出版物和视听娱乐产品贸易权乃是维护公共道德所必需的措施,属于 GATT 第 20 条(b)项所规定的例外,因为对进口出版物和视听娱乐产品内容的审查只有国有企业能够承担。具体而言,原因在于：(1) 内容审查需要相当大的成本,私有企业或外资企业无法承担相应的成本,而政府可以要求国有企业承担内容审查成本；(2) 内容审查需要相应的组织机构和专业人员,只有国有企业才能胜任。专家组和上诉机构都承认中国对进口相应的文化产品拥有内容审查权,该内容审查属于维护公共道德所必需的措施。但是,对内容审查是否仅仅只能由国有企业承担,专家组要求中国提供审查成本的大致证据。中国没有提供,只是指出审查成本包括:(1)人力资源成本;(2)设备、场所等成本;(3)审查错误导致的赔偿成本等。至于这些项目具体的成本数额是多少、是否大到私有企业不能承受,中国都未给出相应的数据。最后,专家组和上诉机构都没有支持中国的观点。①

四、关于对原材料出口征收关税的举证问题

WTO规则明确予以禁止的是数量限制,但允许成员方利用关税手段调节国际贸易。从各成员方关税减让的谈判来看,一般都是围绕进口关税的减让而展开的。对于出口产品征收关税的问题,从WTO各涵盖协定来看,规定得并不明确。但是,《中国入世议定书》对中国对出口产品征收关税有明确的限制。该议定书第11.3条明确规定:"中国取消适用于出口产品的全部税费,但本议定书附件六中明确规定的除外。"附件六规定中国有权对84种产品的出口征收关税,并明确规定:"中国确认本附件中所含关税水平为最高水平,不得超过。"

根据《2009年关税实施方案》的规定,中国目前对稀缺资源出口征收的关税分别为:对黄磷征收70%,对铝土征收15%,对焦炭征收40%,对氟石征收15%,对镁征收10%,对锰征收15%—20%(依产品而定),对金属硅征收15%,对锌征收25%—35%(依产品而定)。根据《中国入世议定书》附件六,中国可以对84种商品出口征税。现在的问题是,中国对这些稀缺资源的征税是否属于这84种商品的范围,以及出

---

① See Appellate Body Report, China—Measures Affecting Trading Rights and Distribution Services for Certain Publications and Audiovisual Entertainment Products, WT/DS363/AB/R, para. 263.

口税率是否在附件六规定的幅度之内。对照附件六可知,除对锌、黄磷、锰、金属硅四种稀缺资源的出口可征收关税外,其他如对铝土矿、焦炭、氟石、镁四种稀缺资源征收出口关税则超出了附件六规定的商品范围;对于黄磷和锌,征收的关税幅度则高出了附件六所允许的上限。在这种情况下,中国要证明其措施为 WTO 规则所许可,必须满足附件六注释所规定的条件,即"中国确认将不提高现行实施税率,但例外情况除外。如出现此类情况,中国将在提高实施税率前,与受影响的成员方进行磋商,以期找到双方均可接受的解决方法。"要满足附件六注释所规定的条件并非易事:一是要满足"例外情况",从 WTO 争端解决实践来看,举证"例外情况"获得支持的极少;二是程序上要与受影响的成员方进行磋商,并寻求找到双方均接受的解决方法。

五、结论与启示

专家组于 2011 年 7 月 5 日散发裁决报告,认为中国对某些原材料实施出口限制措施与 GATT1994 第 20 条(g)项不符,因为中国没有举证对国内的生产与消费实施限制;中国对某些原材料征收出口关税不符合《议定书》附件六的规定,且无权引用 GATT1994 第 20 条进行抗辩。[①]

不管我们从情感上如何认为中国限制稀缺资源的出口理直气壮、合情合理,一旦将此争端交予 WTO 争端解决机构,法律门槛的逾越就需要证据说话。正如商务部一名负责官员所表示的:"这类案件的关键,在于 WTO 要求对国内国外采取同等原则,所以不能在国内开放的同时,专门出台针

---

① See Summary of the Dispute DS 394, available at http://www.wto.org/english/tratop_e/dispu_e/cases_e/ds394_e.htm, visited on 2011-7-16.

对出口的扭曲贸易措施。"中国限制某些原材料的出口是为了保护环境和自然资源,这在环保观念日益深入人心的今天可谓合情合理。可是,就是这样一种合乎时代发展潮流的稀缺资源保护措施,却受到了欧美在 WTO 框架下的法律挑战。其原因并不在于 WTO 规则反对各成员方采取稀缺资源保护措施,而在于 WTO 规则对各成员方采取的稀缺资源出口限制措施设置了前提条件。对中国而言,《中国入世议定书》与《工作组报告》更是对稀有资源的出口限制、出口征税等措施有明确和细致的规定。中国理应尊重和遵守自己所作的国际承诺。遵守这些承诺,不仅不会损害中国保护稀有资源的国家主权,反而更能实现稀有资源保护的目标。这是因为,要保护环境和稀缺资源,国内政策远比出口政策重要。出口泛滥往往是内部保护乏力的结果。比如,多年来的滥挖滥采,使得目前中国的黑钨矿已差不多被采空,仅剩白钨矿可以开采 20 年左右,稀土储量从以前占世界的 85% 降低到现在的 58%。根据中国有色工业金属协会给出的数据,如按现在的水平开采,钼可采 16 年,锌可采 10 年。[①] 因此,如果我们遵照 WTO 规则,建立内外同等的资源保护体系,不仅不会受到其他成员方的法律挑战,而且能够更好地保护资源。

建立稀有资源的内外同等保护体系,可以从以下几个方面着手:一是对一些稀缺资源的地方开采权适当集中,形成一个统一的利益协调机制,由国家能源部统一监管,以获取国家利益最大化。二是尽快征收资源税,根据稀有资源稀缺程度或使用程度不同,征收不同的开采税率;通过税收杠杆提高稀有资源的国内国际价格,使得其他国家再也难以使用廉价的中国

[①] 参见李金玲:《物以稀为贵打好稀有资源保卫战》,载《中国产业新闻报》2009 年 6 月 29 日 A2 版。

稀有资源,迫使其稀有资源来源多元化。三是通过立法,对一些稀有资源进行限产甚至禁止开采。其实,稀土储量世界第二的美国早就封存了国内最大的稀土矿芒廷帕斯矿,钼的生产也已停止,转而每年从中国大量进口;法国在 2003 年就封存了其唯一开采的焦炭矿,转而从中国进口焦炭。希望这次诉讼能够成为促进中国资源保护体系完善的契机。

第四节 理性看待中国原材料案裁决

在涉及《中国入世议定书》的争端中,中国能否援引 GATT 第 20 条"一般例外"进行抗辩,是一个复杂的法律问题。对于这一问题,在中国出版物案之前,鲜受关注。在中国出版物案中,当事方争论非常激烈。专家组以"假定成立"的隐晦态度对此进行回避。[①] 上诉机构迎难而上,认为 GATT 第 20 条可适用于《中国入世议定书》第 5.1 条。上诉机构的这一裁决受到中国的欢迎。然而,中国出版物案的三位上诉机构成员却在 2012 年 1 月 30 日对中国原材料案作出了截然不同的裁决,即中国违反《中国入世议定书》中有关出口税的承诺,不能援引 GATT 第 20 条抗辩。这一裁决不仅引起了普遍的困惑和批评,而且还引发了严重的隐忧,即以后凡涉及《中国入世议定书》的争端,中国可能都无权援引 GATT 第 20 条。这对中国非常不利。如何看待和分析这些困惑与担忧,如何汲取中国原材料案中的经验教训,为将来的资源保护争端提供法律建议,是本节的要旨所在。

---

① See Panel Report, China—Measures Affecting Trading Rights and Distribution Services for Certain Publications and Audiovisual Entertainment Products, WT/DS363/R, para. 7.743.

一、GATT 第 20 条"一般例外"的性质

WTO 在追求贸易自由化的同时,深刻认识到贸易自由化只是各成员方所追求的政策目标之一;其他政策目标,比如维护公共道德、公共健康、环境保护、资源保护、劳工标准等,都与贸易自由化有着同等甚至更为重要的价值。基于此,WTO 一方面要求各成员方政府降低关税、取消非关税壁垒以推进贸易自由化;另一方面又对各成员方为实现特定政策目标而采取的违反 WTO 规则的贸易措施网开一面,规定了例外条款。

GATT 第 20 条以"一般例外"为标题,允许各成员方出于特定目的或者原因,采取偏离 GATT 的进出口限制措施。GATT 第 20 条的导言规定:"在遵守关于此类措施的实施方式不在条件相同的成员之间构成武断的、不正当的歧视或构成对国际贸易的变相限制的前提下,本协定的任何规定不得解释为阻止任何成员方采取或实施以下措施":(1)第 20 条(a)项、(e)项和(f)项,主要包括为保护公共道德所必需的措施;与监狱囚犯产品有关的措施;为保护具有艺术、历史或考古价值的国宝所采取的措施。(2)第 20 条(b)项和(g)项,其中(b)项允许成员方采取"为保护人类、动植物的生命或者健康所必需的措施";(g)项允许成员方采取"与保护可用竭的自然资源有关且与国内限制生产或消费措施同时实施的措施"。(3)第 20 条(d)项和(h)项,其中(d)项允许成员方采取"为保证与 GATT 不相抵触的国内法规得到遵守所必需的措施";(h)项允许成员方采取"为履行其他成员方无异议的政府间协定义务而实施的措施"。(4)第 20 条(i)项和(j)项,允许成员方在特定情况下为满足国内需要而实施出口限制,但是不得对国内相关产业提供保护。(5)第 20 条(c)项,允许成员方采取"与黄金或白银进出口有关的措施"。

第六章 环境资源保障政策与 WTO 规则的协调问题

对于第 20 条"一般例外"的性质,上诉机构曾在 WTO 成立后的第一案——美国汽油案中明确指出,GATT 第 20 条例外措施的目标均不直接与贸易或者经济相关,但这些例外措施所追求的社会价值目标却一点也不逊色于贸易自由化,在解释第 20 条时应当注意贸易自由化与其他社会政策目标之间的平衡关系,而不能有所偏废。① 从权利属性上看,GATT 第 20 条类似于抗辩权;从贸易自由化的角度看,GATT 第 20 条属于例外;而从维护其他社会价值目标上看,GATT 第 20 条不仅不是例外,而且是各成员方政府合法行使公权力的正常行为。成员方不能在 DSB 中直接起诉另一成员方违反 GATT 第 20 条,只有在确认被诉方的相关措施不符合 GATT 其他条款,被诉方以该条证明其措施的正当性时,才可予以审查。DSB 在审查相关措施是否符合 GATT 第 20 条例外时,摒弃了"例外从严解释"的传统法律观念。从 DSB 争端解决实践中引用 GATT 第 20 条(b)项"为保护人类、动植物的生命或者健康所必需的措施"和(g)项"与保护可用竭的自然资源有关且与国内限制生产或消费措施同时实施的措施"的案例来看,七个案件中有五个是成功的,②成功率高达71%。这

---

① See Appellate Body Report, United States—Standards for Reformulated and Conventional Gasoline, WT/DS2/AB/R,paras. 29—30.
② 这七个案件分别是:美国汽油案(DS2)、美国海虾案(DS58)、美国海虾执行措施案(DS58)、欧共体石棉案(DS135)、巴西废旧轮胎案(DS322)、欧共体关税优惠案(DS246)、中国原材料案(DS398)。除后两个案件的措施不被认为是具体的环境资源保护措施外,其他五个案件中的相关措施均被认定为 GATT 第 20 条(b)项或(g)项所指环境或资源保护措施。欧共体关税优惠案和中国原材料案又有所不同,前者引用 GATT 第 20 条(b)项不是其抗辩重点,仅是为其他问题作一般性抗辩,因此在此问题上是否胜诉无关痛痒;而后者则是将 GATT 第 20 条(b)项和(g)项作为决定胜败的抗辩理由。其他成员方援引 GATT 第 20 条(b)项和(g)项都被认为其措施系(b)项或(g)项所指环境或资源保护措施,唯有中国原材料案的相关措施被裁定为不是 GATT 第 20 条(b)项或(g)项所指的措施。从这个角度说,中国是援引 GATT 第 20 条(b)项和(g)项唯一实质性败诉的国家。

表明,随着环保观念深入人心,以保护人类、动植物健康安全、环境保护、资源保护而采取的贸易措施容易得到 DSB 的认可。

二、GATT 第 20 条是否适用于《议定书》的不同裁决

与绝大多数 WTO 成员方不同,中国除受乌拉圭回合达成的《WTO 协定》及其涵盖协定的约束外,还要承担其在《中国入世议定书》中所包含的义务。在涉及中国违反《中国入世议定书》的被诉案中,中国能否援引 GATT 第 20 条"一般例外"进行抗辩,成为争论的焦点问题。对于这一法律问题,DSB 在中国出版物案和中国原材料案中作出了截然不同的裁决。

(一) 中国出版物案

GATT 第 20 条适用于《中国入世议定书》。在中国出版物案中,美国提出,根据《中国入世议定书》第 5 条有关贸易权的规定,在中国加入 WTO 后三年,中国应当允许所有中国企业、外国个人或者企业享有货物进出口贸易的权利。但是,中国通过一系列法规、规章将出版物、音像制品、电影的进口权仅授予特定的国有企业,显然与《中国入世议定书》的承诺不符。[①]

中国提出,即使中国有关出版物、音像制品、电影的进口措施不符合《中国入世议定书》的承诺,但是可援引 GATT 第 20 条(a)项"公共道德"例外进行辩护。中国认为,根据《中国入世议定书》第 5.1 条的规定,中国放开贸易权的前提是

---

① See Panel Report, China—Measure Affecting Trading Rights and Distribution Services for Certain Publications and Audiovisual Entertainment Products, WT/DS363/R, paras. 2.3(a),3.1(a).

第六章　环境资源保障政策与 WTO 规则的协调问题

"在不损害中国以与符合《WTO 协定》的方式管理贸易的权利的情况下",GATT 作为《WTO 协定》的一个附件,自然包括在中国所列前提之列,GATT 第 20 条(a)项适用《中国入世议定书》第 5.1 条属理所当然。对于中国的主张,专家组采用了"假设成立"的法律分析技巧,即先假设中国可以援引 GATT 第 20 条(a)项,然后直接审查中国的相关措施是否满足第 20 条(a)项;如果满足,则再回头解决中国能否援引 GATT 第 20 条的法律问题;如果不满足,则没有必要讨论是否可以援引的问题了。由于专家组认定中国相关措施并非为保护公共道德所必需,不符合第 20 条(a)项,因此没有就 GATT 第 20 条是否可被援引作进一步的分析。[①] 中国对此进行上诉,上诉机构认为:《中国入世议定书》第 5.1 条规定的"在不损害中国以与符合《WTO 协定》的方式管理贸易的权利的情况下"中的"符合《WTO 协定》"指的是包括 GATT 等附件在内的 WTO 涵盖协定,因此中国管理货物贸易的权利受《WTO 协定》附件一(包括 GATT 在内的一系列关于货物贸易的多边协定)的义务约束。本案中,中国能否在申诉方没有明确主张中国违反 GATT 义务的情况下以 GATT 第 20 条进行抗辩,取决于中国被诉措施(违反贸易权承诺)与中国对货物贸易管理之间的关系。显然,中国只允许某些企业从事相关货物的进口,属于对货物贸易管理的措施。既然属于贸易管理的措施,只要符合《WTO 协定》(包括 GATT)就可以。因此,中国当然有权援

[①] Panel Report, China—Measures Affecting Trading Rights and Distribution Services for Certain Publications and Audiovisual Entertainment Products, WT/DS363/R,paras. 7.735—7.749,7.914.

引 GATT 第 20 条例外进行抗辩。①

（二）中国原材料案

GATT 第 20 条不适用于《中国入世议定书》。在中国原材料案中，中国主张，尽管《中国入世议定书》第 11.3 条对中国征收出口税设定了义务，中国对原材料征收的出口税不符合该条规定，但是可援引 GATT 第 20 条例外进行抗辩。专家组则认为，《中国入世议定书》第 11.3 条明确规定："中国应取消适用于出口产品的全部税费，除非本议定书附件六中有明确规定或者按照 GATT1994 第 8 条的规定适用。"因此，"例外"指的是《中国入世议定书》附件六中的规定和 GATT 第 8 条。附件六列举了 84 种产品及其出口税率，并在注释中说明："中国确认本附件所含关税水平为最高水平，不得超过。中国进一步确认将不提高现行实施税率，但是例外情况除外。"《中国入世议定书》第 11.3 条和附件六都没有提及 GATT 第 20 条或者泛泛提及 GATT 的规定，也没有类似《中国入世议定书》第 5.1 条那样援引《WTO 协定》的引语，专家组由此裁定中国违反《中国入世议定书》第 11.3 条，不能援引 GATT 第 20 条。②

专家组的逻辑可以简单概括为：在 WTO 涵盖协定中，并不存在一项适用于所有协定的例外条款，而是每个协定都有自己的例外条款。GATT 第 20 条从 (a) 项到 (j) 项的例外有其具体的适用范围，即仅适用于 GATT 本身。这是因为，GATT 第 20 条导言所使用的措辞是"本协定的任何规定

---

① See Appellate Body Report, China—Measures Affecting Trading Rights and Distribution Services for Certain Publications and Audiovisual Entertainment Products, WT/DS363/AB/R, para. 233.

② See Panel Report, China—Measures Related to the Exportation of Various Raw Materials, WT/DS398/R, paras. 7.124—7.129.

不得解释为阻止任何成员方采取或者实施以下措施"。显然,GATT 第 20 条例外指的是对"本协定"即 GATT 本身,不包括 WTO 的其他协定。尽管《中国入世议定书》是《WTO 协定》的一部分,但毕竟不是 GATT 的一部分。若要援引 GATT 第 20 条适用于《中国入世议定书》中的义务,就必须在《中国入世议定书》中作出相应的规定。① 对此法律问题,中国进行了上诉,上诉机构支持专家组的解释。

尽管审理中国出版物案和中国原材料案的上诉机构成员相同,②但在 GATT 第 20 条是否适用于《中国入世议定书》条款问题上,结果却完全不同。前者赢得了国内学者的普遍支持,后者则引起了广泛困惑和质疑。其实,两者差异的关键在于专家组和上诉机构对相关条款的法律解释。

DSB 在处理贸易争端过程中,面临的一个重大理论与现实难题是对 WTO 涵盖协定的解释问题。WTO《争端解决的规则与程序谅解》(DSU)第 3.2 条规定:"DSB 依照解释国际公法的习惯规则澄清这些协定的现有规定。"在 WTO 成立后的首例争端——美国汽油案中,上诉机构明确指出,1969 年《维也纳条约法公约》第 31 条的标题为"解释通则",已获得习惯国际法的地位,因此它已是"解释国际公法的习惯规则"。③ 根据《维也纳条约法公约》第 31 条的规定,"条约应按照其词语在文本上下文中所具有的通常含义,对照条约的目的和宗旨,善意地予以解释",即文义解释

---

① See Panel Report, China—Measures Related to the Exportation of Various Raw Materials, WT/DS398/R, para. 7.153.

② 中国出版物案上诉机构成员:Jennifer Hillman(主席)、Ricardo Ramírez-Hernández、Shotaro Oshima;中国原材料案上诉机构成员:Ricardo Ramírez-Hernández(主席)、Jennifer Hillman、Shotaro Oshima。

③ See Appellate Body Report, United States—Standards for Reformulated and Conventional Gasoline, WT/DS2/AB/R, para. 17.

方法。

从 DSB 争端解决实践来看,专家组和上诉机构特别强调文义解释的基础和优先地位。在日本酒类税收案中,上诉机构明确指出:"根据《维也纳条约法公约》第 31 条的规定,条约的文字奠定了解释方法的基础,解释必须基于条约的约文。要按照其上下文给条约规定以正常含义。在认定其规定的正常含义时,还要重视条约的目的和宗旨。"①接着,在美国海虾案中,上诉机构更是强调文义解释的重要性:"条约的解释者必须从要解释的某条款的文字开始研究,因为条款是用文字写成的……当条文本身含义含糊或者无法确定时,或者需要对条文本身解释的正确性进行确认时,参照整个条约的宗旨与目的是有所裨益的。"②

前上诉机构成员柯斯·泰特·厄尔曼(Clause Dieter Ehlerman)对上诉机构之所以倾向于文字含义优先的解释方法进行了说明:"直接而公开地给支配解释的基本规则定位,并明确地选择文义优先的主张,对上诉机构内部工作和它的报告对外部的效应上,都具有重大影响。从内部工作来说,直接提到《维也纳条约法公约》第 31 条,并赞同对条约词语具有的正常含义予以优先考虑,对于分散在不同上诉庭、解释不同涵盖协定的不同条款的上诉机构成员,具有事先指导的作用,有助于各上诉报告的一致性和连贯性。对于外部而言,上诉机构在解释方法上公开而透明的选择,可以给 WTO 成员方以清晰的导向,有助于为这个多边贸易体制提供可预见性。特别是,严格依照条约文字或者词语所具有的正常含

---

① Appellate Body Report, Japan—Taxes on Alcoholic Beverages, WT/DS11/AB/R, para. 11.

② Appellate Body Report, United States—Import Prohibition of Certain Shrimp and Shrimp Products, WT/DS58/AB/R, para. 114.

义可避免上诉机构报告被指责为增加或者减损 WTO 涵盖协定的权利与义务。"①

由于 DSB 严格遵循条约文义优先的解释方法,专家组认为,GATT 第 20 条的适用应受该条导言"本协定"的文义限制,即仅仅适用于 GATT 本身;至于 WTO 其他涵盖协定包括《中国入世议定书》本身并不是 GATT,除非这些协定与《中国入世议定书》中有明确的措辞纳入 GATT 第 20 条,否则 GATT 第 20 条不得被适用。中国出版物案的上诉机构之所以裁决中国可援引 GATT 第 20 条作为对违反《中国入世议定书》第 5.1 条的抗辩依据,是因为该条有纳入 GATT 第 20 条的措辞。中国原材料案专家组之所以裁决中国无权援引 GATT 第 20 条作为对违反《中国入世议定书》第 11.3 条的抗辩依据,是因为该条没有类似于《中国入世议定书》第 5.1 条纳入 GATT 第 20 条的措辞。专家组和上诉机构的这种解释应该说符合 DSU 对 DSB 解释的授权。其实,严格按照文义优先解释是 DSB 从"权力导向型"向"规则导向型"转变的重要标志。《中国入世议定书》第 11.3 条有关出口税的规定之所以没有纳入 GATT 第 20 条的措辞,可能出于两个方面的原因:一是包括中国在内的谈判方有意为之。若此,DSB 裁决 GATT 第 20 条不适用符合缔约方的共同意思,只能说是中国为加入 WTO 而付出的代价。正如专家组所承认的:"《中国入世议定书》第 11.3 条没有援引 GATT 第 20 条的权利,意味着中国与很多 WTO 成员有所不同;这些成员方通过《中国入世议定书》条款或者作为创始成员方没有被禁止使用出口税。然而,按照摆在面前的文本,专家组只能推定这是中国

---

① Richard H. Steinberg, Judicial Lawmaking at the WTO: Discursive, Constitutional, and Political Constraints, American Journal of International Law, Vol. 98, 2004, para. 261.

和 WTO 成员方在加入谈判中的意图。"①二是中国当时根本没有意识到《中国入世议定书》条款援引 GATT 第 20 条时需要纳入该条款。若此,只能说是中国当时对 WTO 规则研究不深入,当吸取历史教训。对于专家组和上诉机构坚持运用文义优先的解释方法,如果在中国出版物案中持欢迎态度,而在中国原材料案中却持批评态度,对待同样的法律解释方法,迥异的反应似乎并不可取。

三、中国原材料案裁决对后续违反《中国入世议定书》案的影响

中国原材料案中,中国无权援引 GATT 第 20 条作为对违反《中国入世议定书》第 11.3 条的抗辩依据,这一裁决是否会给将来涉《中国入世议定书》的争端带来无权援引 GATT 第 20 条的负面影响?笔者认为需要具体分析,关键要分析《中国入世议定书》中有多少条款纳入了 GATT 第 20 条的规定。

《中国入世议定书》除前言外,共三大部分:第一部分"总则",共 18 条;第二部分"减让表",包括货物关税减让表和服务贸易承诺表,共 2 条;第三部分"最后条款",共 4 条。其中,第三部分属于《中国入世议定书》生效与登记的程序性条款,无须援引 GATT 第 20 条。第一部分和第二部分承诺共计 20 条,其中有些承诺无须援引 GATT 第 20 条,自不必讨论;有的承诺需要援引 GATT 第 20 条,则需进一步讨论该承诺条款是否纳入 GATT 第 20 条;然后综合对比,统计出涉及《中国入世议定书》的争端,有多少条款可以援引 GATT 第 20 条进行抗辩。通过统计分析,才可定量化衡量中国原材料案对后续涉《中国入世议定书》争端的影响(参见表 1)。

---

① Panel Report, China—Measures Related to the Exportation of Various Raw Materials, WT/DS398/R, para. 7.160.

第六章　环境资源保障政策与 WTO 规则的协调问题

表1 《中国入世议定书》承诺与 GATT 第 20 条之间的关系

《中国入世议定书》承诺条款	是否需要援引 GATT 第 20 条	是否纳入 GATT 第 20 条
第1条：总体情况	无须援引，总体情况介绍	
第2条：贸易制度的实施，涉及贸易制度的统一实施、特殊经济区、透明度、司法审查	需援引	通过《中国加入工作组报告书》第 73 段、第 78 段，将贸易政策的统一实施、司法审查问题纳入 GATT 第 20 条
第3条：非歧视、涉及对外国企业和个人在中国境内生产、销售产品的国民待遇	需援引	没有纳入
第4条：特殊贸易安排	需援引	通过"与《WTO 协定》相符"的措辞纳入
第5条：贸易权	需援引	通过"在不损害中国以与符合《WTO 协定》的方式管理贸易"的措辞纳入，并得到上诉机构支持
第6条：国营贸易	需援引	通过"但依照《WTO 协定》进行的除外"的措辞纳入
第7条：非关税措施	需援引	通过"除非符合《WTO 协定》的规定""应取消不能根据《WTO 协定》的规定证明为合理措施的非关税措施"的措辞纳入
第8条：进出口许可证程序	需援引	通过"在实施《WTO 协定》的规定时"的措辞纳入
第9条：价格控制	需援引	没有纳入，"除非在特殊情况下，并通知 WTO，否则不得对附件4 所列货物以外的货物实行价格控制"
第10条：补贴	无须援引	

（续表）

《中国入世议定书》承诺条款	是否需要援引GATT第20条	是否纳入GATT第20条
第11条：对进出口产品征收的税费	需援引	对于进出口产品征收海关规费，通过"符合GATT"的措辞纳入；对于进出口产品征收国内税费，通过"符合GATT"的措辞纳入；对产品出口征收的税费，没有纳入
第12条：农业	无须援引，适用《农业协定》	
第13条：技术性贸易壁垒	需援引	通过"对进出口产品实施合格评定程序的目的应仅为确定其是否符合《WTO协定》规定相一致的技术法规和标准"的措辞纳入
第14条：卫生与动植物检疫措施	无须援引	中国承诺的是加入WTO后30天内向WTO通报卫生与动植物检疫措施
第15条：确定补贴与倾销时价格的可比性	无须援引，本条是给予其他成员方在价格比较时的选择权	
第16条：特定产品过渡性保障机制	无须援引，本条是给予其他成员方在特定情况下对中国产品实施保障措施的权利	
第17条：WTO成员的保留	无须援引，本条是有关其他成员方对中国歧视性措施的取消同时同安排	
第18条：过渡性审议机制	需援引	通过"本条审议问题不得损害包括中国在内的任何成员在《WTO协定》项下的权利与义务"的措辞纳入
第二部分：减让表	需援引	通过"本议定书所附减让表成为与中国有关的、GATT1994所附减让表"的措辞纳入

· 334 ·

通过表 1 可以看出,对《中国入世议定书》中的 20 项条款逐一分析,对于需要援引 GATT 第 20 条的条款,除《中国入世议定书》第 3 条、第 9 条和第 11.3 条外,其他条款都通过纳入方式使得中国有权援引 GATT 第 20 条作为抗辩依据。由此可见,尽管中国原材料案中专家组和上诉机构均裁决中国不可以援引 GATT 第 20 条作为对违反《中国入世议定书》第 11.3 条的抗辩依据,但该裁决不会对中国将来涉《中国入世议定书》承诺争端造成实质性的消极影响。相反,通过中国原材料案和中国出版物案争端,倒是确定了《中国入世议定书》与 GATT 第 20 条之间的法律关系及中国援引 GATT 第 20 条的法律依据,从而为消除了中国援引 GATT 第 20 条例外抗辩违反《中国入世议定书》承诺的不确定性。

四、中国原材料案败诉的关键法律问题:出口限制不是"与保护可用竭的自然资源有关"的措施

如上所述,中国原材料案中有关出口税承诺不得援引 GATT 第 20 条对中国将来涉《中国入世议定书》案影响不大。然而,值得关注的是,在该案中,专家组假设中国出口税可援引 GATT 第 20 条(g)项抗辩,①但是最终仍然裁决中国对原材料出口征税或者实施配额都不满足 GATT 第 20 条(g)项"与保护可用竭的自然资源有关"的条件。换言之,中国的相关措施不是保护资源的措施。这个裁决可谓大大出人意料,因为在裁决发布之前,几乎所有的分析文章均认为中国的出口限制措施肯定是与保护自然资源有关的措施。值得指出的是,WTO 成立后,凡是涉及援引 GATT 第 20 条(g)项作为

---

① 对于出口配额问题,中国本身就有权援引 GATT 第 20 条(g)项抗辩。

抗辩的措施,除中国原材料案中的出口税和出口限制措施外,还没有哪项措施被认定为不是"与保护可用竭的自然资源有关"的措施。鉴于此,如果说要汲取教训,那么我们应重点关注的不是中国是否有权援引 GATT 第 20 条抗辩,而是如何证明相关措施满足 GATT 第 20 条具体例外的条件问题。

对于 GATT/WTO 如何判断采取的措施"与保护可用竭的自然资源有关",在本章第二节"GATT1994 第 20 条的适用"中已具体论述过。

在中国原材料案中,中国主张对铝土矿实施的出口配额和对氟石征收的出口关税是"与保护可用竭的自然资源有关"的措施,并且认为出口限制将减少国外市场对该两种自然资源的需求,有利于减少国内产量,进而减少对自然资源的开采。专家组认为难以理解中国的这种逻辑关系,因为对保护可用竭的自然资源的目标而言,限制资源开采的政策比限制资源出口的政策更为有效。其实,对于自然资源保护来说,是在国内消费还是在国外消费没有关系,真正重要的是对自然资源开采的限制。从提交的证据来看,氟石的出口量没有明显增加,但是其在中国国内的消费增长幅度很大,导致开采量稳步增加。数据显示,中国氟石的消费量从 2000 年到 2009 年增长了近 124%,氟石的开采数量从 2008 年到 2009 年增加了 60%。与 2000 年相比,2008 年以原材料形式从中国出口的氟石大量减少,但是氟石出口总量超过 2000 年,原因在于含有氟石成分的下游产品的出口大量增长。[①] 因此,中国国内氟石开采实际增长的情况无法支持中国有关出口限制是"与保护可用竭的自然资源有关"的措施的主张。

---

① See Panel Report, China—Measures Related to the Exportation of Various Raw Materials, WT/DS398/R, paras. 7.427—7.429.

对专家组的这一裁决,中国没有提出上诉。应该说,专家组的认定在逻辑关系与证据方面确实具有较强的说服力。首先,判断某项措施是否与保护自然资源有关,专家组认为证明的关键在于该措施与自然资源的开采量之间是否存在逻辑关系。其次,存在的逻辑关系必须是真实、直接和必然的,而不能仅仅是理论上的可能性,还要防止该措施的目标被其他政策冲淡或规避。比如,专家组就认为,中国仅仅对原材料实施出口限制而不对下游产业采取限制措施,这很容易通过制成品或其他形式规避原材料出口限制目标。最后,在审查被诉措施与保护资源之间的联系时,与可能存在的逻辑关系相比,专家组更重视数据证据的证明力。专家组就是运用自然资源在中国国内的消费量、开采量与出口量之间的数据比较,非常直观地得出出口限制措施与资源的开采量减少没有关系的结论。

应该注意的是,在具体争端中,是否具有关键证据证明自己的逻辑主张往往成为胜负的决定性因素。在中国出版物案中,美国提出,中国海关将没收的侵权产品转交社会公益事业,可能因侵权产品存在质量瑕疵而影响权利人的声誉。从逻辑关系而言,美国指控的这种可能性是存在的。但是,由于美国没有证据证明,专家组驳回了美国的观点。[①] 中国提出,授权国有企业从事出版物进口是因为这些企业要承担进口出版物内容的审查成本,而这些成本是其他企业所不愿意或者不能承担的。专家组要求中国提交出版物审查所需承担成本的具体数据及构成,中国因为提供不出相应证据

---

① See Panel Report, China—Measures Affecting the Protection and Enforcement of Intellectual Property Rights, WT/DS362/R, paras. 7.294—7.297.

而被驳回。① 在中国原材料案中,由于中国不能提供出口限制与资源开采量下降之间关系以及国内限制资源生产或消费的证据,中国出口限制措施被裁决没有满足 GATT 第 20 条(g)项的条件。由此可见,在 DSB 争端解决中,关键证据非常重要。中国在 DSB 中输掉诉讼,与其说是法律准备不足,还不如说是相关证据不足;即使律师队伍非常庞大,亦是"巧妇难为无米之炊"。②

理性分析中国原材料案中专家组和上诉机构关于 GATT 第 20 条不适用《中国入世议定书》第 11.3 条的裁决,我们一方面需要承认专家组和上诉机构裁决具有相当的合理性,另一方面也不必过分担心该裁决将对未来涉《中国入世议定书》争端带来过多的负面影响,因为《中国入世议定书》中绝大部分条款都有纳入 GATT 第 20 条"一般例外"的规定。我们需要进一步反思的是,将来涉《中国入世议定书》争端在援引 GATT 第 20 条时如何能够满足其规定的具体条件。可以预见的是,随着资源对一国可持续发展战略影响的日益重要,特别是在全球金融危机导致美元贬值的大背景下,发展中国家开始从以出口资源换取外汇的经济发展战略逐步转向对资源出口的限制,而发达国家在积极储备战略资源的同时却反对发展中国家对资源的出口实施限制,双方为资源出口限制问题展开了激烈的争论,相关争端将会日益增多。2012 年 3 月 13 日,在中国原材料案胜诉后,美国和日本联

---

① See Appellate Body Report, China—Measures Affecting Trading Rights and Distribution Services for Certain Publications and Audiovisual Entertainment Products, WT/DS363/AB/R, para. 263.

② 据商务部条法司副司长杨国华介绍:"我们打 WTO 官司,聘请了最好的律师。与美国的案子,聘请华盛顿的律师;与欧盟的案子,则聘请布鲁塞尔的律师。"参见杨国华:《我们在 WTO 打官司》,载《国际商报》2011 年 12 月 9 日第 07 版。

手,又就中国稀土出口限制措施向 DSB 提出申诉就是明证。

中国作为 WTO 成员方,在实施保护资源的措施时,理应尊重和遵守 WTO 规则。这是因为,要保护环境和资源,国内政策远比出口政策更加重要,而出口泛滥往往是内部保护乏力的结果。

第五节 "碳关税"的法律问题

面对全球气候变化的严峻现实,为减少温室气体排放,减缓气候变化,国际社会作出了不懈努力,通过了《联合国气候变化框架公约》和《京都议定书》。《京都议定书》明确规定的发达国家和发展中国家之间"共同但有区别的责任"原则是国际合作应对气候变化的核心和基石,即发达国家承担温室气体量化减排指标,发展中国家暂不承担减排限额。然而,美欧发达国家不愿实际贯彻"共同但有区别的责任"原则,试图通过对进口产品征收"碳关税"的形式,将气候变化与国际贸易措施相连,单方面采取措施,改变"共同但有区别的责任"原则。本节将对"碳关税"的实质以及"碳关税"在 WTO 框架下的合法性问题进行讨论。

一、"碳关税"问题的由来及其实质

根据《京都议定书》附件一,发达国家在 2008 年到 2012 年期间须将温室气体排放总量削减至 1990 年水平的 95% 以上,并将这一目标分解到每一个国家。为落实承诺的二氧化碳减排国际义务,一些国家在其国内采取了碳排量总额限制与交易机制(cap-and-trade)或征收碳税(carbon taxes)措施。所谓碳排量总额限制与交易机制,指的是一国

先确定给定年份二氧化碳的排放总量,然后通过一定的机制将排放总量分配给受该机制约束的市场主体,该主体获得二氧化碳排放额度后可以在市场上有偿转让。对于未用完排放额度的公司,可以将该排放额度卖给超过排放额度的其他公司,从而通过经济手段达到排放总额平衡。所谓碳税,指的是对生产过程中所消耗的煤、石油和天然气等化石燃料,根据其排放的二氧化碳的高低程度所征收的一种能源消费税。

采取碳排量总额限制与交易机制或征收碳税的国家担心,如果其他国家或地区未承担相应的二氧化碳减排义务,则会产生降低本国企业的竞争力问题和"碳排放泄漏"(leakage of carbon emission)。采取严格的碳排放措施的国家的企业与未参与减排的国家的企业相比,其在碳排放方面的成本显然要高,这影响到这些企业在国际市场上的竞争力。碳排放泄漏指一国采取严格的减排措施后,高碳企业可能转移到未采取相应措施的国家,使这些国家碳排放增加,从而使全球碳排放控制失效。

为解决竞争力和碳排放泄漏的问题,美欧提出采取"碳关税"的方式予以弥补。2006年11月,法国在联合国气候变化大会上提出,应对没有加入《京都议定书》的国家进口产品征收额外关税,这主要是针对没有批准《京都议定书》的美国。为了改变美国在全球减排方面的消极做法和国际形象,压制发展中国家出口产品的竞争力,美国众议院2009年6月以微弱优势(219:212)通过了《清洁能源安全法案》。该法案第四部分第768节规定了"国际储备配额项目"(international reserve allowance program)。该法案规定,基于美国自2012年实施碳排量总额限制与交易机制后可能出现对本国产业不公平的竞争状况,对没有设定碳排放量总额限制的国家或没有可比性的碳排放减少标准的国家出口到美国的高耗能产品,有必要提交与该产品制造相关的专门的碳排放配额。进口商在进口没有配额的外国产品时,必须经由碳交易机制购买相应的国际储备配额。[①]

虽然美国法案通篇没有"碳关税"这一提法,但"碳关税"这一词不胫而走,成为大众媒体的热门词汇。从法律意义上讲,"碳关税"(carbon tariff)不是一种关税。关税是专门针对产品的进口而征收的税种,其关注的重点不在于国内外产品的税负公平、竞争公平,而在于保护产业的发展,增加政府财政收入。"碳关税"则不同,其关注的重点在于国内外产品的公平竞争问题。"碳税"和碳排量总额限制与交易机制是一种对国内企业征收的国内税费。"碳关税"是指主权国家或地区对高耗能产品进口征收的二氧化碳排放特别关税。因此,从本质上而言,"碳关税"是一种对进口产品征收的国内税费,是一种边境税费的调整措施。[②]

二、"碳关税"与 WTO 所允许的边境税调整的关系问题

欧美声称,其征收"碳关税"的目的,并非让进口产品承担额外负担,而是使国内和国外生产商承担相同的减排成本,即对于产品生产过程中排放的二氧化碳,国内外生产厂商支付相同费用。因此,在进口时征收的碳关税构成 GATT1994 所许可的边境税调整。[③]

[①] See The American Clean Energy and Security Act (2009), H. R. 2454, Sec. 401.

[②] See Paul-Erik Veel, Carbon Tariffs and the WTO: An Evaluation of Feasible Policies, Journal of International Economic Law, Vol. 12, No. 3, 2009, para. 771.

[③] Id.

边境税调整(border tax adjustment)的初始法律渊源是GATT1994 第 2.2 条(a)项:"缔约方有权在任何时候以与第 3.2 条相符的方式对进口产品征收与对国内相同产品或用于制造或生产进口产品的全部或部分物品所征收的国内税费相当的税费。"1970 年 12 月,GATT1947 缔约方通过了《关于边境税调整的工作组报告》,对边境税调整的内涵与税种类型进行了澄清。报告第 4 段规定,边境税调整指的是在本国征收某一税种后,为使本国企业和外国企业在国内和国外两个市场中保持公平竞争环境,对本国出口产品实施退税,对国外进口产品征收与国内相同的税收。在 20 世纪 60 年代,关于欧共体实施增值税后是否需要进行边境税调整,争议颇多。理论研究发现,边境税调整是中性的,相当于征税原则由生产者原则转向消费者原则,对生产与贸易没有实质性影响。

《关于边境税调整的工作组报告》第 14 段规定:"能够进行边境税调整的税种指的是间接税,比如消费税、营业税和增值税。"对于直接税,比如社会保障费用、所得税,则不可进行边境税调整。对于消耗税(taxes occultes),例如对在生产或运输过程中厂商的资本设备消耗税、服务税是否可进行边境税调整,《关于边境税调整的工作组报告》第 15 段意识到 GATT 缔约方之间的分歧,并明确指出,边境税调整不适用于消耗税。同时,第 15 段亦明确指出,对广告、能源、机器与交通所征收的税不适用于边境税调整。

针对因产品生产过程中排放二氧化碳而征收的税费与 GATT1994 第 2.2 条以及《关于边境税调整的工作组报告》所

允许进行的边境税调整的国内税费相比,存在以下主要差别:①

第一,WTO所允许的边境税调整是对最终产品所征收的税费,或者是对生产过程中的投入物征税,但这种投入物必须在最终产品中以物理方式体现出来。"碳关税"却是针对生产过程中的二氧化碳排放量,而二氧化碳排放量既不是最终产品,亦不构成最终产品的部分。

第二,WTO所允许的边境税调整对贸易的影响具有中立性特点。因此,边境税调整具有双向调整功能,既可对进口产品征税,亦可对出口产品免税。"碳关税"偏重于对进口产品征收,而未提及对相应的出口产品的免税。

第三,WTO所允许的边境税调整是基于竞争的考虑,而"碳关税"除基于公平竞争的考虑外,还有基于防止碳排放泄漏方面的考虑。

鉴于此,很难得出"碳关税"系符合WTO所允许的边境税调整措施的结论。

三、"碳关税"与WTO非歧视原则的关系问题

WTO中有关货物贸易的非歧视原则主要体现在GATT1994第1条"最惠国待遇原则"与第3条"国民待遇原则"中。

---

① 有关边境税问题的讨论,可参见以下文章:Goain God, The World Trade Organization, Kyoto, and Energy Tax Adjustments at the Border, Journal of World Trade, Vol. 38, 2004; Frank Biermann and Rainer Brohm, Border Taxes Adjustments on Energy Taxes: A Possible Tool for European Policymakers in Implementing the Kyoto Protocol? Vietelsjahrsheft zur Wirtschaftsforschung, Vol. 74, 2005; Paul-Erik Veel, Carbon Tariffs and the WTO: An Evaluation of Feasible Policies, Journal of International Economic Law, Vol. 12, No. 3, 2009; 东艳:《全球气候变化博弈中的碳边界调节措施研究》,载《世界经济与政治》2010年第7期。

(一)"碳关税"与国民待遇原则的关系问题

判断成员方国内税费是否违反国民待遇,需要考察三个条件:(1)该种措施直接或间接规定了对进口产品征收国内税和国内费用;(2)被征收国内税费的进口产品与国内产品必须是相同产品;(3)对进口产品征收的国内税费高于国内相同产品。

对进口产品征收"碳关税"意味着,生产过程中二氧化碳排放量高的进口高碳钢铁(high CO_2 steel)与生产过程中二氧化碳排放量低的国内低碳钢铁(low CO_2 steel)相比,对进口高碳钢铁征收的国内税费高于国内低碳钢铁。判断"碳关税"是否违反国民待遇的关键在于,进口高碳钢铁与国内低碳钢铁是否是相同产品。

关于国民待遇中相同产品的判断问题,上诉机构在日本酒类税案中指出,产品是否相同的参考因素包括:(1)产品的物理特性(产品的结构、性质和品质);(2)产品的最终用途;(3)消费者的偏好和习惯;(4)产品的关税分类。[1] 在减少温室气体排放有利于缓解全球气候变化的理念深入人心的今天,若仅仅从消费者的偏好和习惯看,低碳钢铁和高碳钢铁或许可以区分为不同产品;而从综合因素看,很难将高碳钢铁与低碳钢铁视为不同产品。

(二)"碳关税"与最惠国待遇原则的关系问题

货物贸易领域的最惠国待遇原则主要体现于 GATT1994 第1.1条:"……成员方对来源于或运往其他国家的产品所给予的任何利益、优惠、特权或豁免,应当立即无条件地给予来源于或运往其他成员方的相同产品。"

---

[1] See Appellate Body Report, Japan—Taxes on Alcoholic Beverages, WT/DS10/AB/R, paras. 20—22.

在征收"碳关税"的政策中,对于采取不同碳排放限制的国家的进口产品,其碳关税的高低有所不同。换言之,以碳排放限制作为获得进口免征或较少征收碳关税的条件。因此,判断"碳关税"是否符合最惠国待遇原则的关键就在于,以碳排放政策作为获得优惠的条件是否符合最惠国待遇中的"无条件"。通过比利时家庭补贴法案、印度尼西亚汽车案和加拿大汽车案,可以归纳出WTO最惠国待遇中的"无条件"的含义:(1)"无条件"并不意味着不可以对进口产品征收税率设置条件,但这种条件必须根据产品本身的特征设置,不得设置除产品本身的特征之外的条件作为获取最惠国待遇的条件;(2)"无条件"不仅仅要求保障法律形式上的平等,而且要保障实施时事实上的非歧视效果。[①] 由于"碳关税"不是根据产品本身的特征设置的条件,因此不符合最惠国待遇原则。

四、"碳关税"与GATT1994第20条的关系问题

在证明"碳关税"违反了GATT1994国民待遇原则和最惠国待遇原则后,支持"碳关税"者往往援引GATT1994第20条"一般例外"中的(b)项和(g)项进行抗辩。根据DSB关于第20条适用的实践,抗辩方必须首先证明"碳关税"符合(b)项"为保护人类、动植物的生命或健康所必需的措施"或(g)项"与保护可用竭的自然资源有关的措施,如此类措施与限制国内生产或消费同时实施";然后证明"碳关税"实施方式(manner)符合第20条导言规定的条件,即"不在条件相同的

---

① See Panel Report, Indonesia—Certain Measures Affecting the Automotive Industry, WT/DS54/R, para. 14.143; Panel Report, Canada—Certain Measures Affecting the Automotive Industry, WT/DS142/R, para. 10.23.

国家之间构成武断或不正当歧视或构成对国际贸易的变相限制"。

"碳关税"因为存在以下几个方面的缺陷,所以难以满足GATT1994 第 20 条规定的条件:

第一,尽管实施"碳关税"的目的有二,一是出于公平竞争的考虑,二是出于碳排放泄漏的考虑,但从其设计的方案及其结构可以看出,"碳关税"所关注的是各国碳排放措施成本差异导致的竞争失衡问题,与碳排放泄漏关系不大。因此,"碳关税"是否与减少温室气体排放、保护可用竭的自然资源之间有着真实和密切的联系,值得质疑。

第二,征收"碳关税"的贸易限制政策是否是解决气候变化、保护人类与动植物生命或健康的必需措施,值得深入研究。影响碳排放的主要原因是经济增长及产业结构,而非国际贸易。假定高排放国家本身并不出口,或者其出口的贸易结构中高碳产品的出口很少,那么碳关税政策可能适得其反,非但不能促进碳排放量的减少,反而打击了低排放相关产业。[①]

第三,"碳关税"措施没有考虑到发展中国家成员方在碳排放方面的特殊情况,也没有为发展中国家成员方提供特殊与差别待遇。虽然 GATT1994 第 20 条导言部分没有明确要求在采取环境保护方面给予发展中国家成员更为宽松的义务,但不管各国具体情况而采取环境贸易措施很容易被视为违反 GATT1994 第 20 条。在美国海虾案中,上诉机构就明确指出:"在援引 GATT1994 第 20 条导言论证环境措施合法化

---

① 参见东艳:《全球气候变化博弈中的碳边界调节措施研究》,载《世界经济与政治》2010 年第 7 期,第 76 页。

时,必须考虑其他国家的不同条件与情况。"①在碳排放问题上,发达国家与发展中国家因为经济发展阶段、碳排放总量、累积碳排放总量、人均碳排放量等方面各不相同,在减排义务方面亦不相同。根据《联合国气候变化框架公约》和《京都议定书》的规定,发达国家承担强制性的减排义务,发展中国家不承担强制性的减排义务。"碳关税"抛开国际社会普遍认可的"共同但有区别的责任"原则,不考虑其他国家的具体情况,以经济制裁为威胁,迫使其他国家采取与其一致的经济发展政策,会被视为违反了 GATT1994 第 20 条导言部分规定的义务。

第四,在目前的"碳关税"机制安排下,例如美国"国际储备配额项目",国内企业是否需要购买二氧化碳排放配额基于该企业实际的二氧化碳排放量测算(单独基准);而对进口商是否需要购买国际排放配额的测算,不是基于进口产品在生产过程中实际的二氧化碳排放量,而是基于该出口国生产同种类型产品企业平均的二氧化碳排放量(平均基准)。在美国汽油案中,美国对进口汽油厂商污染值设置平均基准,而对国产汽油厂商设置单独基准。美国认为,衡量基准不同是因为对进口汽油的生产商进行单独测试是不可行的。专家组和上诉机构不接受美国的观点并认为,执行的困难不是对国内生产者设置单独基准和对国外生产者设置平均基准的理由,美国的做法违反了 GATT1994 第 20 条导言部分规定的义务。②

实际上,"碳关税"问题不是简单的环境保护、国际贸易

---

① See Appellate Body Report, US—Import Prohibition of Certain Shrimp and Shrimp Products, WT/DS58/AB/R, para. 164.

② See Appellate Body Report, US—Standards for Reformulated and Conventional Gasoline, WT/DS2/AB/R, paras. 25—26.

问题,而是一些成员方出于政治、经济战略的考虑,试图以单边措施强制其他发展中国家成员方承担减排义务,从而规避《联合国气候变化框架公约》和《京都议定书》所设定的"共同但有区别的责任"原则,对其他国家的经济发展设置障碍,并夺取舆论宣传的制高点。对此,我们要保持高度警惕。

五、中国应对"碳关税"的若干对策

(一)在国际谈判中继续坚持"共同但有区别的责任"原则

"共同但有区别的责任"原则是 1992 年联合国政府间谈判委员会就气候变化问题达成的《联合国气候变化框架公约》提出并确立的,截至目前全世界已经有 192 个国家批准了该公约,它是国际社会在应对全球气候变化问题上进行国际合作的一个基本框架。该公约的核心正是"共同但有区别的责任"原则。

"共同但有区别的责任"原则的内涵由"共同责任"原则和"区别责任"原则两部分构成。"共同责任"的意思是全世界每个主权国家都有责任承担应对全球气候变化问题的义务。因为地球只有一个,而且是不能分割的一个整体,地球上的土地和资源可以被分割,但气候却不容割裂。因此,气候问题是全世界所有国家的共同问题,不能互相推诿。共同责任就是要求全世界所有的国家和人民在应对气候问题上齐心协力,不容许有丝毫的逃避和推诿,共同拯救我们的地球家园。相对于"共同责任"原则来说,"区别责任"原则对于公约的意义更加重大,因为前者是所有国家都普遍认可的,关键是如何具体承担这些共同责任。前文已经提到,发达国家在过去的几百年间,已经以大量排放二氧化碳的方法和损害地球环境的代价发展了本国工业,发展至今对排碳的依赖程度已经不高,且拥有了相对完善的减排技术;而对于发展中国家而言,大部分工业刚刚起步,它们之前并没有发展工业,也没有大量排放温室气体,现阶段的主要任务是快速发展工业以增加社会财富、消除国内贫困。因此,让发展中国家和发达国家承担同样的减排义务是不公平的,发展中国家和发达国家对于全球气候变化问题应当承担"共同但有区别责任"。

《联合国气候变化框架公约》正是考虑到各国在经济发展水平、历史责任和当前人均排放上存在差异,才确定了"共同但有区别的责任"原则。根据这个原则,把所有国家分为三种,即工业化国家、发达国家、发展中国家,它们分别承担有区别的责任:发达国家率先减排,并给发展中国家提供资金和技术支持;发展中国家在得到发达国家的技术和资金支持的情况下,采取措施以减缓或适应气候变化。在这一原则指导下所指定的减排措施符合公平和人性原则且具有较强的可操作性,是应当坚持的,而"碳关税"却与此原则背道而驰。中国已经于1992年6月11日签署该公约,1993年1月5日交存加入书。不管是在过去、现在还是将来的谈判与实践中,中国都要严格遵守和支持"共同但有区别责任"原则,并在相关国内法律的制定中也对其有所体现,因为这一原则是应对"碳关税"的最有力武器。中国经济50人论坛研究小组的研究表明,对于目前全球的减排责任,欧盟应负责任为34%,美国为37%,中国为1.6%。[①] 用国家发展和改革委员

---

① 参见方利平:《碳关税增加减排成本,应先对国内企业征收碳税》,http://www.ce.cn/cysc/newmain/yc/jsxw/200909/06/t20090906_19655214.shtml,访问日期:2011年9月27日。

会副主任解振华的话说就是:这个问题应当历史地、客观地、公平地看待,不能只看总量不看人均,只看当前不看历史,只看生产不看消费,只看数字不看发展阶段。①

(二)针对对中国产品征收"碳关税"的国家进行对等措施

美国和一些欧洲国家已经以立法的方式确立了"碳关税"征收政策,其真正实施仅是一个时间问题。既然如此,在明确表示强烈反对和同相关国家紧密磋商的同时,中国也应制订相应的对策予以积极应对。前文提到,"碳关税"实质上是具有浓烈贸易保护主义色彩、披着"减少污染、改善环境"绿色外衣的关税壁垒。中国应对贸易保护主义和关税壁垒的对策主要是通过立法设置相应的关税壁垒,即所谓的"以牙还牙"。具体而言,就是也通过立法征收相关国家对中国进口产品的碳关税。然而,中国不能像美国和欧盟那样对进口产品无一例外地征收"碳关税",中国的"碳关税"仅应针对对中国产品征收"碳关税"的相关国家,对其他国家不予适用。同时,基于公平原则,中国征收的"碳关税"税率应当比相关发达国家所征税率要高。这样,一方面坚持了反对"碳关税"的立场(中国并没有承认"碳关税"的合理性,因此并没有将其普遍适用于国际贸易领域,中国对相关国家征收"碳关税"仅仅是一种基于公平的关税对等措施);另一方面维护了中国的经济利益,削弱了对方产品的竞争力,增加了中国的财政税收,而这部分增加的税收应当用做对被征收"碳关税"的国内企业的专项补贴,以使其保持国际竞争力。

---

① 参见魏恒:《中国应对气候变化:坚持共同但有区别的责任》,http://www.chinanews.com.cn/gn/news/2008/10-23/1423559.shtml,访问日期:2010 年 9 月 27 日。

第六章 环境资源保障政策与 WTO 规则的协调问题

再推进一步,既然美国等国家为了自己的经济利益可以随意制定一个"碳关税"的法案进行贸易保护,中国为什么不能也出台相关法律规章对其加征新税种?比如,加征相关国家产品的"排碳转移税",即有的产品虽然没在其本国进行温室气体排放,那是其将排碳的环节转移到了国外,而无论是在国内还是国外,都是往大气层排碳,所以要征税;或者征收"先前性碳关税",即某一产品的制造过程虽然不具备高排碳的特征,但追溯其本源,研究和制造这种产品所依赖的先前技术及产品却具备高排碳性特征,也要对其征收碳关税,即"父债子还",将其先前大量排放温室气体的行为拿来算总账。这两种新税种是将"碳关税"的适用范围进行空间和时间的延伸。虽说这些措施有悖于国际贸易自由原则,比较牵强,但对待贸易保护主义者,只有采取对等措施以维持贸易平衡,才能实现相对公平。

(三)利用多边谈判机制解决气候问题,促进环保与贸易协调处理机制的确定

在坚持"共同但有区别的责任"原则的前提下抓紧与相关国家磋商的同时,中国应积极倡导利用多边谈判机制解决气候问题,促进环保与贸易协调处理机制的确定。气候与环境问题不同于其他政治、经济等问题,地球气候是一个不可分割的整体,所有国家在气候问题面前完全是拴在一起的。单靠一两个国家的力量不可能解决全人类的气候问题,单靠个别国家的单边政策和少数国家之间的协议也不足以对全世界范围内的气候问题进行有效协调。因此,有关全球气候问题的解决途径只有一个,那便是全世界各国不论国家大小、经济强弱,都平等地坐到一起进行多边谈判,并且加紧建立环保与贸易协调处理机制,以更有效率地处理全球范围内

与贸易相关的环保问题。

毫无疑问,联合国是一个最佳的平台。早在 1995 年 3 月 28 日,就在柏林举办了《联合国气候变化框架公约》会议首次缔约方大会。此后,缔约方每年都召开会议。第二次至第六次缔约方大会分别在日内瓦、京都、布宜诺斯艾利斯、波恩和海牙举行。其中,较重要的是 1997 年 12 月 11 日在日本京都召开的第三次缔约方大会。在这次大会上,149 个国家和地区的代表通过了具有划时代意义的《京都议定书》。2009 年 12 月 7—18 日,《联合国气候变化框架公约》第 15 次缔约方会议暨《京都议定书》第五次缔约方会议在丹麦首都哥本哈根召开,这一会议也被称为"哥本哈根联合国气候变化大会",出席会议的有 192 个国家的环境部长和其他官员。虽然这些谈判和公约不能马上解决全球的气候问题,但这种多边谈判机制象征着全世界所有国家和人民在气候与环境问题面前齐心协力、共渡难关的凝聚力。

中国一直积极参加《联合国气候变化框架公约》会议,促进环保与贸易协调处理机制的确定。中国对于会议的决议和签订的公约一向严格遵守,并且通过相关立法活动将这些公约和决议的内容上升为具有更强实施效力的国内法律。中国应坚决反对个别国家私自跳过《联合国气候变化框架公约》会议,为了自己的经济利益而径行制定单边的法律。这种行为严重破坏了世界各国齐心协力应对气候问题的良好氛围,打乱了改善全球气候的进程,这就更需要多边谈判机制以及环保与贸易协调处理机制的早日确定。中国经济 50 人论坛研究小组倡议建立《国际减排公约》,以"人均历史累计消费排放量"为标准,计算各国应担负的减排责任,在目前仅存的多国基金和碳交易之外,开辟"第三国国际减排机制";在政府层面,促进发达国家按其应负的责任,进行必要的资金与技术的转移,协助发展中国家实现更多的减排。[①]中国应当在国际谈判和国内法的制定中对此有所侧重。

(四)促进碳排放交易、在国内开始征收"碳税",促进低碳经济发展

所谓低碳经济,是指低排碳的经济,即排放较少的二氧化碳也能获得相当于先前高排碳时的经济效益。促进低碳经济发展是中国应对"碳关税"的最根本对策。"碳关税"制度之所以对中国不利,原因就在于中国还处于发展中阶段,高排碳工业在国民经济中占有很大的比例和分量。虽说有"共同但有区别的责任"原则对发展中国家予以暂时"照顾",但这些"照顾"毕竟只是暂时的,而且有很多发达国家已经开始严重践踏这一原则。因此,只有推动中国以高排碳经济为主的产业结构向低碳经济转变,才能最终在"碳关税"问题上取得主动。如今,促进中国低碳经济的发展主要有以下两个途径:

1. 促进碳排放交易

所谓碳排放交易,是指碳排放配额的民间买卖制度。政府会给所有企业划定碳排放总量限制额度(即污染指标),但也不是绝对不可以超过这一额度,因为有较高碳排放需要的企业可以向其他企业甚至个人购买碳排放配额。这项制度是 20 世纪 90 年代末一个英国人提出的设想。当时很多人认为这一设想并没有太大意义,因为这一制度并不能减少一国碳排放总量,而只是对碳排放额度进行内部分配,起不到减

---

① 参见方利平:《碳关税增加减排成本,应先对国内企业征收碳税》,http://www.ce.cn/cysc/newmain/yc/jsxw/200909/06/t20090906_19655214.shtml,访问日期:2011 年 9 月 27 日。

排的作用。有人质问:这一制度本质上就是有经济实力的企业和个人就能多排碳,有"有钱就能污染"的色彩。其实,以上这些理解都颇为狭隘。2002年,英国最先将这一设想变成现实;2005年,欧盟实施碳排放量配额制度;就连《联合国气候变化框架公约》也确立了国家之间可以进行碳排放配额交易的制度。事实证明,这项制度可以大大促进民间减排。这项制度之所以成功,关键在于它的可操作性极强。在人类社会如今的经济、科技水平下,大规模地取缔排碳行为根本不现实,碳排放的减少必须依赖经济、科技的高度发展,而经济、科技的发展又需要一个漫长的过程,我们恰恰正处于这一过程之中,必须要有缓冲的机会和时间。碳排放交易制度使得环保措施好的企业拥有排放量余额,可以卖给需要暂时超标排放、一时又无力减排的企业。这就在碳排放总量不变或逐步减少以及每个企业都拥有一定的排碳配额的前提下,激励企业为了节约成本,逐步改变生产经营理念和制造工艺,按部就班地向低碳甚至无碳过渡。既然碳排放交易制度既不阻碍经济和工业的发展,又能逐步促进低碳、无碳经济的发展,中国应当尽快立法确立这一制度。

2. 在国内开始征收"碳税"

除了确认碳排放交易制度外,中国还要从对财政、税收方面的立法改善入手,对国内的产品制造开征"碳税"。这里所说的"碳税",不同于"碳关税",它是一国政府对国内的排碳企业所征收的一种税。在国内征收"碳税"有以下好处:首先,中国若宣布自己开始在国内征收"碳税",就会使其他国家对中国产品征收"碳关税"失去合理性。原因很简单,"碳关税"是基本符合WTO原则的,如果中国已经对某一产品征收了"碳税",其他国家再对其征收"碳关税"就是违法的,因为双重征税是违反 WTO 原则的。虽然对国内企业征收"碳税"同样会增加企业成本,从而降低其出口竞争力,但有一点是明确的,如果中国自己不对某一产品征收"碳税",别的国家也会征收。既然征收"碳税"不可避免,那索性中国自己也开征,之后再用它来适量补贴相应的排碳企业,让其改进生产工艺和技术,减少碳排放。其次,征收"碳税"能促进企业为了节约成本,自主改进工艺和技术、开发新能源,进而转变产业模式,尽最大努力逐步减少高碳能源的消耗。这不但能促进低碳经济的发展,还能在"碳关税"问题上取得主动,以应对某些国家这一"倚强凌弱"的把戏。

(五)将发展植树造林事业和在国内征收"碳税"结合起来

绿叶通过光合作用减少二氧化碳的生态功能是人所共知的,国家应当立法,通过减免"碳税"的措施鼓励高排碳企业采取植树造林、与林业企业签订购买碳排放量的合同等切实可行的方式,将其碳排放量降低到最低程度。

第七章　WTO 框架下中国银行卡产业外资准入的监管问题

自 2001 年加入 WTO 以来,中国的对外贸易状况发生了翻天覆地的变化,国内各类市场已经按照中国入世时的承诺有了相当程度的开放。就银行业(金融)服务而言,根据中国《服务贸易承诺减让表》(以下简称《减让表》)具体承诺中的规定,在市场准入限制方面,中国应该在入世五年内取消所有地域限制,允许外国金融机构向所有中国客户提供服务,取消现在的限制所有权、经营及外国金融机构法律形式的任何非审慎性措施,包括关于内部分支机构和营业许可的措施;在国民待遇限制方面,与市场准入的限制基本相同,除此之外再无其他限制。也就是说,中国入世五年之后,外资金融机构在中国境内从事金融服务,应当与内资金融机构享受同样的待遇,不得再有额外的限制。在银行卡产业的实践中,到目前为止,中国发卡市场与收单市场已基本履行入市承诺。但是,由于一些特定的原因,外资银行卡组织一直未能完全进入中国人民币银行卡转接清算市场。然而,根据 2012 年 7 月 16 日 WTO 专家小组对美国于 2010 年 9 月 15 日提起的中国电子支付服务措施案(China—certain measures affecting electronic payment services,DS413,以下简称"电子支付案")作出的裁决,中国开放人民币银行卡转接清算市场的趋

第七章 WTO 框架下中国银行卡产业外资准入的监管问题

势是不可避免的。所以,本章所讨论的对外资准入的监管,主要是针对如何对外资银行卡组织进入中国人民币银行卡转接清算市场进行监管。

第一节 中美电子支付案评析

一、中美电子支付案背景

中国银联是目前中国唯一的银行卡组织,经中国人民银行批准于 2002 年 3 月成立,其前身是中国人民银行各地方分行建立和经营的银行卡跨行信息转接清算中心。中国银联也属于开放式银行卡组织。

在中国银联成立初期,还没有外资银行卡组织能够从事境内人民币银行卡转接清算业务,也不能单独发行人民币银行卡。维萨(Visa)一方面为了获取中国境内消费者境外用卡收益,另一方面为了迅速增加境内持卡人数量,及早研究境内消费者持卡及用卡行为规律,以方便将来政策放开时全面进入境内人民币银行卡转接清算市场,选择了与境内唯一的人民币银行卡转接清算组织中国银联合作,发行在境内外都可以使用的 VU 双标卡。但是,VU 双标卡必须根据维萨标准发行,表现为卡片的银行识别码(bank identification number, BIN)号以"4"开头。按照国际银行卡组织坚持的"谁的 BIN 号谁转接"的原则,当境内人民币银行卡转接清算市场准入放开后,VU 双标卡持卡人自然将首先是维萨的客户。当然,这样做对中国银联本身也是有利的:在境外受理网络覆盖面从零开始的背景下,与维萨合作发行双标卡,增加了卡片的境外受理功能,有助于增加印有"银联"标识卡片的发行量和境内用卡收益。尽管发卡标准不是中国银联的,但是仍然有利于中国银联"锁定"绝大部分有潜在境外用卡需求的持卡人,并稳步推进其境外受理网络的铺设。可以说,双标卡的发行在很大程度上解决了中国银联拓展境外市场的所谓"鸡生蛋,蛋生鸡"问题。另外,维萨与中国银联之间的合作有个不成文的默契,即 VU 双标卡境内交易走银联通道,境外交易走维萨通道。这样的双赢合作持续了若干年,双方也都满意于各自的收益。然而,这一合作随着中国银联对双标卡认识的转变及其境外受理网络的铺设而渐渐受到冲击。

中国银联很快认识到银行卡组织间竞争的关键是标准的竞争,卡片按谁的标准发行,谁就会在将来拥有竞争的主动权,而已有的 VU 双标卡几乎都是按维萨的标准发行的,并且由于双标卡的境外受理优势,导致中国银联标准信用卡的发行进展缓慢。因此,从 2006 年起,中国银联便积极游说监管部门叫停双标卡,并积极铺设境外受理网络。不难理解,在中国境内人民币银行卡转接清算市场准入放开之前,双标卡一旦被取消,就意味着维萨等国际银行卡组织只能向境内客户发行自身单标识的外币银行卡,其发卡量必然急剧下降,预先发展持卡人的策略将无法继续实施。随着中国银联在境内外的扩张,维萨在境内的市场空间将急剧萎缩。中国银联游说叫停双标卡的做法被指侵犯客户利益,引起商业银行、公众舆论的广泛质疑,双标卡至今仍未被监管部门明确取消。但是,中国银联自主研发的金融 IC 卡 PBOC2.0 标准已经成为中国 EMV 迁移(磁条卡升级到芯片卡)的国家标准,由中国人民银行牵头推进实施,而且该标准目前并未兼容其他国际银行卡组织的 EMV 标准。这就意味着该标准的全面实施,从长远看必将"消灭"双标卡的发行。中国银联借助行政力量"封堵"维萨等国际银行卡组织巨头境内市场的

第七章　WTO 框架下中国银行卡产业外资准入的监管问题

意图十分明显。

此外,维萨 VU 从双标卡中获得的境外清算收益也不断受到来自中国银联的挤压。一方面,境内人民币银行卡转接清算市场并未如维萨的预期,于入世后五年内即 2006 年底开放,维萨自身标准的双标卡仍然不能获得境内人民币银行卡转接清算收益;另一方面,"境内交易走银联通道,境外交易走维萨通道"的默契随着中国银联境外受理网络的铺设及其交易成本优势而被打破,双标卡持卡人在境外交易时也首选银联通道,从而使维萨从双标卡中获取的境外转接清算收益也受到挤压。为此,维萨早在 2009 年就警告了中国银联。但是,中国银联拒绝听从,并且在扩大与其他国际银行卡组织合作的同时,拒绝与维萨开展任何新业务。

为了应对这种不利情况,维萨于 2010 年 6 月向全球会员银行发函,要求从当年 8 月 1 日起,凡在中国大陆境外受理带"VISA"标志的双标识信用卡时,不论刷卡消费还是 ATM 取现,都不得走中国银联转接清算通道,否则维萨将重罚收单银行。这显然是一个对中国银联的"报复"和"威胁"行为。中国银联随后回应称,维萨无权单独对持卡人选择境外支付通道作出限制,持卡人拥有选择境外支付通道的权利。这也意味着中国银联与维萨这一对曾被业界誉为"师徒"的银行卡组织之间的关系彻底决裂。

尽管维萨的决定并未于 2010 年 8 月 1 日起如期实施,但是美国政府于当年 9 月 15 日就电子支付案正式向 WTO 提出磋商请求,指控目前针对在中国境内以人民币进行交易的支付卡,只有中国银联被允许提供电子支付服务等相关措施,违反了中国在 GATS《减让表》中承诺的市场准入和国民待遇等规定。从维萨的"封堵"决定到美国政府向 WTO 的正式指控,美国民间与政府合力推动中国开放境内人民币银行卡转接清算市场的意图显露无遗。

二、专家组报告结论概要

本案中,美国指控中国的相关措施主要有六项:(1)要求中国银联作为中国境内以人民币计价的支付卡交易的唯一电子支付服务提供商(sole supplier requirements);(2)要求中国境内发卡行发行的支付卡标注"银联"标识,并成为银联会员,采取银联的技术标准(issuer requirements);[①](3)要求所有的收单机构标注"银联"标识,并且能够受理所有带有"银联"标识的支付卡(acquirer requirements);(4)要求中国境内所有商户的支付卡处理设备、所有的自动取款机(ATMs)及所有的销售点(POS)终端与中国银联系统相兼容,并且能够受理带有"银联"标识的支付卡(terminal equipment requirements);(5)禁止其他非"银联"标识的支付卡进行跨行或跨地区交易(cross-region/inter-bank prohibitions);(6)要求由银联处理所有中国大陆发行的支付卡发生于香港或者澳门的人民币交易,以及任何发生于中国大陆且使用香港或者澳门发行的人民币支付卡的人民币交易(Hong Kong/Macao requirements)。[②]

专家组在初步裁决中驳回了美方关于中国银联市场地位的指控,认定中国相关措施没有禁止外国服务提供商进入中国市场;驳回了美方关于外国电子支付服务提供商可以通过跨境模式提供服务的主张,认定中国没有作出该模式项下

---

① See Panel Report, China—Certain Measures Affecting Electronic Payment Services, WT/DS/413/R, para. 7.634.
② Id., para. 7.635.

第七章 WTO 框架下中国银行卡产业外资准入的监管问题

的承诺。这是对中国相对有利的裁决。但是,与此同时,专家组通过一系列的法律解释,认定涉案服务属于《减让表》中第 7 条"金融服务"B 款"银行业及其他金融服务业"中的(d)项"所有支付和汇划服务",因此中国应当给予外国电子支付服务提供商市场准入和国民待遇。专家组裁定中国银联提供的服务属于电子支付服务,进而裁定中国银联提供的服务"落入"中国《减让表》所承诺开放的服务贸易领域,这是美国胜诉的核心。①

专家组在考虑"电子支付服务提供者是否属于外国金融机构"这一争议核心问题时,注意到在中国的《减让表》、GATS 及其附件中并未包含对"外国金融机构"的定义。但是,《减让表》模式三的承诺表明,"外国金融机构"一词至少包括外国银行及外国财务公司,并且后者是非银行金融机构的一种。争议双方提交了若干"外国金融机构"的字典定义。② 某些字典定义比较狭窄,如"募集资金并作投资,或将其借贷给借款人的机构"。其他一些定义则比较宽泛,显示其并不限于银行和财务公司。专家组认为这部分字典定义宽泛地包括了电子支付服务提供者,并且电子支付服务提供者可以被定义为以提供特定金融服务为主要活动的组织,处理金融交易并协助资金汇划的企业,或者专门从事特定金融服务或经营现金等价物(电子零售支付工具)的商业组织。专家组进一步结合分部门(a)至(f)项的上下文,认为"外国金融机构"一词指的是提供分部门(a)至(f)项下服务的任何外国组织、公司或商业实体。美国援引了有关货币交易、银

---

① See Panel Report, China—Certain Measures Affecting Electronic Payment Services, WT/DS/413/R, paras. 7.533—7.534.

② Id., paras. 7.125—7.126.

行保密及洗钱等的报告义务的法律,其中的"金融机构"一词包括"信用卡系统的运营商",并将处理信用卡交易的电子支付服务提供者归入该范畴。专家组认定,对上下文的分析支持了中国《减让表》下"外国金融机构"一词指的是提供分部门(a)至(f)项下服务的任何外国机构的结论(或至少不与该结论相冲突),且该定义涵盖其他成员国的电子支付服务提供者。综上,专家组最后认定中国在银行服务承诺下的"外国金融机构"包含了提供分部门(a)至(f)项下服务的任何外国公司。该用语涵盖了外国银行、外国财务公司以及包括电子支付服务提供者在内的其他外国非银行金融机构。[①]

三、专家组结论评析:金融监管由机构监管转向功能监管

虽然我们认为专家组的上述解释存在"扩大解释"之嫌,但是认定银行卡组织属于金融机构仍然具有一定的理论和现实基础,这体现出了国际金融监管理念的变迁趋势:由机构监管转向功能监管。

回顾国际金融发展历史及分业与混业经营的争论,我们可以看到,20世纪30年代大危机后的金融监管主要以限制竞争、维护金融稳定为指导思想。70年代以来的"金融自由化"使得国际金融监管领域经历了一个大规模放松管制的过程。但是,这一阶段放松管制的过程具有很大的被动性,即严格分业金融管制本来就已在实践中失去了有效性,规避分业管制的金融创新已使不少限制性措施名存实亡。此外,在放松管制的过程中,金融监管已不再完全以限制竞争、维护

---

① See Panel Report, China—Certain Measures Affecting Electronic Payment Services, WT/DS/413/R, paras. 7.131—7.134.

金融稳定为指导思想,而是适当考虑监管本身所带来的成本,即监管对金融业效率和竞争力的影响。但是,这一阶段对金融效率的考虑还缺乏主动性。放松管制虽然在客观上提高了金融机构的效率和竞争力,但是放松管制后的金融监管尚未明确地把监管成本和金融业的效率作为一种监管法律理念加以考虑,金融监管与效率更多的是一种对立关系。

近年来,实行由金融分业经营向混业经营转变的国家监管当局越来越重视监管对金融业的效率和竞争力问题,并将其明确列为监管的一项重要法律原则。英国《2000 年金融服务与市场法》提出了判断"良好监管"的六条原则,要求在实施监管时必须同时考虑并作为新监管方式的指导思想。这六条原则是:使用监管资源的效率和经济原则;监管机构的管理者应该承担相应的责任;权衡监管的收益和可能带来的成本;促进金融创新;保持本国金融业的国际竞争力;避免不必要的对竞争的扭曲和破坏。该法案还要求金融监管当局在制定任何监管法规和指南时必须同时公布对它的成本效益分析,以证明该项措施对金融业影响的收益大于成本。澳大利亚在 1998 年也对金融监管体制进行了大规模改革。改革前,其金融体系并没有不适应经济发展的明显缺陷,金融机构稳健经营,监管体制也运行良好。但是,澳大利亚政府还是在 1996 年组织专家进行了一次 15 年来最大规模的"金融体制质询"(financial system inquiry),得出的结论是:监管体制应力求具有前瞻性,充分考虑技术进步、金融创新和金融全球化对金融业发展的影响,设计一个灵活的、能适应未来发展的、有利于鼓励金融创新以及形成一个高效和有竞争力的金融体系的监管体制。摒弃不必要的高成本监管法规和手段,提高监管效率,将有利于促进金融体系的效率和竞争力,从而提高整个社会的福利水平。日本进行的"金融大爆炸"中也诞生了一个综合性的金融监管机构——金融监督厅(2001年后改为金融厅),它一改过去以安全为主的监管目标,将确保金融体系的安全和活力、金融市场的公正和效率作为自己的首要任务。

  人们越来越意识到,金融监管要重视对监管成本与效益的分析。一种监管措施可能比另一种监管措施产生较小的道德风险和金融风险,同时更有利于促进金融创新和增强金融体系的竞争,从而形成这种措施相对于另一种措施的边际收益,这种监管措施就达到了理想的均衡效果。英国金融监管当局基于这种成本有效性原则,制定了具有实际可操作性的、以方案比较为基础的成本收益分析法,即利用现有的技术手段和可能采集的数据,对一系列可选方案(包括维持现状)的边际收益和成本进行定量和定性分析,采用逐步淘汰法,选出在现实条件下的最佳方案,其中要掌握的一项基本原则是任何一种方案都不得在不必要的情况下破坏竞争。分析着重考虑一种方案可能带来的边际收益是否大于其边际成本,成本主要包括对被监管对象造成的负担以及对金融创新和市场竞争的影响等。英国1994年就在当时的证券投资委员会中建立了专门的成本效益分析部门,现在则对任何新的监管措施都要由法律规定进行成本效益分析,目的是帮助监管当局制定更适当的监管措施,避免产生违反监管初衷效果的监管行为。

  从世界上实行金融分业经营的国家的监管法律的变革中,我们明显可以看出,虽然监管的基本目标——维护金融体系的稳定与安全——没有改变,但是重心已在转移。监管当局越来越关注监管中竞争、效率与成本这一矛盾的统一关系,在制定和实施监管法律法规、政策措施的过程中考虑可能对金融竞争、效率和金融创新产生的影响,权衡利弊,采取灵活的、有应变能力的监管政策和手段,并不断进行监管创新,以在稳定的前提下创造出有利于金融创新的外部法制环境,达到安全与效率的最佳平衡。①

随着金融监管理念强调安全与效率并重,以及金融混业趋势的发展,国际上有学者提出了金融监管应由传统的以金融机构类别为标准划分监管机构模式转向功能性监管模式。所谓功能性金融监管,是指依据金融体系的基本功能设计的监管。其特点在于:首先,功能性金融监管关注的是金融产品所实现的基本功能,并以此为依据确定相应的监管机构和监管规则,从而有效地解决混业经营条件下金融创新产品的监管归属问题,避免监管"真空"和多重监管现象的出现。其次,功能性金融监管针对混业经营下金融业务交叉现象层出不穷的趋势,强调要实施跨产品、跨机构、跨市场的监管,主张设立一个统一的监管机构以对金融业实施整体监管。最后,由于金融产品所实现的基本功能具有较强的稳定性,使得据此设计的监管体制和监管规则更具连续性和一致性,能够更好地适应金融业在今后的发展中可能出现的各种新情况。②

专家组认定银行卡组织从事的转接清算业务属于银行业务中的"所有支付及汇兑服务",从而认定银行卡组织属于金融机构,正是功能监管的具体体现。因此,借鉴对银行监

---

① See Heath Price Tarber, Are International Capital Adequacy Rules Adequate? The Balse Accord and Beyond, University of Pennsylvania Law Review, Vol. 148, 2000, para. 1792.

② 参见郑振龙、张雯:《金融监管的制度结构研究》,载《世界经济》2001年第12期,第39页。

管的重要理念与原则对银行卡组织进行监管,具有理论与现实基础。

第二节　GATS 框架下成员方对银行卡组织的监管权限

虽然专家组将电子支付服务认定为属于中国应当开放的金融服务中的银行服务,致使中国不得不改正其某些措施以符合 GATS 义务,但是从另一个角度思考,专家组的解释也为中国今后对外国电子支付服务提供者即外资卡组织采取"审慎监管"以及加大市场准入的审批权限提供了充分的法律空间。银行卡组织提供的既然是金融服务中的银行服务,那么在 GATS 框架下,成员方有权对其进行三个层次的监管:

一、GATS 第 16 条和第 17 条有关市场准入和国民待遇的监管

（一）GATS 有关市场准入的具体规定

GATS 关于市场准入的规定主要体现在第 16 条,该条分为两款。GATS 第 16.1 条规定,当一成员方承诺对某个服务部门的市场准入义务时,它给予其他成员方的服务和服务提供者的待遇,应当不低于其在服务贸易承诺表中所列明的条款、限制和条件。由此可见,GATS 市场准入义务的承诺采取的是"否定式清单"(negative list)列明模式,即凡是在服务贸易承诺表市场准入部分没有列明相应条款、限制和条件的,该成员方今后不得采取相应的条款或者条件限制外国服务或服务贸易提供者的进入。

GATS 第 16.2 条特别规定,任何一个成员方,对作出承诺开放义务的服务部门或分部门,不得维持或采取以下六种

第七章　WTO 框架下中国银行卡产业外资准入的监管问题

市场准入的限制措施,除非在"市场准入"栏中明确列出这些限制措施:(1)无论是以数量配额、垄断、专营服务提供者的形式,还是以经济需求测试要求的形式,限制服务提供者的数量;(2)以数量配额或经济需求测试要求的形式,限制服务交易或资产的总值;(3)以数量配额或经济需求测试要求的形式,限制服务网点总数或服务产出总量;(4)以数量配额或经济需求测试要求的形式,限定特定服务部门或服务提供者可雇用的、提供具体服务所必需且直接有关的自然人总数;(5)限制或要求服务提供者的法律实体,如规定外国服务提供者必须通过特定法人实体或合营企业在东道国提供服务;(6)限制外国资本参与比例,如对外国资本限定其最高股份额,或者对单项的或累计的外国资本投资额进行限制。

根据 GATS 的规定,金融服务贸易市场准入具有以下特点:

第一,"具体承诺减让表"(schedules of specific commitments)是 GATS 的一个非常重要的法律概念。一成员方对金融服务市场准入的具体承诺,即对上述 16 种金融服务活动和 4 种金融服务提供模式中的哪些活动及对应哪些提供模式允许市场准入,在市场准入时应符合哪些条件和要求,均需要经过谈判,并逐项列入具体承诺表中。这种承诺表与 GATT 的关税减让表的性质极为相似,金融服务贸易市场的准入全靠定期和逐项谈判,逐步降低或放宽承诺表中的限制和条件,最后得以实现。因此,从法律上说,具体承诺表是整个 GATS 文件中极其重要的组成部分,是了解具体成员方金融服务贸易市场准入的重要法律资料和依据。

第二,市场准入采取"肯定清单"(positive list approach)

和"否定清单"(negative list approach)双轨制。① 即用肯定清单来确定对哪些金融服务门类提供市场准入,未列出的不给予市场准入,但是应随着以后的谈判而不断增加;用否定清单来列明对市场准入附加哪些限制条件,未列出的不得维持或增加,并随着以后的谈判而不断减少。在乌拉圭回合谈判中,围绕市场准入采取何种模式发生了激烈争论。大多数发达国家主张采取否定清单方式进行市场准入,即在提交初步承诺表时,将本国不愿在市场准入方面作出减让的服务部门或分部门列入清单,把这些部门或分部门作为例外处理,并承诺在一定时期内逐步减少清单上例外部门的数量。发展中国家则持反对态度,它们主张采取肯定清单模式,即各成员方将能开放的服务部门列出清单,以后随着自由化谈判逐步增加开放市场的服务门类。理由是:发展中国家的管理经验和水平有限,很难预料未来应对哪些服务门类不予开放,而肯定清单会使其拥有灵活处置的主动权和回旋余地;再加上发展中国家服务贸易开放门类有限,用肯定清单可避免否定清单列出一大串的尴尬。

第三,在作出市场准入承诺的金融服务贸易部门,必须明确是否实施以下限制条件:(1)限制服务提供者的数量;(2)限制服务交易或资产的总额;(3)限制服务经营或服务地域;(4)限制具体服务部门的雇佣人员总数;(5)限制服务提供者的经营实体形式;(6)限制外国资本的最高份额。换言之,如果一成员方在其承诺表中承诺开放某金融服务,而又没有在承诺表的市场准入或国民待遇项下明确列出这些限制条件,则在以后的实践中不得采取或维持这类性质的

---

① 参见黄胜强:《国际服务贸易多边规则利弊分析》,中国社会科学出版社2000年版,第58页。

第七章 WTO 框架下中国银行卡产业外资准入的监管问题

措施。

(二) GATS 有关国民待遇原则的具体规定

国民待遇原则是一项传统的自由贸易原则。GATT 中的国民待遇原则是禁止缔约方对已经支付了关税和其他海关费用的进口产品征收比国内相同产品更高的国内税或适用更严厉的国内法规。其目的在于,确保减免关税得到实际履行,避免本国产品在事实上受到超关税的保护。但是,由于各国不能对包括金融在内的服务贸易的进口征收关税,而各国服务业的发展水平又相当悬殊,如果像 GATT 货物贸易中那样适用国民待遇,对进入本国市场的外国服务提供者和服务从一开始就一律同等适用国内法规,会对本国处于劣势的服务企业产生巨大冲击。实际上,不经过多轮谈判,从一开始就把国民待遇在服务贸易中当做普遍义务适用,就相当于在货物贸易中从一开始就实行零关税,这显然是不现实的。[①]即便是金融服务强国美国,在乌拉圭谈判期间,其国内的银行、保险业也对全面开放本国市场忧心忡忡,一度反对声四起。许多发展中国家如印度、巴西、阿根廷、埃及等,对外国金融投资均根据本国经济金融状况设有硬性限制。因此,GATS 将国民待遇规定为具体承诺的内容,以谈判的结果为基础。

GATS 第 17 条第 1 款是关于国民待遇的规定:"在列入承诺表的服务门类中,在遵守其中所列条件与限制的条件下,每个成员方给予任何其他成员方服务和服务提供者的待遇,在影响服务提供的所有措施方面,在优惠上不得低于它给予本国相同服务和服务提供者的待遇。"对于国民待遇原

[①] 参见张若思:《WTO 金融服务贸易法律制度》,载《法学研究》2000 年第 6 期,第 99 页。

则在金融服务贸易领域的应用,除了要理解国民待遇属于具体义务、具体承诺外,还应强调以下几点:第一,GATS 国民待遇标准是事实上而非形式上的,即成员方给予外国服务和服务提供者的待遇可以在形式上不同于本国相同服务或服务提供者享受的待遇,但只要实际执行效果能够达到"竞争条件"平等就可以了。这是因为,服务贸易不同于货物贸易,有时虽然形式相同,竞争却不平等;有时形式不同,而实质上反而符合市场竞争、机会均等的原则。例如,在银行管理方面,对于在美国开业的外国银行分行的偿付能力,若完全按照与美国国内银行分行同样的标准审核,就会有问题。因为外国银行分行的偿付能力在其母国总行,美国进行监管事实上比较困难。因此,就偿付能力而言,给予外国银行在美分行以不同于美国银行分行的待遇完全无可非议。① 第二,GATS 国民待遇采用否定清单列表方式,即成员方除了在承诺表中列出适用国民待遇的条件和限制外,不得维持或增加新的条件和限制。对发展中国家而言,在进行金融服务贸易谈判中,要尽可能结合本国的具体情况,多考虑一些实施国民待遇的条件和限制;否则,一旦承诺生效,就要"维持现状并逐步后退"。第三,《金融服务承诺谅解》要求各成员方根据国民待遇原则,允许在其境内的其他成员方的金融机构使用其由公共机构经营的支付和转接清算系统,以及获得正常业务活动中可能得到的官方基金和再融资便利,如允许外国银行从其所在国中央银行获得再贷款或进行票据再贴现。成员方保证其金融自律组织、证券和期货交易市场、清算代理机构等

---

① See Joel P. Trachman, Trade in Financial Services under GATS, NAFTA and the EC: A Regulatory Jurisdiction Analysis, Columbia Journal of Transnational Law, Vol. 34, 1995, para. 65.

对参与其中的外国服务者给予国民待遇。

二、GATS 第 6 条关于国内管理的要求

GATS 序言提出,全体成员方"认识到服务贸易对世界经济的增长和发展日趋重要",并"认识到所有成员方为了符合国内政策的目标,有权对其境内所提供的服务制定和实施新的规定,并考虑在制定服务贸易法规时,不同国家存在不同的发展程度,发展中国家成员方可以根据其特殊需要实施该项权力"。可以看出,GATS 一方面努力推进世界服务贸易自由化进程,另一方面又尊重各国国内的政策目标,在这两者之间谋求平衡,并在互利和权利义务平衡的原则下分别就各服务行业进行谈判。根据 GATS,为了维护本国的服务贸易秩序,每个国家都会根据自己的国情和政策目标,制定各种管理其境内服务贸易的法律和规章。为了使这些法律和规章不至于妨碍 GATS 服务贸易自由化目标的实现,第 6 条为成员方管理国际服务贸易的国内规章规定了一般纪律,包括以下五点:

第一,各成员方在其作出具体承诺的领域,应保证有关服务贸易一般适用的法律、法规及措施以合理、客观和公正的方式实施。

第二,在不违背一国宪法和法律制度的前提下,每一成员方应尽快维持或建立切实可行的司法、仲裁、行政法庭或程序,对有关提供服务的行政决定作出迅速的审查并给予公正的裁决;如果这种审查机关不能独立于有关行政决定的主管机构,该成员方应保证此等程序实际上是客观和公正的。

第三,当一项具体承诺中的服务提供需经授权时,成员方的主管机关应在合理期间内,将有关申请是否获得批准的

决定通知申请者。应申请者的要求,成员方主管机关应就有关审查申请的状况及时通知申请者,而不应有不适当的延误。

第四,为确保成员方有关资格要件与程序、技术标准与执照要求等不对服务贸易构成不必要的障碍,服务贸易理事会应制定必要的纪律。这些纪律要求成员方的各种资格、标准应:(1)基于客观和透明的标准;(2)以保证服务质量所必需为限;(3)在执行发放执照程序的情况下,不使这种程序本身成为一种服务贸易的限制。在判断某一成员方是否遵守上述纪律时,应考虑该成员方所适用的有关国际组织的国际标准。

第五,各成员方在涉及专业性服务贸易方面已作出具体承诺的领域,应制定核实任何其他成员方服务人员能力的适当程序。

由此可见,GATS一方面赋予成员方行使制定各种管理服务的法规以符合其国内政策目标的权利(事实上,这种法规已成为规范和管理境内服务贸易活动最为通行的有效手段),另一方面要求其成员方承担GATS中相应的义务。这是为了避免这种法规对正常的国际服务贸易构成不必要的贸易壁垒和障碍,尤其是申请许可和资格认定程序。

三、尊重各成员方出于审慎目的而采取的立法措施

GATS第19条第2款规定:"在自由化进程中,应给各成员方的国家政策目标以及各个成员方在总的和各个(服务)门类的发展水平以应有的尊重。对发展中国家各成员方,允许它们开放较少的服务门类,同意较少的自由化交易类型,按其情况逐步扩大市场准入。"这是GATS中一个极其重要的

条款,也就是我们所称的"逐步自由化"(progressive liberalization)条款,它表述了 GATS 两条关系全局的指导思想:尊重各国服务贸易上的政策目标;尊重各国不同的发展水平,允许发展中国家成员方渐进式开放。

如果说允许发展中国家渐进式开放金融尚无具体落实措施,在实践中还主要取决于双边或多边谈判,那么尊重各国政策目标的规定则具有很强的现实意义。GATS 金融服务附件一第 2 条第 1 款规定,GATS 任何条款均"不得妨碍一成员方以审慎理由(prudential reasons)而采取的措施,包括为保护投资人、存款人、投保人或者金融服务提供者对之负有托管责任的人,或者保证金融系统的完善和稳定而采取的措施。这些措施凡不符合 GATS 者,则不得用做逃避 GATS 项下成员方承诺的义务"。审慎性措施不必列在成员方具体承诺表中,因为它们没有被当做市场准入与国民待遇的限制。这是金融服务贸易规则中一条非常重要的规定,它实际上确立了如何处理金融服务贸易开放与保持足以防范金融危机和金融风险的措施这一对主要矛盾的指导原则。因为人们认识到,金融全球化既是历史的必然趋势,同时也会带来或增加金融风险。近年来国际上频频发生的金融危机再三对此敲响警钟。要防止发生国际金融危机,防范由金融自由化和国际化带来的巨大风险,各国就要建立起对金融的有效监管法律制度。换言之,金融审慎政策目标虽有与自由化进程相冲突的一面,但是 GATS 承认各成员方拥有为维护金融稳定与安全而采取必要防范措施的权利,只要这些措施不造成歧视性影响。

一般而言,各国政府可以从以下四个方面干预金融活动:一是通过制订宏观经济政策影响金融服务,如规定货币供应量、利率、汇率等;二是金融服务的固有风险性使各国在其金融制度中规定了严格的防范性规则,主要是对金融机构的资本充足率、破产清算、信贷规模、资产质量、资金流动性以及经营范围等作出明确规定;三是各国还通过制定非防范性法规规范金融服务,主要包括对金融机构的资格要求、注册登记程序、技术和服务质量标准等;四是一些国家尤其是发展中国家保护国内金融机构的规定,许多国家的国内法明确规定禁止或限制外国金融机构在本国设立分支机构,或者对外国金融机构在本国的经营活动予以限制,使之不能与本国金融机构进行竞争。客观地说,这四种干预措施都可能构成金融服务贸易的壁垒或障碍。例如,采取分业经营的国家对从事混业经营的外国金融机构而言无疑是一种限制;一个国家对资本自由流动的限制无疑会直接阻碍国际金融服务贸易。

对于这些措施,GATS及其金融服务附件一没有明确定义哪些属于审慎措施范围,即对于哪些措施是出于审慎目的而无须列入承诺表的国民待遇限制中,以及哪些措施不是出于审慎目的而需要作为国民待遇和市场准入的限制措施列入承诺表中,没有规定普遍接受的规则。一般认为,保证金融市场公平竞争的纪律、有利于市场竞争的规则、保证金融体系完整和稳定的措施都属于必要的审慎监管活动,否则会构成金融服务活动不必要的壁垒。如果这些措施使得外国金融服务或金融服务提供者难以准入、不能准入或准入后不能享受国民待遇,则属于金融贸易壁垒。审慎措施包括但不限于下列措施:资本充足率要求;母国有效监管水平的要求;对风险集中度的限制;流动性要求;禁止内幕交易;对不良资产的界定与管理;对高级管理人员素质、能力的要求;透明度与信息披露的要求;特殊情况下的保障措施等。可以说,这些审慎措施既包括外国金融机构市场准入方面的监管措施,也包括准入后的功能监管方面的措施。市场准入方面的审慎措施无须列入承诺表,这无疑为各成员方特别是发展中国家成员方在金融开放进程中增加维护金融安全的法律措施提供了回旋余地。

第三节 参照巴塞尔协议体系监管原则设置外资银行卡组织市场准入条件的理论依据

中美电子支付案的专家组认为,中国已经承诺以商业存在的方式对其他WTO成员方银行卡组织开放国内市场。裁决生效后,中国就要履行专家组报告,开放国内转接清算市场。根据中国入世承诺,外资银行卡组织的市场准入条件为"在中国营业三年且申请前两年连续盈利"。除此之外,是否需要设置其他市场准入条件?换言之,是否需要对以中国银联为代表的银行卡组织实施一定期限的保护?能否设置除入世承诺中所列以及符合国民待遇以外的市场准入条件?如果可以,是否可参照巴塞尔协议体系中的银行市场准入原则,以拟定外资银行卡的市场准入条件?本节将对这些问题展开探讨。

一、国外转接清算市场开放的历史教训

目前,国际上的银行卡组织主要有五家,即开放式组织维萨和万事达,以及封闭式组织美国运通、JCB和Diners Club(大莱)。其中,唯有日本的JCB信用卡公司不是源自美国的国际银行卡组织。近年来,在这五家银行卡组织中,无论从

通用卡(包括信用卡和借记卡)的交易笔数还是交易金额来看,维萨所占据的相对份额几乎都超过了一半,可以说是国际上规模最大的银行卡组织。

除了上述国际性的银行卡组织,全球范围内还有很多服务于本国或本区域内部、未在境外广泛铺设自主品牌受理网络的区域性银行卡组织,如加拿大的 Interac、法国的 CB、澳大利亚的 Bankcard、韩国的 BC 卡公司(BC card)、中国台湾地区的联合信用卡中心(NCCC)等。一方面,这些国家或区域内消费者的境外用卡需求主要通过维萨和万事达等国际银行卡组织的受理网络得到满足;另一方面,维萨和万事达在这些国家或区域内部一般都可以运营银行卡跨行交易转接清算系统,且往往拥有可观的市场份额。然而,在维萨和万事达不停地对外扩大其规模的同时,不少国家自主建立的银行卡组织因缺乏竞争力而逐渐退出了市场。

澳大利亚的 Bankcard 始于 1974 年,是 1984 年前澳大利亚唯一的信用卡品牌。然而,从 1994 年开始,维萨和万事达开始进入澳大利亚国内市场,并逐渐抢占了澳大利亚电子清算市场的主导地位,开始操纵其本土银行卡价格体系。2001 年,Bankcard 信用卡发卡量的市场占有率下滑至 15.4%,而维萨和万事达的市场占有率则分别达到 53.4% 和 22.7%。为缓解其本土品牌 Bankcard 受到的压力与冲击,澳大利亚储备银行(RBA)开始大力推动银行卡产业改革,加强银行卡产业的监管,尤其是针对维萨和万事达的定价和收费机制施加了严格的监管与控制,以遏制其业务的非理性增长。然而,此举遭到维萨和万事达的强烈反对。2002 年,它们反客为主,公然挑战 RBA 对国内支付市场价格机制的主导权,就交换费监管事项发起对 RBA 的诉讼。另一方面,2004 年 5 月,

第七章 WTO 框架下中国银行卡产业外资准入的监管问题

Bankcard 开始执行 RBA 的准入要求:任何新的接入方都需要获得 APRA 颁发的银行或专业信用卡机构的经营许可。在此期间,仅有一家机构(moneyswitch)有兴趣作为收单会员加入 Bankcard,然而由于它一直没有取得专业信用卡机构的经营许可,其会员资格的申请一直没被提交。除此之外,没有其他专业信用卡机构申请成为 Bankcard 的发卡会员。在没有实现自主品牌走向国际的前提下,又没能退而求其次延续与维萨等的双品牌合作,在自有转接网络缺失,又局限于单一信用卡业务的情况下,随着市场份额逐步下降,Bankcard 最终于 2007 年正式宣布退出市场,澳大利亚的本土银行卡组织就此消亡。至此,澳大利亚银行卡产业才深刻地认识到产业自主权的重要性,积极调整商业模式,努力避免再受到维萨和万事达的控制。然而,澳大利亚国内电子清算市场已经完全为维萨和万事达所主导,美国运通与大莱也占有了其一小部分的市场份额。

除了 Bankcard 这一典型,1984 年 6 月,中国台湾地区联合签账卡中心(NCCC 前身)推出联合签账卡,因卡面有一朵梅花图案而得名"梅花卡"。20 世纪 80 年代末,"梅花卡"占据岛内绝大部分市场份额。90 年代前后,随着欧、美、日等对台湾民众签证审批的放松,维萨等国际卡组织加紧向台湾民众发行信用卡,继而大批台湾民众持卡前往欧、美、日等地旅游、留学,自此"梅花卡"品牌衰败的序幕徐徐开启。随后,台湾当局放弃了对"梅花卡"的品牌保护。至 90 年代末,"梅花卡"基本退出市场。

当然,不是所有的国家和地区都没有维护本国银行卡产业的意识。实际上,它们一直在挣扎,试图保护自有的银行卡转接清算市场。正如 Sinsys 首席执行官 Dirk Syx 所言,电子支付可以跨越国界,但金融安全性是有国界的。防止美国对欧洲支付网络的控制,对欧洲中央银行来说是一个政治问题,因为金融安全高于经济利益。总体来说,主要有三种模式比较有借鉴价值:

一是联建区域网络,共御强敌。2003年,意大利、比利时和荷兰各自的银行卡组织联合组建了支付处理公司Sinsys。2004年,印尼、马来西亚、新加坡和泰国创建了东南亚区域性支付联盟ASEAN Pay。2007年,德国、意大利、葡萄牙、西班牙、英国等建立了欧元支付组织联盟EAPS。后两个联盟均是参与国中央银行主导的。区域网络的建立旨在应对维萨等国际银行卡组织对其所在银行卡支付市场的渗透。

二是自建转接清算网络,拒绝对外资开放。1984年,法国政府为了防止本国经济信息落入维萨等美国公司手中,推动法国银行业成立了银行卡联合会(Cartes Bancaires),负责法国国内银行卡跨行交易的转接清算。法国开了个好头,却没有收获完美的结局。尽管Cartes Bancaires控制了法国国内转接清算市场,但是由于其境外转接完全由维萨等掌控,导致国内Cartes Bancaires单一品牌的银行卡仅占5%左右,其独立品牌地位已然丧失,成为维萨等体系的组成部分,最终仅作为国内联网通用的标识。

三是失而复得,试图自主自治,东山再起。印度银行卡跨行POS交易全部通过跨国银行卡公司转接清算。2006年,印度国内银行卡POS交易总额约133亿美元,向跨国银行卡公司支付费用总额高达5000万美元。2012年4月,印度银行业酝酿成立本土银行卡组织India Pay,亡羊补牢,以期夺回在印度银行卡市场的主导权。

总而言之,禁止外资银行卡组织进入国内转接清算市场是既不现实也不利于本身产业发展的,但是对国内银行卡组织不予以任何保护就会出现该市场被外资全控的局面。鉴于此,GATS 在对银行卡组织的市场准入监管方面,允许各成员方在其承诺减让表之外,在符合国民待遇原则规定之外,另外设置审慎性监管的条件。妥善运用 GATS 所赋予的"审慎性"监管条件,不仅可以保障一国国内的经济信息安全和金融安全,同时客观上也有利于保护本国自主银行卡组织的生存与良好发展,以期其在国际市场上占有一席之地。

二、应当给予中国银联一定时间以适应外资竞争的原因及可能性

首先,中国应该有自己的品牌银行卡组织。从产业安全的角度看,在一个对本国经济发展具有积极意义、具备成长的需求条件和要素条件的产业内部,没有一家本国资本控制的企业是不可想象的。一方面,银行卡的联网通用有助于一国支付体系和经济运行效率的提升,这时必须有一个能够为联网通用的银行卡提供跨行转接清算服务的组织,也就是银行卡组织。另一方面,得益于中国庞大的人口总量和经济增长的长期趋势,境内人民币银行卡转接清算业务的现实需求与潜在需求的容量巨大,而且基本具备企业成长的资本、技术、人力资源等要素条件。因此,中国应该有自己的银行卡组织。

其次,作为自有品牌银行卡组织的中国银联在短期内确需政策保护。后发国家的后进产业在初创阶段必须有产业政策的保护,才能在满足国内市场需求的基础上逐渐形成参与国际竞争的基本能力。国际银行卡组织大多有几十年的发展历史,以与中国银联同为开放式组织的维萨为例,从其前身"全国美国银行卡公司"(1970 年成立)发展至今,已有

40多年的历史,积累了深厚的国际市场竞争经验和能力。倘若没有产业政策的保护,现在就放开境内人民币银行卡转接清算市场准入,让维萨等国际银行卡组织大规模进入本国市场,那么以中国银联成立不足10年所积累的经验和能力,特别是其境外受理网络的低覆盖率这一显著短板,可以预见,不但其境内市场份额将显著下降,而且其卡片发行和持有的绝对数量也极有可能下滑,从而陷入全面萎缩的境地,甚至完全退出市场。澳大利亚的Bankcard等一些国家和地区的本土银行卡组织的消亡即为前车之鉴。

最后,给予中国银联一定期限免受外资银行卡组织冲击的可能性。WTO专家组对电子支付案已经作出了裁决,其中一些条款的解释确实对中国不利,要求中国以商业存在的方式开放银行卡组织市场。但是,对于如何开放,专家组裁决并不作强制要求。对于如何执行WTO争端解决机构(DSB)作出的裁决,我们研究认为,执行裁决是一个多边与单边互动的过程。在执行DSB裁决的过程中,败诉方有着相当大的灵活性。

(1) DSB裁决的执行方式。成员方享有高度自主决定权。对于违反WTO涵盖协定的措施的执行,《关于争端解决规则和程序谅解》(DSU)规定,败诉方应当将其违反WTO规则的措施纠正为相符措施(bring measures into conformity)。至于败诉方究竟如何使被诉违反WTO规则的措施变成相符措施,则由成员方自主决定。甚至可以说,这种"纠正"并不一定意味着被诉违反WTO规则的措施必须被取消或彻底更改,可能只是在原本的基础上进行一定的修订,使其更符合WTO相关规则。

(2) DSB裁决的执行期限。DSU规定,败诉方应当迅速执行 DSB 作出的裁决与建议;如果不能立即执行,则应确定执行的合理期限(a reasonable period of time)。对于该合理期限的时间,通过研究 DSU 中的相关规定,我们认为应是为执行 DSB 裁决与建议的成员方国内法律制度所允许的最短期限。另外,在通常情况下,败诉方履行 DSB 裁决不超过 15 个月;在"特殊情况"下,甚至可以适当延长(或缩短)。由于"败诉方国内法律制度所允许的最短期限"是给予合理执行期限考虑的重要因素,因此成员方国内关于法律、行政法规的修改程序和期限的明确规定就显得非常重要,成为争取使 DSB 裁决的执行期限有利于自己的有力证据。

(3) 执行审查程序。显而易见,很多败诉方对于 DSB 裁决并不满意,主观上也不愿意在短时间内执行 DSB 裁决。如果败诉方在合理执行期届满之时,仍然试图拖延执行期限,那么合理利用执行审查程序无疑是一种最佳选择。这是因为,在执行审查程序中,专家组报告或上诉机构报告未被通过之前,胜诉方不得向 DSB 申请授权其对败诉方实施报复。虽不能断言所有经过执行审查程序的执行都是败诉方刻意为之,但不可否认其中有利用执行审查程序争取时间的因素。

(4) 执行监督机制。与对执行审查程序的利用一样,DSB 的执行监督机制非常松散,以至于败诉方也往往利用其合理期限作为拖延执行 DSB 裁决的方法。根据 DSU 的规定,从败诉方在 DSB 通过裁决报告的 30 天内通知 DSB 其执行裁决的意向,到合理执行期限届满之日的期限内,败诉方除了向 DSB 定期提交一份关于执行进展情况的报告(status report)外,没有其他任何义务。败诉方不用指明其将采取或取消的具体措施,不需要与有关成员方磋商合理执行期是否被善意使用,也不需要制定任何具体的执行裁决的时间表。

败诉方在执行合理期限内可以自由行动,由此可见 DSB 的监督能力之软弱。胜诉方亦难以采取相应的救济措施,即使有明显的证据表明败诉方在合理期限内根本不打算执行 DSB 的裁决与建议。

(5) 贸易报复程序。对于不履行 DSB 裁决的败诉方,无论是补偿还是贸易报复,WTO 救济措施均是着眼于"展望未来,既往不咎"。这体现了贸易报复的非追溯性。虽然非追溯性带来的是成员国之间权利义务的公平,但也带来了很大的负面效应,即违反 WTO 义务的成本较低。违规成员方从采取违反 WTO 义务的措施,到磋商、专家小组程序、上诉程序,再到执行合理期限届满,整个阶段大约两至三年。在这期间,违规成员方可以继续使用其违反 WTO 义务的措施,受害方没有任何救济。只要在合理期限届满时,违法方将违法措施纠正为相符措施,就算遵守了 WTO 涵盖协定的规定。贸易报复的这种非追溯性和非对称性的特点,很可能被成员方利用,作为其不执行 DSB 裁决的事实借口。

正是 WTO 成员方执行 DSB 裁决所具有的较大的灵活性,以及 DSB 本身对执行的审查与监督的不力,才为我们利用 WTO 争端执行程序与机制提供了可能性。

但是,我们必须清楚地认识到,从世界范围看,目前转接清算市场的开放是普遍现象,对中国银联的保护只能是短期行为。在有限的期限内,中国银联需要从服务、效率、安全等方面进一步提高自身的竞争力,经受竞争的洗礼,在竞争中成为国际品牌。

三、参照巴塞尔协议体系监管原则对外资银行卡组织市场准入采取审慎措施的理由

根据电子支付案专家组报告得出的结论,银行卡组织从

第七章 WTO 框架下中国银行卡产业外资准入的监管问题

事转接清算业务属于银行业务(banking services)中的"所有支付与汇划业务",系 GATS 金融服务中的一种。根据 GATS 的规定,对于外资银行卡组织监管,除应符合国民待遇与市场准入规定、国内管理规定外,还可以采取审慎性监管措施。审慎性监管措施可以分为两类:一类是与国民待遇、市场准入规定或国内管理规定相重合的措施,比如金融机构的公司治理机构、内部风险监管措施等,既属于审慎监管措施,同时也应符合 GATS 关于国民待遇与国内管理措施的要求;另一类是偏离了国民待遇的审慎性措施,该种措施或是出于保护投资人、存款人、投保人或者金融服务提供者以及对之负有托管责任的人的目的,或是为了保证金融系统的完善和稳定。采取这类措施的边界是,"凡不符合 GATS 者,则不得用做逃避 GATS 项下成员方承诺的义务"。

这里的关键问题是:对于银行卡组织市场准入到底可以采取哪些审慎措施?我们认为,可以参照《有效银行监管的核心原则》(Core Principles for Effective Banking Supervision)中有关市场准入理念与原则的规定,理由如下:

第一,尽管巴塞尔协议体系中的《有效银行监管的核心原则》规定的是对银行的监管,即监管对象应该是银行,但正如专家组在裁决报告中所指出的,判断一个机构提供服务的属性(是金融服务还是网络服务),不应该只是看该机构的名称如何,而应该看该机构提供的服务的本质。既然银行卡组织提供的服务属于银行服务,《巴塞尔协议》是有关银行业监管的国际公认惯例,那么参照《巴塞尔协议》中的重要理念就是值得考虑的。更何况,《有效银行监管的核心原则》注释 6 进一步规定:"一些国家的非银行金融机构也提供与银行类似的存贷款服务,本文中的多项原则对这类非银行金融机构也同样适用。然而,要注意的是,有些非银行金融机构吸收的存款在政企金融体系占比较小,因此对这类机构不一定以银行监管的方式进行监管。"注释 4 明确规定:"核心原则是良好监管实践最低标准,自愿实施。各国将在自己的辖区内自由实施实现有效监管的其他配套措施。"由此可见,《有效银行监管的核心原则》中的一些理念与原则并没有被强制性地要求只适用于银行,各国还可在其基础上实施更为严格的监管措施。

第二,各国家和区域都对银行卡组织从事的转接清算业务实施监管:在中国,属于中国人民银行监管;在欧盟、澳大利亚、美国等,也都受到不同程度的监管,或有专门监管机构,或有相关的监管法规。欧盟委员会作为欧盟最主要的区域性机构,主要负责实行积极主动的监管政策(特别是在支付服务价格方面),以及为扫除区域内各国在建立统一支付区域方面的法律障碍而建立新的法律框架。欧洲中央银行作为区域性机构,同样主要以促进地区统一支付体系为目标,监督欧洲支付协会的有关工作并参与支付体系的基础设计建设,其主要监管依据是《欧洲中央银行法》。澳大利亚储备银行在 2000 年牵头联合澳大利亚竞争和消费者协会对澳大利亚银行卡支付产业进行深入调查之后,发布了澳大利亚银行卡支付系统的"联合报告"。之后,澳大利亚储备银行几乎每年都对澳大利亚银行卡产业进行反垄断调查,并实施了一系列的监管措施。美国的银行卡产业监管体制是典型的反垄断当局监管的模式,其法律基础是 1890 年颁布的《谢尔曼法》,执行监管的机构是联邦贸易委员会下属的公平部反垄断分部。除此之外,美国还有通货总监署和联邦储备体系,作为联邦级政府机构,负责监管各类全国性的银行,其主要监管依据有《消费者信用保护法》《诚实借贷法》《未经申请的信用卡法》《公平信用报告法》《公平信用结账法》《平等信用机会法》《公平债务催收业务法》《电子资金转账法》《诚实借贷简化法》《公平信用卡披露法》《家庭平等贷款消费者保护法》《家庭财产所有权及其平等保护法》等大量的法律文件。

第三,中国在电子支付案中被裁决应该开放转接清算市场后,从维护中国相关产业的立场出发,要找到合理的理由,使转接清算市场能够有序开放。从博弈角度看,以专家组裁决报告认为银行卡组织从事银行服务为抓手,参照巴塞尔协议体系中有关跨国银行监管的重要理念,在市场准入方面设置一些条件,是目前比较合理和有抗辩理由的做法。

第四,实际上,中国银行卡组织市场开放问题也涉及对WTO争端解决机构裁决的执行问题。是老老实实地执行DSB裁决,博一个遵守WTO义务和负责任国家的名声,还是在法律制度上找到一些理由,合理利用WTO执行机制的程序,给国内转接清算机构一个适当的过渡期,同时又不会过于明显地违反WTO的规定?这实际上是一个怎么看DSB裁决的问题。从我们的研究来看,欧美在执行DSB裁决时,从来都是坚持国家利益至上的实用主义。只要是不太愿意执行的裁决,欧美会通过不断修改法律的方式,将DSB裁决的执行拖延7年甚至10年。例如,美国境外公司销售法案(DS107),DSB裁定美国败诉后,美国将被诉违反WTO规则的《税收改革法案》略作修改,即成为《境外所得免税法案》。虽然美国表面上"执行"了DSB的裁定,修改了法案,但是实际上法案本身没有任何实质上的改变。欧盟不满意美国的做法,认为其修改后的法案仍然构成禁止性的出口补贴。之后,欧盟不断诉诸 WTO,要求实施报复措施。直到 10 年后,美国才宣布正式废除法案。① 又如,在欧共体荷尔蒙牛肉案(DS48)中,自执行合理期限开始,欧共体就明显不愿意取消禁止荷尔蒙牛肉进口的禁令,尽管该禁令被 DSB 裁决为与 WTO 涵盖协定规定的义务不符。在第一次向 DSB 通报的执行情况报告中,欧共体只是表明其已经决定对禁令的影响进行科学评估,根本没有提到取消进口禁令的可能性。相反,欧共体官员还一再非正式地表示将继续维持该禁令。欧共体之后提交的执行报告也只是表明科学评估正在进行之中,绝口不提取消禁令的问题。直到合理期限快要届满时,欧共体的执行情况报告才正式承认欧共体不打算取消禁令,并将继续进行科学评估以确定将采取何种必要措施。②

因此,从这个意义上说,专家组裁决给予我们进行审慎监管的一个好理由,《有效银行监管的核心原则》则给予我们借鉴国际经验进行监管的一个好条件。如果转接清算市场确实仍需要一定的"保护",我们可以比照《有效银行监管的核心原则》的规定,要求外国金融机构进入中国设立银行卡组织需要母国同意并有效监管。这样做带来的最坏后果可能是,美国认为中国没有执行 WTO 的裁决,并依据 WTO 争端解决机制的规定,重新提起争端解决程序。这对中国而言,并不会带来直接的损失,唯一可能的结果是将对外资市场开放进一步延迟。当然,设置这样的审慎监管要求实质上就是从"保护"国内银行卡转接清算市场和中国银联的角度出发的。如果中国银联已不再需要被"保护",那当然可以很

---

① 参见李晓郛:《私人通过援引 DSB 裁决在 ECJ 获得赔偿的可能性分析——以司法判例为视角》,载《国际经济法学刊》2012 年第 3 期,第 43—58 页。

② See John Errico, The WTO in the EU: Unwinding the Knot, Cornell International Law Journal, Vol.4, 2011, paras. 179—208.

痛快地执行 DSB 裁决,不需要在市场准入问题上再做文章。

第四节　中国对外资银行卡组织市场准入的审慎监管的建议

综上所述,中国对转接清算市场开放后外资银行卡组织进入国内市场可以采取的监管措施主要有:入世承诺表中已经规定的市场准入和国民待遇的监管措施,以及最关键的审慎监管措施。这里对前者不再具体论述,主要对如何审慎监管进行讨论。由于审慎监管措施没有统一的规定,因此可以借鉴和参考《有效银行监管的核心原则》中的重要规则。

一、双重许可制度

巴塞尔委员会 1997 年发布的《有效银行监管的核心原则》要求对跨国银行机构的各种银行业务实施全球统一监管。实际上,早在 1975 年,巴塞尔委员会就制定了《对银行国外机构的监管原则》(The Governors on the Supervision of Banks' Foreign Establishments)。1983 年,巴塞尔委员会又发布了《修改后的巴塞尔协议:对银行的国外机构的监管原则》,第一次公开提出对银行国外机构的监管是东道国与母国的共同责任,阐述了充分监管原则和并表监管原则,并从外国银行机构的清偿力、流动性、外汇交易与头寸三方面划分了母国与东道国的监管责任。1991 年国际商业信贷银行(Bank of Commerce and Credit International, BCCI)倒闭事件促使巴塞尔委员会于 1992 年发布了《国际银行集团及其跨国机构监管的最低标准》,即《巴塞尔最低标准》(The Basle Minimum Standards)。该标准为国际银行及其跨境机构的监管确立了以下四项最低标准:(1)所有国际银行集团和国际银行都应接受有能力实施统一监管的母国监管机构的监管;(2)一家跨国银行分支机构的设立,必须事先得到母国和东道国监管当局的同意;(3)东道国监管当局有权向银行或银行集团的母国监管当局索取有关跨国分支机构的信息;(4)如果东道国监管当局认为上述三项最低标准不能使其满意,从达到最低标准的审慎需要考虑,它可以采取必要的限制性措施,包括禁止机构的设立。在现行巴塞尔体制中,有关跨国银行机构的合作监管是以如下两项基本原则为出发点的:第一,任何银行机构都不应逃避监管;第二,这种监管应当是充分的。

目前,各国金融监管当局关于本国市场的准入条件限制已经并不局限于本国法律对该银行的基本要求,而把母国对其是否有完善的监管也作为外国银行市场准入的重要前提。也就是说,各国在审批外资银行机构时,非常关注该外国银行是否受到有综合监管能力的母国当局的监管;若答案是否定的,将严格控制或禁止该国银行机构进入本国市场。例如,在加拿大设立外资银行须向监管当局提交的申报材料中的重要一项就是其母国监管当局的监管情况,具体包括其母国金融监管的一般情况和中央银行职能。BCCI倒闭后,美国国会于1991底制定了《对外资银行加强监管法》(FBSEA),其中最重要的规定为:除非外国银行在其母国受到统一基础上的全面监管,且承诺依美国金融监管当局之要求提供有关信息和资料,否则该银行不得在美国境内营业。从1994年起,欧盟国家的中央银行将欧盟作为一个统一的市场进行监管,各国中央银行负责监管各自国家的银行,不论该银行在哪个国家开设分行,均由其总行所在国的中央银行监管。欧盟以外国家的外资银行进入欧盟国家则要经过严格的审批程序,监管当局将审批申请行所在国金融监管体系是否完备(包括对银行集团的监管)、在欧盟设行的申请是否得到其母国金融监管当局的批准、两国金融监管机构在沟通信息方面是否有协议或是否存在阻碍等作为是否同意外国银行进入欧盟市场的条件。在当今国际金融市场上,母国金融监管制度不完善的银行在国际银行业中越来越受到歧视。新加坡金融监管当局拒绝 BCCI 进入的一个重大理由是,BCCI 的两个主要分支机构分别在卢森堡和开曼注册,没有一家中央银行承担总的监管责任并担当最后贷款人的角色。美国 2001 年修订的《K 条例》即突出强调,美联储在批准外国银行进入美国市场时,必须确保其受到母国的全面监管。2002 年美国货币监理署和中国人民银行对中国银行纽约分行的检查和处罚,就是针对中国银行纽约分行原管理层在 1991 年至 1999 年间违规经营行为所采取的措施,这是两国金融监管机构对跨国银行进行联合监管的典型例证。①

由于外资银行卡组织已经被专家组认定为属于中国入世承诺表中的"外国金融机构",我们在遵循国民待遇原则、满足国内相应的市场准入条件的同时,对于其中主要股东是银行的银行卡组织,可以进一步要求其必须受到其母国的有效金融监管并经其母国同意,否则不予进入国内转接清算市场从事相关金融服务,以此达到双重许可之审慎目的。

二、母国有效监管

1983 年《巴塞尔协议》的一个核心原则是统一监管,认为

---

① 参见贺强等:《中国金融改革中的货币政策与金融监管》,中国金融出版社 2008 年版,第 111 页。

除非依据统一监管的办法对跨国银行全球业务进行检查，否则就不可能对该银行的稳健状况作出恰当的评价与有效监管。美国在总结 BCCI 破产教训后认为，这是由于 BCCI 采用复杂的金融集团模式，而每一个 BCCI 附属机构都只受到其所在国的个别监管，没有一个母国对 BCCI 集团所有经营业务进行统一监管所致。例如，BCCI 曾向海湾某企业集团发放大笔贷款，该贷款相当于当时 BCCI 资本的 60%，远远超出了审慎经营的界限。为了规避英国银行法对巨大风险暴露的管制，BCCI 将该贷款转移至离岸金融中心开曼群岛。此外，BCCI 还利用其复杂的法人结构与各国的分割监管体系，在不同国家之间调换资产，故意迷惑监管者。由此，美国 1991 颁布的 FBSEA 将目前的统一并表监管（comprehensive consolidated supervision）作为外国银行市场准入的重要法定条件。由此可见，母国有效监管的核心之一就是统一并表监管。[1]

BCCI 倒闭后，巴塞尔委员会于 1992 年发布了《巴塞尔最低标准》，其核心就是要求所有跨国银行都必须接受能够行使统一监管权的母国当局的监管。根据巴塞尔委员会的解释，所谓统一并表监管，是指：（1）有关当局必须在统一的基础上控制跨国银行的全球业务运作；（2）有关当局能够禁止设立妨碍统一监管的法人结构；（3）有关当局能够制止银行在有嫌疑的国家建立机构。如果上述标准不能得到满足，东道国可以将有关银行逐出国境，也可以对有关银行市场准入设置限制。

在这方面，美国法律值得借鉴。《K 条例》规定，美联储在受理有关外国银行准入的申请时，一般必须认定其符合以

---

[1] 参见胡继红：《全球化视野下现有国际金融监管法律制度的局限及其克服》，载《法学评论》2003 年第 3 期，第 105—113 页。

下两项标准后方可批准:(1)该外国银行和任何一个母行应在美国境外直接从事银行业务,并且受到其母国监管当局全面、统一的监管;(2)该外国银行已充分地向美联储提供了评估其申请所需的信息资料。《K条例》还就美联储确定外国银行和任何母行是否受全面、统一监管的问题提出了基本要求,其具体内容是:美联储应判断该外国银行是否受到这样一种方式的监管,即其母国监管当局掌握有关外国银行(包括相关机构)在全球范围内运作的充分信息,以此评估该外国银行的整体财务状况和遵循法律法规的情况。在作这一判断时,美联储除了考虑其他因素外,还从以下几个方面对母国监管当局的监管力度作出评估:(1)确保该外国银行有充分的程序对其全球范围内的活动实施监控;(2)通过定期检查报告、稽核报告或其他形式获取该外国银行及其母国之外分支机构的状况等信息;(3)获取该外国银行与其国内所属机构之间往来关系方面的信息;(4)获取该外国银行基于全球范围内的统一财务报告,或用以分析该外国银行财务状况的类似信息;(5)基于全球范围内评估诸如资本充足率和风险资产之类的风险标准。美联储在考虑母国金融监管当局是否具有有效监管时,将上述因素作为综合考虑因素,仅仅是其中一个因素并不起决定作用。

我们认为,中国在判断母国监管是否有效时,应注意如下问题:第一,考察母国金融监管制度的完善程度,实质上并非要对它作出何种评价,关键在于考察这种制度之下能否真正产生合格的、足以令东道国信赖的投资申请者;第二,考察申请者组织结构,关键在于考察申请者组织结构是否可以规避母国当局的监管;第三,考察申请人母国监管机构是否有能力对跨国银行所有业务进行统一监管。

三、关于监管信息交流的问题

跨国银行监管中监管当局间的信息分享是跨国银行监管国际合作的基础。巴塞尔委员会的一系列文件就金融信息披露与分享问题作了规定,如 1990 年的《银行监管当局之间的信息交流协议》、1992 年的《巴塞尔最低标准》、1996 年的《跨境银行监管》等文件,形成了国际社会关于金融监管信息交流共同遵守的基本准则。这些基本准则包括:母国监管当局享有从其银行跨境机构处获取信息的权利;东道国当局应当了解母国金融监管当局对其金融机构跨国经营的监管能力以及母国银行所受到的审慎性监管标准;东道国当局能不断地就影响在其领土上建立机构的特定银行的事态得到通报,否则东道国有权限制或禁止外国金融机构的进入。除了在审批阶段要求外资金融机构的申请材料中应提供所在国或地区金融监管当局对拟设立机构的意见、申请者所在国或地区的金融监管法律外,对此后的持续性的信息分享也要有规定。美国 FBSEA 规定,除非外国银行在其母国受到全面监管,且承诺依美国金融监管机构之要求提供有关资料和信息,否则该银行不得在美国境内营业。

我们可以借鉴美国的做法,将申请者母国监管当局承诺依中国金融监管当局之要求提供有关资料和信息作为审核外国金融机构准入的法定条件之一。这一方面有利于节省中国的监管成本,另一方面可通过监管信息交流提高中国监管当局的监管水平。

四、分类许可的审慎监管

注册资本或营运资金不同的外资银行在经营范围和种

类上是有所区别的。总体而言,经营范围和种类与外资银行注册资本和营运资金成正比。这种分类法大体上符合国际惯例。如新加坡和中国香港地区,实行外资银行分级管理制度,即根据外资银行的实力、管理能力和经营情况等因素,对外资银行发放不同的营业执照,即 A 类(全面性业务)、B 类(有限业务)、C 类(离岸义务)。持 A 类执照的外资银行能够从事所有银行业务,包括从事居民储蓄存款和小额定期存款业务。这类银行的市场准入条件最严格,监管最严格。持 B 类执照的银行不能从事国内居民储蓄存款业务,除此之外的其他现有业务及新增业务都被允许经营。对这类银行,市场的准入条件与监管条件可以适当低于 A 类外资银行。持 C 类执照的银行则被严格限制经营境内业务,一般只能从事离岸业务。

我们也可以对外资银行卡组织进行分类许可和分级管理,如依据注册资本、管理能力和经营情况等因素将其分为不同的类别,如此再进行不同程度的监管。例如,将维萨和万事达这种占有全球大量市场份额的卡组织归为一类,对其施以最为严格的准入条件和监管力度;对于其他市场份额较小的卡组织,则可以适当放宽准入条件,监管力度也可以一定程度地减小。

五、关于市场准入的其他审慎性条件及监管部门自由裁量的问题

关于外资市场准入的其他审慎性条件至少包括下列内容:(1)具有合理的法人治理结构;(2)具有稳健的风险管理体系;(3)具有健全的内部控制制度;(4)具有有效的管理信息系统;(5)申请人经营状况良好,无重大违法违规记录;(6)具有有效的反洗钱措施。对于这些审慎性条件的评估,审批机构拥有较大的自由裁量权。

在美国,根据 FBSEA 与修改后的《K 条例》,对外国银行市场准入除了规定了上述法定标准(mandatory standards)之外,同时也规定了相应的自由裁量标准(discretionary standards),这些标准供美联储在决定是否准予外国银行进入美国市场时进行主观评估。这些标准主要包括:(1)母国监管当局是否同意该外国银行进入美国金融市场;(2)该外国银行的金融资源状况,如资本头寸、利润情况、负债情况以及该银行在美国的任何其他机构的金融状况;(3)该外国银行的管理资源状况,包括资格、经验、主管人员及董事会成员的完整性、主要股东的完整性、管理层的经验和从事国际银行业务的能力以及外国银行及其管理层遵循法律法规情况的记录;(4)信息共享,如该外国银行的母国监管当局以及外国银行任何母行的母国监管当局是否与其他的监管当局共享该外国银行营运方面的信息资料;(5)外国银行是否已向美联储提供足够担保——当美联储认为有必要依据相关银行法规进行执法时,可以获取该银行及其附属机构营运和活动情况的信息;(6)外国银行是否已采取并执行了反洗钱的程序,其母国是否已建立了反洗钱的法律机制,以及其母国是否正在参与跨国反洗钱的行动;(7)该外国银行及其分支机构是否遵守美国法律,申请人是否建立了符合美国法律规定的内控程序和系统,包括反洗钱措施与监控不良金融行为的措施;(8)其他方面的标准,其内容是社区需要和外国银行的运营历史及其在母国的相对规模等因素。

对比中美两国有关自由裁量标准的规定,美国规定的条件显然比中国规定的条件广泛。在实际评估中,我们也发现美联储会利用这种自由裁量权,剥夺、限制或拖延一些外国银行进入美国市场的机会。例如,对于中国银行在美国旧金山设立分行的申请,美联储在 1998 年 4 月至 1999 年 2 月期间,曾六次提出问题,要求答复。其中,对于中国银行资产负债表、损益表、资产质量、合并处理的信息等诸多方面的要求均属于美联储自由裁量范畴,导致该申请久拖不决。

值得指出的是,能否以"经济需求"和"银行业竞争"作为允许外国银行市场准入的审慎性自由裁量条件是一个值得探讨的问题。例如,美国在 FBSEA 中规定,在审查外资银行能否对美国金融机构进行并购时,必须考虑"社会便利"(convenience and needs factor)与"竞争影响"(competitive considerations);英国规定,即使申请者符合法定申请条件,但如果英格兰银行考虑到申请者"对存款人和潜在存款人的利益有任何显著的威胁时",将拒绝给予授权,具有相当的任意性、灵活性和散漫性;菲律宾也规定,外国银行进入需符合"当地总的公共利益"和"经济环境"要求。中国《商业银行法》第 9 条规定:"商业银行开展业务,应当遵守公平竞争的原则,不得从事不正当竞争。"第 92 条规定:"外资商业银行、中外合资商业银行、外国商业银行分行适用本法规定,法律、行政法规另有规定的,依照其规定。"但是,应注意的是,中国在入世承诺表中明确承诺:对于外国银行进入中国市场,颁发营业执照不得以经济需求测试作为前提。因此,我们认为,从善意履行国际法义务层面而言,管理机构不宜将经济发展需要作为引进外资银行的前提条件。但是,我们对外资银行来源国分布、总数及分支机构数以及对外资银行引入的适度问题又不得不加以关注。实际上,在 1997 年 12 月达成的《全球金融服务贸易协定》中,一些成员方对市场准入承诺仍规定了很多条件和限制,主要表现为限制允许进入本国市场的外国金融机构的数量或外资总额等,如印度每年只颁发12个外国银行许可证。

中国应借鉴外资银行监管中的有益经验,有关监管当局可以保留一定程度的自由裁量权,为将来对外资银行卡组织申请进入中国转接清算市场的审批留下一个灵活的空间。这些审慎措施的自由裁量权包括:公司治理结构、股东的完整性、内控制度、反洗钱控制、网络系统安全等。[①]

六、外资银行卡组织市场准入的监管条款建议

第一条　外资银行卡组织,是指依照中华人民共和国有关法律、法规,经批准在中华人民共和国境内设立的,为银行卡等卡类支付业务的机构提供支付指令的交换和计算以及提供专用系统的法人组织,包括:

1. 外国金融机构单独出资或者数家外国金融机构共同出资设立的外商独资银行卡组织;

2. 外国金融机构与中国的公司、企业共同出资设立的中外合资银行卡组织。

第二条　外国金融机构,是指在中华人民共和国境外注册并从事下列金融业务之一的机构,包括:

1. 接受公众存款和其他应付公众资金;

2. 所有类型的贷款;

3. 融资租赁;

4. 所有支付与汇付服务;

5. 担保和承诺;

6. 自行或代客外汇交易;

[①] 参见盛杰民:《论对外资银行监管的法律原则》,载《现代法学》1997年第4期,第80页。

7. 提供和转让金融信息、金融数据处理以及与其他金融服务提供者有关的软件;

8. 就上述所列活动进行咨询、中介和其他附属服务,包括资信调查和分析、投资和证券研究和建议、收购建议以及关于公司重组和战略的建议。

第三条 外资银行卡组织从事人民币银行卡转接清算业务,应当具备下列条件,并经国务院银行业监督管理机构批准:

1. 提出申请前在中华人民共和国境内开业三年以上;

2. 提出申请前两年连续盈利;

3. 符合第四条规定的审慎性条件。

第四条 外资银行卡组织从事人民币业务应当具备的审慎性条件包括:

1. 具有良好的行业声誉和社会形象;

2. 具有良好的持续经营业绩,资产质量良好;

3. 管理层具有良好的专业素质和管理能力;

4. 具有健全的风险管理体系;

5. 具有健全的内部控制制度和有效的管理信息系统;

6. 按照审慎会计原则编制财务会计报告,且会计师事务所对申请前三年的财务会计报告持无保留意见;

7. 无重大违法违规记录;

8. 具有健全的公司治理结构;

9. 建立健全反洗钱和反恐怖融资内部控制制度;

10. 在中华人民共和国境内设立转接清算网络中心系统;

11. 国务院银行业监督管理机构、中国人民银行规定的其他审慎性条件。

第五条 外资银行卡组织从事人民币业务,外国金融机构主要股东是银行机构的,该外国金融机构或其股东受到所在国家或者地区金融监管当局的有效监管,并且其申请经所在国家或者地区金融监管当局同意。

第六条 外国金融机构所在国家或者地区应当具有完善的金融监督管理制度,并且其金融监管当局已经与国务院银行业监督管理机构建立良好的监督管理合作机制。

第七条 本章没有规定的,适用关于国内银行卡组织监管的各项规定。

结　　论

中国正处于经济持续发展和社会转型的阶段,改革和发展并进,每年出台大量的产业政策以促进行业创新、产业进步以及经济稳定持久地发展。金融危机爆发以后,世界各主要经济体都面临不同经济问题。[①] 虽然全球经济逐渐复苏,但各国复苏不均衡,中国也面临着严峻的压力。2011年7月发生的美债危机和降级风波,更是给美国经济和世界经济蒙上了一层阴影,全球股市连续两周动荡,经济的未来走向不明朗,担忧重重。

在这种背景下,中国的产业政策面临很大的挑战。一方面,中国的产业政策频遭质疑。例如,美国常常借汇率政策指责中国。2010年6月2日,WTO公布了第三次对中国的贸易政策评审报告,着重评价了自2008年至2010年中国发布实施的政策情况。WTO虽然肯定了中国在推动自身国际贸易和国际投资体制自由化方面的作用,但又指出,中国仍然采用各种非关税壁垒措施和设置大量出口壁垒。另一方面,中国产品频频遭遇贸易保护措施。据商务部统计,2010年,

---

[①] 例如,美国失业率居高不下,经济复苏不理想;欧盟成员国频现债务危机,希腊频频面临破产危机;俄罗斯、巴西、印度等新兴经济体通胀加剧。为了解决本国经济问题,保护本国产业,各国纷纷出台各种贸易保护措施。参见《商务部发布〈国别贸易投资环境报告2011〉》,http://gpj.mofcom.gov.cn/aarticle/d/cw/201104/20110407504244.html,访问日期:2011年9月7日。

针对中国的国际贸易救济调查数量依然惊人,中国产品共遭受了国外66起反倾销调查、反补贴调查和保障措施调查(简称"两反一保"),涉案金额达71.4亿美元。其中,反倾销案件43起,反补贴案件6起,保障措施案件16起,特保案件1起。从商务部公平贸易局于2010年8月发布的统计数据看,截至2010年7月,美国正在实施的对华贸易救济措施涉案产品共计104件,无论是数量还是涉案金额都很庞大。

面对如此复杂的形势,中国在制订产业政策时,更应当注意产业政策和WTO制度的关系。结合上文各章节的讨论,笔者有几点建议:

(一) 正确认识WTO规则的法律属性

WTO的法律性质毋庸置疑。对于中国来说,除了要遵守WTO框架下的"一揽子协定",还要遵守入世时签订的《中国入世议定书》,而中国依据《中国入世议定书》所承担的义务有时更为苛刻。但是,正如第一章所言,WTO作为最重要的国际贸易组织,是贸易自由化和贸易保护的矛盾统一体。它致力于建立公平、自由的贸易投资体制,但在推动贸易自由化的同时,也不得不顾及各成员方的利益,防止严重损害各国的本国产业。《中国入世议定书》也是中国与各成员方谈判和妥协的产物,其中既有对中国有利的条款,也有不利于中国发展的条款。因此,中国既要遵守WTO规则,也要善于利用WTO规则给予的产业政策的空间,包括各种例外规定、贸易救济措施等。在开放市场可能影响有关产业安全的情况下,中国应当出台配套措施,加强对薄弱产业和中小企业的扶持力度,并给予适当的政策引导和支持。

(二) 完善中国规章类政策的评审机制,加强沟通

中国尚需完善国内各类法律法规,尤其是规章类政策的

评审机制。政府在制定产业政策时,应当谨慎,请国内专家对其与 WTO 规则的相符性进行论证。对于必须采取而又容易被指责违反 WTO 规则的国内产业政策,应尽可能设计出既能实现国内产业发展目标又不赤裸裸地违反 WTO 规则的政策,不授人以把柄。① 同时,评审机制的构建也应克服政策制定的随意性和粗放性,避免"朝令夕改"带来的质疑。

各政府部门之间的及时沟通和协调也很必要。例如,2010 年商务部和海关总署曾就海关对入关时携带的 iPad 征收 1000 元税费的做法是否违反 WTO 规定的问题产生分歧。虽然最终取得了一致意见,但是两个部门一开始就同一问题截然相反的表态,容易使公众产生疑虑和不满。因此,各部门在制定新的规定之前,应尽可能征询民意,广泛调研,并和其他部门积极沟通和协调。

此外,中国还应加强补贴政策的沟通,避免误解。在 WTO 案例中,发展规划、发展纲要等各类指导性文件都可能成为认定授予补贴的依据。这些指导性文件往往用语宽泛,起到方向性的指引作用,但如果缺乏相应的具体实施文件与之配套,并不能给予具体企业、行业任何财政资助。中国应当对外加强沟通,一方面介绍中国各类补贴政策的出台背景、目的和实际实施情况,另一方面重点解释这类指导性文件的效力和目的。政府部门还应规范支持特定产业发展的政策性文件的用语,在敏感领域努力避免出现"对关键领域和重点项目给予资金支持""提供优惠贷款"等表述。调查机构在进行反补贴调查时,倾向于仅从表面上对政策进行审查,这种表述容易造成对补贴肯定性的认定结果。

---

① 参见贺小勇:《论"中国影响汽车零部件进口措施案"的核心法律问题》,载《法学》2007 年第 3 期。

(三) 妥善利用 WTO 争端解决机制

中国应当积极利用 WTO 争端解决机制,寻求多边救济方式对于争端的解决。从 2007 年的汽车零部件案,到 2009 年的中美知识产权保护和实施措施案,再到后来的原材料出口限制案,中国在过去的十年间经历了各类案件争端,虽然有时会收到争端解决机构作出的不利裁决,但是确实积累了很多经验,而且 WTO 争端解决机制的程序性规定至少在客观上为国内产业提供了宝贵的调整和缓冲时间。

此外,研究 WTO 案例对中国来说也很必要。纵观专家组和上诉机构报告,经常提及之前的案件对相同问题、相关问题的分析和认定。因此,认真研究 WTO 案例,既有利于在发生争议时及时援引,提高中国的应诉水平,也利于平时制定产业政策时对 WTO 规则的把握。

从补贴政策到汇率政策,从知识产权保护政策到环境资源保障政策,可以看出,WTO 的调整范围已经涉及国家产业政策的方方面面,对各国之间的经济贸易的影响也已愈加广泛。自 2001 年加入 WTO 至今,中国在 WTO 的多边贸易体制框架下已经走过十余年,已从新成员的身份向着积极反对贸易保护主义和积极推动 WTO 体制建设的活动家的身份转变。中国在出台产业政策时,既要注意遵守 WTO 规则,又要加以灵活运用,不能因为一味坚持而损害到本国产业的发展。中国应当完善政策制定和执行的评审机制,保证中国产业政策在 WTO 框架下能够更加有效地促进中国产业在国际贸易中保持和增强竞争力,推动中国产业的发展和进步。